Langenscheidts

Grundwortschatz Französisch

Ein nach Sachgebieten geordnetes Lernwörterbuch mit Satzbeispielen

Völlige Neubearbeitung 2000

von

Jean-Noël Chassard
Brigitte Poloni

Langenscheidt

Berlin · München · Wien · Zürich · New York

Herausgegeben von der Langenscheidt-Redaktion
Durchgeführt von Veronika Schnorr, Büro für Lexikographie, Stuttgart
Sprachdatenverarbeitung: Raimund Drewek, Biberach

Auflage:	*5.*	*4.*	*3.*	*2.*	*1.*	*Letzte Zahlen*
Jahr:	*04*	*03*	*02*	*01*	*2000*	*maßgeblich*

Satz: Fotosatz Kaufmann, Stuttgart
Druck: Oldenbourg Graph. Betriebe Druckerei GmbH, Kirchheim
*Printed in Germany · ISBN 3-468-**20151**-6*

INHALT

Zum neuen Grundwortschatz Französisch

Bewährte Konzeption

Eine Fremdsprache erlernt man am besten, indem man zunächst einen Grundwortschatz erwirbt und diesen dann nach und nach erweitert. Diese Tatsache ist heute bei allen, die sich wissenschaftlich und praktisch mit dem Fremdsprachenerwerb befassen, anerkannt und spiegelt sich auch in den Forderungen der Lehrpläne und der Wortschatzauswahl moderner Lehrwerke wider. Langenscheidts Grundwortschatz Französisch, der nun in einer völligen Neubearbeitung vorliegt, hält sich in den Grundprinzipien an seine bewährte Konzeption, die es Anfängern wie Fortgeschrittenen leichter macht, einen Grundwortschatz zu erwerben bzw. zu wiederholen und zu vertiefen:

- Anordnung der Wörter nicht alphabetisch, sondern nach Themenbereichen und Fachgebieten
- jedes Stichwort mit Lautschrift, auch bei mehrteiligen Ausdrücken
- für jedes Wort mindestens ein Beispielsatz mit Übersetzung ins Deutsche
- bei den möglichst lebensnahen Beispielsätzen Beschränkung auf den vorliegenden Wortschatz
- Grundwortschatz bestehend aus 3300 besonders wichtigen französischen Wörtern mit insgesamt rund 4000 Grundbedeutungen
- Unterteilung der 4000 Grundbedeutungen in zwei Wichtigkeitsstufen, nämlich «1 – 2000» und «2001 – 4000»
- keine Ausrichtung auf bestimmte Lehrwerke oder spezielle Altersgruppen, weder zu kindlich noch zu „abgehoben“
- geeignet für alle Lernenden von der Sekundarstufe I bis zu Erwachsenen, die VHS-Kurse belegen, das Telekolleg absolvieren oder Französisch in Urlaub oder Beruf brauchen.

Benutzerfreundliche Neuerungen

Das Grundprinzip der Benutzerfreundlichkeit wurde im neuen Grundwortschatz Französisch weiterentwickelt, verbessert und ergänzt.

Die Wortschatzauswahl wurde nach Kriterien wie Häufigkeit, Aktualität und Gebrauchswert gründlich revidiert. Der Wortschatz wurde grundlegend modernisiert und ergänzt. Die Welt von heute erforderte es auch, durch zusätzliche Kapitel, wie z. B. „Umweltprobleme“ und „Kommunikationstechnik“, bestimmte Sachgebiete zu erweitern bzw. zu ergänzen.

Die Satzbeispiele sind vollständig durch neue ersetzt worden mit dem Ziel, die Bedeutung auch ohne Hilfe der deutschen Übersetzung möglichst eindeutig zu vermitteln, die Wörter in typischen Zusammenhängen

(Kollokationen) zu präsentieren, den jeweiligen Themenbereichen gerecht zu werden und durch die Auswahl der Beispiele die Benutzer zu interessieren und zur Weiterarbeit zu motivieren.

Auch innerhalb eines Kapitels sind die Stichwörter nicht alphabetisch, sondern nach inhaltlichen Gesichtspunkten angeordnet. Dies wird durch Trennlinien in blauer Farbe kenntlich gemacht, welche Wortfelder, Wortfamilien und andere bedeutungsmäßig zusammenhängende Wortgruppen optisch zusammenfassen. So können Sie auch in kleineren „Portionen" lernen und wiederholden.

Ebenfalls ganz neu ist eine Reihe von Lernhilfen, die den besonderen Schwierigkeiten Deutscher, die Französisch lernen, Rechnung trägt. So wird zum Beispiel mit Hilfe des Warndreiecks auf grammatische Besonderheiten und typische Fehler hingewiesen, und farbig hervorgehobene TIPPs geben zusätzliche Informationen zur Aussprache, Schreibung, zum richtigen Gebrauch, zur Unterscheidung von leicht verwechselbaren Wörtern, zu wichtigen landeskundlichen Fakten sowie zur Wortbildung.

Wo es sinnvoll erscheint, werden zu den französischen Stichwörtern auch Synonyme (Wörter mit gleicher oder sehr ähnlicher Bedeutung) und Antonyme (Wörter mit entgegengesetzter Bedeutung) gegeben, soweit sie Bestandteil dieses Wortschatzes sind, weil diese für den aktiven Umgang mit der Sprache wichtig sind und ihre Kenntnis zu den Anforderungen in Unterricht und Prüfung gehört.

Im neuen Register ist mit einem Blick erkennbar, ob ein aufgeführtes Wort zur Wichtigkeitsstufe 1 – 2000 oder zur Stufe 2001 – 4000 gehört. Die Stichwörter der Wichtigkeitsstufe 1 – 2000 sind fett gedruckt, die anderen mager.

Das Lernen mit dem Grundwortschatz

Eine angemessene Lerntechnik ist die Voraussetzung für den Lernerfolg. Wir möchten Ihnen dazu einige Anregungen geben:

1. Nutzen Sie den Vorteil der Gliederung nach Sachgebieten und arbeiten Sie nicht Seiten, sondern Sachgebiete durch (z. B. 1.6.1 „Energie und Technik"). Zwischen den Wörtern eines Sachgebietes bestehen Assoziationen. Die Sachgebiete spiegeln inhaltliche Zusammenhänge wider. Auch die Sachgebietsbezeichnungen sind bereits Merkhilfen. Es ist experimentell erwiesen, dass Wortschatz, der thematisch zusammenhängend erlernt wird, besser behalten wird.
2. Sie können sich in jedem Sachgebiet zuerst die Wörter der Wichtigkeitsstufe 1 – 2000 aneignen. Zu einem späteren Zeitpunkt nehmen Sie dann die der Wichtigkeitsstufe 2001 – 4000 durch.

3. Wenn Sie *einzelne* Sachgebiete durcharbeiten, fangen Sie vielleicht zuerst mit denen an, die Sie besonders interessieren, dann die anderen. Vergessen Sie aber nicht, sich nach und nach *alle* Sachgebiete anzueignen.
4. Wir empfehlen Ihnen, den Ablauf des Lernvorgangs zu systematisieren und portionsweise zu lernen. Lesen Sie ein Kästchen (fett gedrucktes Stichwort und Anwendungsbeispiel) und prägen Sie sich die Wortgleichung ein. Gehen Sie mehrere Kästchen auf diese Weise durch und decken Sie dann von diesem „Block" die linke Spalte ab. Sprechen Sie sich nun das verdeckte Stichwort laut vor – wenn Sie wollen, auch das Anwendungsbeispiel. Dann kontrollieren Sie sich durch Aufdecken der linken Spalte. Wörter, die Sie noch nicht beherrschen, können Sie am Rand kennzeichnen – vielleicht durch ein Kreuzchen – und nochmals gesondert lernen. Abschließend nochmalige Kontrolle (Sprechen und Schreiben) des ganzen „Blocks".
5. Lernvarianten: Sie können die rechte (statt linke) Spalte abdecken und entsprechend wie unter 4 beschrieben arbeiten. Sie können auch nur die Anwendungsbeispiele lernen, um vom Zusammenhang her die Bedeutung eines Wortes im Gedächtnis zu fixieren oder den Grundwortschatz „umzuwälzen".
6. Über ein einzelnes Wort, das Sie im alphabetischen Register nachschlagen, können Sie auch zu einem bestimmten Sachgebiet kommen und so in einem sinnvollen Zusammenhang lernen.
7. Es empfiehlt sich, täglich (mit Pausen!) ein bestimmtes Pensum zu lernen. In einigen Wochen beherrschen Sie dann einen systematisch aufgebauten Grundwortschatz – den Wortschatz, auf den es ankommt. Diesen sollten Sie in gewissen zeitlichen Abständen wiederholen und überprüfen.
8. „Langenscheidts Grundwortschatz Französisch" ist lehrbuchunabhängig. Trotzdem eignet er sich auch zur Aktivierung, Wiederholung und Systematisierung des Wortschatzes im Unterricht, z. B.
   - zur Bereitstellung des entsprechenden Wortschatzes vor kommunikativen Übungen oder der Durchnahme bestimmter Texte;
   - zur Wortfeldarbeit nach der Durcharbeitung eines bestimmten Textes, der wesentliche Teile dieses Wortfeldes enthielt;
   - zur Erschließung und zum Aufbau eines Sachgebiets vom Einzelwort aus (über das Register).

Wir wünschen Ihnen bei der Arbeit mit diesem Wortschatz viel Spaß und Erfolg!

1 THEMENBEZOGENE BEGRIFFE

1.1 Der Mensch

1.1.1 KÖRPER UND WESEN

1.1.1.1 KÖRPER

«1–2000»

le **corps** [kɔʀ] Une âme saine dans un **corps** sain.	**Körper** *m* Eine gesunde Seele in einem gesunden Körper.
la **tête** [tɛt] Avec ce bruit, on attrape mal à la **tête**.	**Kopf** *m* Bei diesem Lärm bekommt man Kopfschmerzen.
le **visage** [vizaʒ] *syn:* figure Son **visage** me dit quelque chose; j'ai déjà dû le rencontrer quelque part.	**Gesicht** *n* Sein Gesicht sagt mir was; ich muss ihn schon einmal irgendwo gesehen haben.
le **cheveu** [ʃ(ə)vø] ⚠ *pl* **x** En ce moment, les garçons ont plutôt les **cheveux** courts.	**(Kopf)haar** *n* Zurzeit haben die Jungen eher kurze Haare.

***TIPP:** Die menschliche Körperbehaarung und die Haare von Tieren werden nicht **cheveux** sondern **poils** genannt.*

le **nez** [ne] Je saigne du **nez**.	**Nase** *f* Ich habe Nasenbluten.
l'**œil** *m* [œj] ⚠ *pl* **yeux** [jø] Quand le train est parti, tout le monde avait les larmes aux **yeux**.	**Auge** *n* Als der Zug abfuhr, hatten alle Tränen in den Augen.

***TIPP:** Der Plural **les yeux** wird* [lezjø] ausgesprochen.

l'**oreille** *f* [ɔʀɛj] Si c'est un secret, dis-le moi à l'**oreille**!	**Ohr** *n* Sag es mir ins Ohr, wenn es ein Geheimnis ist.
la **bouche** [buʃ] Jamais je n'oserai l'embrasser sur la **bouche**.	**Mund** *m* Nie werde ich es wagen, sie auf den Mund zu küssen.
la **dent** [dɑ̃] Il faudrait se laver les **dents** après tous les repas.	**Zahn** *m* Man müsste sich nach jeder Mahlzeit die Zähne putzen.

la **langue** [lɑ̃g] Si j'avais su, j'aurais tenu ma **langue**.	**Zunge** *f* Wenn ich das gewusst hätte, hätte ich meinen Mund gehalten.
le **cou** [ku] J'étais si contente que je me serais jetée à son **cou**.	**Hals** *m* Ich habe mich so gefreut, dass ich ihm am liebsten um den Hals gefallen wäre.
la **gorge** [gɔʀʒ] Depuis hier j'ai mal à la **gorge**.	**Hals** *m*, **Rachen** *m* Seit gestern habe ich Halsschmerzen.

TIPP: ***Le cou*** *ist der Hals von außen gesehen,* ***la gorge*** *ist der Hals von innen, also der Rachen.*

la **poitrine** [pwatʀin] J'ai une douleur dans la **poitrine**. Elle trouve qu'elle a trop de **poitrine**.	**Brust** *f*; **Busen** *m* Ich habe Schmerzen in der Brust. Sie findet, sie hat einen zu großen Busen.

TIPP: ***La poitrine*** *im Singular kann auch beide Brüste bezeichnen und ist in dieser Bedeutung synonym mit* ***les seins****.*

le **dos** [do] Papa, tu me porteras sur ton **dos**, si je suis fatigué?	**Rücken** *m* Papa, trägst du mich auf dem Rücken, wenn ich müde bin?
le **bras** [bʀa] Je rêve de la prendre dans mes **bras**.	**Arm** *m* Ich träume davon, sie in die Arme zu nehmen.
la **main** [mɛ̃] Allez, serrons-nous la **main**! C'est le meilleur qui a gagné.	**Hand** *f* Komm, reichen wir uns die Hand! Der Beste hat gewonnen.
le **doigt** [dwa] Les frites, c'est encore meilleur quand on les mange avec ses **doigts**. → *doigt de pied*	**Finger** *m* Pommes sind noch besser, wenn man sie mit den Fingern isst.
la **jambe** [ʒɑ̃b] Quarante kilomètres dans la journée? Eh bien, il a de bonnes **jambes**!	**Bein** *n* Vierzig Kilometer am Tag? Na, der ist aber gut auf den Beinen!
le **pied** [pje] On va y aller à **pied**.	**Fuß** *m* Da gehen wir zu Fuß hin.

le **sang** [sɑ̃] On voit un peu trop de **sang** à la télévision.	**Blut** *n* Man sieht etwas zu viel Blut im Fernsehen.
le **cœur** [kœʀ] Dès que je le vois, j'ai le **cœur** qui bat.	**Herz** *n* Sobald ich ihn sehe, bekomme ich Herzklopfen.
le **ventre** [vɑ̃tʀ] La plupart des hommes de plus de cinquante ans ont du **ventre**.	**Bauch** *m* Die meisten Männer über 50 haben einen Bauch.
l'**estomac** *m* [ɛstɔma] C'est difficile de se concentrer quand on a l'**estomac** vide.	**Magen** *m* Mit leerem Magen kann man sich nur schwer konzentrieren.
le **foie** [fwa] Trop d'alcool est mauvais pour le **foie**.	**Leber** *f* Zu viel Alkohol ist schlecht für die Leber.

TIPP: *Vorsicht, es heißt* ***le foie*** *und sollte nicht verwechselt werden mit* ***la foi*** *„der Glaube" und* ***une fois*** *„einmal".*

«2001–4000»

la **peau** [po] ⚠ *pl* **x** Il faut se protéger la **peau** du soleil.	**Haut** *f* Man muss seine Haut vor der Sonne schützen.
le **muscle** [myskl] Montre un peu si tu as du **muscle**: soulève-moi cette pierre!	**Muskel** *m* Zeig mir mal, ob du Muskeln hast: heb diesen Stein hoch!
le **nerf** [nɛʀ] Cette musique finit par me taper sur les **nerfs**.	**Nerv** *m* Diese Musik geht mir langsam auf die Nerven.
l'**os** *m* [ɔs] ⚠ *pl* **os** [o] J'ai rencontré le Président en chair et en **os**.	**Knochen** *m* Ich habe den Präsidenten leibhaftig getroffen.

TIPP: *Im angegebenen Satz wird das „s" ausgesprochen.*

la **colonne vertébrale** [kɔlɔnvɛʀtebʀal] La natation est excellente pour la **colonne vertébrale**.	**Wirbelsäule** *f* Schwimmen ist ausgezeichnet für die Wirbelsäule.
le **cerveau** [sɛʀvo] ⚠ *pl* **x** Fais marcher ton **cerveau**!	**Gehirn** *n* Streng dein Gehirn an!
le **crâne** [kʀɑn] Les bébés ont encore le **crâne** tout mou.	**Schädel** *m* Babys haben noch einen ganz weichen Schädel.

la **figure** [figyʀ] *syn:* visage Il est revenu du ski avec la **figure** toute bronzée. → *ligne*	**Gesicht** *n* Er ist mit ganz braungebranntem Gesicht vom Skifahren zurückgekommen.

***TIPP: Figure** sollte nicht mit der Figur verwechselt werden. Für Figur sagt man auf Französisch **la ligne** oder man umschreibt, z. B. „er/sie hat eine gute Figur“ **il est bien bâti/elle est bien faite**.*

le **poil** [pwal] Elle a du **poil** aux jambes. → *cheveu*	**(Körper)haar** *n* Sie hat Haare an den Beinen.
le **front** [fʀɔ̃] J'ai les cheveux sur le **front**, il faut que j'aille chez le coiffeur.	**Stirn** *f* Mir hängen die Haare in die Stirn, ich muss zum Friseur.
le **menton** [mɑ̃tɔ̃] Quand on grossit, on peut attraper un double **menton**.	**Kinn** *n* Wenn man dicker wird, kann man ein Doppelkinn bekommen.
la **joue** [ʒu] Ils dansaient **joue** contre **joue**.	**Wange** *f* Sie tanzten Wange an Wange.
la **lèvre** [lɛvʀ] J'ai pu lire la réponse sur ses **lèvres**.	**Lippe** *f* Ich konnte die Antwort von ihren Lippen ablesen.

le **sein** [sɛ̃] Au début, la mode des **seins** nus sur les plages choquait beaucoup de gens. → *poitrine*	**Brust** *f* Anfangs hat die Oben-ohne-Mode an den Stränden viele Leute schockiert.
le **poumon** [pumɔ̃] Au moins, à la campagne, on peut respirer à pleins **poumons**.	**Lunge** *f*, **Lungenflügel** *m* Auf dem Land kann man wenigstens tief durchatmen.
le **souffle** [sufl] Si tu manques de **souffle**, c'est que tu fumes trop.	**Atem** *m* Du bist außer Atem, weil du zu viel rauchst.
respirer [ʀɛspiʀe] *v* Il vaut mieux **respirer** par le nez que par la bouche.	**atmen** Es ist besser, durch die Nase zu atmen als durch den Mund.

l'**épaule** *f* [epol] J'ai un coup de soleil sur les **épaules**.	**Schulter** *f* Ich habe einen Sonnenbrand auf den Schultern.
le **coude** [kud] Pour arriver au premier rang, il va falloir jouer des **coudes**.	**Ellbogen** *m* Um in die vorderste Reihe zu kommen, werden wir die Ellbogen einsetzen müssen.

le **poignet** [pwaɲɛ] Elle porte toujours sa montre au **poignet** droit.	**Handgelenk** *n* Sie trägt die Uhr immer am rechten Handgelenk.
le **poing** [pwɛ̃] Le gardien de but a repoussé le ballon du **poing**.	**Faust** *f* Der Torwart hat den Ball mit der Faust abgewehrt.
le **pouce** [pus] Le patron n'est pas là, mais ça ne veut pas dire qu'on se tourne les **pouces**.	**Daumen** *m* Der Chef ist nicht da, aber das heißt nicht, dass wir Däumchen drehen.

***TIPP:* Le pouce** *bezeichnet auch die große Zehe.*

la **taille** [taj] Les Français du Sud sont souvent de petite **taille**.	**Körpergröße** *f* Südfranzosen sind meist eher klein.
la **fesse** [fɛs] Elle est tombée sur les **fesses**.	**Gesäßbacke** *f* Sie ist auf den Hintern gefallen.
le **genou** [ʒ(ə)nu] ⚠ *pl* **x** Cet été, la mode est au-dessus du **genou**.	**Knie** *n* Diesen Sommer sind kniefreie Röcke modern.
la **cheville** [ʃ(ə)vij] Les chaussures de ski protègent les **chevilles**, mais hélas pas les genoux.	**Knöchel** *m* Skischuhe schützen zwar die Knöchel, aber leider nicht die Knie.
le **talon** [talɔ̃] Cette chaussure me fait mal au **talon**.	**Ferse** *f* Dieser Schuh tut mir an der Ferse weh.
le **doigt de pied** [dwadpje] Il faisait si froid que je ne sentais plus mes **doigts de pied**.	**Zehe** *f* Es war so kalt, dass ich meine Zehen nicht mehr spürte.
l'**ongle** *m* [ɔ̃gl] Mes **ongles** sont trop longs, il faut que je les coupe.	**Nagel** *m* Meine Nägel sind zu lang, ich muss sie mir schneiden.

1.1.1.2 AUSSEHEN

«1–2000»

avoir l'air [avwaʀlɛʀ] *v* ⚠ *irr* 3 Avec tes lunettes de soleil, tu **as l'air** d'une star. → *mine*	**aussehen** Mit deiner Sonnenbrille siehst du wie ein Filmstar aus.

joli, e [ʒoli] *adj syn:* beau, *ant:* moche — **hübsch**

Je trouve ta sœur plus **jolie** avec les cheveux courts. — Ich finde deine Schwester mit den kurzen Haaren hübscher.

***TIPP:* *Joli* wird nur für weibliche Wesen benutzt, bei männlichen Wesen sagt man *beau*.**

---

beau, bel, belle [bo, bɛl] *adj ant:* laid, moche ⚠ *pl* **beaux** — **schön**

On ne peut pas dire que Belmondo soit **beau**, mais il plaît. — Man kann nicht sagen, dass Belmondo schön ist, aber er gefällt.

TIPP: *Normalerweise steht im Französischen das Adjektiv nach dem Substantiv.* ***Beau*** *wird aber auch häufig vorangestellt. Wenn das folgende Substantiv mit Vokal oder stummem h anfängt und männlich ist, wird die Form* ***bel*** *benützt, z. B.* ***ton bel ami****.*

---

moche [mɔʃ] *adj syn:* laid — **hässlich**

Vous le trouvez **moche**? Eh bien moi, il me plaît. — Ihr findet ihn hässlich? Also, mir gefällt er.

TIPP: Moche *ist etwas umgangssprachlich.*

---

la **beauté** [bote] — **Schönheit** *f*

Ce n'est pas une **beauté**, mais elle est très gentille. — Sie ist zwar keine Schönheit, aber sie ist sehr nett.

---

grand, e [gʀɑ̃, ɑ̃d] *adj ant:* petit — **groß**

De Gaulle était si **grand** qu'il lui fallait partout un lit spécial. — De Gaulle war so groß, dass er überall ein Spezialbett brauchte.

TIPP: Grand *kann auch im Sinne von „bedeutend" benützt werden; in dem Fall steht es vor dem Substantiv.* ***Un homme grand*** *ist also ein Mann, der groß gewachsen ist,* ***un grand homme*** *ein großer, d. h. bedeutender Mann.*

---

petit, e [p(ə)ti, it] *adj* — **klein**

Edith Piaf était toute **petite**. — Edith Piaf war sehr klein.

TIPP: Petit *wird auch im Sinne von klein = jung benützt, z. B.* ***quand j'étais petite*** *als ich klein war.*

«2001–4000»

la **mine** [min] — **Aussehen** *n*

Tu as bonne **mine**! Tu rentres des sports d'hiver? — Du siehst blendend aus! Warst du Ski fahren?

le **charme** [ʃaʀm] On peut avoir du **charme** et ne pas être beau.	**Charme** *m* Man kann Charme haben, ohne schön zu sein.
mignon, ne [miɲɔ̃, ɔn] *adj* *syn:* joli, beau, *ant:* laid, moche La fille des voisins est vraiment **mignonne**.	**hübsch, süß** Die Tochter der Nachbarn ist wirklich süß.

***TIPP:* Mignon** *wird nur für Kinder und junge Leute gebraucht und ist sehr freundlich gemeint.*

laid, e [lɛ, lɛd] *adj syn:* moche Louis XI était, paraît-il, très **laid**. → *moche*	**hässlich** Ludwig XI. war angeblich sehr hässlich.
la **ligne** [liɲ] Non, merci, jamais d'alcool, je soigne ma **ligne**. → *figure*	**Figur** *f* Danke, keinen Alkohol, ich achte auf meine Figur.
gros, se [gʀo, gʀos] *adj* Il ne mange pas beaucoup et pourtant il est **gros**.	**dick** Er isst nicht viel und trotzdem ist er dick.

TIPP: *Nicht mit dem deutschen „groß" verwechseln!*

mince [mɛ̃s] *adj ant:* gros Les top-models ne sont pas **minces**, elles sont carrément maigres.	**schlank** Topmodels sind nicht schlank, sie sind echt mager.

***TIPP:* Mince** *wird als positiv empfunden,* **maigre** *als negativ.*

maigre [mɛgʀ] *adj*	**mager**
pâle [pɑl] *adj* Quand il a su à quel danger il avait échappé, il est devenu tout **pâle**.	**blass** Als er erfuhr, welcher Gefahr er entronnen war, wurde er ganz blass.
blond, e [blɔ̃, ɔ̃d] *adj*	**blond**
brun, e [bʀœ̃, yn] *adj* Ma femme est **brune**, mais tous nos enfants sont blonds.	**dunkelhaarig, brünett** Meine Frau ist dunkelhaarig, aber alle unsere Kinder sind blond.
roux, rousse [ʀu, ʀus] *adj* Non, tous les Anglais ne sont pas **roux**!	**rothaarig** Nein, nicht alle Engländer haben rote Haare!
la **barbe** [baʀb] La mode, c'est d'avoir une **barbe** de quelques jours.	**Bart** *m* Es ist modern, einen Dreitagebart zu tragen.

> ***TIPP:*** ***La barbe*** *bezeichnet einen Vollbart, für einen Oberlippenbart sagt man* ***la moustache*** *und für einen Kinnbart* ***le bouc****.*

1.1.1.3 GEIST UND VERSTAND

«1–2000»

l'esprit *m* [ɛspʀi] *ant:* corps Désolé, aucun exemple ne me vient à l'**esprit**.	**Geist** *m* Es tut mir Leid, aber mir kommt kein Beispiel in den Sinn.
l'idée *f* [ide] C'est une bonne **idée**. Je n'en ai aucune **idée**.	**Idee** *f;* **Ahnung** *f* Das ist eine gute Idee. Ich habe keine Ahnung.
penser [pɑ̃se] *v syn:* croire Vous **pensez** sérieusement ce que vous dites?	**meinen** Meinen Sie das, was Sie sagen, ernst?
penser à [pɑ̃sea] *v* **Pensez** bien **à** éteindre la lumière avant de partir!	**denken an** Denkt daran, vor dem Weggehen das Licht auszumachen!
comprendre [kɔ̃pʀɑ̃dʀ] *v* ⚠ *irr* 31 Parlez plus fort! Je ne **comprends** rien.	**verstehen** Sprechen Sie lauter! Ich verstehe keinen Ton.
se souvenir de [səsuv(ə)niʀdə] *v syn:* se rappeler, *ant:* oublier ⚠ *irr* 41 Elle ne **s'est** sûrement pas **souvenue de** mon adresse.	**sich erinnern an** Sie hat sich sicherlich nicht an meine Adresse erinnert.
se rappeler [səʀap(ə)le] *v syn:* se souvenir, *ant:* oublier ⚠ **il se rappelle** Est-ce qu'elle **s'est rappelé** mon adresse?	**sich erinnern** Hat sie sich an meine Adresse erinnert?

> ***TIPP:*** *Auf* ***se rappeler*** *folgt ein direktes Objekt, während* ***se souvenir*** *mit* ***de quelque chose*** *benützt wird.*

s'intéresser à [sɛ̃teʀɛsea] *v* La plupart des jeunes **s'intéressent à** l'informatique.	**sich interessieren für** Die meisten Jugendlichen interessieren sich für Informatik.

«2001–4000»

l'**intelligence** *f* [ɛ̃teliʒɑ̃s] L'**intelligence** n'est pas tout; sans travail, on n'arrive à rien.	**Intelligenz** *f* Intelligenz allein genügt nicht, ohne Arbeit kommt man zu nichts.
intelligent, e [ɛ̃teliʒɑ̃, ɑ̃t] *adj* On peut être très **intelligent** et rater quand même ses examens.	**intelligent** Man kann sehr intelligent sein und trotzdem durch seine Prüfungen fallen.
malin, maligne [malɛ̃, liɲ] *adj* *ant:* bête Elle est **maligne**: elle sait bien qu'il finira par dire oui.	**schlau** Sie ist schlau; sie weiß ganz genau, dass er schließlich Ja sagen wird.
le **sens** [sɑ̃s] Ça n'a pas de **sens** de vouloir visiter Paris en un jour.	**Sinn** *m* Es hat keinen Sinn, Paris in einem Tag besichtigen zu wollen.
sage [saʒ] *adj syn:* raisonnable Les enfants, soyez bien **sages**, je reviens dans cinq minutes.	**brav** Kinder, seid schön brav, ich bin in fünf Minuten wieder da.
la **raison** [ʀɛzɔ̃] *ant:* folie Elle veut se marier avec ce type? Mais elle perd la **raison**!	**Vernunft** *f* Den Typ will sie heiraten? Hat sie denn den Verstand verloren?
raisonnable [ʀɛzɔnabl] *adj* Non, ce n'est pas assez, proposez-moi un prix **raisonnable**.	**vernünftig** Nein, das ist nicht genug, schlagen Sie mir einen vernünftigen Preis vor.

---

la **réflexion** [ʀeflɛksjɔ̃] **Réflexion** faite, je vais plutôt choisir ce modèle.	**Überlegen** *n*, **Überdenken** *n* Ich habs mir überlegt, ich nehme doch lieber dieses Modell.
réfléchir à [ʀefleʃiʀa] *v* ⚠ **ils réfléchissent** Vous permettez? Il faut que je **réfléchisse à** votre proposition.	**überdenken** Entschuldigen Sie, ich muss Ihren Vorschlag erst überdenken.
réfléchir [ʀefleʃiʀ] *v* ⚠ **ils réfléchissent** Prenez le temps de **réfléchir**, c'est une décision importante.	**nachdenken, überlegen** Nehmen Sie sich Zeit zum Nachdenken, es ist eine wichtige Entscheidung.
l'**impression** *f* [ɛ̃pʀɛsjɔ̃] J'ai l'**impression** que je l'ai déjà vue, mais où?	**Eindruck** *m* Ich habe den Eindruck, sie schon einmal gesehen zu haben, aber wo?

la **mémoire** [memwaʀ] Je n'ai aucune **mémoire**; c'est pour ça que j'ai du mal en histoire.	**Gedächtnis** *n*, **Erinnerung** *f* Ich kann mir überhaupt nichts merken, deshalb tue ich mich in Geschichte so schwer.
l'**intérêt** *m* [ɛ̃teʀɛ] Les Français ont beaucoup d'**intérêt** pour la gastronomie.	**Interesse** *n* Franzosen zeigen großes Interesse an der Kochkunst.
intéresser [ɛ̃teʀɛse] *v* À la télé, ce sont les reportages qui m'**intéressent** le plus.	**interessieren** Im Fernsehen interessieren mich Reportagen am meisten.
imaginer [imaʒine], **s'imaginer** [simaʒine] *v* J'**imagine** que vous avez été déçu de ne pas arriver premier.	 **sich vorstellen** Ich kann mir vorstellen, dass Sie enttäuscht waren, nicht Erster geworden zu sein.

TIPP: S'imaginer** kann auch abwertend in der Bedeutung „sich etwas einbilden" gebraucht werden.* ***Non, mais qu'est-ce qu'il s'imagine! *Was der sich bloß einbildet!*

l'**imagination** *f* [imaʒinasjɔ̃] Il suffit d'un peu d'**imagination** pour se promener dans le futur.	**Fantasie** *f*, **Vorstellungskraft** *f* Man braucht nur ein bisschen Fantasie, um eine Reise in die Zukunft zu machen.
voir [vwaʀ] *v syn:* comprendre, se rendre compte ⚠ *irr* 43 Quand il **a vu** qu'il n'y arriverait pas, il a abandonné.	**sehen, begreifen** Als ihm klar wurde, dass er es nicht schaffen würde, hat er aufgegeben.
se rendre compte de [səʀɑ̃dʀ(ə)kɔ̃tdə] *v syn:* comprendre, voir Je **me rends** bien **compte de** mon erreur, mais c'est trop tard. Non, mais vous **vous rendez compte de** ce que vous dites?	**begreifen; sich im Klaren sein über** Ich begreife meinen Fehler ja, aber es ist zu spät. Sind Sie sich überhaupt darüber im Klaren, was Sie da sagen?
doué, e [due] *adj syn:* fort Elle est **douée** pour les langues.	**begabt** Sie ist sprachbegabt.
capable de [kapabldə] *adj* Méfie-toi, il est **capable de** tout.	**fähig zu** Pass auf, er ist zu allem fähig.

maladroit, e [maladʀwa, at] *adj ant:* adroit	**ungeschickt**
Excusez-moi! J'ai été **maladroit** de vous parler de ça maintenant.	Entschuldigen Sie! Es war ungeschickt von mir, das jetzt Ihnen gegenüber zu erwähnen.
bête [bɛt] *adj ant:* intelligent	**dumm**
C'est trop **bête**! J'ai encore oublié mes clés au bureau.	Das ist doch zu dumm! Ich habe schon wieder meine Schlüssel im Büro vergessen.
fou, fol, folle [fu, fɔl] *adj*	**verrückt**
Je ne suis tout de même pas **folle**; je suis certaine d'avoir éteint la lumière en partant.	Ich bin doch nicht verrückt! Ich habe beim Weggehen ganz bestimmt das Licht ausgemacht.

***TIPP:** Die Form **fol** wird verwendet, wenn das Adjektiv vor einem männlichen Substantiv steht, das mit Vokal oder stummem h anfängt.*

la **folie** [fɔli] *ant:* raison	**Wahnsinn** *m*
Tu veux sortir par ce temps? Mais c'est de la **folie**!	Bei diesem Wetter willst du raus? Das ist doch Wahnsinn!
l'**idiot** *m*, l'**idiote** *f* [idjo, ɔt]	**Idiot(in)** *m(f)*, **Dummkopf** *m*
Il n'y a que les **idiots** qui ne changent pas d'avis.	Nur Dummköpfe ändern ihre Meinung nie.

***TIPP: Idiot** kann auch adjektivisch benützt werden. **Quelle idée idiote!** Was für eine idiotische Idee!*

le **con**, la **conne** [kɔ̃, kɔn]	**Vollidiot(in)** *m(f)*
Quel est le **con** qui a fait ça?	Welcher Vollidiot hat denn das gemacht?

***TIPP: Con** ist ein sehr umgangssprachliches Wort. Es sollte von einem Ausländer möglichst nicht gebraucht werden. Man kann **con** auch adjektivisch benützen, z. B. **Il est con**. Er ist blöd.*

1.1.1.4 CHARAKTER

«1–2000»

bon, ne [bɔ̃, bɔn] *adj syn:* gentil, *ant:* méchant	**gut, gütig**
Tu me prêtes ta voiture? Tu es vraiment trop **bon**.	Du leihst mir dein Auto? Das ist wirklich zu gütig.

méchant, e [meʃɑ̃, ɑ̃t] *adj ant:* gentil	**böse, gemein**
Il a été vraiment **méchant** avec moi.	Er ist wirklich gemein zu mir gewesen.
Attention, chien **méchant**!	Vorsicht, bissiger Hund!
gentil, le [ʒɑ̃ti, ij] *adj syn:* bon	**nett**
C'est très **gentil** de votre part de m'avoir invitée.	Es ist sehr nett von Ihnen, dass Sie mich eingeladen haben.
aimable [ɛmabl] *adj*	**freundlich, liebenswürdig**
Seriez-vous assez **aimable** pour laisser cette porte ouverte?	Wären Sie so freundlich und würden diese Tür offen lassen?
cher, chère [ʃɛʀ] *adj*	**lieb**
Chère Pauline, Je t'écris cette lettre …	Liebe Pauline, ich schreibe dir diesen Brief …
fier, fière [fjɛʀ] *adj*	**stolz**
Les Français sont très **fiers** de leurs vins.	Die Franzosen sind sehr stolz auf ihre Weine.
paresseux, -euse [paʀɛsø, øz] *adj*	**faul**
En vacances, je deviens **paresseux**: je me lève parfois à midi.	Im Urlaub werde ich ganz faul. Da stehe ich manchmal erst mittags auf.
patient, e [pasjɑ̃, ɑ̃t] *adj*	**geduldig**
Quand on veut photographier des animaux, il faut savoir être **patient**.	Wenn man Tiere fotografieren will, braucht man Geduld.
impatient, e [ɛ̃pasjɑ̃, ɑ̃t] *adj*	**ungeduldig**
Nous sommes **impatients** de recevoir votre visite.	Wir warten voller Ungeduld auf euren Besuch.

***TIPP:** Im Französischen wird oft die Vorsilbe **in** oder **im** benützt, um ein Wort ins Gegenteil zu verwandeln.*

la **patience** [pasjɑ̃s]	**Geduld** *f*
Avec un peu de **patience**, on y arrive.	Mit ein wenig Geduld schafft man es.
prudent, e [pʀydɑ̃, ɑ̃t] *adj*	**vorsichtig**
Soyez **prudents** en traversant la rue!	Seid vorsichtig, wenn ihr über die Straße geht!
soigneusement [swaɲøzmɑ̃] *adv*	**sorgfältig**
Il faut relire **soigneusement** un devoir avant de le rendre.	Man muss eine Arbeit sorgfältig durchlesen, bevor man sie abgibt.

adroit, e [adRwa, at] *adj* Tu n'as pas été très **adroit** d'inviter ton ancienne petite amie à cette soirée.	**geschickt** Es war nicht sehr geschickt von dir, deine ehemalige Freundin zu dieser Party einzuladen.

«2001–4000»

le **caractère** [kaRaktɛR] Mes frères ont des **caractères** très différents.	**Charakter** *m* Meine Brüder haben einen ganz unterschiedlichen Charakter.
la **qualité** [kalite] La patience n'est pas ma plus grande **qualité**.	**gute Eigenschaft** Geduld ist nicht meine stärkste Seite.
le **défaut** [defo] *ant:* qualité Mon plus gros **défaut**, c'est d'être gourmand.	**Fehler** *m* Mein größter Fehler ist, dass ich naschhaft bin.
honnête [ɔnɛt] *adj* On peut lui faire confiance, c'est quelqu'un d'**honnête**.	**ehrlich** Man kann ihm vertrauen, er ist ehrlich.
sévère [sevɛR] *adj* Notre prof de maths est **sévère**, mais il est juste.	**streng** Unser Mathelehrer ist streng, aber gerecht.
fidèle [fidɛl] *adj* J'ai promis à Sophie de lui être **fidèle**.	**treu** Ich habe Sophie versprochen, dass ich ihr treu bleibe.
généreux, -euse [ʒeneRø, øz] *adj* *ant:* avare Le gouvernement n'a pas été très **généreux**: 0,5 % d'augmentation sur les salaires!	**großzügig, freigebig** Die Regierung war nicht sehr großzügig: 0,5 % Lohnerhöhung!
avare [avaR] *adj* *ant:* généreux Je ne suis pas **avare**, mais je dois faire des économies.	**geizig** Ich bin nicht geizig, aber ich muss sparen.
poli, e [pɔli] *adj* *ant:* impoli Je suis **polie** avec les voisins, mais ça s'arrête là.	**höflich** Ich bin höflich zu den Nachbarn, aber weiter geht es nicht.
timide [timid] *adj* Ne sois pas si **timide**.	**schüchtern** Sei nicht so schüchtern!
l'**humour** *m* [ymuR] Tu n'as vraiment pas le sens de l'**humour**!	**Humor** *m* Du hast wirklich keinen Sinn für Humor!

ironique [iʀɔnik] *adj* — **ironisch**
Est-ce que cette remarque était **ironique**? — War diese Bemerkung ironisch gemeint?

---

drôle [dʀol] *adj* *ant:* sérieux — **lustig**
Ce n'est pas **drôle** d'être malade. — Es ist nicht lustig, krank zu sein.

---

sympa(thique) [sɛ̃pa(tik)] *adj* — **sympathisch**
Je l'ai tout de suite trouvée **sympathique**. — Ich habe sie sofort sympathisch gefunden.

> ***TIPP:** Die Kurzform **sympa** ist umgangssprachlich.*

---

brave [bʀav] *adj* *syn:* gentil — **nett, lieb**
Il se met parfois en colère, mais finalement, c'est un **brave** type. — Er wird manchmal wütend, aber eigentlich ist er ein netter Kerl.
→ *courageux*

> ***TIPP:** Wenn **brave** nach dem Substantiv steht, hat es die Bedeutung „tapfer, mutig"; z. B. **un soldat très brave** ein sehr tapferer Soldat.*

---

sérieux, -euse [seʀjø, øz] *adj* — **ernst**
Il n'y a pas de quoi rire: ce que je dis est **sérieux**. — Es gibt keinen Grund zum Lachen: was ich sage ist ernst.

---

curieux, -euse [kyʀjø, øz] *adj* — **neugierig**
Ce que ta voisine peut être **curieuse**: toujours à la fenêtre! — Deine Nachbarin ist aber neugierig: ständig ist sie am Fenster!
Je suis **curieuse** de connaître ta famille. — Ich bin gespannt auf deine Familie.

égoïste [egɔist] *adj* — **egoistisch**
Ne sois pas **égoïste**, pense un peu aux autres. — Sei nicht so egoistisch, denk auch mal an die anderen.

---

la **fierté** [fjɛʀte] — **Stolz** *m*
Moi aussi j'ai ma **fierté**: je ne m'excuserai pas! — Auch ich habe meinen Stolz. Ich werde mich nicht entschuldigen!

---

le **courage** [kuʀaʒ] — **Mut** *m*
Allez, du **courage**; on est presque arrivés! — Nur Mut, wir sind schon fast am Ziel!

---

courageux, -euse [kuʀaʒø, øz] *adj* *ant:* lâche — **mutig, tapfer**
Si j'étais plus **courageux**, je lui dirais ce que je pense. → *brave* — Wenn ich mutiger wäre, würde ich ihr sagen, was ich denke.

---

lâche [lɑʃ] *adj* *ant:* courageux — **feige**
Il est trop **lâche** pour me dire la vérité en face. — Er ist zu feige, um mir die Wahrheit ins Gesicht zu sagen.

impoli, e [ɛ̃pɔli] *adj ant:* poli Ces gens sont vraiment **impolis**, ils ne disent jamais bonjour.	**unhöflich** Diese Leute sind wirklich unhöflich; nie grüßen sie!
cruel, le [kʀyɛl] *adj* C'était **cruel** de ta part de lui dire toute la vérité.	**grausam, unmenschlich** Es war grausam von dir, ihm die volle Wahrheit zu sagen.

1.1.1.5 FÜHLEN UND EMPFINDEN

«1–2000»

aimer [eme] *v* Je t'**aime** depuis le premier jour. J'**aime** bien le Midi et j'y passe toutes mes vacances.	**lieben; mögen** Ich liebe dich seit dem ersten Tag. Ich mag Südfrankreich sehr und verbringe jeden Urlaub dort.
l'**amour** *m* [amuʀ] Olivier m'a fait une vraie déclaration d'**amour**.	**Liebe** *f* Olivier hat mir eine echte Liebeserklärung gemacht.
content, e [kɔ̃tɑ̃, ɑ̃t] *adj* Nous sommes très **contents** de notre nouvelle voiture.	**zufrieden** Wir sind mit unserem neuen Auto sehr zufrieden.
heureux, -euse [øʀø, øz] *adj ant:* malheureux J'ai eu une enfance très **heureuse**.	**glücklich** Ich hatte eine sehr glückliche Kindheit.
la **joie** [ʒwa] *syn:* plaisir Vous viendrez à mon anniversaire? — Avec **joie**!	**Freude** *f*, **Vergnügen** *n* Kommt ihr zu meinem Geburtstag? — Mit Vergnügen!
le **plaisir** [pleziʀ] *syn:* joie C'est vraiment un **plaisir** de discuter avec vous.	**Vergnügen** *n*, **Freude** *f* Es ist wirklich eine Freude, mit euch zu diskutieren.
agréable [agʀeabl] *adj ant:* désagréable Ce chanteur a une voix **agréable**.	**angenehm** Dieser Sänger hat eine angenehme Stimme.

TIPP: *Eine Möglichkeit, das Gegenteil eines Wortes auszudrücken, ist auch das Anfügen der Vorsilbe **dés** wie bei **espoir/désespoir** oder **agréable/désagréable**, wenn das entsprechende französische Wort mit einem Vokal oder stummem h beginnt. → impatient TIPP*

avoir envie de [avwaʀɑ̃vidə] *v* ⚠ *irr* 3 Tu **as envie d'**une bière bien fraîche?	**Lust haben auf** Hast du Lust auf ein schön kühles Bier?
désagréable [dezagʀeabl] *adj* N'avoir rien à faire, de temps en temps, ça n'est pas **désagréable**.	**unangenehm** Ab und zu mal nichts zu tun zu haben ist nicht unangenehm.
l'**espoir** *m* [ɛspwaʀ] Il ne faut jamais perdre **espoir**.	**Hoffnung** *f* Man darf die Hoffnung nie aufgeben.
espérer [ɛspeʀe] *v* ⚠ **il espère** J'**espère** que tu pourras venir demain.	**hoffen** Ich hoffe, dass du morgen kommen kannst.
la **surprise** [syʀpʀiz] Tiens, une lettre de ma sœur. Quelle bonne **surprise**!	**Überraschung** *f* Sieh mal, ein Brief von meiner Schwester. Welch nette Überraschung!
surprendre [syʀpʀɑ̃dʀ] *v* ⚠ *irr* 31 Son départ soudain nous **a** tous beaucoup **surpris**.	**überraschen** Ihre plötzliche Abreise hat uns alle sehr überrascht.
triste [tʀist] *adj ant:* heureux Il est tout **triste** parce que son petit chat est malade.	**traurig** Er ist ganz traurig, weil sein Kätzchen krank ist.
regretter [ʀəgʀɛte] *v* Nous **regrettons**, l'hôtel est complet.	**bedauern** Wir bedauern, aber das Hotel ist ausgebucht.
s'inquiéter [sɛ̃kjete] *v* ⚠ **il s'inquiète** Ne **t'inquiète** pas! Il aurait téléphoné s'il avait eu un problème.	**sich sorgen, sich Sorgen machen** Mach dir keine Sorgen! Er hätte angerufen, wenn er ein Problem gehabt hätte.
inquiet, -ète [ɛ̃kjɛ, ɛt] *adj* Les parents sont toujours **inquiets** quand leurs enfants sont sortis.	**besorgt, beunruhigt** Eltern sind immer besorgt, wenn die Kinder ausgegangen sind.
avoir peur (de) [avwaʀpœʀ(də)] *v* ⚠ *irr* 3 Maman, j'**ai peur**! J'**ai peur des** chiens.	**Angst haben (vor)** Mama, ich habe Angst! Ich habe Angst vor Hunden.

le **souci** [susi] Ne te fais pas de **soucis** pour moi, maman!	**Sorge** *f* Mach dir keine Sorgen um mich, Mama!
détester [detɛste] *v ant:* aimer Il **déteste** le fromage et le lait. Je **déteste** les gens qui ne tiennent pas leurs promesses.	**verabscheuen, hassen** Er verabscheut Käse und Milch. Ich hasse Leute, die ihre Versprechen nicht halten.

«2001–4000»

le **sentiment** [sɑ̃timɑ̃] J'ai le **sentiment** qu'on pourrait faire beaucoup plus pour l'environnement.	**Gefühl** *n* Ich habe das Gefühl, dass man sehr viel mehr für die Umwelt tun könnte.
éprouver [epʀuve] *v* Qu'as-tu **éprouvé** en le revoyant? → *sentir*	**empfinden** Was hast du empfunden, als du ihn wieder gesehen hast?
l'**humeur** *f* [ymœʀ] Il est toujours de bonne **humeur**.	**Laune** *f* Er ist immer guter Laune.
prêt, e (à) [pʀɛ, ɛt(a)] *adj* Je suis toujours **prêt à** aider mes amis.	**bereit (zu)** Ich bin immer bereit, meinen Freunden zu helfen.

nerveux, -euse [nɛʀvø, øz] *adj ant:* calme, décontracté Quand je dois prendre l'avion, je suis toujours **nerveux**.	**nervös** Wenn ich fliegen muss, bin ich immer nervös.
actif, -ive [aktif, iv] *adj* Bien qu'il ait 87 ans, mon grand-père est encore très **actif**.	**aktiv** Obwohl er 87 ist, ist mein Großvater noch sehr aktiv.
décontracté, e [dekɔ̃tʀakte] *adj ant:* nerveux C'est bien d'être **décontracté** à un examen.	**entspannt, gelassen** Es ist gut, wenn man bei einer Prüfung gelassen ist.
calme [kalm] *adj syn:* tranquille Il reste **calme** même quand les choses vont mal.	**ruhig** Er bleibt ruhig, auch wenn es schlecht läuft.
tranquille [tʀɑ̃kil] *adj* J'espère que les enfants seront **tranquilles**, pour que je puisse travailler un peu.	**ruhig** Ich hoffe, dass die Kinder ruhig sind, damit ich etwas arbeiten kann.

soucieux, -euse [susjø, øz] *adj*	**besorgt**
Je lui trouve l'air **soucieux**; il a des ennuis?	Ich finde, er sieht besorgt aus. Hat er Probleme?
la **crainte** [kʀɛ̃t] *syn:* peur	**Angst** *f*
N'ayez aucune **crainte**! Ce chien n'est pas méchant.	Haben Sie keine Angst! Der Hund beißt nicht.
la **peur** [pœʀ] *syn:* crainte	**Angst** *f*
De **peur** de rater leur train, ils sont arrivés à la gare avec une heure d'avance.	Aus Angst, den Zug zu verpassen, sind sie eine Stunde zu früh am Bahnhof gewesen.
faire peur à [fɛʀpœʀa] *v* ⚠ *irr* 18	**Angst machen, erschrecken**
Ne criez pas, vous allez lui **faire peur**!	Schreit nicht, ihr werdet ihm Angst machen!
craindre [kʀɛ̃dʀ] *v syn:* avoir peur de ⚠ *irr* 27	**fürchten**
Je **crains** bien qu'il ait fait une erreur.	Ich fürchte, er hat einen Fehler gemacht.
seul, e [sœl] *adj*	**einsam, allein**
Je me sens moins **seule** depuis que j'ai fait leur connaissance.	Ich fühle mich weniger einsam, seit ich sie kennen gelernt habe.
malheureux, -euse [maløʀø, øz] *adj ant:* heureux	**unglücklich**
Tu as l'air **malheureux**; ça ne va pas?	Du siehst unglücklich aus; stimmt was nicht?
la **larme** [laʀm]	**Träne** *f*
À l'enterrement, tout le monde avait les **larmes** aux yeux.	Bei der Beerdigung hatten alle Tränen in den Augen.
le **bonheur** [bɔnœʀ]	**Glück** *n*
Je ne veux pas être un obstacle à ton **bonheur**.	Ich will deinem Glück nicht im Wege stehen.
le **malheur** [malœʀ]	**Unglück** *n*
Ne passe pas sous l'échelle, ça porte **malheur**!	Geh nicht unter der Leiter durch, das bringt Unglück!
désespéré, e [dezɛspeʀe] *adj*	**verzweifelt; hoffnungslos**
Depuis son divorce, elle est totalement **désespérée**.	Seit ihrer Scheidung ist sie völlig verzweifelt.
La situation n'est pas **désespérée**.	Die Lage ist nicht hoffnungslos.

désolé, e (de) [dezɔle(də)] *adj* Nous sommes **désolés de** vous avoir fait attendre. Je suis **désolé**, la séance est complète.	**untröstlich (über)** Wir sind untröstlich, dass wir Sie haben warten lassen. Es tut mir Leid, die Vorstellung ist ausverkauft.
décevoir [desəvwaʀ] *v* ⚠ *irr* 32 Son échec l'**a** terriblement **déçue**.	**enttäuschen** Sie ist über ihren Misserfolg schwer enttäuscht.
en avoir assez (de) [ɑ̃navwaʀase(də)] *v syn:* en avoir marre (de) ⚠ *irr* 3 J'**en ai assez de** cette histoire.	**es leid sein** Ich bin diese ganze Sache leid.
en avoir marre (de) [ɑ̃navwaʀmaʀ(də)] *v syn:* en avoir assez (de) ⚠ *irr* 3 J'**en ai marre**; c'est encore loin?	**es satt haben, es reicht** Mir reichts; ist es noch weit?

***TIPP:* J'en ai marre** *ist umgangssprachlicher als* **J'en ai assez**.

furieux, -euse [fyʀjø, øz] *adj* Il est **furieux** d'être arrivé seulement deuxième.	**wütend** Er ist wütend, weil er nur Zweiter geworden ist.
la **colère** [kɔlɛʀ] Son visage était rouge de **colère**.	**Wut** *f* Sein Gesicht war rot vor Wut.
fâcher [fɑʃe] *v* Ne lui dites pas qu'il est gros; ça va le **fâcher**!	**ärgerlich stimmen, (ver)ärgern** Sagen Sie ihm nicht, dass er dick ist; das ärgert ihn.
en vouloir à [ɑ̃vulwaʀa] *v* ⚠ *irr* 44 Je ne lui **en veux** pas de ne pas m'écrire.	**böse sein auf** Ich bin nicht böse auf ihn, weil er mir nicht schreibt.
se fâcher [səfɑʃe] *v* Si tu continues comme ça, je vais **me fâcher**.	**böse werden** Wenn du so weitermachst, werde ich noch böse.
s'énerver [senɛʀve] *v* Ne **t'énerve** pas!	**sich aufregen** Reg dich nicht auf!
jaloux, -ouse [ʒalu, uz] *adj* Elle est **jalouse** de sa petite sœur.	**eifersüchtig** Sie ist auf ihre kleine Schwester eifersüchtig.
satisfait, e (de) [satisfɛ, ɛt(də)] *adj syn:* content Elle est très **satisfaite de** mon travail.	**zufrieden (mit)** Sie ist mit meiner Arbeit sehr zufrieden.

excité, e [ɛksite] *adj*	**aufgeregt**
Demain je prends ma première leçon de conduite; je suis déjà tout **excitée**.	Morgen habe ich meine erste Fahrstunde; ich bin schon ganz aufgeregt.
excitant, e [ɛksitɑ̃, ɑ̃t] *adj*	**aufregend**
Rouler à 200 à l'heure sur l'autoroute, c'est **excitant**, mais c'est dangereux.	Mit 200 auf der Autobahn zu fahren ist zwar aufregend, aber auch gefährlich.
joyeux, -euse [ʒwajø, øz] *adj*	**fröhlich**
Je me demande ce qui la rend aussi **joyeuse**.	Ich frage mich, was sie so fröhlich stimmt.

étonner [etɔne] *v* *syn:* surprendre	**erstaunen, wundern**
Il a eu un accident? Ça ne m'**étonne** pas; il roule toujours trop vite.	Er hatte einen Unfall? Das wundert mich nicht; er fährt immer zu schnell.
s'étonner (de) [setɔne(də)] *v*	**sich wundern (über)**
Personne ne **s'est étonné de** mon absence.	Niemand hat sich darüber gewundert, dass ich nicht da war.
avoir honte (de) [avwaʀ'ɔ̃t (də)] *v* ⚠ *irr* 3	**sich schämen**
Vous n'**avez** pas **honte de** mentir ainsi?	Schämen Sie sich nicht, so zu lügen?
la **pitié** [pitje]	**Mitleid** *n*
Ayez donc un peu **pitié** de moi!	Haben Sie doch ein wenig Mitleid mit mir!
ému, e [emy] *adj*	**gerührt, bewegt**
Pendant son discours d'adieu, tout le monde était **ému**.	Alle waren von seiner Abschiedsrede gerührt.
amoureux, -euse (de) [amuʀø, øz(də)] *adj*	**verliebt (in)**
Il est **amoureux d'**Anne.	Er ist in Anne verliebt.
Elle est tombée **amoureuse de** l'ami de son frère.	Sie hat sich in den Freund ihres Bruders verliebt.
faire l'amour (avec) [fɛʀlamuʀ(avɛk)] *v* ⚠ *irr* 18	**schlafen mit**
Tu crois que Claire **a** déjà **fait l'amour avec** Julien?	Glaubst du, dass Claire schon mit Julien geschlafen hat?
tendre [tɑ̃dʀ] *adj*	**zärtlich**
Il lui chuchotait des mots **tendres** à l'oreille.	Er flüsterte ihr zärtliche Worte ins Ohr.

homosexuel, le [hɔmɔsɛksɥɛl] *adj*	**homosexuell**
Ils viennent d'apprendre que leur fils est **homosexuel**.	Sie haben soeben erfahren, dass ihr Sohn homosexuell ist.

***TIPP:** Man sagt umgangssprachlich auch oft nur **homo**.*

1.1.1.6 GESUNDHEIT UND KRANKHEIT

«1–2000»

la **santé** [sɑ̃te]	**Gesundheit** *f*
Mon grand-père est encore en très bonne **santé**.	Mein Großvater ist noch bei bester Gesundheit.
Je bois à votre **santé**.	Ich trinke auf Ihr Wohl.
fort, e [fɔʀ, fɔʀt] *adj* *ant:* faible	**stark, kräftig**
Il est tellement **fort** qu'il peut me soulever d'une main.	Er ist so stark, dass er mich mit einer Hand hochheben kann.
faible [fɛbl] *adj* *ant:* fort	**schwach**
Je me sens toute **faible**.	Ich fühle mich ganz schwach.

***TIPP:** Zur Verstärkung eines Adjektivs kann man **tout** = ganz verwenden, wobei sich das **tout** bei weiblichen Subjekten in Zahl und Geschlecht anpasst, wenn das folgende Adjektiv mit einem Konsonanten oder einem stummen h anfängt, also **elle est toute faible; elles sont toutes faibles**, aber **elle est tout excitée**.*

malade [malad] *adj*	**krank**
Elle est tombée **malade** pendant les vacances.	Sie ist während der Ferien krank geworden.
se sentir [səsɑ̃tiʀ] *v* ⚠ *irr* 26	**sich fühlen**
Comment **vous sentez**-vous aujourd'hui?	Wie fühlen Sie sich heute?
se porter [səpɔʀte] *v* *syn:* aller	
Depuis que je ne fume plus, je **me porte** beaucoup mieux.	Seit ich nicht mehr rauche, geht es mir viel besser.
faire mal [fɛʀmal] *v* ⚠ *irr* 18	**wehtun**
Excusez-moi, je ne vous **ai** pas **fait mal**, j'espère!	Entschuldigung, ich hoffe, ich habe Ihnen nicht wehgetan!
avoir mal [avwaʀmal] *v* *syn:* souffrir ⚠ *irr* 3	**Schmerzen haben**
As-tu encore **mal** à la tête?	Hast du noch Kopfschmerzen?

la **douleur** [dulœʀ] Après ma chute, j'avais des **douleurs** partout.	**Schmerz** *m* Nach meinem Sturz hatte ich überall Schmerzen.
aïe [ai] *interj* **Aïe**! Tu me fais mal!	**au** Au! Du tust mir weh!
souffrir (de) [sufʀiʀ(də)] *v* ⚠ *irr* 25 **De** quoi **souffrez**-vous?	**leiden (an)** Woran leiden Sie?
sentir [sɑ̃tiʀ] *v* ⚠ *irr* 26 Vous pouvez commencer, je ne **sens** plus rien. → *éprouver*	**spüren, fühlen** Sie können anfangen, ich fühle nichts mehr.

***TIPP:** Dieses Verb kann nicht in Verbindung mit Substantiven benützt werden, die Gefühle bezeichnen. Dafür verwendet der Franzose **éprouver**; es heißt z. B. **éprouver de la haine** „Hass empfinden".*

le **rhume** [ʀym] Si vous sortez aussi peu habillé, vous allez attraper un **rhume**!	**Schnupfen** *m* Wenn ihr so leicht angezogen rausgeht, werdet ihr euch einen Schnupfen holen!
tousser [tuse] *v* Le bébé a **toussé** toute la nuit.	**husten** Das Baby hat die ganze Nacht gehustet.
la **fièvre** [fjɛvʀ] La petite doit avoir de la **fièvre**: elle est toute rouge.	**Fieber** *n* Die Kleine muss Fieber haben: sie ist ganz rot.
l'**accident** *m* [aksidɑ̃] Vous avez eu un **accident** de voiture? Rien de grave, j'espère!	**Unfall** *m* Sie hatten einen Autounfall? Nichts Schlimmes hoffentlich!
la **blessure** [blɛsyʀ] La **blessure** n'est pas grave.	**Verletzung** *f* Die Verletzung ist nicht schlimm.
blesser [blese] *v* C'est une chance que personne n'**ait été blessé**.	**verletzen** Es ist ein Glück, dass niemand verletzt wurde.

«2001–4000»

la **maladie** [maladi] Il a déjà eu toute les **maladies** possibles.	**Krankheit** *f* Er hat schon alle möglichen Krankheiten gehabt.
physique [fizik] *adj* Un peu d'exercice **physique** ne te ferait pas de mal.	**körperlich** Etwas körperliche Betätigung würde dir nichts schaden.

grave [gʀav] *adj* *syn:* sérieux Mon oncle souffre d'une maladie **grave**.	**schwer** Mein Onkel leidet an einer schweren Krankheit.
le **cancer** [kɑ̃sɛʀ] Le **cancer** du poumon est plus fréquent chez les fumeurs que chez les non-fumeurs.	**Krebs** *m* Lungenkrebs tritt bei Rauchern häufiger auf als bei Nichtrauchern.
le **sida** [sida] Mon médecin m'a expliqué comment je peux me protéger du **sida**.	**Aids** *n* Mein Arzt hat mir erklärt, wie ich mich vor Aids schützen kann.
contagieux, -euse [kɔ̃taʒjø, øz] *adj* Cette maladie est très **contagieuse**.	**ansteckend** Diese Krankheit ist sehr ansteckend.
sain, e [sɛ̃, sɛn] *adj* Il est très **sain** de manger des fruits.	**gesund** Es ist sehr gesund, Obst zu essen.
en forme [ɑ̃fɔʀm] *adj* Je ne suis pas **en forme** ce matin!	**fit, in Form** Ich bin nicht in Form heute Morgen.
grossir [gʀɔsiʀ] *v* *ant:* maigrir ⚠ **ils grossissent** J'**ai grossi**; je ne rentre plus dans mes jeans.	**zunehmen** Ich habe zugenommen; ich passe nicht mehr in meine Jeans.
maigrir [mɛgʀiʀ] *v* *ant:* grossir ⚠ **ils maigrissent** Il faut absolument que je **maigrisse** avant l'été.	**abnehmen** Ich muss vor dem Sommer unbedingt abnehmen.
la **force** [fɔʀs] L'enfant n'a pas assez de **force** pour ouvrir la porte.	**Kraft** *f* Das Kind hat nicht genug Kraft, um die Tür zu öffnen.
se remettre [səʀəmɛtʀ] *v* *syn:* guérir ⚠ *irr* 22 Ma mère **s'est remise** très vite de son opération.	**sich erholen, genesen** Meine Mutter hat sich sehr schnell von ihrer Operation erholt.
aveugle [avœgl] *adj* Depuis son accident il est **aveugle**.	**blind** Seit seinem Unfall ist er blind.

***TIPP: Aveugle, sourd, muet, handicapé** werden auch als Substantive gebraucht.*

sourd, e [suʀ, suʀd] *adj* Elle est **sourde** de naissance.	**taub, schwerhörig** Sie ist von Geburt an taub.
muet, te [mɥɛ, ɛt] *adj* Les enfants sourds sont souvent aussi **muets**.	**stumm** Taube Kinder sind oft auch stumm.
handicapé, e ['ɑ̃dikape] *adj* Pourquoi les enfants **handicapés** sont-ils séparés des autres?	**behindert** Warum werden behinderte Kinder von den anderen getrennt?
trembler [tʀɑ̃ble] *v* Elle avait tellement froid qu'elle **tremblait**.	**zittern** Ihr war so kalt, dass sie zitterte.
s'évanouir [sevanwiʀ] *v* ⚠ **ils s'évanouissent** Je **m'évanouis** quand je vois du sang.	**ohnmächtig werden** Ich werde ohnmächtig, wenn ich Blut sehe.
avoir chaud [avwaʀʃo] *v ant:* avoir froid ⚠ *irr* 3 J'**ai** trop **chaud** au soleil.	Mir ist es in der Sonne zu heiß.
avoir froid [avwaʀfʀwa] *v ant:* avoir chaud ⚠ *irr* 3 J'**ai froid** sur la terrasse, je préfère rentrer.	**frieren** Mir ist kalt auf der Terrasse, ich gehe lieber hinein.
avoir faim [avwaʀfɛ̃] *v* ⚠ *irr* 3 Si tu **as faim**, tu n'as qu'à manger un morceau.	**Hunger haben** Wenn du Hunger hast, musst du eben etwas essen.
avoir soif [avwaʀswaf] *v* ⚠ *irr* 3 J'**ai soif**; il faut absolument que je boive quelque chose.	**Durst haben** Ich habe Durst; ich muss unbedingt etwas trinken.
saigner [seɲe] *v* Ce n'est pas bien grave, ça ne **saigne** même pas!	**bluten** Es ist nicht schlimm, das blutet ja nicht einmal!
le **coup de soleil** [kudsɔlɛj] Les **coups de soleil** répétés sont mauvais pour la peau.	**Sonnenbrand** *m* Wiederholte Sonnenbrände sind schlecht für die Haut.
la **fracture** [fʀaktyʀ] Vous avez de la chance: ce n'est pas une **fracture**.	**Bruch** *m* Sie haben Glück: es ist kein Bruch.
se brûler [səbʀyle] *v* Je **me suis brûlé** en repassant.	**sich brennen** Ich habe mich beim Bügeln gebrannt.

le **mal de ...** [maldə] ⚠ *pl* **maux** [mo]	**...schmerzen** *pl*
Ce bruit m'a donné un **mal de tête** terrible.	Von diesem Lärm habe ich schreckliche Kopfschmerzen bekommen.
Les cerises me donnent à chaque fois des **maux de ventre**.	Auf Kirschen bekomme ich jedes Mal Bauchschmerzen.
Le miel est très bon contre les **maux de gorge**.	Honig ist sehr gut gegen Halsschmerzen.

1.1.1.7 LEBEN UND TOD

«1–2000»

vivre [vivʀ] *v* ⚠ *irr* 42	**leben**
Picasso **a vécu** très vieux.	Picasso hat sehr lange gelebt.

TIPP: ***Vivre*** *wird häufig auch mit direktem Objekt gebraucht, z. B.* ***Nous avons vécu une aventure****. Es entspricht dann „erleben".*

la **vie** [vi] *ant:* mort	**Leben** *n*
Ils mènent une **vie** tranquille.	Sie führen ein ruhiges Leben.
se tuer [sətɥe] *v*	**ums Leben kommen**
Elle **s'est tuée** dans un accident de voiture.	Sie ist bei einem Autounfall ums Leben gekommen.
exister [ɛgziste] *v*	**existieren**
Elle fait comme si je n'**existais** pas.	Sie tut so, als existierte ich gar nicht.

naître [nɛtʀ] *v ant:* mourir ⚠ *irr* 24	**geboren werden, zur Welt kommen**
Je **suis née** un 29 février!	Ich bin an einem 29. Februar zur Welt gekommen!
l'**anniversaire** *m* [anivɛʀsɛʀ]	**Geburtstag** *m*
Bon **anniversaire**!	Herzlichen Glückwunsch zum Geburtstag!
C'est quand, ton **anniversaire**?	Wann hast du Geburtstag?

TIPP: Im Französischen steht in dieser Wendung immer ***être****! „Morgen ist mein Geburtstag" oder „Morgen habe ich Geburtstag" muss mit* ***Demain, c'est mon anniversaire*** *wiedergegeben werden.*

jeune [ʒœn] *adj* *ant:* vieux Tu es encore trop **jeune** pour sortir seul le soir.	**jung** Du bist noch zu jung, um abends allein auszugehen.
vieux, vieil, vieille [vjø, vjɛj] *adj* *ant:* jeune Le **vieil** arbre de la place est magnifique.	**alt** Der alte Baum auf dem Platz ist wunderschön.

TIPP: *Die Form* ***vieil*** *wird verwendet, wenn das Adjektiv vor einem männlichen Substantiv steht, das mit einem Vokal oder einem stummen h anfängt, z. B.* ***le vieil homme****.*

l'**âge** *m* [ɑʒ] Tu as quel **âge**?	**Alter** *n* Wie alt bist du?
mort, e [mɔʀ, mɔʀt] *adj* Mes grand-parents sont **morts** depuis longtemps.	**tot** Meine Großeltern sind schon lange tot.

TIPP: ***Mort*** *ist auch die Partizip-Perfekt-Form des Verbs mourir;* ***il est mort*** *entspricht dann dem deutschen „er ist gestorben".*

mourir [muʀiʀ] *v* ⚠ *irr* 23 Si on est mordu par ce serpent, on **meurt** en quelques minutes.	**sterben** Wenn man von dieser Schlange gebissen wird, stirbt man in wenigen Minuten.

TIPP: ***Mourir*** *wird mit* ***être*** *konjugiert.*

la **mort** [mɔʀ] *ant:* vie Je l'ai rencontrée dans la rue la veille de sa **mort**.	**Tod** *m* Ich habe sie am Tag vor ihrem Tod auf der Straße getroffen.
vivant, e [vivɑ̃, ɑ̃t] *adj* *syn:* en vie, *ant:* mort Mes quatre grands-parents sont encore **vivants**.	**lebend, lebendig** Meine Großeltern leben noch alle vier.

«2001–4000»

la **naissance** [nɛsɑ̃s] *ant:* mort Connais-tu la date de **naissance** de ton grand-père?	**Geburt** *f* Kennst du das Geburtsdatum deines Großvaters?
l'**enfance** *f* [ɑ̃fɑ̃s] Il a passé une partie de son **enfance** dans le Midi.	**Kindheit** *f* Er hat einen Teil seiner Kindheit in Südfrankreich verbracht.
âgé, e [ɑʒe] *adj* *ant:* jeune Les personnes **âgées** sont de plus en plus nombreuses.	**alt** Es gibt immer mehr alte Leute.

la **jeunesse** [ʒœnɛs] Pendant ma **jeunesse** j'ai beaucoup voyagé.	**Jugend** *f* In meiner Jugend bin ich viel gereist.
grandir [gʀɑ̃diʀ] *v* ⚠ **ils grandissent** Leurs enfants **ont grandi** à l'étranger.	**aufwachsen, groß werden** Ihre Kinder sind im Ausland aufgewachsen.
élever [el(ə)ve] *v* ⚠ **il élève** Elle **a élevé** seule ses trois enfants.	**aufziehen** Sie hat ihre drei Kinder allein aufgezogen.
adulte [adylt] *adj ant:* enfant Quand devient-on **adulte**?	**erwachsen** Wann wird man erwachsen?

TIPP: *Wird auch als Substantiv gebraucht.*

majeur, e [maʒœʀ] *adj* On devient **majeur** à 18 ans.	**volljährig, mündig** Man wird mit 18 volljährig.
mineur, e [minœʀ] *adj* Quand on est **mineur**, il faut l'autorisation des parents pour se marier.	**minderjährig** Wenn man minderjährig ist, braucht man die Erlaubnis der Eltern um zu heiraten.

TIPP: *Wird häufig auch als Substantiv gebraucht:* ***Interdit aux mineurs****. Für Minderjährige verboten.*

la **vieillesse** [vjɛjɛs] *ant:* jeunesse Lorsqu'on est jeune, on ne pense pas à la **vieillesse**.	**Alter** *n* Wenn man jung ist, denkt man nicht ans Alter.
le **corps** [kɔʀ] On a retrouvé son **corps** quelques jours après sa disparition.	**Leiche** *f* Man hat seine Leiche einige Tage nach seinem Verschwinden gefunden.
enterrer [ɑ̃teʀe] *v* Elle veut **être enterrée** à côté de son mari.	**beerdigen, begraben** Sie möchte neben ihrem Mann beerdigt werden.
l'**enterrement** *m* [ɑ̃tɛʀmɑ̃] Tout le village était venu à l'**enterrement** du maire.	**Beerdigung** *f* Das ganze Dorf war zur Beerdigung des Bürgermeisters gekommen.
survivre (à) [syʀvivʀ(a)] *v* ⚠ *irr* 42 Seul le conducteur **a survécu à** ce terrible accident.	**überleben** Nur der Fahrer hat diesen schrecklichen Unfall überlebt.

TIPP: *Für „jemanden überleben" sagt man* ***survivre à quelqu'un****.*

1.1.2 AKTIVITÄTEN

1.1.2.1 WACHEN UND SCHLAFEN

«1–2000»

fatigué, e [fatige] *adj* Les enfants étaient si **fatigués** qu'ils se sont endormis pendant le repas.	**müde** Die Kinder waren so müde, dass sie während des Essens eingeschlafen sind.
aller se coucher [alesəkuʃe] *v* ⚠ *irr* 1 Je ne **vais** jamais **me coucher** avant minuit.	**ins Bett gehen, schlafen gehen** Ich gehe nie vor Mitternacht ins Bett.
dormir [dɔʀmiʀ] *v* ⚠ *irr* 14 Je n'ai pas voulu te réveiller: tu **dormais** si bien!	**schlafen** Ich wollte dich nicht wecken, du hast so gut geschlafen!
le **sommeil** [sɔmɛj] Tu as **sommeil**, va te coucher!	**Schlaf** *m* Du bist schläfrig, geh ins Bett!
le **rêve** [ʀɛv] La petite s'est mise à pleurer dans son sommeil; elle a dû faire un mauvais **rêve**.	**Traum** *m* Die Kleine hat im Schlaf geweint, sie muss schlecht geträumt haben.
rêver [ʀeve] *v* J'**ai rêvé** que j'étais riche.	**träumen** Ich habe geträumt, ich sei reich.
réveiller [ʀeveje] *v* Pouvez-vous me **réveiller** à 6 heures; j'ai un train à prendre.	**(auf)wecken** Können Sie mich um 6 Uhr wecken? Ich muss zum Zug.
se réveiller [səʀeveje] *v* À cause de l'orage, les enfants **se sont réveillés** dans la nuit.	**aufwachen** Wegen des Gewitters sind die Kinder in der Nacht aufgewacht.
se lever [səl(ə)ve] *v ant:* (aller) se coucher ⚠ **il se lève** J'ai décidé de **me lever** plus tôt pour avoir le temps de prendre un vrai petit-déjeuner.	**aufstehen** Ich habe beschlossen früher aufzustehen, um Zeit für ein richtiges Frühstück zu haben.

«2001–4000»

s'endormir [sɑ̃dɔʀmiʀ] *v* ⚠ *irr* 14 Je **me suis endormie** avant la fin de l'émission.	**einschlafen** Ich bin vor Ende der Sendung eingeschlafen.

la **fatigue** [fatig]	**Müdigkeit** *f*
Je tombe de **fatigue**; je vais me coucher.	Ich bin zum Umfallen müde, ich gehe ins Bett.

1.1.2.2 SINNESWAHRNEHMUNGEN

«1–2000»

regarder [ʀəgaʀde] *v*	**hinsehen; anschauen, ansehen**
Si vous **aviez** mieux **regardé**, vous auriez vu la différence.	Wenn ihr genauer hingesehen hättet, hättet ihr den Unterschied gesehen.
Je **regarde** tous les matchs de football.	Ich sehe mir alle Fußballspiele an.
le **regard** [ʀəgaʀ]	**Blick** *m*
Elle a un **regard** très doux.	Sie hat einen sehr sanften Blick.
voir [vwaʀ] *v* ⚠ *irr* 43	**sehen**
Oh pardon! Je ne vous **avais** pas **vu**!	Entschuldigen Sie bitte! Ich habe Sie nicht gesehen.

TIPP:* Voir** *bezeichnet „sehen“ in der Bedeutung von optisch etwas wahrnehmen können, sei es gewollt oder ungewollt;* ***regarder *dagegen bezeichnet ein bewusstes Hin- oder Ansehen.*

la **vue** [vy]	**Anblick** *m*
Rien que la **vue** d'un serpent me fait peur.	Beim bloßen Anblick einer Schlange bekomme ich schon Angst.

entendre [ɑ̃tɑ̃dʀ] *v*	**hören**
Il **entend** mal de l'oreille gauche.	Er hört auf dem linken Ohr schlecht.
écouter [ekute] *v*	**horchen; (zu)hören**
Écoute! Tu n'entends pas un bruit bizarre?	Horch mal! Hörst du das merkwürdige Geräusch nicht?
Il ne l'**a** même pas **écoutée**.	Er hat ihr nicht einmal zugehört.

TIPP:* Entendre** *bezeichnet „hören“ in der Bedeutung von Schallwellen wahrnehmen können, sei es gewollt oder ungewollt;* ***écouter *dagegen bezeichnet ein absichtliches Zu- oder Hinhören.*

le **bruit** [bʀɥi]	**Lärm** *m*
Ne faites pas de **bruit**, les enfants dorment!	Macht keinen Lärm, die Kinder schlafen!

TIPP: *Wenn man von Lärm redet, der aus verschiedenen Geräuschen besteht, kann man auch den Plural verwenden, z. B.* ***le bruit/les bruits de la rue*** *„der Straßenlärm".*

doucement [dusmɑ̃] *adv* Parlez plus **doucement**, je voudrais travailler.	**leise** Sprecht leiser, ich würde gern arbeiten.
fort [fɔʀ] *adv ant:* doucement L'orchestre joue beaucoup trop **fort**; on n'entend plus le soliste.	**laut** Das Orchester ist viel zu laut; man hört den Solisten nicht mehr.
toucher [tuʃe] *v* Prière de ne **toucher** à rien.	**anfassen, berühren** Bitte nichts berühren.
l'**odeur** *f* [ɔdœʀ] Elle ne peut pas supporter cette **odeur**.	**Geruch** *m* Sie kann diesen Geruch nicht ausstehen.
sentir [sɑ̃tiʀ] *v* ⚠ *irr* 26 Vous trouvez que ça **sent** le gaz? Moi, je ne **sens** rien.	**riechen** Ihr findet, es riecht nach Gas? Ich rieche nichts.
le **goût** [gu] Cette viande a un **goût** de poisson.	**Geschmack** *m* Dieses Fleisch schmeckt nach Fisch.
goûter [gute] *v* Avant de dire qu'on n'aime pas, il faut **goûter**.	**kosten, probieren** Bevor man sagt, dass man etwas nicht mag, sollte man es probieren.

«2001–4000»

le **sens** [sɑ̃s] L'homme a cinq **sens**.	**Sinn** *m* Der Mensch hat fünf Sinne.
la **vue** [vy] Ma **vue** baisse; il faut que je change de lunettes. Je le connais de **vue** seulement.	**Sehvermögen** *n* Mein Sehvermögen lässt nach; ich brauche eine neue Brille. Ich kenne ihn nur vom Sehen.
le **coup d'œil** [kudœj] Pourriez-vous jeter un **coup d'œil** sur ma lettre pour corriger les fautes?	**Blick** *m* Könnten Sie einen Blick auf meinen Brief werfen, um die Fehler zu korrigieren?
reconnaître [ʀ(ə)kɔnɛtʀ] *v* ⚠ *irr* 7 Excusez-moi; je ne vous **avais** pas **reconnu**, avec votre nouvelle coiffure.	**(wieder) erkennen** Entschuldigen Sie, ich hatte Sie mit Ihrer neuen Frisur nicht (wieder) erkannt.

TIPP: *Das* ***re*** *vor einem Verb drückt eine Wiederholung aus oder das Herstellen eines vorigen Zustandes oder die Rückkehr an einen vorigen Ort. Wenn das Verb mit einem Vokal anfängt, steht* ***ré****, z. B.* ***réutiliser, réapprendre*** *„wieder oder erneut benutzen", „neu erlernen". Es kann auch einfach ein* ***r*** *stehen, z. B.* ***rattraper, ramener*** *„wieder einholen", „wieder fangen"; „zurückbringen".*

1.1.2.3 KÖRPERPFLEGE

«1–2000»

se laver [səlave] *v* Pendant notre randonnée en Corse, nous ne **nous sommes** pas **lavés** tous les jours. Sylvie, tu **t'es lavé** les cheveux?	**sich waschen** Während unserer Wandertour auf Korsika haben wir uns nicht jeden Tag gewaschen. Sylvie, hast du dir die Haare gewaschen?

TIPP: *Im Französischen wird die zusammengesetzte Vergangenheit bei reflexiven Verben immer mit* ***être*** *gebildet. Das Partizip richtet sich in Geschlecht und Zahl nach dem Subjekt, solange kein direktes Objekt folgt.*

le **bain** [bɛ̃] Tu devrais prendre un **bain**!	**Bad** *n* Du solltest ein Bad nehmen!
la **douche** [duʃ] Je suis sous la **douche**; tu peux répondre au téléphone?	**Dusche** *f* Ich bin unter der Dusche; kannst du ans Telefon gehen?
le **robinet** [ʀɔbinɛ] Le **robinet** d'eau froide fuit.	**Wasserhahn** *m* Der Kaltwasserhahn tropft.
le **savon** [savɔ̃] Prends du **savon** pour te laver les mains!	**Seife** *f* Nimm Seife zum Händewaschen!
la **serviette** [sɛʀvjɛt] Il a encore pris ma **serviette** pour s'essuyer les cheveux.	**Handtuch** *n* Er hat sich schon wieder mit meinem Handtuch die Haare abgetrocknet.
brosser [bʀɔse] *v* Elle se **brosse** les cheveux plusieurs fois par jour.	**bürsten** Sie bürstet sich die Haare mehrere Male am Tag.

le **peigne** [pɛɲ] Je me donne un coup de **peigne** et on y va!	**Kamm** *m* Ich kämme mich nur noch schnell, und dann können wir gehen.

«2001–4000»

le **maquillage** [makijaʒ] Elle est si jolie qu'elle n'a pas besoin de **maquillage**.	**Make-up** *n* Sie ist so hübsch, dass sie kein Make-up braucht.
se maquiller [səmakije] *v* Je **me maquille** juste un peu les yeux.	**sich schminken** Ich schminke mir nur ein wenig die Augen.
se raser [səʀaze] *v* Je me suis coupé en **me rasant**.	**sich rasieren** Ich habe mich beim Rasieren geschnitten.
le **rasoir** [ʀazwaʀ] Tu me prêtes ton **rasoir**?	**Rasierapparat** *m* Leihst du mir deinen Rasierapparat?
le **shampooing** [ʃɑ̃pwɛ̃] Ce **shampooing** ne convient pas à mes cheveux.	**Shampoo** *n* Dieses Shampoo ist für mein Haar nicht geeignet.
la **coiffure** [kwafyʀ] Je trouve que ta nouvelle **coiffure** te va très bien.	**Frisur** *f* Ich finde, dass dir deine neue Frisur sehr gut steht.
se coiffer [səkwafe] *v* Avec ces cheveux longs, quand je **me coiffe**, j'en ai pour des heures.	**sich frisieren** Mit meinen langen Haaren brauche ich Stunden, um mich zu frisieren.

le **lavabo** [lavabo] Dans certains vieux hôtels, les chambres n'ont qu'un **lavabo**.	**Waschbecken** *n* In manchen alten Hotels gibt es in den Zimmern nur ein Waschbecken.
la **baignoire** [bɛɲwaʀ] On se passera de **baignoire**; l'important, c'est qu'il y ait une douche.	**Badewanne** *f* Dann verzichten wir eben auf eine Badewanne; wichtig ist, dass es eine Dusche gibt.
tiède [tjɛd] *adj* L'eau du bain est à peine **tiède**.	**lauwarm** Das Badewasser ist gerade mal lauwarm.
le **gant de toilette** [gɑ̃dətwalɛt] Je n'aime pas me laver avec un **gant de toilette**.	**Waschlappen** *m* Ich wasche mich nicht gern mit einem Waschlappen.

la **brosse à dents** [bʀɔsadɑ̃] — **Zahnbürste** *f*

le **dentifrice** [dɑ̃tʀifʀis] — **Zahnpaste** *f*

J'ai pensé à ma brosse à dents, mais j'ai oublié le **dentifrice**. — Ich habe an meine Zahnbürste gedacht, aber die Zahnpaste habe ich vergessen.

1.1.2.4 TÄTIGKEITEN

«1–2000»

agir [aʒiʀ] *v* ⚠ **nous agissons** — **handeln**

Il faut **agir** tout de suite, sinon il sera trop tard. — Wir müssen sofort handeln, sonst ist es zu spät.

l'**action** *f* [aksjɔ̃] — **Tat** *f*

En les aidant, vous faites une bonne **action**. — Wenn ihr ihnen helft, tut ihr eine gute Tat.

faire [fɛʀ] *v* ⚠ *irr* 18 — **machen**

Et vous, que **faites**-vous cet après-midi? — Und was macht ihr heute Nachmittag?

travailler [tʀavaje] *v* — **arbeiten**

En France, on ne **travaille** pas le 14 juillet: c'est la fête nationale. — In Frankreich wird am 14. Juli nicht gearbeitet; da ist Nationalfeiertag.

le **travail** [tʀavaj] ⚠ *pl* **-aux** [o] — **Arbeit** *f*

J'ai un **travail** fou en ce moment. — Ich habe zur Zeit jede Menge Arbeit.

Zut, il y a des **travaux** sur l'autoroute! — Mist, auf der Autobahn ist eine Baustelle!

essayer de [esejedə] *v* ⚠ **il essaie, il essaye** — **versuchen**

J'ai fait une promesse; j'**essaierai de** la tenir. — Ich habe es versprochen und werde versuchen, mein Versprechen zu halten.

le **projet** [pʀɔʒɛ] — **Plan** *m*

Vous avez des **projets** pour les vacances? — Habt ihr schon Pläne für den Urlaub?

préparer [pʀepaʀe(a)] *v* — **vorbereiten**

Il **avait** bien **préparé** son discours. — Er hatte seine Rede gut vorbereitet.

se préparer (à) [səpʀepaʀe(a)] *v* **Prépare toi**, nous partons dans une demi-heure. Il faut deux années pour **se préparer à** cet examen.	**sich fertig machen; sich vorbereiten auf** Mach dich fertig, wir gehen in einer halben Stunde. Man braucht zwei Jahre, um sich auf diese Prüfung vorzubereiten.
organiser [ɔʀganize] *v* Tous les ans, notre commune **organise** un voyage en Allemagne.	**organisieren** Jedes Jahr organisiert unsere Gemeinde eine Reise nach Deutschland.
le **mal** [mal] *syn:* peine Elle s'est donné beaucoup de **mal** pour rien.	**Mühe** *f* Sie hat sich die ganze Mühe umsonst gemacht.

«2001–4000»

l'**occupation** *f* [ɔkypasjɔ̃] Je me suis trouvé une nouvelle **occupation**: je peins.	**Beschäftigung** *f* Ich habe eine neue Beschäftigung gefunden: ich male.
l'**intention** *f* [ɛ̃tɑ̃sjɔ̃] *syn:* projet Le gouvernement a l'**intention** de diminuer les impôts.	**Absicht** *f* Die Regierung hat die Absicht, die Steuern zu senken.
l'**essai** *m* [esɛ] Le premier **essai** a été le bon.	**Versuch** *m* Es hat gleich beim ersten Versuch geklappt.
la **tentative** [tɑ̃tativ] J'ai échoué dans ma **tentative**.	**Versuch** *m* Mein Versuch war erfolglos.
recommencer [ʀəkɔmɑ̃se] *v* ⚠ **nous recommençons** **Recommence**, tu as dû te tromper en comptant.	**noch einmal anfangen** Fang noch mal an, du musst dich verrechnet haben.
s'exercer [sɛgzɛʀse] *v* ⚠ **nous nous exerçons** Je **m'étais** pourtant **exercée** pendant des semaines et le jour de l'examen, j'étais muette.	**üben** Ich hatte wochenlang geübt, doch am Tag der Prüfung brachte ich keinen Ton heraus.
réussir à [ʀeysiʀa] *v syn:* arriver à ⚠ **ils réussissent** En 1998, les Français **ont réussi à** devenir champions du monde.	**es schaffen** 1998 haben es die Franzosen geschafft, Weltmeister zu werden.

arriver à [aʀivea] *v* Ça y est; j'**y suis arrivée**; à vous d'essayer!	**es schaffen** So, ich habe es geschafft; jetzt versucht ihr mal!
se débrouiller [sədebʀuje] *v* Je **me débrouillerai** bien toute seule.	**zurechtkommen** Ich werde schon allein zurechtkommen.
abandonner [abɑ̃dɔne] *v* J'**abandonne**; vous avez gagné.	**aufgeben** Ich gebe auf, ihr habt gewonnen.
renoncer (à) [ʀ(ə)nɔ̃se(a)] *v* ⚠ **nous renonçons** Quand il a un projet, il ne **renonce** pas facilement. Pour le moment, Paris **renonce à** construire un troisième aéroport.	**aufgeben; verzichten auf** Wenn er etwas vorhat, gibt er nicht so leicht auf. Zur Zeit verzichtet Paris auf den Bau eines dritten Flughafens.
se passer de [səpasedə] *v* Je ne pourrais plus **me passer d'**internet.	**verzichten auf** Ich könnte aufs Internet nicht mehr verzichten.
la **mesure** [m(ə)zyʀ] Le gouvernement a promis de prendre des **mesures** contre le chômage.	**Maßnahme** *f* Die Regierung hat versprochen, Maßnahmen gegen die Arbeitslosigkeit zu ergreifen.

1.1.2.5 UMGANG MIT DINGEN

«1–2000»

avoir besoin de [avwaʀbəzwɛ̃də] *v* ⚠ *irr* 3 Pour travailler, j'**ai besoin de** calme. Vous n'**avez** pas **besoin de** composter le billet; le contrôleur le fera.	**brauchen** Ich brauche Ruhe um zu arbeiten. Sie brauchen ihren Fahrschein nicht zu entwerten; das macht der Kontrolleur.
chercher [ʃɛʀʃe] *v ant:* trouver Ça fait six mois que je **cherche** un emploi.	**suchen** Ich suche nun schon seit 6 Monaten eine Stelle.
trouver [tʀuve] *v* Vous **trouverez** l'adresse de l'hôtel dans l'annuaire.	**finden** Sie finden die Adresse des Hotels im Telefonbuch.

attraper [atʀape] *v ant:* rater Alors, tu ne sais plus **attraper** un ballon? Je vais essayer d'**attraper** un taxi.	**fangen; erwischen** Na, kannst du keinen Ball mehr fangen? Ich werde versuchen, ein Taxi zu erwischen.
former [fɔʀme] *v syn:* faire Les socialistes **ont formé** une coalition avec les verts.	**bilden** Die Sozialisten haben mit den Grünen eine Koalition gebildet.
utiliser [ytilize] *v* Puis-je **utiliser** votre téléphone?	**benutzen** Darf ich mal Ihr Telefon benutzen?
l'**utilisation** *f* [ytilizasjɔ̃] L'**utilisation** des téléphones portables est interdite dans les hôpitaux.	**Benutzung** *f* In Krankenhäusern ist die Benutzung von Handys verboten.
l'**usage** *m* [yzaʒ] *syn:* utilisation L'**usage** de l'ordinateur est devenu courant dans les écoles.	**Verwendung** *f* Es ist allgemein üblich geworden, in Schulen Computer zu verwenden.
collectionner [kɔlɛksjɔne] *v* Mon frère **collectionne** les cartes de téléphone.	**sammeln** Mein Bruder sammelt Telefonkarten.
la **collection** [kɔlɛksjɔ̃] Une **collection** de timbres peut valoir une fortune.	**Sammlung** *f* Eine Briefmarkensammlung kann ein Vermögen wert sein.
tenir [t(ə)niʀ] *v* ⚠ *irr* 41 Sur cette photo, ma mère **tient** ma petite sœur dans ses bras.	**halten** Auf diesem Foto hält meine Mutter meine kleine Schwester in den Armen.
ajouter [aʒute] *v* J'ai tout dit. Je n'ai rien à **ajouter**.	**hinzufügen** Ich habe alles gesagt. Ich habe nichts hinzuzufügen.
changer [ʃɑ̃ʒe] *v* ⚠ **nous changeons** Si nous sortons, je vais **changer** de chemise.	**wechseln** Wenn wir ausgehen, wechsle ich das Hemd.

***TIPP:** In den meisten Fällen wird **changer de** ohne Artikel gebraucht. Ausnahme: **changer de l'argent** „Geld wechseln".*

transformer [tʀɑ̃sfɔʀme] *v* Cet événement **a transformé** ma vie.	**verändern** Dieser Vorfall hat mein Leben verändert.

ouvrir [uvʀiʀ] *v* ⚠ *irr* 25 Arnaud, **ouvre** la porte s'il te plaît!	**öffnen, aufmachen** Arnaud, mach bitte die Tür auf!
fermer [fɛʀme] *v* *ant:* ouvrir Ne **fermez** pas la porte! Les boulangers **ferment** souvent le lundi.	**schließen, zumachen** Macht die Tür nicht zu! Bäckereien sind montags oft geschlossen.
remplir [ʀɑ̃pliʀ] *v* *ant:* vider ⚠ **ils remplissent** Peux-tu **remplir** cette bouteille d'eau fraîche?	**füllen, voll machen** Kannst du diese Flasche mit frischem Wasser füllen?
boucher [buʃe] *v* Il vaudrait mieux **boucher** la bouteille.	**verschließen** Es wäre vielleicht besser, die Flasche zu verschließen.
secouer [s(ə)kwe] *v* Il ne faut surtout pas **secouer** un bon vin.	**schütteln** Einen guten Wein darf man auf keinen Fall schütteln.
couper [kupe] *v* *syn:* partager Qui veut **couper** le gâteau?	**(in Stücke) schneiden** Wer möchte den Kuchen aufschneiden?
brûler [bʀyle] *v* Le bois que nous **brûlons** dans la cheminée est bien sec.	**verbrennen** Das Holz, das wir im Kamin verbrennen, ist schön trocken.
casser [kase] *v* Qui **a cassé** ce verre?	**zerbrechen** Wer hat das Glas zerbrochen?

«2001–4000»

garder [gaʀde] *v* *ant:* jeter Je n'**ai** malheureusement pas **gardé** la facture. Je **garde** ma vieille voiture tant qu'elle roule.	**aufheben; behalten** Ich habe die Rechnung leider nicht aufgehoben. Ich behalte mein altes Auto, solange es fährt.
jeter [ʒ(ə)te] *v* *ant:* garder ⚠ **il jette** Aujourd'hui, on **jette** les choses, au lieu de les faire réparer.	**wegwerfen** Heute wirft man Sachen weg, statt sie reparieren zu lassen.
manquer [mɑ̃ke] *v* *syn:* rater Dépêchez-vous, sinon nous allons **manquer** notre train!	**verpassen** Beeilt euch, sonst verpassen wir unseren Zug!
gâcher [gɑʃe] *v* Le mauvais temps nous **a gâché** nos vacances.	**verderben** Das schlechte Wetter hat uns den Urlaub verdorben.

échanger [eʃɑ̃ʒe] *v* ⚠ **nous échangeons**	**austauschen; umtauschen**
Nous **avons échangé** nos adresses.	Wir haben unsere Adressen ausgetauscht.
Si le pantalon est trop étroit, vous pouvez l'**échanger**.	Wenn die Hose zu eng ist, können Sie sie umtauschen.
se débarrasser de [sədebaʀasedə] *v*	**loswerden**
Comment peut-on **se débarrasser des** déchets nucléaires?	Wie können wir den Atommüll loswerden?
remplacer [ʀɑ̃plase] *v* ⚠ **nous remplaçons**	**ersetzen**
Nous **avons remplacé** nos machines à écrire par des ordinateurs.	Wir haben unsere Schreibmaschinen durch Computer ersetzt.
vider [vide] *v ant:* remplir	**(aus)leeren**
Peux-tu aller **vider** la poubelle?	Kannst du den Abfalleimer ausleeren gehen?
supprimer [sypʀime] *v*	**abschaffen**
On a **supprimé** les contrôles aux frontières.	Die Grenzkontrollen sind abgeschafft worden.

allumer [alyme] *v ant:* éteindre	**anzünden, anmachen**
Je peux éteindre la lumière et **allumer** une bougie?	Kann ich das Licht ausmachen und eine Kerze anzünden?
éteindre [etɛ̃dʀ] *v* ⚠ *irr* 27	**ausmachen**
éclairer [ekleʀe] *v*	**beleuchten**
Les vitrines du centre-ville restent **éclairées** toute la nuit.	Die Schaufenster in der Innenstadt bleiben die ganze Nacht beleuchtet.
chauffer [ʃofe] *v*	**heizen**
Comme nous travaillons tous les deux, nous ne **chauffons** pas la maison dans la journée.	Da wir beide arbeiten, heizen wir das Haus tagsüber nicht.
attacher (à) [ataʃe(a)] *v ant:* détacher	**binden (an)**
Attache tes lacets, sinon tu vas tomber.	Binde deine Schnürsenkel, sonst wirst du hinfallen.
J'**avais attaché** le chien **à** cet arbre.	Ich hatte den Hund an diesen Baum gebunden.
coller [kɔle] *v*	**(fest)kleben**
Pour que le tapis ne fasse pas de plis, il faut le **coller**.	Damit der Teppich keine Falten wirft, muss man ihn festkleben.

détacher [detaʃe] *v* **Détache** donc le chien, il a envie de courir un peu!	**losmachen** Mach doch den Hund los, er will ein bisschen laufen.
accrocher (à) [akʀɔʃe(a)] *v* *ant:* décrocher Il ne reste plus qu'à **accrocher** les rideaux et quelques tableaux **aux** murs.	**aufhängen, anbringen; hängen an** Wir müssen nur noch die Vorhänge anbringen und ein paar Bilder an die Wände hängen.
couvrir [kuvʀiʀ] *v* ⚠ *irr* 25 On devrait **couvrir** ce trou.	**bedecken, zudecken** Man müsste dieses Loch zudecken.
peindre [pɛ̃dʀ] *v* ⚠ *irr* 27 Si j'étais toi, je **peindrais** le plafond en bleu.	**streichen** Wenn ich du wäre, würde ich die Decke blau streichen.
décorer [dekɔʀe] *v* Ce sont les enfants qui **ont décoré** le sapin de Noël.	**schmücken, dekorieren** Die Kinder haben den Weihnachtsbaum geschmückt.
arranger [aʀɑ̃ʒe] *v* ⚠ **nous arrangeons** Tu peux **arranger** ta chambre comme tu veux.	**herrichten, einrichten** Du kannst dir dein Zimmer einrichten, wie du willst.
plier [plije] *v* Si tu **plies** tes pulls, ils tiendront moins de place dans la valise.	**zusammenlegen, falten** Wenn du deine Pullis zusammenlegst, nehmen sie weniger Platz im Koffer weg.
emballer [ɑ̃bale] *v* Avant de déménager, il faut bien **emballer** la vaisselle. Vous pouvez me l'**emballer**?	**verpacken; einpacken** Bevor man umzieht, muss man das Geschirr gut verpacken. Können Sie es mir einpacken?
enfermer [ɑ̃fɛʀme] *v* J'**ai enfermé** le chat dans la cave.	**einschließen** Ich habe die Katze im Keller eingeschlossen.
appuyer [apɥije] *v* ⚠ **il appuie** **Appuyer** sur le bouton pour ouvrir.	**drücken** Zum Öffnen auf den Knopf drücken.
frotter [fʀɔte] *v* Il faut de temps en temps **frotter** les couverts en argent avec un chiffon spécial.	**(ab)reiben** Man muss Silberbesteck ab und zu mit einem speziellen Putztuch abreiben.
frapper [fʀape] *v* *syn:* taper Elle est entrée sans **frapper**.	**(an)klopfen, an die Tür klopfen** Sie ist eingetreten, ohne (vorher) anzuklopfen.

arracher [aʀaʃe] *v* Je ne trouve pas l'adresse de l'hôtel: la page de l'annuaire **a été arrachée**.	**herausreißen** Ich kann die Adresse des Hotels nicht finden, die Seite des Telefonbuchs wurde herausgerissen.
renverser [ʀɑ̃vɛʀse] *v* Il **a renversé** la bouteille. J'**ai renversé** un peu de café sur la nappe.	**umstoßen; verschütten** Er hat die Flasche umgestoßen. Ich habe etwas Kaffee auf das Tischtuch verschüttet.

1.1.2.6 BEWEGEN VON GEGENSTÄNDEN

«1–2000»

mettre [mɛtʀ] *v syn:* poser, placer ⚠ *irr* 22 J'**ai mis** mon bureau devant la fenêtre. Tu peux **mettre** ton manteau sur mon lit.	**stellen; legen; tun** Ich habe meinen Schreibtisch vors Fenster gestellt. Du kannst deinen Mantel auf mein Bett legen.
poser [poze] *v* **Posez** les valises dans un coin!	**stellen; legen** Stellt die Koffer in eine Ecke!
placer [plase] *v syn:* mettre, poser ⚠ **nous plaçons** On pourrait **placer** le lit entre la fenêtre et l'armoire.	**stellen** Wir könnten das Bett zwischen das Fenster und den Schrank stellen.
emporter [ɑ̃pɔʀte] *v* Je préfère **emporter** ma valise avec moi.	**mitnehmen** Ich nehme meinen Koffer lieber mit.
apporter [apɔʀte] *v* Je vous **ai apporté** une spécialité de ma région.	**mitbringen** Ich habe Ihnen eine Spezialität meiner Gegend mitgebracht.
envoyer [ɑ̃vwaje] *v* ⚠ *irr* 16 Dès que nous serons arrivés, nous vous **enverrons** une carte.	**schicken, senden** Sobald wir angekommen sind, schicken wir euch eine Karte.
porter [pɔʀte] *v* Pouvez-vous m'aider à **porter** ma valise?	**tragen** Können Sie mir meinen Koffer tragen helfen?
tirer [tiʀe] *v ant:* pousser Nous ne pouvons pas porter cette caisse, il faudra la **tirer**.	**ziehen** Wir können diese Kiste nicht tragen, wir müssen sie ziehen.

pousser [puse] *v ant:* tirer On va **pousser** la voiture dans la descente; elle devrait démarrer.	**schieben** Wir werden das Auto bergab schieben; dann müsste es anspringen.
ramasser [ʀamase] *v* À la fin de l'heure, le professeur **a ramassé** les copies.	**(ein)sammeln** Am Ende der Stunde hat der Lehrer die Arbeiten eingesammelt.
soulever [sul(ə)ve] *v syn:* lever ⚠ **il soulève** Je n'arrive pas à **soulever** ce carton plein de livres.	**hochheben** Ich kann diesen Karton voller Bücher nicht hochheben.
laisser tomber [lesetɔ̃be] *v* Attention, c'est fragile, ne le **laisse** pas **tomber**!	**fallen lassen** Vorsicht, das ist zerbrechlich, lass es nicht fallen!
lâcher [lɑʃe] *v* Ne **lâche** pas ma main!	**loslassen** Lass meine Hand nicht los!
tourner [tuʀne] *v* Tu peux **tourner** la télé vers moi? Je ne vois rien.	**drehen** Kannst du den Fernseher zu mir herdrehen? Ich sehe nichts.

«2001–4000»

charger [ʃaʀʒe] *v* ⚠ **nous chargeons** Je vais **charger** les valises dans la voiture. Pour son anniversaire, la table **était chargée** de cadeaux.	**laden; beladen** Ich werde die Koffer ins Auto laden. Sein Geburtstagstisch war mit Geschenken überladen.
la **charge** [ʃaʀʒ] Si la **charge** est trop importante, l'ascenseur ne démarrera pas.	**Last** *f* Wenn die Last zu schwer ist, fährt der Aufzug nicht.
portable [pɔʀtabl] *adj* J'ai un ordinateur, mais il n'est pas **portable**.	**tragbar** Ich habe zwar einen Computer, aber er ist nicht tragbar.
le **transport** [tʀɑ̃spɔʀ] Les frais de **transport** sont assez importants.	**Transport** *m* Die Transportkosten sind ziemlich hoch.
enlever [ɑ̃l(ə)ve] *v* ⚠ **il enlève** **Enlève** tes pieds de ma chaise!	**entfernen, wegnehmen** Nimm deine Füße von meinem Stuhl!

lever [l(ə)ve] *v* ⚠ **il lève** Il s'est fait mal à l'épaule et n'arrive plus à **lever** le bras.	**(hoch)heben** Er hat sich an der Schulter wehgetan und kann den Arm nicht mehr heben.

1.1.2.7 GEBEN UND NEHMEN

«1–2000»

avoir [avwaʀ] *v* ⚠ *irr* 3 **As**-tu déjà ton permis de conduire?	**haben** Hast du schon deinen Führerschein?
donner [dɔne] *v ant:* prendre Attends, je vais te **donner** mon adresse!	**geben** Warte, ich gebe dir meine Adresse!
laisser [lese] *v* Nous t'**avons laissé** un peu de gâteau et du café.	**übrig lassen** Wir haben dir etwas Kuchen und Kaffee übrig gelassen.
prendre [pʀɑ̃dʀ] *v* ⚠ *irr* 31 Tu peux **prendre** mon vélo.	**nehmen** Du kannst mein Fahrrad nehmen.
recevoir [ʀ(ə)səvwaʀ, ʀəs(ə)vwaʀ] *v* ⚠ *irr* 32 J'espère que tu **recevras** ma lettre demain.	**bekommen, erhalten** Ich hoffe, dass du meinen Brief morgen bekommst.
accepter [aksɛpte] *v ant:* refuser J'**accepte** avec plaisir votre invitation.	**annehmen** Ich nehme Ihre Einladung gerne an.
garder [gaʀde] *v ant:* rendre Tu peux **garder** le livre, je n'en ai plus besoin.	**behalten** Du kannst das Buch behalten, ich brauche es nicht mehr.

«2001–4000»

réserver [ʀezɛʀve] *v* J'aimerais bien **réserver** une chambre à mon nom.	**reservieren** Ich würde gern ein Zimmer auf meinen Namen reservieren.
emprunter [ɑ̃pʀœ̃te] *v* Je lui **ai emprunté** deux cassettes vidéo pour ce soir.	**sich (aus)leihen, borgen** Ich habe mir bei ihm zwei Videos für heute Abend ausgeliehen.

prêter [prete] *v* Pourriez-vous me rendre assez rapidement la somme que je vous **avais prêtée**?	**(ver)leihen, borgen** Könnten Sie mir die Summe, die ich Ihnen geliehen habe, möglichst schnell zurückgeben?

***TIPP: Emprunter** und **prêter** bedeuten beide „leihen, borgen“, aber einmal aus der Sicht des Nehmenden, z. B. **j'ai emprunté son portable**, einmal aus der Sicht des Gebenden, z. B. **je lui ai prêté ma voiture**.*

passer [pase] *v syn:* donner Tu me **passes** la moutarde, s'il te plaît?	**geben, reichen** Reichst du mir bitte den Senf herüber?
distribuer [distribɥe] *v* Dans l'Est de la France, Saint Nicolas **distribue** des bonbons et des jouets aux enfants.	**austeilen, verteilen** In Ostfrankreich verteilt der heilige Nikolaus Bonbons und Spielsachen an die Kinder.
partager [partaʒe] *v* ⚠ **nous partageons** Il n'a pas voulu **partager** son sandwich avec moi.	**teilen** Er wollte sein Sandwich nicht mit mir teilen.
la **part** [par] Le plus simple, c'est que chacun paie sa **part**.	**Teil** *m* Am Einfachsten ist es, wenn jeder seinen Teil zahlt.

saisir [sezir] *v syn:* prendre ⚠ **nous saisissons** Au dernier moment, un pompier a pu **saisir** l'enfant.	**packen** Im letzten Augenblick konnte ein Feuerwehrmann das Kind packen.
occuper [ɔkype] *v* Les ouvriers en grève **ont occupé** l'usine.	**besetzen** Die streikenden Arbeiter haben die Fabrik besetzt.
rendre [rɑ̃dr] *v ant:* garder Pourrais-tu me **rendre** mon livre?	**zurückgeben** Könntest du mir mein Buch zurückgeben?

1.1.3 LERNEN UND WISSEN

«1–2000»

apprendre [apʀɑ̃dʀ] *v syn:* étudier ⚠ *irr* 31	**lernen**
J'**apprends** le français depuis trois ans.	Ich lerne seit drei Jahren Französisch.
apprendre à [apʀɑ̃dʀa] *v syn:* enseigner ⚠ *irr* 31	**lehren**
Aujourd'hui, on **apprend aux** bébés à nager.	Heute lehrt man Babys schwimmen.
savoir [savwaʀ] *v* ⚠ *irr* 35	**wissen; sich auskennen, Bescheid wissen; können**
Si nous **avions su** que vous veniez, nous serions allés vous chercher à la gare.	Wenn wir gewusst hätten, dass ihr kommt, hätten wir euch vom Bahnhof abgeholt.
En informatique, je ne **sais** pas grand-chose.	In Informatik weiß ich nicht besonders gut Bescheid.
Je **savais** déjà nager à six ans.	Ich konnte schon mit sechs Jahren schwimmen.

***TIPP:** Für „können" sagt man **savoir** und nicht **pouvoir**, wenn man etwas gelernt hat, **pouvoir** benützt man, wenn man gerade in der Lage dazu ist.*

connaître [kɔnɛtʀ] *v* ⚠ *irr* 7	**kennen**
Elle **connaît** tous les rois de France depuis Hugues Capet.	Sie kennt alle Könige Frankreichs seit Hugues Capet.
ignorer [iɲɔʀe] *v ant:* savoir	**nicht wissen**
J'**ignore** totalement pourquoi le train avait du retard.	Ich weiß absolut nicht, weshalb der Zug Verspätung hatte.

lire [liʀ] *v* ⚠ *irr* 21	**lesen**
Pendant mes vacances, j'**ai lu** un livre par jour.	Während der Ferien habe ich ein Buch pro Tag gelesen.
écrire [ekʀiʀ] *v* ⚠ *irr* 15	**schreiben**
Ça fait au moins un mois qu'Ève ne nous **a** pas **écrit**.	Ève hat uns seit mindestens einem Monat nicht geschrieben.
taper [tape] *v*	**tippen**
Pouvez-vous me **taper** cette lettre?	Können Sie mir diesen Brief tippen?
recopier [ʀ(ə)kɔpje] *v syn:* copier	**abschreiben**
J'**ai recopié** ce qui était écrit au tableau.	Ich habe abgeschrieben, was an der Tafel stand.

la **copie** [kɔpi] Pouvez-vous m'envoyer une **copie** du contrat?	**Kopie** *f* Können Sie mir eine Kopie des Vertrags senden?
l'**exemple** *m* [ɛgzɑ̃pl] N'oubliez pas dans votre devoir de donner quelques **exemples**. Chambord est un **exemple** typique de (⚠ *nicht:* **pour**) château Renaissance.	**Beispiel** *n* Vergesst nicht, in eurer Arbeit ein paar Beispiele anzuführen! Chambord ist ein typisches Beispiel für ein Renaissanceschloss.
l'**exercice** *m* [ɛgzɛʀsis] Peux-tu me dire quels **exercices** nous devons faire pour demain?	**Übung** *f* Kannst du mir sagen, welche Übungen wir für morgen machen müssen?
l'**histoire** *f* [istwaʀ] As-tu aimé cette **histoire**?	**Geschichte** *f* Hat dir diese Geschichte gefallen?
le **livre** [livʀ] À la fin de l'année, les élèves doivent rendre tous leurs **livres**.	**Buch** *n* Am Ende des Jahres müssen die Schüler alle ihre Bücher zurückgeben.
l'**auteur** *m* [otœʀ] L'**auteur** de ce poème est inconnu.	**Autor(in)** *m(f)* Der Verfasser dieses Gedichts ist nicht bekannt.

TIPP: *Im Französischen gibt es keine Femininform für dieses Wort.*

la **bibliothèque** [bibliɔtɛk] J'ai emprunté deux livres à la **bibliothèque**.	**Bibliothek** *f* Ich habe zwei Bücher aus der Bibliothek ausgeliehen.
le **signe** [siɲ] Le **signe** = veut dire égal.	**(Vor)zeichen** *n* Das Zeichen = bedeutet ist gleich.
la **lettre** [lɛtʀ] En français, beaucoup de **lettres** ne se prononcent pas, comme dans «tronc» ou «trop».	**Buchstabe** *m* Im Französischen werden viele Buchstaben nicht ausgesprochen, wie in „tronc" oder „trop".
la **ligne** [liɲ] Il y a une faute à la **ligne** 17.	**Zeile** *f* In Zeile 17 ist ein Fehler.
la **page** [paʒ] Les aventures des trois Mousquetaires font plusieurs milliers de **pages**.	**Seite** *f* Die Abenteuer der drei Musketiere füllen mehrere tausend Seiten.
la **feuille** [fœj] Prenez une **feuille** et écrivez: dictée.	**Blatt** *n* Nehmt ein Blatt und schreibt: Diktat.

«2001–4000»

vérifier [veʀifje] *v* **Vérifions** si le résultat est exact.	**überprüfen** Überprüfen wir, ob das Ergebnis stimmt.
l'**erreur** *f* [ɛʀœʀ] Tu as dû faire une **erreur**; ce n'est pas le bon résultat.	**(Rechen)fehler** *m* Du musst einen Fehler gemacht haben; das Ergebnis ist nicht richtig.
le **sujet** [syʒɛ] Le **sujet** de la pièce est très actuel.	**Thema** *n* Das Thema des Stückes ist sehr aktuell.
la **connaissance** [kɔnɛsɑ̃s] Je n'ai aucune **connaissance** en ce domaine.	**Wissen** *n*, **Kenntnisse** *pl* Ich habe keinerlei Kenntnisse auf diesem Gebiet.
par cœur [paʀkœʀ] *adv* Nous devions apprendre **par cœur** des poèmes entiers.	**auswendig** Wir mussten ganze Gedichte auswendig lernen.
le, la **spécialiste** [spesjalist] Dans le service, nous aurions besoin d'un **spécialiste** en informatique.	**Spezialist(in)** *m(f)*, **Fachmann, Fachfrau** *m, f* In unserer Abteilung bräuchten wir einen EDV-Spezialisten.
l'**étude** *f* [etyd] L'entreprise a fait faire une **étude** de marché.	**Untersuchung** *f*, **Studie** *f* Das Unternehmen hat eine Marktstudie machen lassen.
l'**expérience** *f* [ɛkspeʀjɑ̃s] On m'a reproché mon manque d'**expérience**. Elle voudrait faire interdire toutes les **expériences** sur (⚠ *nicht:* **aux**) les animaux.	**Erfahrung** *f*; **Versuch** *m* Man hat mir mangelnde Erfahrung vorgeworfen. Sie würde gern alle Versuche an Tieren verbieten lassen.
tester [tɛste] *v* On m'a posé quelques questions pour me **tester**.	**testen** Man hat mir einige Fragen gestellt, um mich zu testen.
la **pratique** [pʀatik] Ça fait des années que je ne suis pas venu en France, alors je manque de **pratique**.	**Übung** *f* Ich war schon seit Jahren nicht mehr in Frankreich, deshalb fehlt mir die Übung.
décrire [dekʀiʀ] *v* ⚠ *irr* 15 Ce tableau est difficile à **décrire**.	**beschreiben** Dieses Gemälde ist schwer zu beschreiben.

la **description** [dɛskʀipsjɔ̃] Il vaut parfois mieux une photo qu'une longue **description**.	**Beschreibung** *f* Manchmal ist ein Foto besser als eine lange Beschreibung.
l'**écriture** *f* [ekʀityʀ] Son **écriture** est facile à lire.	**(Hand)schrift** *f* Seine Schrift ist leicht zu lesen.
le **point** [pwɛ̃] À la fin d'une phrase, on met un **point**.	**Punkt** *m* Am Ende eines Satzes setzt man einen Punkt.
la **virgule** [viʀgyl] En français, on n'utilise pas la **virgule** comme en allemand.	**Komma** *n* Im Französischen gelten andere Kommaregeln als im Deutschen.
l'**accent** *m* [aksɑ̃] En français, il y a trois sortes d'**accent**.	**Akzent** *m* Im Französischen gibt es drei verschiedene Akzente.

TIPP: *Es gibt den **accent aigu, é**, den **accent grave, à** oder **è**, und den **accent circonflexe, â ê, î, ô** oder **û**. Weitere besondere Zeichen sind das Trema, **ë, ï** oder **ü,** und die Cedille, **ç**. **Accent** bezeichnet aber auch den Akzent, mit dem ein Mensch spricht: **elle a un léger accent** sie hat einen leichten Akzent.*

l'**encre** *f* [ɑ̃kʀ] La plupart des élèves écrivent à l'**encre** bleue parce qu'on peut l'effacer.	**Tinte** *f* Die meisten Schüler schreiben mit blauer Tinte, weil man sie löschen kann.
la **machine à écrire** [maʃinaekʀiʀ] L'ordinateur a remplacé la **machine à écrire**.	**Schreibmaschine** *f* Der Computer hat die Schreibmaschine ersetzt.
la **note** [nɔt] En France, bien souvent, le professeur parle et les élèves prennent des **notes**. Elle a toujours de bonnes **notes**.	**Notiz** *f*; **Note** *f* In Frankreich ist es häufig so, dass der Lehrer spricht und die Schüler sich Notizen machen. Sie hat immer gute Noten.
noter [nɔte] *v syn:* écrire Il faut absolument que nous **notions** votre nouvelle adresse.	**aufschreiben, notieren** Wir müssen uns unbedingt eure neue Adresse aufschreiben.
résumer [ʀezyme] *v* Le texte peut **être résumé** en quelque phrases.	**zusammenfassen** Der Text kann mit ein paar Sätzen zusammengefasst werden.

le **cahier** [kaje] Avec tous leurs livres et tous leurs **cahiers**, les écoliers doivent porter plusieurs kilos.	**Heft** *n* Mit all ihren Büchern und all ihren Heften müssen Schulkinder mehrere Kilo tragen.
le **carnet** [kaʀnɛ] Quand sont les vacances de Pâques? J'ai dû noter ça sur mon **carnet**.	**Notizbuch** *n* Wann die Osterferien sind? Das muss ich in meinem Notizbuch aufgeschrieben haben.
le **texte** [tɛkst] Ce **texte** est très difficile à traduire.	**Text** *m* Dieser Text ist sehr schwer zu übersetzen.
concerner [kɔ̃sɛʀne] *v* Ce texte me **concerne** directement puisqu'il parle des jeunes Allemands. → *adverbe TIPP*	**betreffen** Dieser Text betrifft mich direkt, da er von jungen Deutschen handelt.

la **littérature** [liteʀatyʀ] Cette année nous étudions la **littérature** du XXe siècle.	**Literatur** *f* Dieses Jahr steht die Literatur des 20. Jahrhunderts auf dem Lehrplan.

***TIPP:** Anders als im Deutschen und Englischen wird **la littérature** mit zwei t geschrieben.*

l'**écrivain** *m* [ekʀivɛ̃] La Seine a inspiré de nombreux **écrivains**.	**Schriftsteller(in)** *m(f)* Die Seine hat zahlreiche Schriftsteller inspiriert.

***TIPP:** Dieses Wort hat keine Femininform: **Elle est écrivain**.*

le **poète** [pɔɛt] Baudelaire est un grand **poète** français.	**Dichter(in)** *m(f)* Baudelaire ist ein großer französischer Dichter.

***TIPP:** Die Femininform **poétesse** wird als leicht negativ empfunden. Man sagt eher: **une femme poète**; **Elle a été un grand poète**.*

le **roman** [ʀɔmɑ̃] «Notre Dame de Paris» est le **roman** le plus célèbre de Victor Hugo.	**Roman** *m* „Der Glöckner von Notre Dame" ist der bekannteste Roman Victor Hugos.
la **poésie** [pɔezi] J'aime beaucoup la **poésie** de Rilke. J'ai appris cette **poésie** par cœur.	**Poesie** *f*; **Gedicht** *n* Ich mag Rilkes Poesie sehr. Ich habe dieses Gedicht auswendig gelernt.

le **titre** [titʀ] Le **titre** des films américains n'est souvent pas traduit.	**Titel** *m* Der Titel amerikanischer Filme wird oft nicht übersetzt.
la **bande dessinée** [bɑ̃ddesine] Tintin et Astérix sont des personnages de **bande dessinée** très connus.	**Comic(strip)** *m* Tim und Astérix sind sehr bekannte Comicfiguren.

TIPP: *Man benützt oft die Abkürzungen* ***B.D.*** *und* ***bédé****.*

le **lecteur**, la **lectrice** [lɛktœʀ, tʀis] Dans le roman moderne, l'auteur s'adresse souvent au **lecteur**.	**Leser(in)** *m(f)* Im modernen Roman wendet sich der Autor oft an den Leser.
la **lecture** [lɛktyʀ] La **lecture** est mon occupation préférée pendant les vacances.	**Lesen** *n* Lesen ist meine Lieblingsbeschäftigung während der Ferien.

découvrir [dekuvʀiʀ] *v* ⚠ *irr* 25 Ce n'est pas Christophe Colomb qui **a découvert** l'Amérique.	**entdecken** Nicht Christoph Kolumbus hat Amerika entdeckt.
inventer [ɛ̃vɑ̃te] *v* Denis Papin **a inventé** la machine à vapeur.	**erfinden** Denis Papin hat die Dampfmaschine erfunden.
l'**invention** *f* [ɛ̃vɑ̃sjɔ̃] L'**invention** de l'ordinateur a créé une révolution.	**Erfindung** *f* Die Erfindung des Computers hat eine Revolution ausgelöst.
créer [kʀee] *v syn:* faire La Bible dit que Dieu **a créé** l'Homme.	**erschaffen** In der Bibel steht, dass Gott den Menschen erschaffen hat.
la **culture** [kyltyʀ] La France est un pays où de nombreuses **cultures** se sont rencontrées.	**Kultur** *f* Frankreich ist ein Land, in dem zahlreiche Kulturen aufeinander getroffen sind.
la **civilisation** [sivilizasjɔ̃] Nous sommes loin de tout connaître de la **civilisation** égyptienne.	**Zivilisation** *f* Wir wissen bei weitem nicht alles über die ägyptische Zivilisation.

1.1.4 VERHALTEN

1.1.4.1 ALLGEMEINES VERHALTEN

«1–2000»

l'**affaire** *f* [afɛʀ] Ce sont mes **affaires** et c'est à moi de m'en occuper.	**Angelegenheit** *f* Das sind meine Angelegenheiten, und ich werde mich darum kümmern.
la **chose** [ʃoz] Le sida est une **chose** trop grave pour qu'on plaisante sur ce sujet.	**Sache** *f;* **Angelegenheit** *f;* **Ding** *n* Aids ist eine viel zu ernste Angelegenheit, als dass man darüber Witze machen sollte.
le **devoir** [d(ə)vwaʀ] *syn:* tâche C'est le **devoir** de la police de protéger les personnes.	**Aufgabe** *f* Es ist Aufgabe der Polizei, Menschen zu beschützen.
la **tâche** [tɑʃ] *syn:* devoir Avec la crise mondiale, la **tâche** du gouvernement n'est pas facile.	**Aufgabe** *f* Bei der weltweiten Krise hat die Regierung keine leichte Aufgabe.
être habitué(e) à [ɛtʀabitɥea] *v* ⚠ *irr* 17 Maintenant je **suis habitué au** bruit; au début, j'ai eu du mal.	**gewohnt sein an** Jetzt habe ich mich an den Lärm gewöhnt; am Anfang hatte ich damit Probleme.
s'habituer (à) [sabitɥe(a)] *v* Vous verrez; vous **vous y habituerez**.	**sich gewöhnen an** Sie werden sehen, Sie gewöhnen sich daran.
dépendre de [depɑ̃dʀdə] *v* J'**ai** trop longtemps **dépendu** de ma famille; maintenant je veux être libre.	**abhängig sein von** Ich war zu lange von meiner Familie abhängig; jetzt möchte ich frei sein.
attendre [atɑ̃dʀ] *v* Virginie, je t'**ai attendue** au moins une heure devant le cinéma!	**warten (auf)** Virginie, ich habe mindestens eine Stunde vor dem Kino auf dich gewartet!
s'attendre à [satɑ̃dʀa] *v* Nous ne **nous attendions** pas **à** votre visite.	**rechnen mit** Wir hatten nicht mit eurem Besuch gerechnet.
remarquer [ʀ(ə)maʀke] *v* Tu n'**as** même pas **remarqué** que je suis allé chez le coiffeur!	**bemerken** Du hast nicht mal bemerkt, dass ich beim Friseur war.

l'attention *f* [atɑ̃sjɔ̃]	**Aufmerksamkeit** *f;* **Vorsicht** *f*
Je vous remercie de votre **attention**.	Ich danke Ihnen für Ihre Aufmerksamkeit.
Attention, une voiture arrive!	Vorsicht, da kommt ein Auto!
faire attention (à) [fɛʀatɑ̃sjɔ̃(a)] *v* ⚠ *irr* 18	**aufpassen; achten auf**
Aujourd'hui les gens **font attention**; ils n'achètent plus n'importe quoi.	Heutzutage passen die Leute auf; sie kaufen nicht mehr irgendetwas.
Je mets la radio en travaillant, mais je ne **fais** pas **attention à** ce que j'entends.	Ich habe beim Arbeiten das Radio an, aber ich achte nicht auf das, was ich da höre.
tenir compte de [t(ə)niʀkɔ̃tdə] *v* ⚠ *irr* 41	**berücksichtigen, beachten**
Les hommes politiques doivent **tenir compte des** problèmes écologiques.	Die Politiker müssen die Umweltprobleme berücksichtigen.
s'occuper de [sɔkypedə] *v*	**sich kümmern um**
Occupez-vous de vos affaires!	Kümmern Sie sich um Ihre eigenen Angelegenheiten!
garder [gaʀde] *v*	**hüten**
C'est ma voisine qui **garde** les enfants quand je fais des courses.	Meine Nachbarin hütet die Kinder, wenn ich einkaufen gehe.
se charger de [səʃaʀʒedə] *v* *syn:* s'occuper de	**sich kümmern um**
Ne t'inquiète pas, je **me charge de** tout.	Mach dir keine Sorgen, ich kümmere mich um alles.
(se) protéger [(sə)pʀɔteʒe] *v* ⚠ **il protège**	**(sich) schützen**
Prenez un parapluie pour vous **protéger** de la pluie!	Nehmt einen Schirm, um euch gegen den Regen zu schützen!
(se) cacher [(sə)kaʃe] *v*	**(sich) verstecken**
J'**ai caché** la clé, mais je ne sais plus où.	Ich habe den Schlüssel versteckt, aber ich weiß nicht mehr wo.
Les petits **se sont cachés**.	Die Kleinen haben sich versteckt.

oublier [ublije] *v* *ant:* se rappeler, se souvenir	**vergessen**
J'**ai oublié** comment on dit «heute» en français.	Ich habe vergessen, wie man „heute" auf Französisch sagt.

quitter [kite] *v* Avant de **quitter** l'hôtel, vérifiez que vous avez rendu la clé de la chambre.	**verlassen** Überprüfen Sie bitte vor dem Verlassen des Hotels, ob Sie Ihren Zimmerschlüssel abgegeben haben.
sourire [suʀiʀ] *v* ⚠ *irr* 34 Pourquoi tu **souris**? J'ai dit une bêtise?	**lächeln** Warum lächelst du? Habe ich etwas Dummes gesagt?
rire [ʀiʀ] *v* ⚠ *irr* 34 Je vais vous raconter une histoire qui va vous faire **rire**.	**lachen** Ich werde euch eine Geschichte erzählen, die euch zum Lachen bringen wird.
pleurer [plœʀe] *v* Les films tristes me font **pleurer**.	**weinen** Bei traurigen Filmen muss ich weinen.

«2001–4000»

se comporter [səkɔ̃pɔʀte] *v* Les lycéens français et allemands **se comportent** de façon très différente en classe.	**sich benehmen, sich verhalten** Französische Gymnasiasten verhalten sich im Unterricht völlig anders als deutsche.
se tenir [sət(ə)niʀ] *v syn:* se comporter ⚠ *irr* 41 Au restaurant, mes parents avaient toujours peur que nous **nous tenions** mal à table.	**sich benehmen** Meine Eltern hatten immer Angst, dass wir uns im Restaurant schlecht benehmen könnten.
les **manières** *fpl* [manjɛʀ] En voilà des **manières**!	**Benehmen** *n* Was ist denn das für ein Benehmen?
faire semblant [fɛʀsɑ̃blɑ̃] *v* ⚠ *irr* 18 Tu ne **fais** pas **semblant**? Tu as vraiment mal?	**so tun (als ob)** Tust du auch nicht nur so? Hast du wirklich Schmerzen?
l'**habitude** *f* [abityd] J'ai la mauvaise **habitude** de fumer après les repas. Les Français ont l'**habitude** de prendre un repas chaud également le soir.	**(An)gewohnheit** *f* Ich habe die schlechte Angewohnheit, nach dem Essen zu rauchen. Franzosen essen gewöhnlich auch abends warm.

oser [oze] *v ant:* avoir peur de Je n'**ose** pas lui parler; il m'impressionne.	**wagen** Ich wage nicht, mit ihm zu sprechen; er schüchtert mich ein.
supporter [sypɔʀte] *v* Je ne **supporte** plus d'entendre les gens se plaindre alors qu'ils ont tout pour être heureux. Avec ce temps, on **supporte** un pull.	**ertragen; vertragen können** Ich ertrage es nicht mehr, dass die Leute klagen, obwohl sie doch alles haben, was sie zu ihrem Glück brauchen. Bei diesem Wetter kann man schon einen Pulli vertragen.
l'**effort** *m* [efɔʀ] J'ai beau faire des **efforts**, je n'arrive pas à arrêter complètement de fumer.	**Anstrengung** *f*, **Bemühung** *f* Ich kann mich noch so anstrengen, ich schaffe es einfach nicht, das Rauchen ganz aufzugeben.
s'efforcer de [sefɔʀsedə] *v* ⚠ **nous nous efforçons** Je vais **m'efforcer** de faire moins de fautes.	**sich anstrengen zu, sich bemühen zu** Ich werde mich bemühen, weniger Fehler zu machen.
constater [kɔ̃state] *v* On **constate** que, de nos jours, les jeunes se marient de plus en plus tard.	**feststellen** Man stellt fest, dass die jungen Menschen heute immer später heiraten.
négliger [negliʒe] *v* ⚠ **nous négligeons** Dans les années 50 et 60, on **a** totalement **négligé** l'environnement.	**vernachlässigen** In den 50er- und 60er-Jahren hat man die Umwelt völlig vernachlässigt.
éviter [evite] *v* Il faut **éviter** certaines erreurs du passé, comme de construire de trop grands immeubles.	**vermeiden** Gewisse Fehler der Vergangenheit, wie zum Beispiel der Bau von zu großen Wohnblöcken, müssen vermieden werden.
manquer [mɑ̃ke] *v* Tu lui **manques**; il demande tout le temps de tes nouvelles.	**fehlen** Du fehlst ihm; er erkundigt sich ständig nach dir.
le **souvenir** [suv(ə)niʀ] J'ai de très bons **souvenirs** de (⚠ *nicht:* **à**) mon séjour dans les Alpes.	**Erinnerung** *f* Ich habe sehr schöne Erinnerungen an meinen Aufenthalt in den Alpen.

***TIPP: Un souvenir** wird auch im Sinne von „Souvenir, Andenken" verwendet.*

1.1.4.2 VERHALTEN GEGEN MENSCHEN

«1–2000»

le **pouvoir** [puvwaʀ] Mitterrand est resté 14 ans au **pouvoir**.	**Macht** *f* Mitterrand war vierzehn Jahre lang an der Macht.
l'**aide** *f* [ɛd] Sans ton **aide**, je n'y serais pas arrivée.	**Hilfe** *f* Ohne deine Hilfe hätte ich es nicht geschafft.
aider [ede] *v* Tu peux les **aider** à traduire ce texte?	**helfen** Kannst du ihnen helfen, diesen Text zu übersetzen?

***TIPP: Aider** ist ein transitives Verb!*

rappeler [ʀap(ə)le] *v* ⚠ **il rappelle** Ma grand-mère aime le jazz; ça lui **rappelle** sa jeunesse.	**erinnern** Meine Großmutter liebt Jazz; das erinnert sie an ihre Jugend.

***TIPP:** Direktes und indirektes Objekt sind hier im Französischen umgedreht wie im Deutschen, also **ça rappelle quelque chose à quelqu'un** das erinnert jemanden an etwas.*

promettre (de) [pʀɔmɛtʀ(də)] *v* ⚠ *irr* 22 J'**ai promis** à mes parents **d'**être là à Noël.	**versprechen** Ich habe meinen Eltern versprochen, dass ich zu Weihnachten da sein werde.
la **promesse** [pʀɔmɛs] Vous m'aviez fait la **promesse** de me rendre visite, j'espère que vous la tiendrez.	**Versprechen** *n* Ihr hattet mir versprochen, mich zu besuchen; ich hoffe, dass ihr euer Versprechen auch haltet.
(s')excuser [(s)ɛkskyze] *v* **Excusez** mon retard; j'ai été prise dans un embouteillage. Je **m'excuse**, mais je crois que vous êtes assis à ma place.	**(sich) entschuldigen** Entschuldigen Sie bitte die Verspätung, ich bin in einem Stau stecken geblieben. Entschuldigung, aber ich glaube, Sie sitzen auf meinem Platz.
l'**excuse** *f* [ɛkskyz] Tu pourrais trouver une autre **excuse**. Je vous présente mes **excuses**; je ne voulais pas vous vexer.	**Ausrede** *f*; **Entschuldigung** *f* Du könntest dir eine andere Ausrede einfallen lassen. Ich bitte um Entschuldigung; ich wollte Sie nicht kränken.

suivre [sɥivʀ] *v* ⚠ *irr* 38	**folgen**
Passe devant, je te **suis**.	Fahr du vor, ich folge dir.
J'**ai suivi** ton exemple.	Ich bin deinem Beispiel gefolgt.

***TIPP: Suivre** ist ein transitives Verb, also **suivre quelqu'un**.*

déranger [deʀɑ̃ʒe] *v syn:* gêner ⚠ **nous dérangeons**	**stören**
Ça vous **dérange** que je fume une cigarette?	Stört es Sie, wenn ich eine Zigarette rauche?
gêner [ʒene] *v syn:* déranger	**stören**
Quand je travaille, les bruits de la rue ne me **gênent** pas du tout.	Wenn ich arbeite, stört mich der Straßenlärm überhaupt nicht.

se taire [sətɛʀ] *v* ⚠ *irr* 28	**schweigen, nichts sagen**
Parfois il vaut mieux **se taire**.	Manchmal ist es besser zu schweigen.
le **silence** [silɑ̃s]	**Schweigen** *n*
Je préfère garder le **silence**, sinon je deviendrais impoli.	Ich schweige lieber, sonst werde ich noch unhöflich.
silencieux, -euse [silɑ̃sjø, jøz] *adj*	**still**
Je te trouve bien **silencieuse**, tu as des idées noires?	Du bist so still. Hängst du düsteren Gedanken nach?

«2001–4000»

l'**influence** *f* [ɛ̃flyɑ̃s]	**Einfluss** *m*
Certains professeurs ont une très grande **influence** sur leurs élèves.	Manche Lehrer üben einen sehr großen Einfluss auf ihre Schüler aus.
influencer [ɛ̃flyɑ̃se] *v* ⚠ **nous influençons**	**beeinflussen**
Je ne veux pas vous **influencer** dans votre choix, mais je pense que la robe verte vous va mieux.	Ich möchte Sie nicht in Ihrer Wahl beeinflussen, aber ich meine, dass Ihnen das grüne Kleid besser steht.
impressionner [ɛ̃pʀesjɔne] *v*	**beeindrucken; einschüchtern**
Ne vous laissez pas **impressionner** par le patron, d'ailleurs c'est quelqu'un de très humain.	Lassen Sie sich vom Chef nicht beeindrucken; er ist übrigens sehr human.
attirer [atiʀe] *v*	**anziehen**
Le Midi **attire** beaucoup de touristes.	Südfrankreich zieht viele Touristen an.

confondre [kɔ̃fɔ̃dʀ] *v*	**verwechseln**
Les Français **confondent** souvent l'ONU et l'OTAN.	Franzosen verwechseln oft die Uno mit der Nato.

TIPP: Man kann auch sagen ***confondre l'ONU avec l'OTAN****.*

le **contrôle** [kɔ̃tʀol]	**Kontrolle** *f*
Le conducteur a perdu le (⚠ *nicht:* **la**) **contrôle** de son véhicule.	Der Fahrer hat die Kontrolle über sein Fahrzeug verloren.
représenter [ʀ(ə)pʀezɑ̃te] *v*	**vertreten**
Aux jeux olympiques, les athlètes **représentent** leur pays.	Bei den Olympischen Spielen vertreten die Athleten ihr Land.
conduire [kɔ̃dɥiʀ] *v* ⚠ *irr* 6	**hinbringen**
Vous cherchez la gare? Attendez, je vais vous y **conduire**.	Sie suchen den Bahnhof? Warten Sie, ich bringe Sie hin.
mener [m(ə)ne] *v syn:* conduire ⚠ **il mène**	**anführen**
C'est le maire qui **menait** la manifestation contre le racisme.	Der Bürgermeister führte die Demonstration gegen den Rassismus an.
imiter [imite] *v*	**nachahmen, nachmachen**
Les élèves adorent **imiter** leurs professeurs.	Schüler machen ihre Lehrer liebend gern nach.
la **récompense** [ʀekɔ̃pɑ̃s]	**Belohnung** *f*
Notre voisine a promis une **récompense** à qui retrouvera son chat.	Unsere Nachbarin hat dem eine Belohnung versprochen, der ihre Katze wieder findet.
gâter [gɑte] *v*	**verwöhnen**
Les enfants uniques **sont** souvent trop **gâtés**.	Einzelkinder sind oft zu sehr verwöhnt.
consoler [kɔ̃sɔle] *v*	**trösten**
Si ça peut te **consoler**, moi non plus, je n'ai rien compris.	Wenn es dich tröstet, ich habe auch nichts verstanden.
encourager (à) [ɑ̃kuʀaʒe(a)] *v* ⚠ **nous encourageons**	**ermutigen**
Mes bons résultats au bac m'**ont encouragé à** continuer mes études.	Mein gutes Abizeugnis hat mich dazu ermutigt, weiterzustudieren.

décourager (de) [dekuʀaʒe-(də)] *v ant:* encourager ⚠ **nous décourageons**	**entmutigen; abbringen von**
Mes mauvaises notes m'**ont découragée**.	Meine schlechten Noten haben mich entmutigt.
Ses parents voulaient le **décourager de** devenir musicien et maintenant il est célèbre.	Seine Eltern wollten ihn davon abbringen, Musiker zu werden, und jetzt ist er berühmt.
la **confiance** [kɔ̃fjɑ̃s]	**Vertrauen** *n*
Depuis qu'il m'a menti je n'ai plus **confiance** en lui.	Seit er mich belogen hat, habe ich kein Vertrauen mehr zu ihm.
se méfier (de) [səmefje(də)] *v*	**aufpassen; misstrauen**
Méfie-toi! Il y a du verglas!	Pass auf! Draußen ist Glatteis!
Pourquoi **se méfie**-t-on **des** étrangers? Parce qu'on a peur d'eux?	Warum misstraut man Ausländern? Etwa weil man Angst vor ihnen hat?
rassurer [ʀasyʀe] *v*	**beruhigen**
Ouf, tu me **rassures**, je pensais que c'était plus grave!	Gott sei Dank, was du da sagst, beruhigt mich. Ich hatte schon gedacht, es sei schlimmer.

le **respect** [ʀɛspɛ] *ant:* mépris	**Hochachtung** *f*, **Respekt** *m*
J'ai beaucoup de **respect** pour les gens qui défendent leurs idées.	Ich habe große Hochachtung vor Menschen, die für ihre Ideen eintreten.
respecter [ʀɛspɛkte] *v*	**respektieren, achten**
J'aime bien les patrons qui savent se faire **respecter**.	Mir gefallen Chefs, die sich Respekt verschaffen können.
le **mépris** [mepʀi] *ant:* respect	**Verachtung** *f*
Certains Parisiens sont pleins de **mépris** pour la province.	Manche Pariser sind voller Verachtung für die Provinz.
mépriser [mepʀize] *v*	**verachten**
Les chrétiens **ont** longtemps **méprisé** ou combattu les autres religions.	Die Christen haben lange Zeit andere Religionen verachtet oder bekämpft.
le **modèle** [mɔdɛl]	**Vorbild** *n*
J'ai toujours pris **modèle** sur mon frère.	Ich habe mir immer meinen Bruder zum Vorbild genommen.
l'**honneur** *m* [ɔnœʀ]	**Ehre** *f*
C'est un **honneur** pour moi d'être invitée chez eux.	Es ist eine Ehre für mich, bei ihnen eingeladen zu sein.
adorer [adɔʀe] *v ant:* détester	**sehr gern haben**
On peut **adorer** ses enfants, sans les gâter pour autant.	Man kann seine Kinder sehr gern haben ohne sie deshalb zu verwöhnen.

la **honte** ['ɔ̃t]	**Schande** *f*
Ce n'est pas une **honte** de redoubler une classe.	Es ist keine Schande, wenn man eine Klasse wiederholt.
Quand j'ai vu le résultat, j'ai eu **honte** de moi.	Als ich das Ergebnis gesehen habe, habe ich mich geschämt.
pardonner [paʀdɔne] *v*	**verzeihen**
Je lui **pardonne** ce qu'elle m'a dit: elle était en colère.	Ich verzeihe ihr das, was sie gesagt hat. Sie war wütend.
le **pardon** [paʀdɔ̃]	**Verzeihung** *f*
Il aurait au moins pu me demander **pardon**!	Er hätte mich wenigstens um Verzeihung bitten können.
le **reproche** [ʀ(ə)pʀɔʃ]	**Vorwurf** *m*
On lui a fait des **reproches** qu'il n'avait pas mérités.	Man hat ihm Vorwürfe gemacht, die er nicht verdient hat.
reprocher [ʀ(ə)pʀɔʃe] *v*	**vorwerfen**
Si tu as quelque chose à me **reprocher**, il faut le dire.	Wenn du mir etwas vorzuwerfen hast, dann sag es.

se vanter (de) [səvɑ̃te(də)] *v*	**sich brüsten (mit), prahlen (mit)**
Vous avez fait Paris-Marseille en cinq heures? Il n'y pas de quoi **s'en vanter**; vous avez dû rouler comme un fou.	Sie sind in fünf Stunden von Paris nach Marseille gefahren? Damit brauchen Sie sich wirklich nicht zu brüsten, da müssen Sie ja wie ein Irrer gefahren sein.
le **secret** [səkʀɛ]	**Geheimnis** *n*
Je vous le dis à vous, mais c'est un **secret**.	Ihnen sage ich es, aber es ist ein Geheimnis.
secret, -ète [səkʀɛ, ɛt] *adj*	**geheim**
La maladie du président est restée **secrète** jusqu'à la fin.	Die Krankheit des Präsidenten blieb bis zum Schluss geheim.
mentir [mɑ̃tiʀ] *v ant:* dire la vérité ⚠ *irr* 26	**lügen**
Ce type **ment** comme il respire.	Dieser Typ lügt wie gedruckt.
le **mensonge** [mɑ̃sɔ̃ʒ]	**Lüge** *f*
Dire que le chômage disparaîtra rapidement, c'est un **mensonge**.	Zu behaupten, dass es bald keine Arbeitslosigkeit mehr geben wird, ist eine Lüge.
tromper [tʀɔ̃pe] *v*	**täuschen; betrügen**
Les électeurs ont souvent l'impression qu'on les **trompe** avec de fausses promesses.	Die Wähler haben oft den Eindruck, dass man sie mit falschen Versprechungen täuscht.
Elle l'a quitté parce qu'il la **trompait**.	Sie hat ihn verlassen, weil er sie betrog.

soi-disant [swadizɑ̃] *adv* Il était **soi-disant** malade; en fait, il voulait prendre quelques jours de vacances.	**angeblich** Er war angeblich krank; tatsächlich wollte er aber nur ein paar Tage freimachen.
fichu, e [fiʃy] *adj* Avec cette **fichue** grève, je vais encore arriver en retard!	**verdammt** Wegen diesem verdammten Streik komme ich schon wieder zu spät.

TIPP: *Diese Bedeutung hat **fichu** nur, wenn es vor einem Substantiv steht. Wird es mit **être** benützt, ändert es auch seine Bedeutung und heißt „kaputt“.*

vexer [vɛkse] *v* Ne plaisantez pas sur son appétit; ça le **vexerait**!	**kränken** Witzelt nicht über seinen Appetit, das würde ihn kränken.
insulter [ɛ̃sylte] *v* Quand on **insulte** un agent, ça peut coûter cher.	**beleidigen** Wenn man einen Polizisten beleidigt, kann das teuer werden.
l'**insulte** *f* [ɛ̃sylt] J'ai ressenti sa présence à mon mariage comme une **insulte**.	**Beleidigung** *f* Ich habe ihre Anwesenheit bei meiner Hochzeit als Beleidigung empfunden.
le **coup** [ku] Cette nouvelle était un **coup** dur pour lui.	**Schlag** *m* Diese Nachricht war ein harter Schlag für ihn.
la **gifle** [ʒifl] Essayer d'embrasser Pauline? Je n'ai pas envie de recevoir une **gifle**!	**Ohrfeige** *f* Ich soll Pauline küssen? Ich will mir doch keine Ohrfeige einhandeln!
se moquer de [səmɔkedə] *v* Quand j'ai souri, elle a cru que je **me moquais d**'elle.	**sich lustig machen über** Als ich lächelte, hat sie gemeint, ich mache mich über sie lustig.
le **truc** [tʀyk] *syn:* moyen Il y a sûrement un **truc** pour gagner de l'argent sans rien faire, mais malheureusement je ne le connais pas.	**Trick** *m* Es gibt sicherlich einen Trick, mit dem man Geld verdienen kann, ohne etwas zu tun, aber leider kenne ich den nicht.
tricher [tʀiʃe] *v* Il y a des gens qui ne peuvent pas s'empêcher de **tricher** aux cartes.	**schummeln** Es gibt Leute, die es sich nicht verkneifen können, beim Kartenspielen zu schummeln.

exagérer [ɛgzaʒeʀe] *v* ⚠ **il exagère** Là, ils **exagèrent**! Ils ont déjà fait grève il y a un mois.	**übertreiben** Also, die übertreiben es wirklich! Die haben doch vor einem Monat auch schon gestreikt!
menacer [mənase] *v* ⚠ **nous menaçons** Les ouvriers **ont menacé** d'occuper l'usine.	**drohen** Die Arbeiter haben gedroht, die Fabrik zu besetzen.
se venger (de) [səvɑ̃ʒe(də)] *v* ⚠ **nous nous vengeons** Depuis qu'il sait qu'elle le trompe, il dit qu'il **se vengera d'**elle.	**sich rächen (an)** Seit er weiß, dass sie ihn betrügt, sagt er, dass er sich an ihr rächen werde.
se disputer [sədispyte] *v* Il est normal que des frères et sœurs **se disputent** de temps en temps.	**sich streiten** Es ist doch normal, dass sich Geschwister ab und zu mal streiten.
se battre (contre) [səbatʀ(kɔ̃tʀ)] *v syn:* lutter ⚠ *irr* 4 Il **s'est battu contre** la maladie avec beaucoup de courage.	**kämpfen (gegen)** Er hat sehr mutig gegen seine Krankheit (an)gekämpft.
lutter (contre) [lyte(kɔ̃tʀ)] *v* Le gouvernement **lutte contre** le chômage, mais ne fait pas de miracles.	**ankämpfen (gegen)** Die Regierung kämpft gegen die Arbeitslosigkeit an, aber sie kann keine Wunder vollbringen.
céder [sede] *v* ⚠ **il cède** Tant que personne ne **cédera**, la grève continuera.	**nachgeben** Solange keiner nachgibt, wird der Streik andauern.

1.1.5 SPRACHE UND SPRECHABSICHTEN

1.1.5.1 SPRACHE

«1–2000»

parler [paʀle] *v ant:* se taire C'est tout de même bien agréable de **parler** la langue du pays et de pouvoir discuter avec les gens.	**sprechen, reden** Es ist doch sehr angenehm, wenn man die Sprache des Landes spricht und sich mit den Menschen unterhalten kann.
la **discussion** [diskysjɔ̃] *syn:* conversation Tu te souviens de notre **discussion** sur la télé?	**Diskussion** *f* Erinnerst du dich an unsere Diskussion über das Fernsehen?
dire [diʀ] *v* ⚠ *irr* 13 Les médecins ne **disent** pas toujours toute la vérité au malade.	**sagen** Ärzte sagen dem Patienten nicht immer die ganze Wahrheit.
raconter [ʀakɔ̃te] *v* Qui **a raconté** à mes parents que j'ai un nouveau copain?	**erzählen** Wer hat meinen Eltern erzählt, dass ich einen neuen Freund habe?

---

le **cri** [kʀi] Lorsque je suis tombée de l'échelle, j'ai poussé un **cri**.	**Schrei** *m* Als ich von der Leiter gefallen bin, habe ich einen Schrei ausgestoßen.
crier [kʀije] *v* Ce n'est pas la peine de **crier**; je ne suis pas sourd.	**schreien** Schrei doch nicht so, ich bin doch nicht taub.
appeler [ap(ə)le] *v* ⚠ **il appelle** Peux-tu **appeler** les enfants, on mange.	**rufen** Kannst du die Kinder rufen, wir essen.
le **mot** [mo] Chaque jour, j'apprends des **mots** nouveaux.	**Wort** *n* Ich lerne jeden Tag neue Wörter.
épeler [ep(ə)le] *v* ⚠ **il épelle** Je ne sais pas **épeler** mon nom en français.	**buchstabieren** Ich kann meinen Namen nicht auf Französisch buchstabieren.

TIPP: *Die Buchstaben c, e, g, h, j, q, u, v, w, y und z werden auf Französisch anders buchstabiert, und zwar:* [se, ø, ʒe, aʃ, ʒi, ky, y, ve, dubləve, igʀɛk, zɛd].

«2001–4000»

la **langue** [lɑ̃g] Il est utile de parler plusieurs **langues**.	**Sprache** *f* Es ist nützlich, wenn man mehrere Sprachen spricht.
le **langage** [lɑ̃gaʒ] Le **langage** des sourds utilise les mains.	**Sprache** *f* In der Taubstummensprache benützt man die Hände.

TIPP:* Langue** *bezeichnet normalerweise eine natürliche Sprache, während man Sondersprachen, wie z. B. die Zeichensprache oder auch die Sprache einer bestimmten Sprechergruppe, mit* ***langage *bezeichnet.*

exprimer [ɛkspʀime] *v* Comment **exprimer** ses sentiments quand on ne connaît que quelques mots d'une langue?	**ausdrücken** Wie soll man seine Gefühle zum Ausdruck bringen, wenn man in einer Sprache nur ein paar Wörter kennt?
s'exprimer [sɛkspʀime] *v* Vous **vous exprimez** parfaitement; pour un peu, on croirait que vous êtes français.	**sich ausdrücken** Sie drücken sich perfekt aus; man könnte fast meinen, Sie sind Franzose.
bilingue [bilɛ̃g] *adj* Beaucoup d'habitants de la Moselle sont **bilingues**.	**zweisprachig** Viele Bewohner der Moselgegend sind zweisprachig.
la **parole** [paʀɔl] J'aurais bien pris la **parole**, mais on ne me l'a pas donnée.	**Wort** *n* Ich hätte gern das Wort ergriffen, aber man hat es mir nicht erteilt.
l'**expression** *f* [ɛkspʀɛsjɔ̃] Que veut dire cette **expression**?	**Ausdruck** *m* Was bedeutet dieser Ausdruck?
citer [site] *v* Notre professeur de philosophie **cite** souvent Platon.	**zitieren** Unser Philosophielehrer zitiert oft Platon.
déclarer [deklaʀe] *v* Quand le président **a déclaré** la séance ouverte, il y avait 13 députés présents.	**erklären** Als der Präsident die Sitzung für eröffnet erklärte, waren 13 Abgeordnete anwesend.
la **conversation** [kɔ̃vɛʀzasjɔ̃] Nous avons eu une longue **conversation** sur l'avenir de l'Europe.	**Unterhaltung** *f* Wir haben uns lange über die Zukunft Europas unterhalten.

bavarder [bavaRde] *v* Venez samedi soir, on **bavardera** autour d'un verre!	**plaudern, sich unterhalten** Kommen Sie doch Samstag Abend vorbei, dann können wir uns bei einem Glas Wein unterhalten.
discuter [diskyte] *v syn:* parler Tu peux **discuter** de ces sujets avec tes parents?	**reden** Kannst du über diese Themen mit deinen Eltern reden?
le **son** [sɔ̃] Les **sons** français «on», «en», «in» sont difficiles à prononcer pour les Allemands.	**Laut** *m* Für Deutsche sind die französischen Laute „on", „en", „in" schwierig auszusprechen.
la **voix** [vwa] Je l'ai reconnue à sa **voix**.	**Stimme** *f* Ich habe sie an ihrer Stimme erkannt.
chuchoter [ʃyʃɔte] *v* Ils se **chuchotaient** à l'oreille des mots tendres.	**flüstern** Sie flüsterten sich Zärtlichkeiten ins Ohr.
prononcer [pRɔnɔ̃se] *v* ⚠ **nous prononçons** En français, beaucoup de lettres ne **sont** pas **prononcées**, comme le f de nerf.	**aussprechen** Im Französischen werden viele Buchstaben nicht ausgesprochen, wie zum Beispiel das f in „nerf".
vouloir dire [vulwaRdiR] *v* ⚠ *irr* 44 Je connais les mots, mais je ne sais pas ce que **veut dire** la phrase.	**bedeuten** Ich kenne die Wörter, aber ich weiß nicht, was der Satz bedeutet.
le **sens** [sɑ̃s] Quel est le **sens** de cette expression?	**Sinn** *m;* **Bedeutung** *f* Welche Bedeutung hat dieser Ausdruck?
le **vocabulaire** [vɔkabylɛR] Je parle facilement, mais je manque de **vocabulaire**.	**Wortschatz** *m* Das Sprechen fällt mir leicht, aber mir fehlt der Wortschatz.
abstrait, e [apstRɛ, ɛt] *adj ant:* concret La philosophie m'a toujours paru très **abstraite**.	**abstrakt** Philosophie ist mir immer ziemlich abstrakt vorgekommen.

concret, -ète [kɔ̃kʀɛ, ɛt] *adj*	**konkret**
ant: abstrait	
Vous pourriez citer un exemple **concret**?	Könnten Sie ein konkretes Beispiel anführen?
la **grammaire** [gʀam(m)ɛʀ]	**Grammatik** *f*
Même si on fait des fautes de **grammaire**, l'important c'est de se faire comprendre.	Selbst wenn man Grammatikfehler macht, ist doch das Wichtigste, dass man sich verständlich machen kann.
le **genre** [ʒɑ̃ʀ]	**Geschlecht** *n*
J'ai vraiment des problèmes avec les **genres**; c'est plus facile en anglais!	Ich habe echt Probleme mit dem Geschlecht; im Englischen ist das leichter.
le **singulier** [sɛ̃gylje]	**Singular** *m*, **Einzahl** *f*
«Je» est la première personne du **singulier**.	„Je" ist die erste Person Singular.
le **pluriel** [plyʀjɛl]	**Plural** *m*, **Mehrzahl** *f*
Presque tous les noms masculins en -ail font leur **pluriel** en -aux.	Fast alle männlichen Substantive auf -ail bilden ihren Plural auf -aux.
le **nom** [nɔ̃]	**Substantiv** *n*
En français, il n'y a que deux genres pour les **noms**.	Im Französischen gibt es für Substantive nur zwei Geschlechter.
l'**adjectif** *m* [adʒɛktif]	**Adjektiv** *n*
On n'utilise pas l'**adjectif** «joli» pour un homme.	Das Adjektiv „joli" wird nicht für Männer benützt.
l'**adverbe** *m* [advɛʀb]	**Adverb** *n*
«Rapidement» est un **adverbe**, «rapide» un adjectif.	„Rapidement" ist ein Adverb, „rapide" ein Adjektiv.

TIPP: *Im Französischen wird das Adverb meist durch Anhängen von „ment" an die weibliche Form des Adjektivs gebildet. Endet ein Adjektiv auf „ent", heißt die Adverbform „emment", z. B.* ***prudent*** *wird zu* ***prudemment****. Endet ein Adjektiv auf „ant", heißt die Adverbform „amment", z. B.* ***courant*** *wird zu* ***couramment****. Beide Endungen werden jedoch gleich ausgesprochen, nämlich* [amɑ̃].

le **verbe** [vɛʀb]	**Verb** *n*
Les **verbes** français sont répartis en trois groupes.	Die französischen Verben sind in drei Gruppen aufgeteilt.
l'**orthographe** *f* [ɔʀtɔgʀaf]	**Rechtschreibung** *f*
En France on a renoncé à réformer l'**orthographe**.	In Frankreich hat man auf eine Rechtschreibreform verzichtet.

la **phrase** [fʀaz] Laissez-moi au moins terminer ma **phrase**!	**Satz** *m* Lassen Sie mich wenigstens meinen Satz zu Ende sagen!

1.1.5.2 SPRECHABSICHTEN

1.1.5.2.1 Auskunft

«1–2000»

demander [d(ə)mɑ̃de] *v* **Demandez** votre chemin à un agent!	**fragen** Fragen Sie einen Polizisten nach dem Weg!

TIPP: *Vorsicht, jemanden fragen heißt* ***demander à quelqu'un****.*

la **question** [kɛstjɔ̃] Est-ce que je peux te poser une **question**?	**Frage** *f* Kann ich dir eine Frage stellen?
répondre (à) [ʀepɔ̃dʀ(a)] *v* *ant:* demander **Réponds**! Il n'**a** pas **répondu à** son père. Je n'ai pas su **répondre à** la question du prof.	**antworten; beantworten, antworten auf** Antworte! Er hat seinem Vater nicht geantwortet. Ich konnte die Frage des Lehrers nicht beantworten.
montrer [mɔ̃tʀe] *v* Pouvez-vous me **montrer** sur le plan où se trouve la gare?	**zeigen** Können Sie mir auf dem Stadtplan zeigen, wo der Bahnhof ist?
le **renseignement** [ʀɑ̃sɛɲmɑ̃] *syn:* information On trouve tous les **renseignements** sur la ville au syndicat d'initiative.	**Information** *f* Beim Fremdenverkehrsamt bekommt man alle Informationen über die Stadt.
la **nouvelle** [nuvɛl] J'ai une bonne **nouvelle** pour toi.	**Nachricht** *f* Ich habe eine gute Nachricht für dich.
le **reportage** [ʀ(ə)pɔʀtaʒ] Vous allez voir maintenant un **reportage** sur les incendies de forêt.	**Reportage** *f*, **Bericht** *m* Sie sehen nun eine Reportage über Waldbrände.

expliquer [ɛksplike] *v* Vous pouvez m'**expliquer** la fin du film? Je n'ai pas tout compris.	**erklären** Können Sie mir das Ende des Films erklären? Ich habe nicht alles verstanden.
le **conseil** [kɔ̃sɛj] J'ai bien fait de suivre son **conseil**.	**Rat** *m* Ich habe gut daran getan, ihren Rat zu befolgen.

«2001–4000»

l'**enquête** *f* [ɑ̃kɛt]	**(Meinungs)umfrage** *f*
interroger [ɛ̃teʀɔʒe] *v* ⚠ **nous interrogeons** Une enquête n'a d'intérêt que si on **interroge** un nombre suffisant de gens.	**befragen** Eine Meinungsumfrage ist nur dann von Interesse, wenn man genügend viele Menschen befragt.
se renseigner [səʀɑ̃seɲe] *v* Attends! Je vais d'abord me **renseigner** sur le prix.	**sich erkundigen** Warte, ich werde mich zuerst nach dem Preis erkundigen.
la **déclaration** [deklaʀasjɔ̃] Le président a fait une **déclaration** au journal de 20 heures.	**Erklärung** *f* Der Präsident hat in den 20-Uhr-Nachrichten eine Erklärung abgegeben.
la **remarque** [ʀ(ə)maʀk] Je voudrais faire une **remarque**, mais ne la prenez surtout pas pour une critique!	**Bemerkung** *f* Ich würde gerne eine Bemerkung machen, fassen Sie sie aber bitte keinesfalls als Kritik auf!
informer [ɛ̃fɔʀme] *v* La tâche du journaliste est avant tout d'**informer**.	**informieren** Die Aufgabe eines Journalisten besteht vor allem darin, zu informieren.
l'**information** *f* [ɛ̃fɔʀmasjɔ̃] J'ai regardé les **informations** de 20 heures.	**Nachricht** *f* Ich habe mir die 20-Uhr-Nachrichten angesehen.
au courant (de) [okuʀɑ̃(də)] *adj* ⚠ *inv* Désolé, je n'étais pas **au courant**. Heureusement que tu m'as mis **au courant**.	**auf dem Laufenden (über)** Es tut mir Leid, ich war nicht auf dem Laufenden. Gut, dass du mir Bescheid gesagt hast.

prévenir (de) [pʀev(ə)niʀ(də)] *v syn:* informer, avertir ⚠ *irr* 41	**Bescheid sagen**
Préviens-moi suffisamment tôt!	Sag mir rechtzeitig Bescheid.
avertir (de) [avɛʀtiʀ(də)] *v* ⚠ **ils avertissent**	**warnen (vor)**
Les panneaux de signalisation **avertissent** les automobilistes **d'**un danger possible.	Verkehrsschilder warnen Autofahrer vor einer möglichen Gefahr.
l'explication *f* [ɛksplikasjɔ̃]	**Erklärung** *f*
Il est parti sans donner d'**explication**.	Er ist gegangen, ohne eine Erklärung abzugeben.
indiquer [ɛ̃dike] *v syn:* montrer	**anzeigen; zeigen**
Il y a une flèche qui **indique** la direction.	Ein Pfeil zeigt die Richtung an.
insister sur [ɛ̃sistesyʀ] *v*	**betonen**
On n'**insistera** jamais trop **sur** l'importance des langues étrangères.	Man kann gar nicht genug betonen, wie wichtig Fremdsprachen sind.
l'allusion *f* [alyzjɔ̃]	**Anspielung** *f*
Ce roman est plein d'**allusions** à la vie privée de son auteur.	Dieser Roman ist voller Anspielungen auf das Privatleben seines Verfassers.
conseiller [kɔ̃seje] *v*	**raten, empfehlen**
Que me **conseillez**-vous, l'avion ou le train?	Was raten Sie mir, das Flugzeug oder den Zug?
recommander [ʀ(ə)kɔmɑ̃de] *v syn:* conseiller	**empfehlen**
Le guide **recommande** l'hôtel des trois canards.	Der Führer empfiehlt das „Hotel zu den drei Enten“.

1.1.5.2.2 Zustimmung und Ablehnung

«1–2000»

l'avis *m* [avi] *syn:* opinion	**Meinung** *f*
À mon **avis** l'euro va rendre l'UE plus forte.	Meiner Meinung nach wird der Euro die EU stärken.
vouloir dire [vulwaʀdiʀ] *v* ⚠ *irr* 44	**meinen**
Que **voulez-vous dire** par là?	Was meinen Sie damit?

pour [puʀ] *prep ant:* contre Une majorité de Français est **pour** les centrales nucléaires.	**für** Die Mehrheit der Franzosen ist für Kernkraftwerke.
contre [kɔ̃tʀ] *prep ant:* pour J'ai toujours été **contre** la peine de mort, et vous?	**gegen** Ich war schon immer gegen die Todesstrafe, und Sie?
oui [wi] *adv ant:* non Vous comprenez l'allemand? — **Oui**, un peu.	**ja** Verstehen Sie Deutsch? — Ja, ein bisschen.
évidemment [evidamɑ̃] *adv syn:* bien sûr, bien entendu Vous êtes sûr de vous? — **Evidemment**, j'ai vérifié dans le dictionnaire.	**klar; natürlich** Sind Sie sich sicher? — Klar, ich habe im Wörterbuch nachgesehen.
non [nɔ̃] *adv ant:* oui Vous êtes française? — **Non**, je suis allemande.	**nein** Sind Sie Französin? — Nein, ich bin Deutsche.
ne ... pas [nə...pɑ] *adv* Un Français qui **n**'aime **pas** le fromage? Ça, c'est étonnant!	**nicht** Ein Franzose, der keinen Käse mag? Das ist aber erstaunlich!

***TIPP: Ne** wird vor Vokal und stummem h zu **n'** und wird in der gesprochenen Sprache oft ganz weggelassen.*

ne ... plus [nə...ply] *adv* Il **n**'y aura **plus**, en 2003, ni franc ni mark. → *ne ... pas TIPP*	**nicht mehr** Im Jahre 2003 wird es keine Mark und keinen Franc mehr geben.

vrai, e [vʀɛ] *adj syn:* exact, *ant:* faux Est-il **vrai** que les Marseillais exagèrent toujours?	**wahr** Ist es wahr, dass die Einwohner von Marseille immer übertreiben?
exact, e [ɛgza(kt), akt] *adj ant:* faux Dans le dernier test, j'ai eu dix réponses fausses et dix **exactes**.	**richtig** Beim letzten Test hatte ich zehn falsche und zehn richtige Antworten.
juste [ʒyst] *adj* Ce que tu dis n'est pas **juste**.	**richtig** Was du sagst, ist nicht richtig.
correct, e [kɔʀɛkt] *adj* Ta phrase est **correcte**, mais personne ne parle comme ça.	**korrekt, richtig** Dein Satz ist korrekt, nur spricht niemand so.
la **vérité** [veʀite] Jurez-vous de dire la **vérité**, rien que la **vérité**, toute la **vérité**?	**Wahrheit** *f* Schwören Sie, die Wahrheit zu sagen, die ganze Wahrheit und nichts als die Wahrheit?

avoir raison [avwaRRɛzɔ̃] *v* *ant:* avoir tort ⚠ *irr* 3	**Recht haben**
Il veut toujours **avoir raison**.	Er muss immer Recht haben.
admettre [admɛtR] *v* ⚠ *irr* 22	**zugeben**
Tout le monde peut se tromper; il faut savoir **admettre** ses erreurs.	Jeder kann sich täuschen; man muss seine Fehler nur zugeben können.
faux, fausse [fo, fos] *adj* *ant:* vrai, exact	**falsch**
C'est une idée **fausse** de croire qu'il pleut tout le temps en Bretagne.	Die Vorstellung, dass es in der Bretagne die ganze Zeit regnet, ist falsch.
la **faute** [fot] *syn:* erreur	**Fehler** *m*
Si on ne fait pas une seule **faute** en dictée, on a vingt.	Wenn man im Diktat keinen einzigen Fehler macht, bekommt man zwanzig Punkte.
se tromper (de) [sətRɔ̃pe(də)] *v*	**sich täuschen; sich irren in**
Tu **te trompes**, ce n'était pas lui.	Du täuschst dich, er war es nicht.
Excusez-moi, je **me suis trompé de** porte.	Entschuldigung, ich habe mich in der Tür geirrt.
Excusez-moi, je **me suis trompée de** numéro.	Entschuldigung, ich habe mich verwählt.
avoir tort [avwaRtɔR] *v* *ant:* avoir raison ⚠ *irr* 3	**Unrecht haben, sich irren**
On **a** bien **tort** de penser que le Nord est une région triste.	Man irrt sich, wenn man meint, der Norden sei eine trostlose Gegend.
la **bêtise** [betiz] *syn:* connerie	**Dummheit** *f*
Arrêtez-moi si je dis une **bêtise**!	Unterbrechen Sie mich, wenn ich etwas Dummes sage.
la **connerie** [kɔnRi] *syn:* bêtise	**Blödsinn** *m*
Comment a-t-il pu faire une **connerie** pareille?	Wie konnte er nur so einen Blödsinn machen?

***TIPP: Connerie** ist zwar ein häufig gebrauchtes Wort, jedoch ist es sehr umgangssprachlich und sollte von Ausländern möglichst nicht gesagt werden.*

«2001–4000»

l'**opinion** *f* [ɔpinjɔ̃] *syn:* avis J'ai peut-être tort, mais c'est mon **opinion**.	**Meinung** *f* Ich habe vielleicht Unrecht, aber das ist nun mal meine Meinung.
le **point de vue** [pwɛ̃d(ə)vy] *syn:* avis, opinion Je crois que nous avons des **points de vue** différents sur le mariage.	**Standpunkt** *m* Ich glaube, wir vertreten verschiedene Standpunkte, was die Ehe betrifft.
la **réaction** [ʀeaksjɔ̃] Je suis curieuse de voir sa **réaction** quand elle saura.	**Reaktion** *f* Ich bin auf ihre Reaktion gespannt, wenn sie das erfährt.
l'**argument** *m* [aʀgymɑ̃] Quels sont tes **arguments** pour le nucléaire?	**Argument** *n* Was sind deine Argumente für die Kernkraft?
le **prétexte** [pʀetɛkst] Elle n'est pas venue sous **prétexte** qu'elle avait encore du travail.	**Vorwand** *m* Sie ist nicht gekommen unter dem Vorwand, sie hätte noch zu arbeiten.
être d'accord (avec) [ɛtʀdakɔʀ(avɛk)] *v* ⚠ *irr* 17 On s'entend bien, même si on n'**est** pas toujours **d'accord**. Je **suis d'accord avec** vous.	**einer Meinung sein; zustimmen** Wir verstehen uns gut, wenn wir auch nicht immer einer Meinung sind. Ich stimme Ihnen zu.
approuver [apʀuve] *v* Je ne peux pas **approuver** cette décision.	**gutheißen, zustimmen** Ich kann diese Entscheidung nicht gutheißen.
vouloir bien [vulwaʀbjɛ̃] *v* *syn:* accepter ⚠ *irr* 44 Mes parents **veulent bien** que je parte en vacances avec ma copine.	**einverstanden sein** Meine Eltern sind damit einverstanden, dass ich mit meiner Freundin in die Ferien fahre.
naturellement, bien sûr, bien entendu [natyʀɛlmɑ̃, bjɛ̃syʀ, bjɛ̃nɑ̃tɑ̃dy] *adv* **Naturellement** ils étaient contents d'avoir réussi leur examen.	**natürlich** Sie waren natürlich froh, dass sie das Examen bestanden hatten.
admirer [admiʀe] *v* J'**admire** ta patience.	**bewundern** Ich bewundere deine Geduld.

corriger [kɔʀiʒe] *v* ⚠ **nous corrigeons**	**korrigieren, verbessern**
Pouvez-vous me **corriger** quand je fais des fautes?	Können Sie mich verbessern, wenn ich Fehler mache?
ennuyer [ɑ̃nɥije] *v syn:* gêner, déranger ⚠ **il ennuie**	**stören; lästig sein**
Ça vous **ennuie** si je fume?	Stört es Sie, wenn ich rauche?
Ce type commence à m'**ennuyer**!	Der Typ wird mir langsam lästig!
se plaindre (de) [səplɛ̃dʀ(də)] *v* ⚠ *irr* 27	**sich beklagen (über)**
Les lycéens **se plaignent d'**avoir trop d'heures de cours.	Die Gymnasiasten beklagen sich darüber, dass sie zu viele Stunden haben.
nier [nje] *v ant:* avouer	**leugnen**
Je suis un peu gourmande; je ne peux pas le **nier**.	Ich bin eine Naschkatze, das kann ich nicht leugnen.
avoir quelque chose contre [avwaʀkɛlkəʃozkɔ̃tʀ] *v* ⚠ *irr* 3	**etwas haben gegen**
Tu **as quelque chose contre** les animaux? — Non, pourquoi?	Hast du etwas gegen Tiere? — Nein, warum?

TIPP: *Die Verneinung lautet:* ***Je n'ai rien contre****. Ich habe nichts dagegen.*

le **préjugé** [pʀeʒyʒe]	**Vorurteil** *n*
J'avais des **préjugés** contre elle, mais j'avais tort: elle est très sympathique.	Ich hatte Vorurteile gegen sie, aber ich hatte Unrecht; sie ist sehr sympathisch.
protester [pʀɔtɛste] *v ant:* approuver	**protestieren**
Les écologistes **protestent** contre le projet d'un troisième aéroport près de Paris.	Die Umweltschützer protestieren gegen den geplanten dritten Flughafen in der Nähe von Paris.
contredire [kɔ̃tʀdiʀ] *v* ⚠ *irr* 13	**widersprechen**
Ne le **contredisez** pas! Il se vexe vite.	Widersprecht ihm nicht. Er wird schnell ärgerlich.

TIPP: Contredire *wird wie* ***dire*** *konjugiert, mit Ausnahme der zweiten Person Plural* ***vous contredisez*** *und dem Imperativ Plural.*

refuser [ʀ(ə)fyze] *v ant:* accepter	**ablehnen**
J'espère que vous ne **refuserez** pas mon invitation.	Ich hoffe, dass Sie meine Einladung nicht ablehnen werden.

le **refus** [ʀ(ə)fy] J'ai envoyé des dizaines de lettres et je n'ai eu que des **refus**.	**Absage** *f* Ich habe Dutzende von Briefen geschrieben und habe nur Absagen bekommen.

1.1.5.2.3 Gewissheit und Zweifel

«1–2000»

la **preuve** [pʀœv] Il a été arrêté, mais la police n'a aucune **preuve** contre lui.	**Beweis** *m* Er ist verhaftet worden, aber die Polizei hat keinerlei Beweise gegen ihn.
sûr, e [syʀ] *adj syn:* certain Vous êtes **sûr** de ce que vous dites?	**sicher** Sind Sie sicher, dass das, was Sie da sagen, stimmt?
certain, e [sɛʀtɛ̃, ɛn] *adj* Le résultat est correct, j'en suis sûre et **certaine**.	**sicher** Das Ergebnis stimmt, ich bin mir dessen ganz sicher.
sûrement, certainement [syʀmɑ̃, sɛʀtɛnmɑ̃] *adv* Tu as **certainement** raison; j'ai dû me tromper.	**sicher** Du hast sicher Recht; ich muss mich getäuscht haben.
supposer [sypoze] *v* **Supposons** que je sois riche. Je **suppose** qu'elle est malade, sinon elle serait là.	**annehmen** Nehmen wir einmal an, ich wäre reich. Ich nehme an, dass sie krank ist, sonst wäre sie da.

TIPP: *Wenn die Annahme rein hypothetisch ist, steht im Nebensatz der Subjonctif. Wenn man davon ausgeht, dass die Annahme den Tatsachen entspricht, steht der Indikativ.*

paraître [paʀɛtʀ] *v syn:* sembler ⚠ *irr* 7 La situation de l'emploi me **paraît** meilleure qu'au début des années 90.	**scheinen** Die Situation auf dem Arbeitsmarkt scheint mir jetzt besser als Anfang der Neunzigerjahre.
probable [pʀɔbabl] *adj* Il est **probable** que l'homme volera un jour vers Mars.	**wahrscheinlich** Es ist wahrscheinlich, dass der Mensch eines Tages zum Mars fliegt.

probablement, sans doute [pRɔbabləmɑ̃, sɑ̃dut] *adv* Nous viendrons **probablement** à Noël, sauf si les routes sont mauvaises.	**wahrscheinlich** Wir kommen wahrscheinlich an Weihnachten, es sei denn, die Straßenlage ist schlecht.
possible [pɔsibl] *adj* Je me serais trompé? Après tout, c'est bien **possible**.	**möglich** Sollte ich mich getäuscht haben? Nun ja, das könnte schon sein.
peut-être [pøtɛtR] *adv* Ta sœur veut **peut-être** venir avec nous.	**vielleicht** Deine Schwester will vielleicht mitkommen.
forcément [fɔRsemɑ̃] *adv* Même si on fait très attention, il reste **forcément** quelques fautes.	**zwangsläufig** Selbst wenn man sehr aufpasst, bleiben zwangsläufig einige Fehler stehen.
impossible [ɛ̃pɔsibl] *adj* Il me paraît vraiment **impossible** que le CD-ROM puisse remplacer un jour le livre.	**unmöglich** Es scheint mir wirklich unwahrscheinlich, dass die CD-ROM eines Tages das Buch ersetzt.

«2001–4000»

évident, e [evidɑ̃, ɑ̃t] *adj* Le téléphone portable a des avantages **évidents**.	**offensichtlich** Ein Handy hat offensichtliche Vorteile.
clair, e [klɛR] *adj* Ce matin, je n'ai pas les idées très **claires**.	**klar** Heute Morgen habe ich keinen besonders klaren Kopf.
prouver [pRuve] *v* Il est prêt à tout pour lui **prouver** qu'il l'aime.	**beweisen** Er ist zu allem bereit, um ihr seine Liebe zu beweisen.
démontrer [demɔ̃tRe] *v syn:* prouver Tu veux me **démontrer** que Dieu existe?	**beweisen** Du willst mir beweisen, dass es einen Gott gibt?
la **conclusion** [kɔ̃klyzjɔ̃] Je me demande quelle **conclusion** on peut tirer de tout ça.	**Schluss** *m*, **Schlussfolgerung** *f* Ich frage mich, welchen Schluss man aus all dem ziehen kann.
logique [lɔʒik] *adj* Sa réaction a été **logique**; je me serais comporté de la même manière.	**logisch** Ihre Reaktion war logisch; ich hätte mich genauso verhalten.

le **fait** [fɛ]	**Tatsache** *f*
Nous mangeons de plus en plus vite, c'est un **fait**.	Wir essen immer hastiger, das ist eine Tatsache.
la **réalité** [ʀealite]	**Wirklichkeit** *f*
Est-ce la **réalité** ou seulement un beau rêve?	Ist das Wirklichkeit oder nur ein schöner Traum?
réel, le [ʀeɛl] *adj*	**wirklich**
Beaucoup de romans partent de situations et de personnages **réels**.	Viele Romane basieren auf wirklichen Begebenheiten und Personen.
décider (de) [deside(də)] *v*	**entscheiden; beschließen**
En vacances, je fais du stop et c'est le hasard qui **décide** où je vais.	In den Ferien fahre ich per Anhalter und der Zufall entscheidet, wohin ich fahre.
Cette année, nous **avons décidé d'**aller à la mer.	Wir haben beschlossen, dieses Jahr ans Meer zu fahren.
la **décision** [desizjɔ̃]	**Beschluss** *m*
Il a pris la **décision** d'arrêter de fumer.	Er hat beschlossen, das Rauchen aufzugeben.
décidé, e [deside] *adj*	**entschlossen**
Cette fois-ci, elle est vraiment **décidée** à gagner.	Diesmal ist sie fest entschlossen zu gewinnen.
se décider (à) [sədeside(a)] *v*	**sich entscheiden; sich entschließen zu**
Allez! **Décide-toi**!	Also, entscheide dich!
Il faut qu'on **se décide à** tout lui dire.	Wir müssen uns dazu entschließen, ihr alles zu sagen.
véritable [veʀitabl] *adj*	**wahr; wirklich**
Cette histoire est **véritable** et pourtant elle paraît incroyable.	Diese Geschichte ist wahr, so unglaublich sie auch scheinen mag.
C'est un **véritable** gentleman.	Er ist ein wirklicher Gentleman.
en réalité [ɑ̃ʀealite] *adv syn:* en fait	**eigentlich, in Wirklichkeit**
Elle n'en a pas l'air, mais **en réalité**, elle est très timide.	Sie wirkt zwar nicht so, aber eigentlich ist sie sehr schüchtern.
convaincre (de) [kɔ̃vɛ̃kʀ(də)] *v* ⚠ *irr* 39	**überzeugen (von)**
Comment **convaincre** les gens **de** consommer moins de médicaments?	Wie soll man die Leute nur davon überzeugen, dass sie weniger Medikamente nehmen sollen?

affirmer [afiʀme] *v*	**behaupten**
Tu es sûr? Moi, je ne l'**affirmerais** pas.	Bist du sicher? Ich würde das nicht behaupten.
sembler [sɑ̃ble] *v syn:* paraître	**scheinen**
Vous me **semblez** très en forme; c'est le soleil?	Sie scheinen gut drauf zu sein; macht das die Sonne?
estimer (à) [ɛstime(a)] *v*	**schätzen (auf)**
Sa maison **a été estimée à** un million d'euros.	Sein Haus wurde auf eine Million Euro geschätzt.
la **possibilité** [pɔsibilite]	**Möglichkeit** *f*
J'ai beau réfléchir, je ne vois pas d'autre **possibilité**.	Ich kann nachdenken, so viel ich will, ich sehe keine andere Möglichkeit.
deviner [d(ə)vine] *v*	**raten; erraten**
Ne **devine** pas, réfléchis!	Rate nicht, denke nach!
Vous ne **devinerez** jamais qui je viens de rencontrer.	Sie werden nie erraten, wen ich soeben getroffen habe.
se douter (de) [sədute(də)] *v*	**ahnen**
Je **me doute** déjà **de** sa réponse, il va dire non.	Ich kann seine Antwort schon ahnen, er wird nein sagen.
prévoir [pʀevwaʀ] *v* ⚠ *irr* 43	**vorhersehen; vorher wissen**
Je ne pouvais quand-même pas **prévoir** qu'il allait pleuvoir!	Ich konnte doch nicht vorhersehen, dass es regnen würde!
Si j'**avais prévu** que tu venais!	Wenn ich vorher gewusst hätte, dass du kommst!
hésiter [ezite] *v ant:* se décider	**zögern**
J'**hésite** encore à accepter cet emploi.	Ich zögere noch, diese Stelle anzunehmen.
douter (de) [dute(də)] *v*	**bezweifeln; zweifeln an**
Je **doute** qu'on réussisse.	Ich bezweifle, dass uns das gelingen wird.
Tu **doutes de** ma parole?	Zweifelst du an meinem Wort?
le **doute** [dut]	**Zweifel** *m*
Tu es sûr de toi? Parce que moi, j'ai des **doutes**.	Bist du dir sicher? Denn ich habe da meine Zweifel.

1.1.5.2.4 Wertung und Urteil

«1–2000»

choisir [ʃvwaziʀ] *v* ⚠ **ils choisissent**	**wählen**
Comme langues, au lycée, j'**ai choisi** l'anglais et le français.	Ich habe im Gymnasium die Sprachen Englisch und Französisch gewählt.
préférer [pʀefeʀe] *v syn:* aimer mieux ⚠ **il préfère**	**vorziehen, lieber mögen**
Au cinéma, c'est les films policiers que je **préfère**.	Ich sehe mir im Kino am liebsten Krimis an.
aimer mieux [ememjø] *v*	**vorziehen, lieber mögen**
Tu **aimes mieux** aller au cinéma ou faire un tour en ville?	Möchtest du lieber ins Kino gehen oder einen Stadtbummel machen?
plutôt [plyto] *adv*	**eher**
Moi, j'irais **plutôt** à gauche; à droite ça part vers la gare.	Ich würde eher nach links abbiegen; nach rechts geht es zum Bahnhof.
bon, ne [bɔ̃, bɔn] *adj ant:* mauvais	**gut**
Ce soir il y a un **bon** film à la télé.	Heute Abend kommt ein guter Film im Fernsehen.
meilleur, e [mɛjœʀ] *adj ant:* pire	**besser**
Au tennis, Aurélie est bien **meilleure** que moi.	Im Tennis ist Aurélie viel besser als ich.
C'est la **meilleure** équipe qui a gagné.	Die beste Mannschaft hat gewonnen.

TIPP:* *Meilleur *ist der Komparativ von* ***bon****. Wenn* ***meilleur*** *mit dem bestimmten Artikel steht, drückt es den Superlativ aus. Der Satz* ***Aurélie est la meilleure*** *wird jedoch im Deutschen mit einem Komparativ wiedergegeben, wenn man zwei Personen vergleicht, also „Aurélie ist die Bessere (von beiden)", oder mit einem Superlativ, wenn man von mehreren spricht, also „Aurélie ist die Beste (von allen)".*

bien [bjɛ̃] *adv ant:* mal	**gut**
L'équipe a **bien** joué, mais elle a perdu.	Die Mannschaft hat gut gespielt, aber sie hat verloren.

mieux [mjø] *adv* — **besser**

Nous ferons **mieux** la prochaine fois. — Nächstes Mal machen wir es besser.

C'est toujours ma sœur qui a le **mieux** réussi à l'école. — Meine Schwester hat in der Schule immer am besten abgeschnitten.

***TIPP: Mieux** ist der Komparativ von **bien, le mieux** drückt den Superlativ aus.*

---

grand, e [gʀɑ̃, ɑ̃d] *adj* — **groß**

Berlioz était un **grand** musicien. — Berlioz war ein großer Musiker.

***TIPP:** In dieser Bedeutung steht **grand** immer vor dem Substantiv.*

---

magnifique [maɲifik] *adj ant:* affreux, horrible — **wunderschön**

Je trouve ce tableau de Van Gogh **magnifique**. — Ich finde dieses Bild von Van Gogh wunderschön.

---

mauvais, e [mɔvɛ, ɛz] *adj ant:* bon — **schlecht**

La pièce était **mauvaise**, les acteurs jouaient mal: une vraie catastrophe! — Das Stück war schlecht, die Schauspieler haben schlecht gespielt: eine echte Katastrophe!

---

mal [mal] *adv ant:* bien — **schlecht**

Ça ne pouvait pas commencer plus **mal**: un but dans la première minute. — Es hätte nicht schlechter anfangen können: ein Tor in der ersten Minute.

---

pire [piʀ] *adj ant:* meilleur — **schlimmer, schlechter**

Le mois de juin a été encore **pire** que l'année dernière: il a plu tout le temps. — Der Juni war noch schlimmer als letztes Jahr, es hat die ganze Zeit geregnet.

Le **pire**, ça serait que je rate mon bac. — Das Schlimmste wäre, wenn ich durchs Abi falle.

***TIPP: Pire** ist der Komparativ von **mauvais**. Wenn es zusammen mit dem bestimmten Artikel steht, drückt es den Superlativ aus. → meilleur TIPP*

---

affreux, -euse [afʀø, øz] *adj syn.* horrible, *ant:* magnifique — **schrecklich**

Au début, on trouvait la tour Eiffel **affreuse**. — Anfangs fand man den Eiffelturm schrecklich.

horrible [ɔʀibl] *adj syn:* affreux, *ant:* magnifique — **grauenhaft**
Il fait un temps **horrible** depuis quinze jours. — Seit zwei Wochen ist das Wetter grauenhaft.

---

intéressant, e [ɛ̃teʀesɑ̃, ɑ̃t] *adj ant:* ennuyeux — **interessant**
À la télé, les émissions **intéressantes** sont souvent tard. — Die interessanten Sendungen im Fernsehen kommen oft spät.

important, e [ɛ̃pɔʀtɑ̃, ɑ̃t] *adj* — **wichtig**
Pour moi, la famille, c'est **important**. — Für mich ist die Familie sehr wichtig.

précieux, -euse [pʀesjø, øz] *adj* — **kostbar, wertvoll**
La santé, c'est ce qu'on a de plus **précieux**. — Die Gesundheit ist das Wertvollste, was wir haben.

utile [ytil] *adj ant:* inutile — **nützlich**
Je prends un plan de la ville; ça pourrait être **utile**. — Ich nehme einen Stadtplan mit, das könnte nützlich sein.

nécessaire [nesesɛʀ] *adj* — **notwendig, nötig**
J'ai apporté tous les outils **nécessaires**. — Ich habe alles notwendige Werkzeug mitgebracht.

indispensable [ɛ̃dispɑ̃sabl] *adj* — **unentbehrlich**
Dans une cuisine moderne, le micro-ondes est **indispensable**. — In einer modernen Küche ist eine Mikrowelle unentbehrlich.

---

facile [fasil] *adj ant:* difficile — **leicht, einfach**
Pour un Français, l'italien est assez **facile** à apprendre. — Für einen Franzosen ist es ziemlich einfach, Italienisch zu lernen.

simple [sɛ̃pl] *adj* — **einfach**
La gare? C'est tout **simple**, vous prenez la première à droite. — Der Bahnhof? Das ist ganz einfach, Sie biegen in die erste Straße rechts ein.

inconnu, e [ɛ̃kɔny] *adj* — **unbekannt**
L'océan m'est tout à fait **inconnu** alors que je suis déjà allé plusieurs fois sur la Côte. — Ich kenne den Ozean überhaupt nicht, während ich schon ein paarmal an der Côte d'Azur war.

> ***TIPP:* Inconnu** *wird auch als Substantiv gebraucht.*

difficile [difisil] *adj ant:* facile — **schwierig, schwer**
Les Français trouvent l'allemand **difficile**. — Franzosen finden Deutsch schwierig.

compliqué, e [kɔ̃plike] *adj* *ant:* simple C'est trop **compliqué** pour moi; j'abandonne.	**kompliziert** Das ist mir zu kompliziert, ich gebe auf.
bizarre [bizaʀ] *adj* C'est **bizarre** qu'il ne soit pas encore là; il est toujours à l'heure.	**merkwürdig** Das ist schon merkwürdig, dass er noch nicht da ist. Er ist sonst immer pünktlich.
trop [tʀo] *adv* Tu parles **trop** vite.	**zu** Du sprichst zu schnell.

«2001–4000»

le **choix** [ʃwa] J'ai fait mon **choix**; je prends le pull rouge.	**Wahl** *f* Ich habe meine Wahl getroffen, ich nehme den roten Pulli.
mériter [meʀite] *v* Ouf, on **a** bien **mérité** un peu de repos!	**verdienen** Uff, wir haben eine kleine Ruhepause verdient!
contrôler [kɔ̃tʀole] *v* Mon billet **a** déjà **été contrôlé**.	**kontrollieren** Mein Fahrschein wurde schon kontrolliert.
critiquer [kʀitike] *v* *ant:* approuver Il y a des gens qui **critiquent** tout.	**kritisieren** Es gibt Leute, die alles kritisieren.
la **critique** [kʀitik] Moi, j'aurais une **critique** à faire: la visite était trop longue.	**Kritik** *f* Ich hätte da eine Kritik: Die Besichtigung hat zu lang gedauert.
satisfaisant, e [satisfəzɑ̃, ɑ̃t] *adj* Si j'ai des résultats **satisfaisants**, mes parents me paient un ordinateur.	**befriedigend** Wenn ich befriedigende Noten habe, kaufen mir meine Eltern einen Computer.
plaire [plɛʀ] *v* ⚠ *irr* 28 Ça vous **a plu**? Moi, j'ai trouvé ça super.	**gefallen** Hat es euch gefallen? Ich habe es super gefunden.
excellent, e [ɛkselɑ̃, ɑ̃t] *adj* *syn:* très bon, *ant:* nul Elle est vraiment **excellente** en mathématiques.	**ausgezeichnet, hervorragend** Sie ist in Mathematik wirklich ausgezeichnet.

parfait, e [paʀfɛ, ɛt] *adj* Une omelette au jambon? Pour moi, ce sera **parfait**.	**perfekt** Ein Schinkenomelett? Das ist genau das Richtige für mich.
formidable [fɔʀmidabl] *adj* *ant:* nul Je viens d'avoir une idée **formidable**.	**toll** Ich habe da eine ganz tolle Idee.
idéal, e [ideal] *adj* *syn:* parfait ⚠ *pl* **-aux** Contre le chômage, il n'y a pas de solution **idéale**.	**ideal** Gegen die Arbeitslosigkeit gibt es keine Ideallösung.
extraordinaire [ɛkstʀaɔʀdinɛʀ] *adj* *ant:* normal, habituel Il vient de m'arriver quelque chose d'**extraordinaire**.	**außergewöhnlich** Mir ist gerade etwas Außergewöhnliches passiert.
incroyable [ɛ̃kʀwajabl] *adj* Ses balles de service peuvent atteindre une vitesse **incroyable**.	**unglaublich** Ihre Aufschlagbälle können eine unglaubliche Geschwindigkeit erreichen.
ennuyeux, -euse [ɑ̃nɥijø, øz] *adj* *ant:* intéressant Le film était tellement **ennuyeux** que je me suis endormie.	**langweilig** Der Film war so langweilig, dass eingeschlafen bin.
ridicule [ʀidikyl] *adj* Avec cette jupe trop longue, j'ai l'air **ridicule**.	**lächerlich** In diesem zu langen Rock sehe ich lächerlich aus.
fatigant, e [fatigɑ̃, ɑ̃t] *adj* C'est **fatigant** de rester des heures devant l'ordinateur.	**ermüdend, anstrengend** Es ist ermüdend, stundenlang am Computer zu sitzen.
pénible [penibl] *adj* *ant:* agréable Ce qui est **pénible**, c'est de devoir recommencer un travail.	**mühsam, beschwerlich** Es ist wirklich mühsam, wenn man eine Arbeit noch einmal von vorn anfangen muss.
nul, le [nyl] *adj* *ant:* excellent Je suis **nulle** en maths.	**sehr schlecht** In Mathe bin ich eine Niete.
terrible [teʀibl] *adj* L'accident a été **terrible** et a fait plusieurs morts.	**furchtbar, schrecklich** Es war ein schrecklicher Unfall, bei dem es mehrere Tote gab.
étonnant, e [etɔnɑ̃, ɑ̃t] *adj* Il a eu un accident? Pas **étonnant**: il conduit comme un fou.	**erstaunlich** Er hat einen Unfall gehabt? Das ist nicht erstaunlich, er fährt ja auch wie ein Irrer.

étrange [etʀɑ̃ʒ] *adj*	**eigenartig**
C'est tout de même **étrange** que personne ne réponde.	Es ist schon eigenartig, dass sich niemand meldet.
imprévu, e [ɛ̃pʀevy] *adj*	**unvorhergesehen**
La démission du président est intervenue de manière totalement **imprévue**.	Der Rücktritt des Präsidenten kam völlig unvorhergesehen.
mystérieux, -euse [misteʀjø, øz] *adj*	**rätselhaft**
Les causes de l'accident restent **mystérieuses**.	Die Ursachen des Unfalls bleiben ein Rätsel.
pratique [pʀatik] *adj*	**praktisch**
Le plus **pratique**, c'est d'y aller à pied.	Das Praktischste wäre, zu Fuß hinzugehen.
convenir (à) [kɔ̃v(ə)niʀ(a)] *v* *syn:* aller ⚠ *irr* 41	**geeignet sein; zusagen**
La solution que vous proposez ne **convient** pas.	Die Lösung, die Sie vorschlagen, ist ungeeignet.
La campagne ne **convient** pas **à** tout le monde.	Das Landleben sagt nicht jedem zu.
comme il faut [kɔmilfo] *adv* *syn:* bien, *ant:* mal	**anständig, ordentlich**
Il va falloir se tenir **comme il faut**; le patron est là!	Wir müssen uns ordentlich benehmen, der Chef ist da.
faciliter [fasilite] *v*	**erleichtern**
Le micro-ondes me **facilite** vraiment la vie.	Die Mikrowelle erleichtert mir wirklich das Leben.
l'**importance** *f* [ɛ̃pɔʀtɑ̃s]	**Bedeutung** *f*, **Wichtigkeit** *f*
Pour moi, cet examen est de la plus haute **importance**.	Für mich ist diese Prüfung von allergrößter Wichtigkeit.
léger, -ère [leʒe, ɛʀ] *adj*	**leicht, geringfügig**
Il n'y a qu'une **légère** différence de prix entre ces deux voitures.	Es gibt nur einen leichten Preisunterschied zwischen diesen beiden Wagen.
la **faute** [fot]	**Schuld** *f*
C'est de ma **faute**; j'aurais dû faire attention.	Es ist meine Schuld, ich hätte aufpassen müssen.
prendre pour [pʀɑ̃dʀpuʀ] *v* ⚠ *irr* 31	**verwechseln mit**
Je l'**ai prise pour** sa sœur jumelle.	Ich habe sie mit ihrer Zwillingsschwester verwechselt.
inutile [inytil] *adj* *ant:* utile	**unnötig**
J'ai parfois l'impression d'apprendre des choses **inutiles**.	Ich habe manchmal den Eindruck, unnötige Dinge zu lernen.

l'échec *m* [eʃɛk] *ant:* succès — **Misserfolg** *m*, **Fehlschlag** *m*
Le Concorde a été un **échec** commercial. — Die Concorde war ein kommerzieller Fehlschlag.

1.1.5.2.5 Befehl und Verbot

«1–2000»

laisser [lese] *v* — **lassen**
J'avais oublié les billets, mais on nous **a laissés** entrer. — Ich hatte die Karten vergessen, aber man hat uns trotzdem hineingelassen.

---

permettre [pɛʀmɛtʀ] *v ant:* interdire ⚠ *irr* 22 — **erlauben, gestatten**
Il n'**est** pas **permis** de fumer dans cette salle. — Das Rauchen ist in diesem Raum nicht erlaubt.
Vous me **permettez** de sortir deux minutes? — Gestatten Sie, dass ich kurz den Raum verlasse?

---

pouvoir [puvwaʀ] *v* ⚠ *irr* 30 — **können; dürfen**
Le TGV **peut** rouler à plus de 500 km/h. — Der TGV kann mit mehr als 500 Stundenkilometer fahren.
Est-ce qu'on **peut** fumer dans les lycées français? — Darf man in französischen Gymnasien rauchen?

---

l'ordre *m* [ɔʀdʀ] — **Befehl** *m*
Je n'aime pas donner d'**ordres**. — Ich erteile nicht gern Befehle.

«2001–4000»

la **permission** [pɛʀmisjɔ̃] — **Erlaubnis** *f*
J'ai la **permission** de sortir jusqu'à minuit. — Ich habe die Erlaubnis, bis Mitternacht auszugehen.

---

faire faire qch [fɛʀfɛʀ] *v* ⚠ *irr* 18 — **etwas machen lassen**
Il faut que je **fasse** réparer les essuie-glaces. — Ich muss die Scheibenwischer reparieren lassen.

---

commander [kɔmɑ̃de] *v* — **das Sagen haben**
À la maison, c'est elle qui **commande**. — Zu Hause hat sie das Sagen.

exiger [ɛgziʒe] *v syn:* demander ⚠ **nous exigeons** — **verlangen**
J'**exige** que vous me remboursiez. — Ich verlange, dass Sie mir mein Geld zurückgeben.

TIPP: *Man kann auch sagen* ***J'exige d'être remboursé.***

---

obéir (à) [ɔbeiʀ(a)] *v* ⚠ **ils obéissent** — **gehorchen, folgen; befolgen**
Son chien ne lui **obéit** pas toujours. — Sein Hund gehorcht ihm nicht immer.
Il n'**a** pas **obéi à** l'ordre de son supérieur. — Er hat den Befehl seines Vorgesetzten nicht befolgt.

---

obliger [ɔbliʒe] *v* ⚠ **nous obligeons** — **zwingen**
On ne peut pas **obliger** un ouvrier à travailler plus de quarante-trois heures par semaine. — Man kann einen Arbeiter nicht dazu zwingen, mehr als dreiundvierzig Stunden pro Woche zu arbeiten.

---

insister [ɛ̃siste] *v* — **darauf bestehen**
Si tu **insistes** vraiment, je veux bien t'accompagner. — Wenn du wirklich darauf bestehst, begleite ich dich gern.

---

empêcher (de) [ɑ̃peʃe(də)] *v* — **verhindern; hindern an**
La ceinture de sécurité n'**empêche** pas les accidents, mais elle en diminue les conséquences. — Der Sicherheitsgurt verhindert zwar keine Unfälle, aber er mildert die Folgen.
La musique ne m'**empêche** pas **de** travailler. — Die Musik hindert mich nicht am Arbeiten.

---

interdire [ɛ̃tɛʀdiʀ] *v ant:* permettre ⚠ *irr* 13 — **verbieten**
Il **est interdit** de stationner devant un garage. — Es ist verboten, vor einer Garage zu parken.

TIPP: Interdire *wird wie* ***dire*** *konjugiert, mit Ausnahme der zweiten Person Plural* ***vous interdisez*** *und dem Imperativ Plural.*

1.1.5.2.6 Wunsch und Bitte

«1–2000»

vouloir [vulwaʀ] *v* ⚠ *irr* 44 — **wollen, mögen**
Mes parents ne **veulent** pas que je rentre aussi tard. — Meine Eltern wollen nicht, dass ich so spät nach Hause komme.
Vous **voudriez** autre chose? — Möchten Sie noch etwas?

demander [d(ə)mɑ̃de] *v* — **bitten; (um Erlaubnis) fragen**

Puis-je vous **demander** du pain? — Dürfte ich Sie um etwas Brot bitten?

Demande à ton père si tu peux sortir ce soir. — Frag deinen Vater, ob du heute Abend ausgehen darfst.

«2001–4000»

la **volonté** [vɔlɔ̃te] — **Wille** *m*

Le succès est souvent une question de **volonté**. — Erfolg ist oft eine Willensfrage.

---

le **souhait** [swɛ] — **Wunsch** *m*

Je n'ai qu'un **souhait**; c'est que tu puisses passer Noël avec nous. — Ich habe nur einen Wunsch, nämlich dass du Weihnachten mit uns feiern kannst.

À tes/vos **souhaits**! — Gesundheit!

> ***TIPP:*** *Das sagt man, wenn jemand niest.*

---

le **but** [by] — **Ziel** *n*

Les Français voulaient être champions du monde et ils ont atteint leur **but**. — Die Franzosen wollten Weltmeister werden, und sie haben ihr Ziel erreicht.

---

proposer [pʀɔpoze] *v* — **anbieten; vorschlagen**

Sylvain m'**a proposé** de nous emmener au match. — Sylvain hat mir angeboten, uns zum Spiel mitzunehmen.

Je **propose** de faire une promenade en forêt. — Ich schlage vor, wir machen einen Waldspaziergang.

---

la **proposition** [pʀɔpozisjɔ̃] — **Angebot** *n;* **Vorschlag** *m*

Une entreprise de Lille m'a fait une **proposition** de stage très intéressante. — Eine Firma in Lille hat mir ein sehr interessantes Angebot für ein Praktikum gemacht.

Nous sommes tous d'accord avec ta **proposition**. — Wir sind alle mit deinem Vorschlag einverstanden.

---

la **demande** [d(ə)mɑ̃d] — **Wunsch** *m,* **Bitte** *f;* **Antrag** *m*

C'est à la **demande** des parents qu'on a supprimé les cours du samedi. — Der Samstagsunterricht wurde auf Wunsch der Eltern abgeschafft.

La **demande** doit être adressée au directeur du personnel. — Der Antrag ist an den Leiter der Personalabteilung zu richten.

1.1.5.2.7 Begrüßung und Abschied

Bonjour! [bɔ̃ʒuʀ] — **Guten Tag!**

Bonsoir! [bɔ̃swaʀ] — **Guten Abend!**

Bonne nuit! [bɔn(ə)nɥi] — **Gute Nacht!**

Salut! [saly] — **Hallo!; Tschüss!**

TIPP: ***Salut*** *sagt man zur Begrüßung und zum Abschied. Es sollte nur Menschen gegenüber gebraucht werden, die man duzt.*

Au revoir! [ɔʀ(ə)vwaʀ] — **Auf Wiedersehen!**

Madame [madam] ⚠ *pl* **Mesdames** [medam] — **Frau** *f*

C'est **Madame** Martin qui s'occupera de vous pendant votre stage. — Während Ihres Praktikums wird sich Frau Martin um Sie kümmern.

Merci **madame**! — Vielen Dank!

Mesdames, mesdemoiselles, messieurs, vous allez assister à un numéro exceptionnel. — Meine Damen und Herren! Sie werden eine außergewöhnliche Darbietung sehen!

TIPP: *Die Abkürzung für* ***Madame*** *ist* ***Mme****. Als Briefanrede schreibt man* ***Madame, Monsieur,****, wenn man den Adressaten nicht kennt, ansonsten schreibt man entweder* ***Madame*** *oder* ***Monsieur*** *oder* ***Mademoiselle*** *ohne Nachnamen. In der direkten Anrede, z. B. von einer Verkäuferin zum Kunden, ist es höflich,* ***Madame, Monsieur*** *oder* ***Mademoiselle*** *zu sagen, also etwa Mein Herr, Gnädige Frau, Mein Fräulein.*

Mademoiselle [mad(ə)mwazɛl] ⚠ *pl* **Mesdemoiselles** [med(ə)mwazɛl] — **Fräulein** *n*

Nous avons français avec **Mademoiselle** Legrand. — Wir haben Französisch bei Frau Legrand.

Pardon **mademoiselle**! → *Madame* — Entschuldigen Sie bitte!

TIPP: *Die Abkürzung für* ***Mademoiselle*** *ist* ***Mlle****. Im Gegensatz zu Deutschland wird in Frankreich* ***Mademoiselle*** *noch immer verwendet, wenn man weiß, dass eine Frau nicht verheiratet ist. Zu unbekannten Frauen sagt man ab dem Moment* ***Madame****, wo sie verheiratet sein könnten.*

Monsieur [məsjø] ⚠ *pl* **Messieurs** [mesjø]	**Herr** *m*
C'est **Monsieur** Hamadi qui va vous accompagner.	Herr Hamadi wird Sie begleiten.
Bonsoir **monsieur**!	Guten Abend!
Bonjour **messieurs** dames! → *Madame*	Guten Tag, meine Damen und Herren!

TIPP: *Die offizielle Abkürzung für* ***Monsieur*** *ist* ***M.****, aber es wird auch häufig* ***Mr.*** *verwendet.* ***Monsieur, Madame*** *und* ***Mademoiselle*** *können auch kleingeschrieben werden.*

1.1.5.3 HÄUFIGE REDEWENDUNGEN

«1–2000»

Comment vas-tu/allez-vous?	**Wie gehts?, Wie geht es dir/Ihnen?**
Pardon!	**Entschuldigung!**
Excuse-moi/Excusez-moi!	**Entschuldige/Entschuldigen Sie bitte!**
Désolé/Désolée!	**Tut mir Leid!**
Pardon?	**Wie bitte?**

Merci (beaucoup)!	**Danke!, Vielen Dank!**
Je t'en/vous en prie!	**Bitte (sehr)!**

TIPP: *Wird nach „danke" gesagt.*

S'il te/vous plaît!	**Bitte!**

TIPP: *Wenn man etwas möchte.*

pas de quoi	**gern geschehen**

Entrez!	**Herein!**
Prenez place, je vous en prie!	**Nehmen Sie doch bitte Platz!**
Je voudrais …	**Ich hätte gern …**
Est-ce que je peux …?	**Kann ich …?**
Est-ce que vous pourriez …?	**Könnten Sie vielleicht …?**
Combien coûte/coûtent …?	**Wie viel kostet/kosten …?**
Servez-vous!	**Bedienen Sie sich!**
Est-ce que tu veux/vous voudriez …?	**Möchtest du/Möchten Sie …?**
Oui, je veux bien.	**Ja, gern!**

Non, merci.	**Nein danke.**
n'est-ce pas?	**nicht wahr?, oder?**
tu sais	**weißt du**
vous savez	**wissen Sie**
Je pense que oui.	**Ich glaube schon.**
Je l'espère., J'espère.	**Hoffentlich!**
Qu'est-ce qui se passe?	**Was ist los?**
Ne t'en fais/vous en faites pas!	**Mach dir/Machen Sie sich nichts draus!**
Pas de problème!	**Kein Problem!**

ça y est	**geschafft; so**
Tu as fini? — Oui, **ça y est**!	Bist du fertig? — Ja, (das wäre) geschafft.
Ça y est, maintenant elle est vexée!	So, jetzt ist sie beleidigt!
Ça y est, je me suis encore trompée!	Mist, jetzt habe ich mich schon wieder geirrt!
c'est ça	**(ganz) genau**
eh bien	**also**
Eh bien, tu te dépêches?	Also, beeilst du dich?
hein	**wie, was; oder**
Hein? Tu veux que je fasse ça tout seul?	Was? Du willst, dass ich das ganz allein mache?
Tu ne m'en veux pas, **hein**?	Du bist mir doch nicht böse, oder?
merde	**Scheiße**

TIPP: ***Merde*** *ist sehr umgangssprachlich und sollte möglichst nicht gesagt werden.*

zut	**Mist**

TIPP: ***Zut*** *ist etwas umgangssprachlich, ist aber wesentlich akzeptabler als* ***merde****.*

«2001–4000»

(Qu'est-ce que) vous désirez?	**Sie wünschen?**
S'il vous plaît!	**Hier bitte!**

TIPP: Wenn man jemandem etwas reicht.

Moi aussi.	**Ich auch.**
Moi non plus.	**Ich auch nicht.**

Amuse-toi/Amusez-vous bien!	**Viel Vergnügen!**

À la tienne/vôtre!	**Prost!**
Oh là là!	**Oje!**
Oh mon Dieu!	**Oh mein Gott!**
Ah bon?	**Ach ja?, Ach wirklich?**
tiens	**sag mal; sieh mal an**
Tiens, tu sais la nouvelle?	Sag mal, weißt du schon das Neueste?
Tiens, c'est toi? Je te croyais en ville.	Sieh mal an, du bists! Ich dachte, du bist in der Stadt.
hélas	**ach, leider**
tant mieux	**umso besser, toll**
tant pis	**macht nichts, egal**
dommage	**schade**
Fiche-moi/Fichez-moi la paix!	**Lass/Lassen Sie mich in Frieden!**

TIPP: *Dieser Ausdruck ist umgangssprachlich.*

Dehors!	**Raus!**

1.1.6 DER MENSCH UND DIE GESELLSCHAFT

1.1.6.1 IDENTIFIZIERUNG

«1–2000»

s'appeler [sap(ə)le] *v* ⚠ **il s'appelle**	**heißen**
Comment tu **t'appelles**? — Je **m'appelle** Jörg.	Wie heißt du? — Ich heiße Jörg.
appeler [ap(ə)le] *v syn:* nommer ⚠ **il appelle**	**nennen**
Je m'appelle Rudolf, mais on m'**appelle** Rudi.	Ich heiße Rudolf, aber man nennt mich Rudi.
le **nom** [nɔ̃]	**Name** *m*
Martin est le **nom** français le plus courant.	Martin ist der gebräuchlichste französische Name.

le **nom de famille** [nɔ̃dəfamij] — **Familienname** *m*, **Nachname** *m*
Mon **nom de famille** est Wieder, mais vous pouvez m'appeler Stefan! — Mein Nachname ist Wieder, aber Sie können Stefan zu mir sagen.

---

le **bébé** [bebe] — **Baby** *n*
Ma sœur attend un **bébé**. — Meine Schwester erwartet ein Baby.

l'**enfant** *m* [ɑ̃fɑ̃] — **Kind** *n*
Les familles nombreuses ont rarement plus de quatre **enfants**. — Kinderreiche Familien haben selten mehr als vier Kinder.

TIPP: *Wird auch als Femininum verwendet:* ***Ce n'est encore qu'une enfant****. Sie ist noch ein Kind.*

le **gosse** [gɔs] *syn:* enfant — **Kind** *n*
J'en ai fait des bêtises quand j'étais **gosse**! — Was habe ich als Kind für Dummheiten gemacht!

TIPP: *Wird auch als Femininum verwendet:* ***La pauvre gosse****! Das arme Mädchen.* ***Gosse*** *ist umgangssprachlich.*

la **fille** [fij] *ant:* garçon — **Mädchen** *n*
Autrefois, les garçons et les **filles** n'allaient pas à la même école. — Früher gingen Jungen und Mädchen nicht in die gleiche Schule.

TIPP: *Für Mädchen bis zehn – zwölf Jahre.*

le **garçon** [gaʀsɔ̃] *ant:* fille — **Junge** *m*
Le premier **garçon** avec qui je suis sortie s'appelait Thomas. — Der erste Junge, mit dem ich ausgegangen bin, hieß Thomas.

la **jeune fille** [ʒœnfij] — **Mädchen** *n*
Il y a encore quelques lycées privés pour **jeunes filles**. — Es gibt noch einige private Mädchengymnasien.

TIPP: ***Jeune fille*** *verwendet man für Mädchen, die etwa zwischen fünfzehn und zwanzig sind. Zu jungen Frauen, die älter als zwanzig sind, sagt man* ***jeune femme****.*

les **jeunes** *mpl* [ʒœn] — **junge Leute** *pl*
Les **jeunes** ont souvent du mal à trouver leur premier emploi. — Junge Leute haben oft Probleme, ihre erste Stelle zu finden.

la **jeunesse** [ʒœnɛs] — **Jugend** *f*
La **jeunesse** actuelle cherche sa voie. — Die heutige Jugend sucht ihren Weg.

---

la **femme** [fam] *ant:* homme — **Frau** *f*

l'**homme** *m* [ɔm] *ant:* femme À l'Assemblée, il y a encore plus d'**hommes** que de femmes.	**Mann** *m* In der Nationalversammlung gibt es immer noch mehr Männer als Frauen.
la **dame** [dam] *syn:* femme Qui est cette **dame** à côté du directeur?	**Dame** *f* Wer ist die Dame neben dem Direktor?
le **monsieur** [məsjø] *syn:* homme ⚠ *pl* **messieurs** [mesjø] Deux **messieurs** bien habillés accompagnent la présidente.	**Herr** *m* Zwei gut gekleidete Herren begleiten die Präsidentin.

«2001–4000»

l'**homme** *m* [ɔm] *ant:* animal La déclaration des droits de l'**homme** date de 1789.	**Mensch** *m* Die Menschenrechtserklärung stammt aus dem Jahr 1789.
humain, e [ymɛ̃, ɛn] *adj* Est-ce que l'espèce **humaine** survivrait à une guerre atomique?	**menschlich** Würde die Menschheit einen Atomkrieg überleben?
la **race** [ʀas]	**Rasse** *f*
le **sexe** [sɛks] On ne choisit pas sa race ni son **sexe**.	**Geschlecht** *n* Man kann sich weder Rasse noch Geschlecht aussuchen.
la **personne** [pɛʀsɔn] Je pourrais réserver une table pour quatre **personnes**?	**Person** *f* Könnte ich einen Tisch für vier Personen reservieren?
personnel, le [pɛʀsɔnɛl] *adj* Est-ce que je peux te poser une question très **personnelle**?	**persönlich** Kann ich dir eine sehr persönliche Frage stellen?
le **prénom** [pʀenɔ̃] C'est quoi, ton **prénom**?	**Vorname** *m* Wie heißt du mit Vornamen?
féminin, e [feminɛ̃, in] *adj* Sexe: **féminin**. Âge: 17 ans.	**weiblich** Geschlecht: weiblich. Alter: 17 Jahre.
masculin, e [maskylɛ̃, in] *adj* Camille, Claude, Dominique sont des prénoms **masculins** ou féminins.	**männlich** Camille, Claude, Dominique sind männliche wie auch weibliche Vornamen.

1.1.6.2 FAMILIE

«1–2000»

la **famille** [famij] Cette année, je passe Noël en **famille**.	**Familie** *f* Dieses Jahr verbringe ich Weihnachten mit meiner Familie.
les **parents** *mpl* [paʀɑ̃] J'habite encore chez mes **parents**.	**Eltern** *pl* Ich wohne noch bei meinen Eltern.
la **mère** [mɛʀ] *ant:* père Ma **mère** est professeur de français et d'histoire.	**Mutter** *f* Meine Mutter ist Lehrerin für Französisch und Geschichte.
le **père** [pɛʀ] *ant:* mère Ma mère ne vit plus avec mon **père**.	**Vater** *m* Meine Mutter lebt nicht mehr mit meinem Vater zusammen.
la **maman** [mamɑ̃] **Maman** m'a donné ce petit cadeau pour vous.	**Mama** *f* Meine Mama hat mir das kleine Geschenk für Sie mitgegeben.
le **papa** [papa] À la maison, c'est **papa** qui fait la cuisine.	**Papa** *m* Bei uns zu Hause kocht Papa.
la **fille** [fij] *ant:* fils La **fille** de nos voisins fait ses études à l'étranger.	**Tochter** *f* Die Tochter unserer Nachbarn studiert im Ausland.
le **fils** [fis] *ant:* fille Si j'ai un **fils**, il s'appellera Boris.	**Sohn** *m* Wenn ich einen Sohn bekomme, wird er Boris heißen.
le **frère** [fʀɛʀ] *ant:* sœur J'ai un **frère** et une sœur, mais c'est moi l'aîné.	**Bruder** *m* Ich habe einen Bruder und eine Schwester, aber ich bin der Älteste.
la **sœur** [sœʀ] *ant:* frère	**Schwester** *f*

***TIPP:** „Geschwister" wird mit **frères et sœurs** ausgedrückt. **Tu as combien de frères et sœurs?** Wie viele Geschwister hast du?*

aîné, e [ene] *adj* Ma sœur **aînée** s'est mariée avec un Français.	**älter** Meine ältere Schwester hat einen Franzosen geheiratet.
la **tante** [tɑ̃t] *ant:* oncle Les enfants appellent souvent leur **tante** «tatie».	**Tante** *f* Kinder nennen ihre Tante oft „tatie".

l'**oncle** *m* [ɔ̃kl] *ant:* tante Napoléon Ier était l'**oncle** de Napoléon III.	**Onkel** *m* Napoleon I. war der Onkel Napoleons III.
le **cousin**, la **cousine** [kuzɛ̃, in] Je fête Noël avec mes **cousins** et **cousines**.	**Cousin, Vetter, Kusine** *m, f* Ich feiere Weihnachten mit meinen Vettern und Kusinen.
les **grands-parents** *mpl* [gʀɑ̃paʀɑ̃] Mes **grands-parents** étaient à mon mariage.	**Großeltern** *pl* Meine Großeltern waren bei meiner Hochzeit dabei.
le **grand-père** ⚠ *pl* **grands-pères** [gʀɑ̃pɛʀ]	**Großvater** *m*
le **papy** [papi]	**Opa** *m*

***TIPP:** Wird auch **papi** geschrieben.*

la **grand-mère** ⚠ *pl* **grand(s)-mères** [gʀɑ̃mɛʀ]	**Großmutter** *f*
la **mamie** [mami]	**Oma** *f*
les **petits-enfants** *mpl* [p(ə)tizɑ̃fɑ̃]	**Enkel** *pl*
le **petit-fils** ⚠ *pl* **petits-fils** [p(ə)tifis]	**Enkelsohn** *m*
la **petite-fille** ⚠ *pl* **petites-filles** [p(ə)titfij]	**Enkelin** *f*
fiancé, e [fjɑ̃se] *adj* Ma sœur est **fiancée** depuis trois mois.	**verlobt** Meine Schwester ist seit drei Monaten verlobt.
marié, e [maʀje] *adj* De plus en plus de couples non **mariés** ont des enfants.	**verheiratet** Immer mehr nicht verheiratete Paare haben Kinder.
la **femme** [fam] *ant:* mari J'ai rencontré ma future **femme** à la fac.	**(Ehe)frau** *f* Ich habe meine spätere Frau an der Uni kennen gelernt.
le **mari** [maʀi] *ant:* femme Ils vivent comme **mari** et femme, mais ils ne sont pas mariés.	**(Ehe)mann** *m* Sie leben wie Mann und Frau zusammen, sind aber nicht verheiratet.

«2001–4000»

le **parent**, la **parente** [paʀɑ̃, ɑ̃t]	**Verwandte(r)** *f(m)*
Une **parente** de ma mère habite Strasbourg.	Eine Verwandte meiner Mutter wohnt in Straßburg.
parent, e [paʀɑ̃, ɑ̃t]	**verwandt**
Bouquet? Vous êtes **parente** avec l'actrice? —	Bouquet? Sind Sie mit der Schauspielerin verwandt?
le **neveu** [n(ə)vø] *ant:* nièce ⚠ *pl* **x**	**Neffe** *m*
Napoléon III était le **neveu** de Napoléon Ier.	Napoleon III. war der Neffe Napoleons I.
la **nièce** [njɛs] *ant:* neveu	**Nichte** *f*
Mes neveux et **nièces** passent toutes leurs vacances avec nos enfants.	Meine Nichten und Neffen verbringen alle Ferien mit unseren Kindern zusammen.
célibataire [selibatɛʀ] *adj ant:* marié	**ledig**
Elle est **célibataire**, mais elle ne veut pas qu'on lui dise mademoiselle.	Sie ist ledig, will aber nicht, dass man „Mademoiselle" zu ihr sagt.
le **couple** [kupl]	**(Ehe)paar** *n*
Marc et Laure forment un drôle de **couple**!	Marc und Laure sind ein merkwürdiges Paar.
le **fiancé**, la **fiancée** [fjɑ̃se]	**Verlobte(r)** *f(m)*
Je peux vous présenter ma **fiancée**?	Darf ich Ihnen meine Verlobte vorstellen?
enceinte [ɑ̃sɛ̃t] *adj*	**schwanger**
Elle était déjà **enceinte** de six mois quand elle l'a dit à ses parents.	Sie war schon im siebten Monat schwanger, als sie es ihren Eltern sagte.
le **beau-père** [bopɛʀ] *ant:* belle-mère ⚠ *pl* **beaux-pères**	**Schwiegervater** *m*
Je dis «vous» à mon **beau-père**.	Ich sage Sie zu meinem Schwiegervater.
la **belle-mère** [bɛlmɛʀ] *ant:* beau-père ⚠ *pl* **belles-mères**	**Schwiegermutter** *f*
En France, on raconte beaucoup d'histoires de **belles-mères**.	In Frankreich erzählt man viele Schwiegermutter-Witze.
les **beaux-parents** *mpl* [bopaʀɑ̃]	**Schwiegereltern** *pl*

la **belle-fille** [bɛlfij] *ant:* gendre ⚠ *pl* **belles-filles**	**Schwiegertochter** *f*
le **gendre** [ʒɑ̃dʀ] *ant:* belle-fille	**Schwiegersohn** *m*
le **beau-frère** [bofʀɛʀ] *ant:* belle-sœur ⚠ *pl* **beaux-frères**	**Schwager** *m*
la **belle-sœur** [bɛlsœʀ] *ant:* beau-frère ⚠ *pl* **belles-sœurs**	**Schwägerin** *f*
le **parrain** [paʀɛ̃] On choisit souvent un oncle comme **parrain**.	**Pate** *m* Oft wählt man einen Onkel als Paten aus.
la **marraine** [maʀɛn] Ma **marraine** m'envoie tous les ans un cadeau pour Noël.	**Patin** *f* Meine Patin schickt mir jedes Jahr ein Weihnachtsgeschenk.
le **veuf** [vœf] *ant:* veuve Comme les femmes vivent plus longtemps, il y a beaucoup moins de **veufs** que de veuves.	**Witwer** *m* Da Frauen länger leben, gibt es viel weniger Witwer als Witwen.
la **veuve** [vœv] *ant:* veuf	**Witwe** *f*

1.1.6.3 SOZIALE BINDUNGEN

«1–2000»

privé, e [pʀive] *adj* La presse française respecte la vie **privée** des hommes politiques.	**privat** Die französische Presse respektiert das Privatleben der Politiker.
public, -ique [pyblik] *adj* Les gens qui roulent à quatre-vingts à l'heure en ville sont des dangers **publics**.	**öffentlich** Menschen, die mit achtzig durch die Stadt fahren, sind eine öffentliche Gefahr.
le **public** [pyblik] Il est déjà apparu plusieurs fois en **public** avec elle.	**Öffentlichkeit** *f* Er ist schon ein paar Mal mit ihr in der Öffentlichkeit erschienen.
les **gens** *mpl* [ʒɑ̃] Le samedi, il y a beaucoup de **gens** en ville.	**Leute** *pl* Am Samstag sind immer viele Leute in der Stadt.
la **société** [sɔsjete] En **société**, elle ne parle pas beaucoup.	**Gesellschaft** *f* In Gesellschaft redet sie nicht sehr viel.

commun, e [kɔmœ̃, yn] *adj*	**gemeinsam**
L'UE a une politique agricole **commune**.	Die EU hat eine gemeinsame Agrarpolitik.
Elles sont sœurs, mais elles n'ont vraiment rien de **commun**.	Sie sind Schwestern, haben aber wirklich nichts gemein.
la **compagnie** [kɔ̃paɲi]	**Gesellschaft** *f*
Je vais te tenir **compagnie** jusqu'à l'arrivée du train.	Ich werde dir bis zur Ankunft des Zuges Gesellschaft leisten.
le **membre** [mɑ̃bʀ]	**Mitglied** *n*
Au début, l'UE avait six **membres**.	Am Anfang hatte die EU sechs Mitglieder.
le **type** [tip]	**Typ** *m*
Le prof de math, c'est un **type** très sympa.	Der Mathelehrer ist ein sehr sympathischer Typ.

***TIPP: Type** ist ein umgangssprachlicher Ausdruck.*

la **personnalité** [pɛʀsɔnalite]	**Persönlichkeit** *f*
Dans un village, le maire est une **personnalité**.	In einem Dorf ist der Bürgermeister eine Persönlichkeit.
le **voisin**, la **voisine** [vwazɛ̃, in]	**Nachbar(in)** *m(f)*
On se rend souvent service entre **voisins**.	Nachbarn helfen sich oft gegenseitig.
l'**ami** *m*, l'**amie** *f* [ami] *ant:* ennemi	**Freund(in)** *m(f)*
Nous sommes de vieux **amis**.	Wir sind alte Freunde.
C'est ton nouveau petit **ami**?	Ist das dein neuer Freund?
l'**étranger** *m*, l'**étrangère** *f* [etʀɑ̃ʒe, ɛʀ] *syn:* inconnu	**Fremde(r)** *f(m)*
À Paris, je n'ai plus le sentiment d'être une **étrangère**: je m'y sens presque chez moi.	Ich habe nicht mehr das Gefühl, in Paris eine Fremde zu sein; ich fühle mich da fast zu Hause.

«2001–4000»

la **communauté** [kɔmynote]	**Gemeinschaft** *f*
La Suisse n'a pas voulu être dans la **Communauté** européenne.	Die Schweiz wollte der Europäischen Gemeinschaft nicht beitreten.
le **club** [klœb]	**Klub** *m*
Je fais partie d'un **club** de tennis.	Ich bin in einem Tennisklub.

l'**association** *f* [asɔsjasjɔ̃] Les joueurs de l'**Association** sportive de Saint-Étienne sont appelés «les verts».	**Verein** *m* Die Spieler des Sportvereins von Saint-Étienne werden „die Grünen“ genannt.
le, la **collègue** [kɔlɛg] Ma nouvelle **collègue** de bureau a offert un verre à tout le service.	**Kollege, Kollegin** *m, f* Meine neue Bürokollegin hat die ganze Abteilung zu einem Glas eingeladen.
le **copain**, la **copine** [kɔpɛ̃, in] *syn:* ami, camarade Mes meilleurs amis sont d'anciens **copains** de classe. Il change de **copine** tous les mois.	**Kamerad(in)** *m(f)*; **Freund(in)** *m(f)* Meine besten Freunde sind ehemalige Klassenkameraden. Er hat jeden Monat eine neue Freundin.

***TIPP:* Copain/copine** *ist unter Jugendlichen sehr geläufig und schließt eine Liebesbeziehung nicht aus.*

le, la **camarade** [kamaʀad] *syn:* ami, copain Je t'aime bien, mais je préfère que nous restions simplement **camarades**.	**Kamerad(in)** *m(f)* Ich mag dich ganz gern, aber mir ist lieber, wir bleiben einfach nur Kameraden.

1.1.6.4 BERUFE

«1–2000»

l'**ouvrier** *m*, l'**ouvrière** *f* [uvʀije, jɛʀ] Au début, un **ouvrier** est payé au SMIC.	**Arbeiter(in)** *m(f)* Anfangs wird ein Arbeiter nach dem gesetzlichen Mindestlohn bezahlt.
le **paysan**, la **paysanne** [peizɑ̃, an] *syn:* agriculteur Les **paysans** manifestent souvent contre la politique agricole de l'UE.	**Bauer, Bäuerin** *m, f* Die Bauern demonstrieren oft gegen die Agrarpolitik der EU.

TIPP: *Wie im Deutschen das Wort Bauer kann* **paysan** *manchmal abschätzig sein;* **agriculteur** *klingt neutraler und förmlicher.*

l'**agriculteur** *m*, l'**agricultrice** *f* [agʀikyltœʀ, tʀis] *syn:* paysan Les **agriculteurs** sont deux fois moins qu'il y a vingt ans. → *paysan*	**Landwirt(in)** *m(f)* Es gibt halb so viel Landwirte wie vor zwanzig Jahren.
le **boulanger**, la **boulangère** [bulɑ̃ʒe, ɛʀ] En France, les **boulangers** sont ouverts le dimanche.	**Bäcker(in)** *m(f)* In Frankreich haben die Bäcker sonntags offen.
le **boucher**, la **bouchère** [buʃe, ɛʀ] Les petits **bouchers** souffrent beaucoup de la concurrence des grandes surfaces.	**Metzger(in)** *m(f)* Die kleinen Metzger leiden sehr unter der Konkurrenz der Supermärkte.
le **cuisinier**, la **cuisinière** [kɥizinje, jɛʀ] Dans ce guide, les meilleurs **cuisiniers** ont trois étoiles.	**Koch, Köchin** *m, f* In diesem Führer sind die besten Köche mit drei Sternen gekennzeichnet.

«2001–4000»

le **métier** [metje] Quel est le **métier** de tes parents?	**Beruf** *m* Was machen deine Eltern beruflich?
la **profession** [pʀɔfɛsjɔ̃] Ma mère est sans **profession**.	**Beruf** *m* Meine Mutter übt keinen Beruf aus.
le **professionnel**, la **professionnelle** [pʀɔfɛsjɔnɛl] Les **professionnels** peuvent maintenant participer aux jeux olympiques.	**Profi** *m* Profis können jetzt auch an den Olympischen Spielen teilnehmen.

***TIPP:** Es wird auch häufig die Abkürzung **pro** verwendet. **Professionnel** wird auch als Adjektiv gebraucht: **un joueur professionnel, une actrice professionnelle** „ein Profispieler", „eine Berufsschauspielerin". Achtung, das Wort wird mit zwei n geschrieben.*

l'**apprenti** *m*, l'**apprentie** *f* [apʀɑ̃ti] En France, certains artisans n'arrivent pas à trouver d'**apprenti**.	**Lehrling** *m*, **Auszubildende(r)** *f(m)* Manche Handwerker in Frankreich finden keine Lehrlinge.

le, la **stagiaire** [staʒjɛʀ] Les **stagiaires** en entreprise ne sont pas forcément payés.	**Praktikant(in)** *m(f)* Praktikanten, die ein Firmenpraktikum machen, werden nicht unbedingt bezahlt.
l'**homme d'affaires** *m*, la **femme d'affaires** [ɔm, famdafɛʀ] Les **hommes d'affaires** prennent souvent l'avion.	**Geschäftsmann, Geschäftsfrau** *m, f* Geschäftsleute fliegen viel.
la **femme au foyer** [famofwaje] Ma sœur aînée est **femme au foyer**; elle a trois enfants.	**Hausfrau** *f* Meine ältere Schwester ist Hausfrau, sie hat drei Kinder.
la **femme de ménage**, l'**homme de ménage** *m* [fam, ɔmdəmenaʒ] Les **femmes de ménage** gagnent en général le SMIC.	**Putzfrau, Putzmann** *f, m* Putzfrauen verdienen im Allgemeinen den gesetzlichen Mindestlohn.
le **représentant**, la **représentante** [ʀ(ə)pʀezɑ̃tɑ̃, ɑ̃t] Les **représentants** sont toujours sur les routes.	**Vertreter(in)** *m(f)* Vertreter sind immer unterwegs.
le **vendeur**, la **vendeuse** [vɑ̃dœʀ, øz] Elle est **vendeuse** dans un grand magasin.	**Verkäufer(in)** *m(f)* Sie ist Verkäuferin in einem Kaufhaus.
le, la **secrétaire** [s(ə)kʀetɛʀ] Aujourd'hui, les **secrétaires** utilisent des traitements de texte.	**Sekretär(in)** *m(f)* Heutzutage verwenden Sekretäre und Sekretärinnen Textverarbeitungsprogramme.

le **mécanicien**, la **mécanicienne** [mekanisjɛ̃, jɛn] Il n'y a pas besoin d'être **mécanicien** pour changer une roue.	**Mechaniker(in)** *m(f)* Man braucht kein Mechaniker zu sein, um ein Rad zu wechseln.

***TIPP: Mécanicien/mécanicienne** wird in der Umgangssprache häufig zu **mécano** verkürzt.*

l'**ingénieur** *m* [ɛ̃ʒenjœʀ] La plupart des **ingénieurs** sortent d'une grande école.	**Ingenieur(in)** *m(f)* Die meisten Ingenieure und Ingenieurinnen haben eine Elitehochschule besucht.

***TIPP:** Die Handhabung einer Femininform ist unterschiedlich. Man kann sagen **Elle est ingénieur** oder **une femme ingénieur**. Man hört auch manchmal **une ingénieure**.*

le **technicien**, la **technicienne** [tɛknisjɛ̃, jɛn]	**Techniker(in)** *m(f)*
Le pays a besoin de **techniciens**, surtout en informatique.	Das Land braucht Techniker, vor allem auf dem Gebiet der Informatik.
l'**artisan** *m*, l'**artisane** *f* [aʀtizɑ̃, an]	**Handwerker(in)** *m(f)*
En ville, on ne trouve plus beaucoup de petits **artisans**.	In den Städten findet man nicht mehr viele kleine Handwerksbetriebe.
l'**électricien** *m*, l'**électricienne** *f* [elɛktʀisjɛ̃, jɛn]	**Elektriker(in)** *m(f)*
Il y a des gens qui ont besoin d'un **électricien** pour changer une ampoule.	Es gibt Leute, die einen Elektriker brauchen, um eine Birne auszuwechseln.
le **plombier** [plɔ̃bje]	**Klempner(in)** *m(f)*
Il faut un **plombier** pour réparer la fuite.	Wir brauchen einen Klempner, um die undichte Stelle zu reparieren.
le **maçon**, la **maçonne** [masɔ̃, ɔn]	**Maurer(in)** *m(f)*
En France, beaucoup de **maçons** viennent d'Italie ou du Portugal.	Viele Maurer in Frankreich kommen aus Italien oder Portugal.
le **jardinier**, la **jardinière** [ʒaʀdinje, jɛʀ]	**Gärtner(in)** *m(f)*
En automne, les **jardiniers** du parc passent des jours à ramasser les feuilles.	Im Herbst brauchen die Parkgärtner Tage, um die Blätter zusammenzurechen.

TIPP: *Die Femininform ist nicht sehr gebräuchlich, da **la jardinière** auch einen Blumenkasten und ein Gemüseallerlei bezeichnet.*

le **gardien**, la **gardienne** [gaʀdjɛ̃, jɛn] *syn:* concierge	**Hausmeister(in)** *m(f)*
Chez nous, c'est le **gardien** qui sort les poubelles.	Bei uns stellt der Hausmeister die Mülltonnen raus.
le, la **concierge** [kɔ̃sjɛʀʒ]	**Hausmeister(in)** *m(f)*, **Concierge** *m, f*
La **concierge** distribue le courrier.	Die Concierge teilt die Post aus.

TIPP: *In vielen Wohnblocks und Mietshäusern gibt es in Frankreich eine oder einen **concierge**, deren/dessen Aufgaben weitreichender sind als die eines Hausmeisters in Deutschland. Ein **concierge** überwacht z. B. den Publikumsverkehr, teilt die Post aus und macht im Eingang und Treppenhaus sauber.*

le **pompier** [pɔ̃pje]	**Feuerwehrmann** *m*
Sauf dans les grandes villes, les **pompiers** ne sont pas des professionnels.	Außer in Großstädten sind die Feuerwehrleute keine Berufsfeuerwehrleute.

***TIPP:** Für eine Feuerwehrfrau sagt man **une femme pompier**.*

l'**épicier** *m*, l'**épicière** *f* [episje, jɛʀ]	**Lebensmittelhändler(in)** *m(f)*
Les petits **épiciers** de Paris sont en majorité tunisiens.	Die meisten kleinen Lebensmittelhändler in Paris sind Tunesier.
le **coiffeur**, la **coiffeuse** [kwafœʀ, øz]	**Friseur, Friseuse** *m, f*
Il faut que j'aille chez le **coiffeur**; j'ai les cheveux dans les yeux.	Ich muss zum Friseur, mir hängen die Haare in die Augen.
le, la **photographe** [fɔtɔgʀaf]	**Fotograf(in)** *m(f)*
Un **photographe** professionnel a pris les photos du mariage.	Die Fotos von der Hochzeit hat ein Berufsfotograf gemacht.
le **pharmacien**, la **pharmacienne** [faʀmasjɛ̃, jɛn]	**Apotheker(in)** *m(f)*
Chez le **pharmacien**, on trouve aussi des produits de beauté.	In der Apotheke kann man auch Kosmetika kaufen.

***TIPP:** Auf Französisch sagt man oft statt der Bezeichnung für das Geschäft **chez le ...** mit der entsprechenden Berufsbezeichnung.*

l'**interprète** *m, f* [ɛ̃tɛʀpʀɛt]	**Dolmetscher(in)** *m(f)*
Pour devenir **interprète**, il faut être bilingue.	Um Dolmetscher zu werden, muss man zweisprachig sein.
le, la **journaliste** [ʒuʀnalist]	**Journalist(in)** *m(f)*
Les **journalistes** de la télé sont en grève; il n'y a pas d'informations.	Die Fernsehjournalisten streiken; es gibt keine Nachrichten.

1.1.6.5 SOZIALE SITUATION

«1–2000»

pauvre [povʀ] *adj ant:* riche On rencontre beaucoup de violence dans les banlieues **pauvres**.	**arm** In den armen Vororten begegnet man viel Gewalt.
riche [ʀiʃ] *adj ant:* pauvre Des milliers de gens rêvent de devenir **riches** en jouant aux courses.	**reich** Tausende von Menschen träumen davon, durch Pferdewetten reich zu werden.
le **service militaire** [sɛʀvismilitɛʀ] En 1997 le **service militaire** a été supprimé en France.	**Militärdienst** *m* Der Militärdienst wurde in Frankreich 1997 abgeschafft.
gagner sa vie [gaɲesavi] *v* Mes parents **gagnent** bien **leur vie**.	**(seinen Lebensunterhalt) verdienen** Meine Eltern verdienen gut.
propre [pʀɔpʀ] *adj* Chez nous, chacun a sa **propre** télé, comme ça, il n'y a pas d'histoires.	**eigen** Bei uns hat jeder seinen eigenen Fernseher, so gibts keinen Streit.

TIPP: *Im Sinne von „eigen" steht* ***propre*** *immer vor dem Substantiv; wenn es an anderer Stelle steht heißt es „sauber".*

«2001–4000»

le **citoyen**, la **citoyenne** [sitwajɛ̃, jɛn] Le refrain de la Marseillaise commence par: Aux armes, **citoyens**!	**Bürger(in)** *m(f)* Der Refrain der Marseillaise beginnt mit: Zu den Waffen, Bürger!
le **mendiant**, la **mendiante** [mɑ̃djɑ̃, ɑ̃t] Les **mendiants** s'installent souvent dans les couloirs du métro.	**Bettler(in)** *m(f)* Bettler stellen sich oft in den Gängen der U-Bahn auf.
la **misère** [mizɛʀ] *syn:* pauvreté Mozart est mort dans la **misère**.	**Elend** *n* Mozart ist im Elend gestorben.

la **pauvreté** [povʀəte]	**Armut** *f*
Van Gogh, qui n'a vendu que quatre tableaux de son vivant, a connu la **pauvreté**.	Van Gogh, der zu Lebzeiten nur vier Bilder verkauft hat, lebte in Armut.
le **chef** [ʃɛf]	**Chef** *m*
Dans notre groupe, il n'y a pas de **chef**; chacun a son mot à dire.	In unserer Gruppe gibt es keinen Chef; jeder kann mit entscheiden.

***TIPP:** Die weibliche Form **la chef** ist umgangssprachlich.*

1.1.6.6 SOZIALES VERHALTEN

«1–2000»

social, e [sɔsjal] *adj* ⚠ *pl* **-aux** [jo]	**sozial**
Il faudrait plus de justice **sociale**.	Wir brauchen mehr soziale Gerechtigkeit.
rencontrer [ʀɑ̃kɔ̃tʀe] *v*	**begegnen; treffen**
Quand je l'**ai rencontrée**, elle m'a tout de suite plu.	Als ich ihr begegnet bin, hat sie mir gleich gefallen.
Quand on se **rencontre**, on parle de choses et d'autres.	Wenn wir uns treffen, unterhalten wir uns über dieses und jenes.

***TIPP:** **Rencontrer** ist ein transitives Verb.*

la **réunion** [ʀeynjɔ̃]	**Besprechung** *f*
Le directeur est en **réunion**; on ne peut pas le déranger.	Der Direktor ist in einer Besprechung, er kann nicht gestört werden.
se réunir [səʀeyniʀ] *v* ⚠ **ils se réunissent**	**sich treffen**
Le samedi, on **se réunit** entre amis pour boire un verre.	Samstags treffen wir uns immer im Freundeskreis, um ein Gläschen zu trinken.
se rassembler [səʀasɑ̃ble] *v*	**sich versammeln**
Les manifestants **se sont rassemblés** devant la mairie.	Die Demonstranten haben sich vor dem Rathaus versammelt.

le **rendez-vous** [ʀɑ̃devu] ⚠ *pl inv*	**Verabredung** *f;* **Termin** *m*
Nous avions **rendez-vous**, mais elle n'est pas venue.	Wir hatten eine Verabredung, sie ist aber nicht gekommen.
J'ai (un) **rendez-vous** chez le dentiste à dix heures.	Ich habe um zehn Uhr einen Termin beim Zahnarzt.
inviter [ɛ̃vite] *v*	**einladen**
C'est gentil de m'**inviter** à ton anniversaire.	Das ist nett, dass du mich zu deinem Geburtstag einlädst.
aller voir [alevwaʀ] *v* ⚠ *irr* 1	**besuchen**
Je **vais voir** mes grands-parents tous les dimanches.	Ich besuche meine Großeltern jeden Sonntag.
rendre visite à [ʀɑ̃dʀvizita] *v*	**besuchen**
Cela fait longtemps que vous ne m'**avez** pas **rendu visite**.	Sie haben mich schon lange nicht mehr besucht.
l'**invité** *m*, l'**invitée** *f* [ɛ̃vite]	**Gast** *m*
À mon mariage, il y avait plus de cent **invités**.	Bei meiner Hochzeit waren mehr als hundert Gäste.
faire voir [fɛʀvwaʀ] *v syn:* montrer ⚠ *irr* 18	**zeigen**
On nous **a** d'abord **fait voir** la cathédrale.	Zuerst hat man uns die Kathedrale gezeigt.
la **soirée** [swaʀe]	**Abendgesellschaft** *f*
Désolé, vous ne pouvez pas entrer, c'est une **soirée** privée.	Sie können leider nicht hinein, das ist eine private Abendgesellschaft.
la **fête** [fɛt]	**Fest**
Pour mon succès au bac, j'organise une petite **fête**.	Um mein erfolgreiches Abi zu feiern, gebe ich ein kleines Fest.
On a fait la **fête** toute la nuit.	Wir haben die ganze Nacht durchgefeiert.

TIPP: *Das Wort* ***fête*** *kann auch Namenstag bedeuten* ***Aujourd'hui, c'est ma fête.*** *Heute habe ich Namenstag.*

les **félicitations** *fpl* [felisitasjɔ̃]	**Glückwünsche** *pl*
Toutes mes **félicitations**!	Herzlichen Glückwunsch!
le **cadeau** [kado] ⚠ *pl* **x**	**Geschenk** *n*
Comme **cadeau** de Noël, j'ai eu un téléphone portable.	Zu Weihnachten habe ich ein Handy geschenkt bekommen.
offrir [ɔfʀiʀ] *v* ⚠ *irr* 25	**schenken**
En France, quand on **offre** des fleurs, on les laisse emballées.	Wenn man in Frankreich Blumen schenkt, lässt man sie eingepackt.

remercier [ʀ(ə)mɛʀsje] *v* — **danken**

Je vous **remercie** pour cette soirée agréable. — Ich danke Ihnen für diesen netten Abend.

***TIPP: Remercier** ist ein transitives Verb.*

---

souhaiter [swete] *v* — **wünschen**

Je vous **souhaite** à tous une bonne et heureuse année. — Ich wünsche Ihnen allen ein gutes neues Jahr.

«2001–4000»

le **contact** [kɔ̃takt] *syn:* relation — **Kontakt** *m*

Je suis resté en **contact** avec mon premier correspondant français. — Ich bin mit meinem ersten französischen Brieffreund in Kontakt geblieben.

---

la **relation** [ʀəlasjɔ̃] — **Beziehung** *f*

Nous avons cassé toute **relation**. — Wir haben jegliche Beziehung abgebrochen.

---

l'**échange** *m* [eʃɑ̃ʒ] — **Austausch** *m*

Il existe de nombreux programmes d'**échanges** entre lycées français et allemands. — Zwischen deutschen und französischen Gymnasien gibt es zahlreiche Austauschprogramme.

---

participer à [paʀtisipea] *v* — **teilnehmen an**

Tous les ans, je **participe aux** fêtes du 14 juillet. — Ich nehme jedes Jahr an den Feiern zum 14. Juli teil.

---

amical, e [amikal] *adj* ⚠ *pl* **-aux** [ko] — **freundschaftlich**

Nous avons toujours eu des relations **amicales**. — Wir hatten immer freundschaftliche Beziehungen.

---

l'**ambiance** *f* [ɑ̃bjɑ̃s] — **Stimmung** *f*

Quand on va au match à Marseille, il y a toujours de l'**ambiance**. — Wenn man in Marseille zu einem Fußballspiel geht, herrscht immer eine tolle Stimmung.

---

accompagner [akɔ̃paɲe] *v* — **begleiten**

Je t'**accompagne** jusque chez toi. — Ich begleite dich nach Hause.

---

l'**invitation** *f* [ɛ̃vitasjɔ̃] — **Einladung** *f*

Nous vous remercions de votre gentille **invitation**. — Wir danken euch für eure nette Einladung.

le **visiteur**, la **visiteuse** [vizitœʀ, øz] Le château de Versailles reçoit plusieurs millions de **visiteurs** tous les ans.	**Besucher(in)** *m(f)* Mehrere Millionen von Besuchern kommen jedes Jahr ins Schloss von Versailles.
la **bienvenue** [bjɛ̃v(ə)ny] Je vous souhaite la **bienvenue**.	**Willkommen** *n* Ich heiße Sie herzlich willkommen.
saluer [salɥe] *v* Tu **salueras** tes parents de ma part.	**grüßen** Grüße deine Eltern von mir.
présenter [pʀezɑ̃te] *v* Je te **présente** mon amie Sandra.	**vorstellen** Darf ich dir meine Freundin Sandra vorstellen?
serrer la main [seʀelamɛ̃] *v* Au début du match, l'arbitre et les deux capitaines se **serrent la main**.	**die Hand geben** Zu Beginn des Spiels geben sich der Schiedsrichter und die beiden Kapitäne die Hand.
faire signe [fɛʀsiɲ] *v* ⚠ *irr* 18 Regarde là-bas, c'est Christophe qui nous **fait signe**!	**zuwinken** Sieh mal da drüben! Da winkt uns Christophe zu.
féliciter [felisite] *v* Je l'**ai félicitée** pour son brillant succès.	**beglückwünschen** Ich habe sie zu ihrem glänzenden Erfolg beglückwünscht.
fêter [fete] *v* Qu'est-ce que vous diriez de **fêter** le nouvel an ensemble?	**feiern** Was haltet ihr davon, dass wir Neujahr zusammen feiern?
s'entendre [sɑ̃tɑ̃dʀ] *v* Je **me suis** toujours bien **entendue** avec ma sœur.	**sich verstehen** Ich habe mich mit meiner Schwester immer gut verstanden.
l'**amitié** *f* [amitje] L'UE s'appuie sur l'**amitié** franco-allemande. Mes **amitiés** à ton frère!	**Freundschaft** *f* Die Europäische Union basiert auf der deutsch-französischen Freundschaft. Schöne Grüße an deinen Bruder!
le **baiser** [beze] Le premier **baiser**, c'est celui qu'on n'oublie jamais.	**Kuss** *m* Den ersten Kuss vergisst man nie.
embrasser [ɑ̃bʀase] *v* Tu **embrasseras** Emmanuel pour moi.	**küssen, Küsschen geben** Gib Emmanuel ein Küsschen von mir.

> ***TIPP:*** *Gemeint sind damit die Küsschen auf die Wangen, die von Franzosen beiderlei Geschlechts zur Begrüßung und zum Abschied ausgetauscht werden.*

se marier [səmaʀje] *v*	**heiraten**
le **mariage** [maʀjaʒ] Mon frère ne voulait pas de **mariage** à l'église; il s'est juste marié à la mairie.	**Hochzeit** *f*, **Trauung** *f* Mein Bruder wollte keine kirchliche Trauung, er hat nur standesamtlich geheiratet.
les **vœux** *mpl* [vø] Reçois mes meilleurs **vœux** pour la nouvelle année!	**(Glück)wünsche** *pl* Meine besten Wünsche zum neuen Jahr!
se séparer [səsepaʀe] *v* Nous **nous sommes séparés**, mais nous sommes restés bons amis.	**sich trennen** Wir haben uns getrennt, aber wir sind gute Freunde geblieben.
divorcer [divɔʀse] *v ant:* se marier ⚠ **nous divorçons** À Paris, deux couples sur trois **divorcent**.	**sich scheiden lassen** In Paris lassen sich zwei von drei Paaren scheiden.
le **divorce** [divɔʀs] Quand elle a appris qu'il la trompait, elle a demandé le **divorce**.	**Scheidung** *f* Als sie erfuhr, dass er sie betrügt, reichte sie die Scheidung ein.

1.1.7 SCHICKSAL UND ZUFALL

«1–2000»

se passer [səpase] *v syn:* arriver Ce qui **se passe** dans le monde ne l'intéresse pas. Comment **s'est passé** ton examen? Qu'est-ce qui **se passe**?	**geschehen, passieren; los sein** Es interessiert ihn nicht, was in der Welt geschieht. Wie ist deine Prüfung gelaufen? Was ist los?
il y a [ilja] **Il y a** des jours où je dormirais bien jusqu'à midi.	**es gibt** Es gibt Tage, an denen ich bis Mittag schlafen könnte.

sûr, e [syʀ] *adj ant:* dangereux Le quartier de la gare n'est pas très **sûr** la nuit.	**sicher** Das Bahnhofsviertel ist nachts nicht sehr sicher.
la **sécurité** [sekyʀite] Les otages sont maintenant en **sécurité**.	**Sicherheit** *f* Die Geiseln sind jetzt in Sicherheit.
la **chance** [ʃɑ̃s] J'ai toujours eu de la **chance** au jeu. Laisse-moi une **chance**; tu ne vas pas me quitter comme ça!	**Glück** *n;* **Chance** *f* Ich habe immer Glück im Spiel gehabt. Gib mir noch eine Chance! Du kannst mich doch nicht so einfach verlassen!
le **hasard** ['azaʀ] C'est par le plus grand des **hasards** que nous nous sommes rencontrés.	**Zufall** *m* Es war der reinste Zufall, dass wir uns getroffen haben.
sauver [sove] *v* Les écologistes essaient de **sauver** les derniers ours des Pyrénées.	**retten** Die Umweltschützer versuchen, die letzten Bären in den Pyrenäen zu retten.
le **succès** [syksɛ] *ant:* échec Pour fêter son **succès**, il nous a invités au restaurant.	**Erfolg** *m* Um seinen Erfolg zu feiern, hat er uns ins Restaurant eingeladen.
réussir (à) [ʀeysiʀ(a)] *v ant:* échouer ⚠ **ils réussissent** Ça y est! J'**ai réussi à** réparer ta roue.	**Erfolg haben, erfolgreich sein; gelingen** Geschafft! Es ist mir gelungen, dein Rad zu reparieren.
célèbre [selɛbʀ] *adj* Beaucoup de Français **célèbres** sont enterrés au Panthéon.	**berühmt** Viele berühmte Franzosen sind im Pantheon beigesetzt.
connu, e [kɔny] *adj* Les écrivains actuels les plus **connus** ne sont pas forcément les meilleurs.	**bekannt** Die bekanntesten zeitgenössischen Schriftsteller sind nicht unbedingt die besten.
avoir du mal à [avwaʀdymala] *v* ⚠ *irr* 3 Les personnes âgées **auront** sûrement **du mal à** s'habituer à l'euro.	**Mühe haben zu, Probleme haben mit, sich schwer tun mit** Ältere Menschen werden sich schwer tun, sich an den Euro zu gewöhnen.
le **danger** [dɑ̃ʒe] *syn:* risque Est-ce que vous savez quel **danger** vous avez couru en faisant ça?	**Gefahr** *f* Wissen Sie, welche Gefahr Sie dabei eingegangen sind?

dangereux, -euse [dɑ̃ʒʀø, øz] *adj syn:* sûr — **gefährlich**

En cas de gros orage, les rivières du Midi sont très **dangereuses**. — Bei schweren Gewittern sind die Flüsse Südfrankreichs sehr gefährlich.

---

perdre [pɛʀdʀ] *v* — **verlieren**

La France **a perdu** (par) deux buts à un. — Frankreich hat 2:1 verloren.

J'**ai perdu** un bouton de mon manteau. — Ich habe einen Mantelknopf verloren.

---

l'**incendie** *m* [ɛ̃sɑ̃di] — **Feuer** *n*, **Brand** *m*

En Provence, il y a tous les étés des **incendies** de forêt. — In der Provence gibt es jeden Sommer Waldbrände.

«2001–4000»

le **sort** [sɔʀ] — **Los** *n*, **Schicksal** *n*

Je ne peux pas me plaindre de mon **sort**. — Ich kann mich über mein Los nicht beklagen.

---

le **mystère** [mistɛʀ] — **Rätsel** *n*

Sa disparition reste un **mystère**. — Sein Verschwinden bleibt ein Rätsel.

---

la **situation** [sitɥasjɔ̃] — **Lage** *f*

J'espère que la **situation** dans le tiers monde va s'améliorer. — Ich hoffe, dass sich die Lage in der Dritten Welt bessern wird.

---

l'**état** *m* [eta] — **Zustand** *m*

Ma voiture est vieille, mais elle est encore en très bon **état**. — Mein Auto ist zwar alt, aber es ist noch in sehr gutem Zustand.

---

l'**occasion** *f* [ɔkazjɔ̃] — **Gelegenheit** *f*

Quand j'ai su que c'était gratuit, j'ai sauté sur l'**occasion**. — Als ich erfuhr, dass es nichts kostet, habe ich die Gelegenheit beim Schopf ergriffen.

C'est une voiture d'**occasion** et c'était une bonne **occasion**: je ne l'ai pas payée cher! — Es ist ein Gebrauchtwagen und war ein guter Kauf. Ich habe nicht viel dafür bezahlt.

---

le **cas** [kɑ] — **Fall** *m*

Il y a des **cas** où il vaut mieux se taire. — Es gibt Fälle, wo man besser schweigt.

---

l'**événement** *m* [evɛnmɑ̃] — **Ereignis** *n*

Les **événements** de mai 68 ont beaucoup transformé la société française. — Die Ereignisse im Mai 68 haben die französische Gesellschaft stark verändert.

l'**incident** *m* [ɛ̃sidɑ̃] Malgré la neige, il n'y a pas eu d'**incident** pendant le voyage.	**Zwischenfall** *m* Trotz des Schnees ist die Reise ohne Zwischenfall verlaufen.
les **circonstances** *fpl* [siʀkɔ̃stɑ̃s] Les **circonstances** de l'accident restent mystérieuses.	**Umstände** *pl* Die Umstände, die zu dem Unfall geführt haben, bleiben ein Rätsel.
exprès [ɛkspʀɛ] *adv* Excuse-moi, mais je ne fais pas **exprès** de me tromper!	**absichtlich** Entschuldige, aber ich täusche mich doch nicht absichtlich!
par hasard [paʀ'azaʀ] *adv* Nous nous sommes rencontrés **par hasard**.	**zufällig** Wir sind und zufällig begegnet.
l'**aventure** *f* [avɑ̃tyʀ] Pendant nos vacances dans les Alpes, il nous est arrivé des tas d'**aventures**.	**Abenteuer** *n* Während unserer Ferien in den Alpen hatten wir eine ganze Menge Abenteuer.

gagner [gaɲe] *v ant:* perdre Celui qui **gagne** la partie paie un verre!	**gewinnen** Wer die Partie gewinnt, gibt einen aus.
le **secours** [s(ə)kuʀ] Au **secours**! À l'aide! Elle est venue à son **secours**. Les **secours** sont arrivés quelques minutes après l'accident.	**Hilfe** *f;* **Rettungsdienst** *m* Hilfe! Zu Hilfe! Sie ist ihm zu Hilfe gekommen. Der Rettungsdienst ist ein paar Minuten nach dem Unfall eingetroffen.

TIPP: *Wenn es Rettungsdienst heißt, steht* ***secours*** *immer im Plural.*

l'**avantage** *m* [avɑ̃taʒ] Selon les écologistes, l'énergie solaire n'a que des **avantages**.	**Vorteil** *m* Den Umweltschützern nach hat die Solarenergie nur Vorteile.
l'**inconvénient** *m* [ɛ̃kɔ̃venjɑ̃] *ant:* avantage L'**inconvénient** de la voiture électrique, c'est son prix.	**Nachteil** *m* Der Nachteil eines Elektroautos ist sein Preis.
heureusement [øʀøzmɑ̃] *adv* **Heureusement** qu'il a fait beau, sinon la fête était gâchée.	**zum Glück** Zum Glück war das Wetter schön, sonst hätte es uns das Fest verdorben.
s'améliorer [sameljɔʀe] *v* J'espère que mon français **s'est amélioré** pendant mon séjour.	**sich bessern, besser werden** Ich hoffe, dass mein Französisch während meines Aufenthaltes besser geworden ist.

la **difficulté** [difikylte] Si tu as des **difficultés** d'argent, je peux t'en prêter.	**Schwierigkeit** *f* Wenn du Geldschwierigkeiten hast, kann ich dir was leihen.
le **manque** [mɑ̃k] Si je n'écris pas plus souvent, c'est par **manque** de temps.	**Mangel** *m* Wenn ich nicht öfter schreibe, dann ist es aus Zeitmangel.
le **risque** [ʀisk] *syn:* danger On court moins de **risques** en avion qu'en voiture.	**Gefahr** *f*, **Risiko** *n* Fliegen ist mit weniger Gefahren verbunden als Autofahren.
l'**obstacle** *m* [ɔpstakl] Les chevaux doivent sauter plusieurs **obstacles**.	**Hindernis** *n* Die Pferde müssen mehrere Hindernisse überspringen.

le **choc** [ʃɔk] Quand nous avons appris sa maladie, ça nous a fait un **choc**.	**Schock** *m* Als wir von seiner Krankheit erfahren haben, hat uns das einen Schock versetzt.
s'aggraver [sagʀave] *v* La situation des pays du tiers-monde **s'est aggravée**.	**sich verschlimmern** Die Lage in den Ländern der Dritten Welt hat sich verschlimmert.
les **dégâts** *mpl* [degɑ] En Bretagne, les tempêtes font parfois de gros **dégâts**.	**Schäden** *pl* In der Bretagne richten Stürme manchmal große Schäden an.
nuire à [nɥiʀa] *v* ⚠ *irr* 6 Un petit verre de bordeaux ne **nuit** pas **à** la santé.	**schaden** Ein Gläschen Bordeaux schadet der Gesundheit nicht.
abîmer [abime] *v* Rien de tel que la neige et le sel pour **abîmer** les chaussures en cuir.	**beschädigen, ruinieren** Nichts ruiniert Lederschuhe mehr als Schnee und Salz.
détruire [detʀɥiʀ] *v* ⚠ *irr* 6 La ville **a été détruite** par un tremblement de terre.	**zerstören** Die Stadt wurde durch ein Erdbeben zerstört.
démolir [demɔliʀ] *v* *syn:* détruire ⚠ **ils démolissent** Tout le quartier des Halles à Paris **a été démoli** dans les années soixante-dix.	**abreißen, einreißen, zerstören** Das ganze Viertel der „Halles“ in Paris wurde in den Siebzigerjahren abgerissen.
la **destruction** [dɛstʀyksjɔ̃] Les villes françaises ont subi moins de **destructions** que les villes allemandes.	**Zerstörung** *f* Französische Städte wurden weniger schlimm zerstört als deutsche.

exploser [ɛksploze] *v* La première fusée Ariane V **a explosé** au bout d'une minute.	**explodieren** Die erste Rakete Ariane 5 ist nach einer Minute explodiert.

TIPP: *Vorsicht,* ***exploser*** *wird mit* ***avoir*** *konjugiert.*

éclater [eklate] *v* Le pneu **a éclaté**.	**platzen** Der Reifen ist geplatzt.
l'**explosion** *f* [ɛksplozjɔ̃] Les **explosions** causées par le gaz sont fréquentes.	**Explosion** *f* Es kommt häufig zu Explosionen, die durch Gas verursacht werden.
la **catastrophe** [katastʀɔf] Le licenciement de papa a été une **catastrophe** pour toute la famille.	**Katastrophe** *f* Die Entlassung von Papa war eine Katastrophe für die ganze Familie.
l'**horreur** *f* [ɔʀœʀ] Je n'aime pas les films d'**horreur**; ça me fait trop peur.	**Horror** *m* Ich mag keine Horrorfilme, sie machen mir zu viel Angst.

1.2 Alltagswelt

1.2.1 DER MENSCH UND SEIN ZUHAUSE

1.2.1.1 HAUS UND WOHNUNG

«1–2000»

la **maison** [mɛzɔ̃, mezɔ̃] Je rêve d'avoir un jour une **maison** à moi. S'il fait mauvais, on restera à la **maison**. Venez, il fait froid, on rentre à la **maison**.	**Haus** *n* Ich träume davon, eines Tages ein eigenes Haus zu haben. Wenn das Wetter schlecht ist, bleiben wir zu Hause. Kommt, es ist kalt! Wir gehen nach Hause.
le **domicile** [dɔmisil] Il est sans **domicile** fixe depuis six mois.	**Wohnsitz** *m* Er hat seit sechs Monaten keinen festen Wohnsitz mehr.

habiter [abite] *v*	**wohnen**
La plupart des gens **habitent** la ville.	Die meisten Menschen wohnen in der Stadt.

TIPP: *Man kann auch sagen* ***habiter en ville****.*

l'**appartement** *m* [apaʀtəmɑ̃]	**Wohnung** *f*
Je partage mon **appartement** avec deux autres étudiants.	Ich teile meine Wohnung mit zwei weiteren Studenten.
le **logement** [lɔʒmɑ̃]	**Wohnung** *f*, **Unterkunft** *f*
Il est difficile de trouver un **logement** bon marché à Paris.	Es ist schwierig, in Paris eine preiswerte Wohnung zu finden.
l'**étage** *m* [etaʒ]	**Stock** *m*, **Etage** *f*
C'est au dernier **étage** que le loyer est le plus cher.	Im obersten Stock ist die Miete am teuersten.

TIPP: *Vorsicht* ***étage*** *ist männlich.*

le **rez-de-chaussée** [ʀed(ə)ʃose] ⚠ *pl inv*	**Erdgeschoss** *n*
Les concierges habitent souvent au **rez-de-chaussée**.	Hausmeister wohnen oft im Erdgeschoss.

la **pièce** [pjɛs]	**Zimmer** *n*
Cette **pièce** n'a pas de fenêtre.	Dieses Zimmer hat kein Fenster.
la **salle de séjour**, le **séjour** [(saldə)seʒuʀ]	**Wohnzimmer** *n*
Dans la **salle de séjour**, il y a un coin salon et un coin repas.	Im Wohnzimmer gibt es eine Sitzecke und eine Essecke.
le **salon** [salɔ̃]	**Wohnzimmer** *n*
On passe au **salon** pour boire le café?	Wollen wir den Kaffee im Wohnzimmer trinken?

TIPP: *Gemeint ist der Espresso, den man nach dem Essen trinkt. Der* ***salon*** *wird ausschließlich als Wohnzimmer genutzt, im Gegensatz zum* ***séjour****, der Wohn- und Esszimmer sein kann.*

la **chambre** [ʃɑ̃bʀ]	**(Schlaf)zimmer** *n*
Je ne suis dans ma **chambre** que pour dormir.	Ich bin nur zum Schlafen in meinem Zimmer.

TIPP: *Man kann auch* ***chambre à coucher*** *sagen, aber mit* ***chambre*** *meint man automatisch das Schlafzimmer.*

la **cuisine** [kɥizin]	**Küche** *f*
Dans notre **cuisine**, il n'y a même pas de place pour un lave-vaisselle.	In unserer Küche ist nicht einmal Platz für eine Geschirrspülmaschine.

la **salle de bain(s)** [saldəbɛ̃] Tu peux utiliser la **salle de bain**, j'ai fini ma douche.	**Bad** *n* Du kannst ins Bad, ich bin mit dem Duschen fertig.
les **W.-C.** *mpl* [vese] Attends deux secondes, je vais aux **W.-C.** avant de partir.	**Toilette** *f* Warte zwei Sekunden, ich muss noch auf die Toilette, bevor wir gehen.
l'**entrée** *f* [ɑ̃tʀe] Je laisse mon parapluie dans l'**entrée**.	**Eingang** *m* Ich lasse meinen Schirm im Eingang.
le **couloir** [kulwaʀ] Ma chambre est au bout du **couloir**.	**Flur** *m* Mein Zimmer ist am Ende des Flurs.
la **cave** [kav] À la **cave**, nous avons quelques bonnes bouteilles.	**Keller** *m* Wir haben ein paar gute Flaschen im Keller.
le **toit** [twa] Beaucoup de chambres d'étudiant sont sous les **toits**.	**Dach** *n* Viele Studentenzimmer liegen unterm Dach.
le **mur** [myʀ] Dans ma chambre, il y a des photos de chanteurs partout sur les **murs**. Les **murs** sont si épais qu'il fait frais même en été.	**Wand** *f*; **Mauer** *f* In meinem Zimmer habe ich überall Fotos von Sängern an an den Wänden. Die Mauern sind so dick, dass es selbst im Sommer kühl ist.
le **sol** [sɔl] Avec des tapis sur le **sol**, c'est plus silencieux.	**Boden** *m* Mit Teppichen auf dem Boden ist es leiser.
le **plancher** [plɑ̃ʃe] Un vieux **plancher**, c'est beau, mais c'est bruyant.	**(Holz)fußboden** *m* Ein alter Holzfußboden ist schön, aber laut.
la **fenêtre** [f(ə)nɛtʀ] La **fenêtre** de ma chambre donne sur la rue.	**Fenster** *n* Das Fenster meines Zimmers geht auf die Straße.
la **vitre** [vitʀ] En jouant au ballon, les enfants ont cassé une **vitre**.	**(Fenster)scheibe** *f* Beim Ballspielen haben die Kinder eine Scheibe kaputtgemacht.
le **volet** [vɔlɛ] Tous les **volets** sont fermés: ils doivent être partis.	**Fensterladen** *m* Alle Fensterläden sind zu, sie müssen weggefahren sein.
la **porte** [pɔʀt] Entrez donc, ne restez pas à la **porte**!	**Tür** *f* Kommen Sie doch herein und bleiben Sie nicht vor der Tür stehen!

le **portail** [pɔʀtaj] N'oublie pas de fermer le **portail** du jardin derrière toi.	**Tor** *n* Vergiss nicht, das Gartentor hinter dir zuzumachen!
la **sortie** [sɔʀti] *ant:* entrée Les toilettes sont près de la **sortie**, à côté des caisses.	**Ausgang** *m* Die Toiletten sind beim Ausgang neben den Kassen.
donner sur [dɔnesyʀ] *v* Vous auriez une chambre qui **donne sur** la mer?	**liegen nach; gehen auf** Haben Sie ein Zimmer, das zum Meer hin liegt?
l'**escalier** *m* [ɛskalje] L'ascenseur était en panne; j'ai dû monter tous les **escaliers**.	**Treppe** *f* Der Aufzug war außer Betrieb, also musste ich die ganzen Treppen hochgehen.
la **marche** [maʀʃ] Faites attention; il y a une **marche**!	**Stufe** *f* Vorsicht, da ist eine Stufe!
l'**ascenseur** *m* [asɑ̃sœʀ] On ne va pas prendre l'**ascenseur** pour un étage!	**Aufzug** *m* Wegen einem Stock nehmen wir doch nicht den Aufzug!
la **lumière** [lymjɛʀ] Peux-tu mettre la **lumière**? Je ne vois plus rien!	**Licht** *n* Kannst du das Licht anmachen? Ich sehe nichts mehr!
le **chauffage** [ʃofaʒ] Baisse le **chauffage** si tu as trop chaud!	**Heizung** *f* Dreh die Heizung herunter, wenn dir zu warm ist.
le **jardin** [ʒaʀdɛ̃] En été, nous mangeons souvent dans le **jardin**.	**Garten** *m* Im Sommer essen wir oft im Garten.
le **balcon** [balkɔ̃] Votre chambre a un **balcon** qui donne sur le parc.	**Balkon** *m* Ihr Zimmer hat einen Balkon, der auf den Park geht.
la **terrasse** [teʀas] On va prendre le petit-déjeuner sur la **terrasse**.	**Terrasse** *f* Wir werden auf der Terrasse frühstücken.
le **garage** [gaʀaʒ] On ne peut pas stationner devant une sortie de **garage**.	**Garage** *f* Man darf nicht vor einer Garagenausfahrt parken.

***TIPP:** Vorsicht, es heißt **le garage**. **Le garage** kann auch eine Autowerkstatt sein.*

«2001–4000»

à l'intérieur [alɛ̃teʀjœʀ] *adv*	**drinnen**
dehors [dəɔʀ] *adv* Il fait trop beau pour rester à l'intérieur; on va s'installer **dehors**.	**draußen** Es ist zu schön, um drinnen zu bleiben. Setzen wir uns doch draußen hin!
l'**immeuble** *m* [imœbl] Dans les années cinquante et soixante, on a construit des **immeubles** énormes.	**Wohnhaus** *n;* **Mietshaus** *n* In den 50er- und 60er-Jahren hat man riesige Wohnblöcke gebaut.
le, la **locataire** [lɔkatɛʀ] Il y a un nouveau **locataire** au premier.	**Mieter(in)** *m(f)* Im ersten Stock gibt es einen neuen Mieter.
en haut [ɑ̃'o] *adv ant:* en bas Attendez-moi **en haut**; je monte tout de suite.	**oben** Wartet oben auf mich, ich komme gleich hinauf.
en bas [ɑ̃bɑ] *adv ant:* en haut Les toilettes sont **en bas**, au rez-de-chaussée.	**unten** Die Toiletten sind unten im Erdgeschoss.
la **salle à manger** [salamɑ̃ʒe] Dans les appartements modernes, le salon et la **salle à manger** ne sont pas deux pièces séparées.	**Esszimmer** *n* In modernen Wohnungen sind Wohnzimmer und Esszimmer keine getrennten Räume.
le **plafond** [plafɔ̃] *ant:* plancher, sol Pourquoi les **plafonds** sont-ils toujours blancs?	**Decke** *f* Warum sind Decken eigentlich immer weiß?
la **cheminée** [ʃ(ə)mine] Si on faisait un petit feu dans la **cheminée**, ça serait sympa, non?	**Kamin** *m* Wäre es nicht nett, wenn wir ein Feuerchen im Kamin machen würden?

***TIPP: La cheminée** bezeichnet auch den Schornstein.*

le **grenier** [gʀənje] J'ai mis mes vieux livres au **grenier**.	**Speicher** *m* Ich habe meine alten Bücher auf den Speicher gebracht.
la **cour** [kuʀ] Tu peux laisser ton vélo dans la **cour**.	**Hof** *m* Du kannst dein Fahrrad im Hof lassen.

le **ménage** [menaʒ]	**Haushalt** *m*
Je ne vois pas pourquoi les femmes devraient toujours s'occuper du **ménage**.	Ich sehe nicht ein, warum sich immer die Frauen um den Haushalt kümmern sollten.
Je fais le **ménage** le week-end, quand je suis là!	Ich putze und räume am Wochenende auf, wenn ich da bin.
déménager [demenaʒe] *v* ⚠ **nous déménageons**	**umziehen**
Comme son père est militaire, elle **a** (⚠ *nicht:* **est**) déjà **déménagé** six fois.	Da ihr Vater Berufssoldat ist, ist sie schon sechs Mal umgezogen.
installer [ɛ̃stale] *v*	**einrichten**
La cuisine **est** déjà tout **installée**; il ne manque plus qu'un frigo.	Die Küche ist schon voll eingerichtet, es fehlt nur noch ein Kühlschrank.
le **confort** [kɔ̃fɔʀ]	**Komfort** *m*
À louer: appartement tout **confort**.	Zu vermieten: Wohnung mit allem Komfort.

***TIPP:** Achtung, **confort** wird mit n geschrieben!*

meubler [mœble] *v*	**möblieren**
Les chambres à louer **sont** le plus souvent **meublées**.	Zimmer zur Untermiete sind meistens möbliert.
la **peinture** [pɛ̃tyʀ]	**Farbe** *f*
Peinture fraîche!	Frisch gestrichen!

1.2.1.2 EINRICHTUNG

«1–2000»

le **meuble** [mœbl]	**Möbel(stück)** *n*
J'aime les vieux **meubles** en bois qui ont une histoire.	Ich liebe alte Holzmöbel, die eine Geschichte haben.
la **table** [tabl]	**Tisch** *m*
À **table**! On mange!	Zu Tisch! Das Essen ist fertig!
le **bureau** [byʀo] ⚠ *pl* **x**	**Schreibtisch** *m*
Je ne me vois pas rester toute la journée assise à un **bureau**.	Ich sehe mich nicht den ganzen Tag an einem Schreibtisch sitzen.
le **siège** [sjɛʒ]	**Sitz** *m*
Il manque un **siège**; je vais chercher une chaise.	Es fehlt noch ein Sitz; ich hole einen Stuhl.

la **chaise** [ʃɛz]	**Stuhl** *m*
le **banc** [bɑ̃] Dans les églises, les chaises ont souvent remplacé les vieux **bancs**.	**Bank** *f* In den Kirchen wurden die alten Bänke oft durch Stühle ersetzt.
le **lit** [li] Le dimanche, je reste au **lit** jusqu'à midi.	**Bett** *n* Sonntags bleibe ich bis zwölf Uhr Mittag im Bett.
l'**armoire** *f* [aʀmwaʀ] Tu peux ranger tes affaires dans l'**armoire**.	**Schrank** *m* Du kannst deine Sachen in den Schrank räumen.
confortable [kɔ̃fɔʀtabl] *adj* Ce vieux fauteuil est très **confortable**.	**bequem** Dieser alte Sessel ist sehr bequem.

«2001–4000»

le **fauteuil** [fotœj] Le salon est tellement petit qu'on ne peut y mettre que deux **fauteuils**.	**Sessel** *m* Das Wohnzimmer ist so klein, dass man nur zwei Sessel hineinstellen kann.
le **canapé** [kanape] Tu n'as qu'à prendre mon lit; je dormirai sur le **canapé**.	**Sofa** *n* Du kannst mein Bett haben, ich schlafe auf dem Sofa.
la **couverture** [kuvɛʀtyʀ] Il y a une **couverture** dans l'armoire si tu as froid.	**Decke** *f* Im Schrank ist eine Decke, falls dir kalt ist.
l'**oreiller** *m* [ɔʀeje] Je trouve qu'on dort mieux sans **oreiller**. → *coussin*	**Kopfkissen** *n* Ich finde, dass man ohne Kopfkissen besser schläft.
le **matelas** [matla] Quand le **matelas** est trop mou, on attrape mal au dos.	**Matratze** *f* Wenn die Matratze zu weich ist, bekommt man Rückenschmerzen.
le **drap** [dʀa] Autrefois, les **draps** étaient blancs; maintenant, on met de la couleur. Ne fais pas ton lit; je change les **draps** aujourd'hui.	**Laken** *n* Früher waren Laken weiß, heute hat man farbige. Mach dein Bett nicht, ich werde heute die Bettwäsche wechseln.

TIPP: *Obwohl es auch Steppdecken gibt, werden in den meisten französischen Haushalten Decken und Laken benützt.*

le **coussin** [kusɛ̃] Mets un **coussin** sur ta chaise, tu seras mieux assis!	**(Sitz)kissen** *n* Leg ein Kissen auf deinen Stuhl, dann sitzt du bequemer.
le **placard** [plakaʀ] Comme je n'ai pas d'armoire, je cherche un appartement avec de grands **placards**.	**Einbauschrank** *m* Da ich keinen Schrank habe, suche ich eine Wohnung mit großen Einbauschränken.
l'**étagère** *f* [etaʒɛʀ] Les murs du bureau sont couverts d'**étagères**.	**Regal** *n* An den Wänden des Arbeitszimmers stehen lauter Bücherregale.
le **tiroir** [tiʀwaʀ] Tu peux mettre tes affaires dans ce **tiroir**.	**Schublade** *f* Du kannst deine Sachen in diese Schublade tun.
la **cuisinière** [kɥizinjɛʀ] C'est une **cuisinière** à gaz? Chez nous, tout est électrique.	**Herd** *m* Ist das ein Gasherd? Bei uns zu Hause ist alles elektrisch.
le **four** [fuʀ] Elle s'est acheté un **four** à chaleur tournante. Je n'aime pas trop les frites cuites au **four**.	**Herd** *m*; **Backofen** *m* Sie hat sich einen Heißluftherd gekauft. Ich mag Backofenpommes nicht besonders.
le **réfrigérateur**, le **frigo** [ʀefʀiʒeʀatœʀ, fʀigo] J'ai toujours une bouteille de champagne au **frigo**.	**Kühlschrank** *m* Ich habe immer eine Flasche Champagner im Kühlschrank.

***TIPP: Réfrigérateur** hört man so gut wie nie, das umgangssprachliche **frigo** dagegen umso öfter.*

le **congélateur** [kɔ̃ʒelatœʀ] Elles sortent du **congélateur**, mais ce sont des framboises du jardin.	**Gefrierschrank** *m*, **Tiefkühltruhe** *f* Sie kommen zwar aus dem Gefrierschrank, aber es sind Himbeeren aus dem Garten.
le **micro-ondes** [mikʀoɔ̃d] ⚠ *pl inv* Maintenant, je fais tout au **micro-ondes**; ça va tellement plus vite!	**Mikrowelle** *f* Inzwischen mache ich alles in der Mikrowelle, das geht so viel schneller!

***TIPP:** Der Mikrowellenherd heißt auch **le four à micro-ondes**.*

la **lampe** [lɑ̃p] La **lampe** ne s'allume pas; ça doit être l'ampoule.	**Lampe** *f* Die Lampe geht nicht an, das muss die Glühbirne sein.

le **vase** [vɑz] Je vais mettre les roses dans un **vase**.	**Vase** *f* Ich stelle die Rosen gleich in eine Vase.

***TIPP:** Vorsicht, **le vase** ist männlich! Das Wort **la vase** bezeichnet den Schlamm.*

le **tapis** [tapi] Les **tapis**, c'est beau, mais ça prend la poussière.	**Teppich** *m* Teppiche sind zwar schön, sind aber Staubfänger.
la **moquette** [mɔkɛt] C'est dommage de mettre une **moquette** sur un si beau plancher.	**Teppichboden** *m* Es ist schade, auf so einen schönen Holzboden einen Teppichboden zu legen.
le **rideau** [ʀido] ⚠ *pl* **x** Ouvre les **rideaux**; on y verra mieux!	**Vorhang** *m* Mach bitte die Vorhänge auf, dann sehen wir mehr.

1.2.1.3 GEGENSTÄNDE UND GERÄTE

«1–2000»

l'**objet** *m* [ɔbʒɛ] *syn:* chose Le grenier de mes grands-parents est plein de vieux **objets**.	**Gegenstand** *m* Der Dachboden meiner Großeltern ist voller alter Gegenstände.
les **affaires** *fpl* [afɛʀ] Tu ne pourras jamais mettre toutes ces **affaires** dans ta valise.	**Sachen** *pl* All die Sachen passen nie in deinen Koffer.
la **boîte** [bwat] Une **boîte** de chocolats, ça fait toujours plaisir.	**Schachtel** *f* Eine Schachtel Pralinen macht immer Freude.
le **sac** [sak] Les Français continuent de ranger leurs courses dans des **sacs** en plastique qu'on jette.	**Tasche** *f;* **Beutel** *m;* **Tüte** *f* Franzosen tun ihre Einkäufe noch immer in Plastiktüten, die dann weggeworfen werden.
le **panier** [panje] Les champignons, ça se met dans un **panier**, sinon on les abîme.	**Korb** *m* Pilze sollte man in einen Korb tun, sonst werden sie zerdrückt.

le **sac (à main)** [sak(amɛ̃)] Elle a toujours un **sac à main** et des chaussures de la même couleur.	**Handtasche** *f* Sie hat immer eine Handtasche und Schuhe in der gleichen Farbe.
la **clé** [kle] Je te donne une **clé** de la maison; comme ça, tu rentres quand tu veux.	**Schlüssel** *m* Ich gebe dir einen Hausschlüssel, dann kannst du heimkommen, wann du willst.
le **stylo** [stilo] Vous pouvez me prêter un **stylo** pour la signature?	**Füller** *m* Können Sie mir zum Unterschreiben einen Füller leihen?
le **crayon** [kʀɛjɔ̃] J'ai tout rempli au **crayon** pour pouvoir corriger.	**Bleistift** *m* Ich habe alles mit Bleistift ausgefüllt, damit ich es korrigieren kann.
la **carte** [kaʀt] Je veux bien jouer aux **cartes**.	**Karte** *f* Ich spiele gern Karten mit.
l'**allumette** *f* [alymɛt] Vous auriez une **allumette**? — Non, mais j'ai un briquet.	**Streichholz** *n* Haben Sie vielleicht ein Streichholz? — Nein, aber ein Feuerzeug.
la **ficelle** [fisɛl] La poste ne prendra le paquet que s'il est attaché avec une **ficelle**.	**Bindfaden** *m* Die Post nimmt das Paket nur dann an, wenn es mit einem Bindfaden verschnürt ist.
la **glace** [glas] Chez nous, il y a une grande **glace** au-dessus des lavabos.	**Spiegel** *m* Bei uns hängt ein großer Spiegel über den Waschbecken.
la **sonnette** [sɔnɛt] J'ai entendu la **sonnette**; tu peux aller ouvrir?	**Klingel** *f* Ich habe die Klingel gehört; kannst du aufmachen?
sonner [sɔne] *v* Je ne me suis pas réveillée bien que mon réveil **ait sonné**. Les cloches **sonnent** parce qu'il y a un mariage.	**klingeln; läuten** Ich bin nicht aufgewacht, obwohl mein Wecker geklingelt hat. Die Glocken läuten, weil da eine Hochzeit ist.
l'**aiguille** *f* [egɥij] Distribue les cartes dans le sens des **aiguilles** d'une montre!	**Zeiger** *m* Teile die Karten im Uhrzeigersinn aus.
le **jouet** [ʒwɛ] En Lorraine, on offre des **jouets** à la Saint-Nicolas.	**Spielzeug** *n* In Lothringen schenkt man zu Nikolaus Spielsachen.

«2001–4000»

la **chose** [ʃoz] *syn:* objet Je vais en ville; j'ai deux trois **choses** à acheter.	**Ding** *n*, **Sache** *f* Ich gehe in die Stadt. Ich muss ein paar Sachen kaufen.
le **machin** [maʃɛ̃] *syn:* chose Tu peux me dire ce que c'est que ce **machin**-là?	**Dings(bums)** *n* Kannst du mir sagen, was das für ein Dings ist?

***TIPP: Machin** ist umgangssprachlich.*

le **seau** [so] ⚠ *pl* **x** L'eau a gelé dans le **seau** pendant la nuit.	**Eimer** *m* Über Nacht ist das Wasser im Eimer gefroren.
le **pot** [po] Tu me passes le **pot** de moutarde?	**Topf** *m* Gibst du mir bitte den Senftopf?
la **corbeille** [kɔʀbɛj] Les publicités partent tout de suite à la **corbeille**.	**Papierkorb** *m* Die Werbung landet sofort im Papierkorb.
le **papier** [papje] Il y a toujours un tas de **papiers** sur son bureau.	**Papier** *n* Auf seinem Schreibtisch liegt immer ein Haufen Papiere.
la **poubelle** [pubɛl] Il ne faut pas mettre de verre à la **poubelle**.	**Mülleimer** *m* Glas kommt nicht in den Mülleimer.
le **cendrier** [sɑ̃dʀije] C'est normal qu'il n'y ait pas de **cendrier**; nous sommes dans le coin non-fumeurs.	**Aschenbecher** *m* Das ist normal, dass kein Aschenbecher da ist, wir sind in der Nichtraucherzone.

le **porte-monnaie** [pɔʀt(ə)mɔnɛ] ⚠ *pl inv* Tu peux prendre l'argent pour le pain dans mon **porte-monnaie**.	**Geldbeutel** *m* Du kannst das Geld für das Brot aus meinem Geldbeutel nehmen.
le **portefeuille** [pɔʀtəfœj] Heureusement j'ai retrouvé mon **portefeuille** avec tous mes papiers.	**Brieftasche** *f* Gott sei Dank habe ich meine Brieftasche mit allen Papieren wieder gefunden.

le **stylo à bille** [stiloabij] On considère qu'il est impoli d'écrire une lettre au **stylo à bille**.	**Kugelschreiber** *m* Es gilt als unhöflich, einen Brief mit Kugelschreiber zu schreiben.

la **bougie** [buʒi] Je n'ai pas réussi à souffler toutes les **bougies** de mon gâteau d'anniversaire.	**Kerze** *f* Ich konnte nicht alle Kerzen auf meinem Geburtstagskuchen ausblasen.
le **briquet** [bʀikɛ] Tu peux me prêter ton **briquet**? Le mien ne marche plus.	**Feuerzeug** *n* Kannst du mir dein Feuerzeug leihen? Meins geht nicht mehr.
l'**ampoule** *f* [ɑ̃pul] En France, il y a des **ampoules** à vis et à baïonnette.	**(Glüh)birne** *f* In Frankreich gibt es Glühbirnen mit Drehgewinde und mit Bajonettfassung.
le **fil** [fil] En voyage, j'ai toujours du **fil** et une aiguille sur moi.	**Faden** *m* Auf Reisen habe ich immer Nadel und Faden bei mir.
l'**aiguille** *f* [egɥij]	**Nadel** *f*
les **ciseaux** *mpl* [sizo] Je suis incapable de couper droit avec des **ciseaux**.	**Schere** *f* Ich bin unfähig, mit einer Schere gerade zu schneiden.

TIPP:* Ciseaux** *steht immer im Plural. Eine oder mehrere Scheren kann man mit* ***paire *umschreiben.*

l'**échelle** *f* [eʃɛl] Pour cueillir les pommes, il va falloir monter sur l'**échelle**.	**Leiter** *f* Um die Äpfel zu pflücken, werden wir auf die Leiter steigen müssen.
le **marteau** [maʀto] ⚠ *pl* **x** Je me suis donné un coup de **marteau** sur le pouce.	**Hammer** *m* Ich habe mir mit dem Hammer auf den Daumen geschlagen.
le **clou** [klu] Ce n'est pas si facile de planter un **clou** droit.	**Nagel** *m* Es ist gar nicht so einfach, einen Nagel gerade einzuschlagen.
la **colle** [kɔl] Les nouvelles **colles** sont très efficaces, mais attention à ne pas se coller les doigts!	**Klebstoff** *m* Die neuen Klebstoffe sind sehr gut, aber man muss aufpassen, dass man sich damit nicht die Finger verklebt.
la **scie** [si] Ta **scie** ne coupe plus rien; tu devrais t'en acheter une autre.	**Säge** *f* Deine Säge ist völlig stumpf! Du solltest dir eine neue kaufen.
la **lame** [lam] Les couteaux suisses ont des quantités de **lames**.	**Klinge** *f* Schweizer Messer haben eine Menge Klingen.

la **planche** [plɑ̃ʃ] Pour couper cette **planche**, il me faudrait une scie à bois.	**Brett** *n* Ich brauche eine Holzsäge, um dieses Brett durchzusägen.
la **balance** [balɑ̃s] Tu as une **balance**? J'ai certainement grossi.	**Waage** *f* Hast du eine Waage? Ich habe bestimmt zugenommen.
le **réveil** [ʀevɛj] Désolée, mon **réveil** n'a pas sonné.	**Wecker** *m* Tut mir Leid, aber mein Wecker hat nicht geklingelt.

1.2.1.4 EIGENSCHAFT VON DINGEN

«1–2000»

énorme [enɔʀm] *adj syn:* immense, *ant:* minuscule Pourquoi a-t-on construit ces immeubles **énormes**?	**riesig, enorm groß** Warum hat man diese riesigen Wohnblocks gebaut?
immense [imɑ̃s] *adj syn:* énorme, *ant:* minuscule Le parc du château de Versailles est **immense**.	**riesig** Der Park des Versailler Schlosses ist riesig.
minuscule [minyskyl] *adj ant:* énorme, immense À côté de ma valise, la tienne paraît **minuscule**.	**winzig** Neben meinem Koffer wirkt deiner winzig.
court, e [kuʀ, kuʀt] *adj ant:* long Le mouton a une queue très **courte**.	**kurz** Schafe haben einen sehr kurzen Schwanz.
épais, se [epɛ, ɛs] *adj* Je ne pourrais jamais manger un steak aussi **épais**! Le brouillard est tellement **épais** qu'on ne voit pas l'autre côté de la rue.	**dick; dicht** So ein dickes Steak könnte ich nie essen! Der Nebel ist so dicht, dass man die andere Straßenseite nicht sieht.
fin, e [fɛ̃, fin] *adj ant:* épais Elle a les cheveux très **fins**. Il faut pêcher avec du fil très **fin**.	**fein; dünn** Sie hat sehr feine Haare. Man muss mit einer sehr dünnen Leine angeln.

lourd, e [luʀ, luʀd] *adj ant:* léger	**schwer**
Tu m'aides à porter la table? Elle est trop **lourde** pour moi.	Hilfst du mir, den Tisch zu tragen? Er ist zu schwer für mich.
léger, -ère [leʒe, ʒɛʀ] *adj ant:* lourd	**leicht**
L'aluminium est un métal très **léger**.	Aluminium ist ein sehr leichtes Metall.

«2001–4000»

creux, -euse [kʀø, øz] *adj*	**hohl; tief**
Les abeilles se sont installées dans un vieil arbre **creux**.	Die Bienen haben sich in einem alten, hohlen Baum eingenistet.
Mets des assiettes **creuses**, il y a de la soupe!	Decke tiefe Teller auf, es gibt Suppe!

1.2.1.5 SAUBERKEIT

«1–2000»

propre [pʀɔpʀ] *adj ant:* sale	**sauber**
Ma voiture est toute **propre**; je viens de la laver.	Mein Auto ist ganz sauber, ich habe es gerade gewaschen.

TIPP: *Wenn* ***propre*** *vor dem Substantiv steht, heißt es „eigen“.*

nettoyer [nɛtwaje] *v ant:* salir ⚠ **il nettoie**	**säubern, sauber machen**
C'est bien; la pluie **a nettoyé** la terrasse.	Das ist gut. Der Regen hat die Terrasse gesäubert.
sale [sal] *adj ant:* propre	**schmutzig**
Le sol de la cuisine est **sale**; il faut absolument que je le lave.	Der Küchenboden ist schmutzig, ich muss ihn unbedingt wischen.
salir [saliʀ] *v ant:* laver, nettoyer ⚠ **ils salissent**	**schmutzig machen**
J'enlève mes chaussures; je ne veux pas **salir** le tapis.	Ich ziehe die Schuhe aus. Ich will den Teppich nicht schmutzig machen.
la **tache** [taʃ]	**Fleck** *m*
Sur ce tissu clair, on voit toutes les **taches**.	Auf diesem hellen Stoff sieht man jeden Fleck.

TIPP: *Nicht verwechseln mit* ***la tâche*** *„die Aufgabe“!*

laver [lave] *v* Tu crois que je peux **laver** mon pull à la machine?	**waschen** Meinst du, ich kann meinen Pulli in der Maschine waschen?

«2001–4000»

rangé, e [ʀɑ̃ʒe] *adj syn:* en ordre, *ant:* en désordre Ma mère dit que ma chambre est en désordre; moi, je la trouve bien **rangée**.	**ordentlich, aufgeräumt** Meine Mutter sagt, dass mein Zimmer unordentlich ist. Ich finde aber, es ist gut aufgeräumt.
la **saleté** [salte] La pluie a lavé les **saletés** qui étaient sur le trottoir.	**Schmutz** *m* Der Regen hat den Schmutz vom Bürgersteig gewaschen.
la **poussière** [pusjɛʀ] Un peu de **poussière** sur les meubles ne me gêne pas.	**Staub** *m* Ein bisschen Staub auf den Möbeln stört mich nicht.
le **désordre** [dezɔʀdʀ] Quel **désordre** dans le salon! Il faut que je le range avant que les invités arrivent.	**Unordnung** *f* So eine Unordnung im Wohnzimmer! Ich muss es aufräumen, bevor die Gäste kommen.
balayer [baleje] *v* ⚠ **il balaie, il balaye** C'est le concierge qui **balaie** les escaliers.	**fegen** Der Hausmeister fegt die Treppe.
essuyer [esɥije] *v* ⚠ **il essuie** Avec le lave-vaisselle, pas besoin non plus d'**essuyer** la vaisselle.	**abtrocknen** Mit dem Geschirrspüler braucht man das Geschirr auch nicht mehr abzutrocknen.
le **balai** [balɛ] Peux-tu ranger le **balai** dans le placard?	**Besen** *m* Kannst du den Besen in den Schrank zurückstellen?
l'**aspirateur** *m* [aspiʀatœʀ] Elle passe l'**aspirateur** tous les vendredis.	**Staubsauger** *m* Jeden Freitag saugt sie Staub.
la **lessive** [lesiv] Je fais une **lessive**; tu me donnes ton linge sale?	**Wäsche** *f* Ich werde Wäsche waschen. Gibst du mir deine schmutzige Wäsche?

le **linge** [lɛ̃ʒ] Je change de **linge** tous les jours.	**Wäsche** *f* Ich ziehe jeden Tag frische Wäsche an.
la **machine à laver** [maʃinalave] La **machine à laver** est en panne, elle ne chauffe plus l'eau.	**Waschmaschine** *f* Die Waschmaschine funktioniert nicht, sie heizt das Wasser nicht mehr auf.
repasser [ʀ(ə)pase] *v* Je ne mets que des chemises qui ne se **repassent** pas.	**bügeln** Ich trage nur bügelfreie Hemden.
le **fer à repasser** [fɛʀaʀ(ə)pase] Avec les **fers à repasser** à vapeur, ça va tout seul.	**Bügeleisen** *n* Mit dem Dampfbügeleisen geht das wie von selbst.
le **lave-vaisselle** [lavvɛsɛl] ⚠ *pl inv* Il faut que je vide le **lave-vaisselle**.	**Geschirrspülmaschine** *f* Ich muss die Geschirrspülmaschine ausräumen.

1.2.2 KLEIDUNG UND SCHMUCK

«1–2000»

le **vêtement** [vɛtmɑ̃] J'emporte des **vêtements** chauds; il pourrait neiger.	**Kleidungsstück** *n* Ich nehme warme Kleidung mit, es könnte schneien.
la **mode** [mɔd] Ça coûte cher de vouloir être toujours à la **mode**.	**Mode** *f* Es ist sehr teuer, wenn man immer mit der Mode gehen will.
élégant, e [elegɑ̃, ɑ̃t] *adj* Un homme peut être **élégant** sans forcément porter une cravate.	**elegant** Ein Mann muss nicht unbedingt eine Krawatte tragen, um elegant zu sein.
chic [ʃik] *adj* ⚠ *inv* Qu'est-ce que tu es **chic** avec cette robe!	**schick** Du siehst aber schick aus in dem Kleid!
porter [pɔʀte] *v* Dans l'armée de l'air on **porte** un uniforme bleu foncé.	**tragen** In der Luftwaffe trägt man eine dunkelblaue Uniform.

(s')habiller [(s)abije] *v ant:* se déshabiller	**(sich) anziehen**
Je **m'habille** et je suis prête.	Ich ziehe mich an, dann bin ich fertig.
mettre [mɛtʀ] *v ant:* enlever ⚠ *irr* 22	**anziehen**
Je n'ai rien à me **mettre**.	Ich habe nichts anzuziehen.
enlever [ɑ̃l(ə)ve] *v ant:* mettre ⚠ **il enlève**	**ausziehen**
J'ai trop chaud; j'**enlève** ma veste.	Mir ist zu warm, ich ziehe meine Jacke aus.
aller à [alea] *v* ⚠ *irr* 1	**stehen**
La barbe lui **va** très bien.	Der Bart steht ihm sehr gut.

la **robe** [ʀɔb]	**Kleid** *n*
Je vais mettre une petite **robe** d'été.	Ich ziehe ein leichtes Sommerkleid an.
le **manteau** [mɑ̃to] ⚠ *pl* **x**	**Mantel** *m*
Beaucoup de femmes n'osent plus mettre leur **manteau** de fourrure.	Viele Frauen trauen sich nicht mehr, ihren Pelzmantel anzuziehen.
le **costume** [kɔstym]	**Anzug** *m*
Au bureau, je suis obligé d'être en **costume**.	Ich muss im Büro einen Anzug tragen.

***TIPP: Le costume** bezeichnet nur den Anzug von Männern, das Damenkostüm heißt **le tailleur**. **Le costume** wird allerdings auch verwendet für das Kostüm, das man als Verkleidung trägt.*

la **veste** [vɛst]	**Jacke** *f*; **Jackett** *n*
Il fait un peu trop froid pour sortir en **veste**.	Es ist zu kalt, um nur in der Jacke hinauszugehen.

***TIPP:** Mit **veste** können sowohl Damenjacken wie Herrenjacketts bezeichnet werden. Die Herrenweste zum Anzug wird allerdings mit **le gilet** bezeichnet.*

le **pantalon** [pɑ̃talɔ̃]	**Hose** *f*
Il n'y a pas si longtemps que les filles peuvent venir en **pantalon** au lycée.	Es ist noch nicht so lange her, dass Mädchen mit Hosen ins Gymnasium kommen können.
la **jupe** [ʒyp]	**Rock** *m*
Mais comment fait-elle pour marcher avec une **jupe** aussi étroite?	Wie kann sie nur mit einem so engen Rock gehen?

la **chemise** [ʃ(ə)miz] À la maison, c'est mon père qui repasse ses **chemises**.	**Hemd** *n* Bei uns zu Hause bügelt mein Vater seine Hemden.
la **poche** [pɔʃ] J'ai toujours des choses plein les **poches**.	**Tasche** *f* Ich habe immer die verschiedensten Dinge in meinen Taschen.
le **bouton** [butɔ̃] Il manque un **bouton** à ta veste.	**Knopf** *m* An deinem Jackett fehlt ein Knopf.
le **trou** [tʀu] Avec ce que je mets dans mes poches, c'est normal que j'aie des **trous**.	**Loch** *n* Bei all dem, was ich in meine Taschen stecke, ist es normal, dass ich Löcher drin habe.
neuf, neuve [nœf, nœv] *adj* *ant:* usé, vieux J'ai mal dans mes chaussures **neuves**.	**neu** Die neuen Schuhe tun mir weh.
usé, e [yze] *adj ant:* neuf Ma chaussure gauche est toujours plus **usée** que la droite.	**abgenutzt** Mein linker Schuh ist immer mehr abgenutzt als mein rechter.
la **chaussure** [ʃosyʀ] J'ai pris des **chaussures** du 38, mais elles sont trop grandes.	**Schuh** *m* Ich habe Schuhe in der Größe 38 genommen, aber sie sind zu groß.
la **chaussette** [ʃosɛt] Quand je skie, je mets deux paires de **chaussettes**.	**Socke** *f* Beim Skifahren trage ich immer zwei Paar Socken.
le **chapeau** [ʃapo] ⚠ *pl* **x** Il n'y a plus beaucoup d'hommes qui portent le **chapeau**.	**Hut** *m* Nicht mehr viele Männer tragen einen Hut.
le **gant** [gɑ̃] Il fait tellement beau qu'on peut skier sans **gants**.	**Handschuh** *m* Es ist so schön, dass man ohne Handschuhe Ski fahren kann.
le **parapluie** [paʀaplɥi] Prends un **parapluie**, il commence à pleuvoir!	**Regenschirm** *m* Nimm einen Regenschirm mit, es fängt an zu regnen.
la **montre** [mɔ̃tʀ] Ma **montre** retarde. Tu as quelle heure?	**(Armband)uhr** *f* Meine Uhr geht nach. Wie viel Uhr hast du?

la **bague** [bag] En général, le fiancé offre une **bague**.	**Ring** *m* Normalerweise schenkt der Verlobte einen Ring.
la **chaîne** [ʃɛn] J'ai perdu ma **chaîne** en or en me baignant.	**Kette** *f* Ich habe meine Goldkette beim Schwimmen verloren.

«2001–4000»

essayer [eseje] *v* ⚠ **il essaie, il essaye** Il faut que tu **essaies** la robe pour te rendre compte si elle te va.	**anprobieren** Du musst das Kleid anprobieren, um zu sehen, ob es dir steht.
se changer [səʃɑ̃ʒe] *v* ⚠ **nous nous changeons** Je vais **me changer** en vitesse pour ne pas prendre froid.	**sich umziehen** Ich ziehe mich schnell um, damit ich mich nicht erkälte.
nu, e [ny] *adj* Ça me gêne vraiment de me mettre tout **nu**.	**nackt** Es ist mir wirklich peinlich, mich ganz nackt auszuziehen.
(se) déshabiller [(sə)dezabije] *v ant:* (s')habiller J'étais tellement fatiguée que je me suis couchée sans **me déshabiller**.	**(sich) ausziehen** Ich war so müde, dass ich ins Bett gegangen bin, ohne mich auszuziehen.
à l'endroit [alɑ̃dʀwa] *adv ant:* à l'envers Je ne sais jamais si mon pull est **à l'endroit** ou à l'envers.	**richtig herum** Ich weiß nie, ob mein Pulli richtig oder verkehrt herum ist.
à l'envers [alɑ̃vɛʀ] *adv ant:* à l'endroit Tu es sûre que tu n'as pas mis ton maillot de bain **à l'envers**?	**verkehrt herum** Bist du sicher, dass du deinen Badeanzug nicht verkehrt herum anhast?
étroit, e [etʀwa, at] *adj ant:* large Comment peut-on mettre des jeans aussi **étroits**?	**eng** Wie kann man nur so enge Jeans tragen?
le **(blue-)jean(s)** [(blu)dʒin] Tu ne vas tout de même pas aller à ce mariage en **jeans**!	**Jeans** *pl* Du willst doch nicht etwa in Jeans zu der Hochzeit gehen?

***TIPP:** Man kann **jeans** im Singular gebrauchen mit oder ohne s oder im Plural mit s. Das **blue-** kann man weglassen.*

le **pull(-over)** [pyl(ɔvɛʀ)] Avec ce froid, je préfère mettre un **pull** sous ma veste.	**Pullover** *m* Es ist so kalt, dass ich lieber einen Pulli unters Jackett anziehe.
le **chemisier** [ʃ(ə)mizje] Je cherche un petit **chemisier** pour aller avec ma jupe.	**Bluse** *f* Ich suche eine passende Bluse zu meinem Rock.
l'**uniforme** *m* [ynifɔʀm] Il s'est marié en grand **uniforme**.	**Uniform** *f* Er hat in Galauniform geheiratet.
le **pyjama** [piʒama] Tu mets un **pyjama** la nuit? Moi, je dors toute nue.	**Schlafanzug** *m* Ziehst du nachts einen Schlafanzug an? Ich schlafe nackt.

le **col** [kɔl] Votre **col** de chemise, c'est du combien? — Du 38.	**Kragen** *m* Welche Kragenweite haben Sie? — 38.
la **manche** [mɑ̃ʃ] En été, je ne mets que des chemises à **manches** courtes.	**Ärmel** *m* Im Sommer trage ich nur kurzärmlige Hemden.
la **fermeture éclair** [fɛʀmətyʀeklɛʀ] ⚠ *pl* **fermetures éclair** La plupart des pantalons sont à **fermeture éclair**.	**Reißverschluss** *m* Die meisten Hosen haben einen Reißverschluss.

***TIPP: Fermeture éclair** ist ein Warenzeichen. Man hört auch **le zip**.*

le **nœud** [nø] Je vais te faire ton **nœud** de cravate.	**Knoten** *m* Ich binde dir deinen Krawattenknoten.

la **botte** [bɔt] Les gendarmes portent une paire de **bottes** noires.	**Stiefel** *m* Polizisten tragen schwarze Stiefel.
les **lunettes** *fpl* [lynɛt] J'ai cassé mes **lunettes** de soleil; il va falloir que j'achète une nouvelle paire. → *ciseaux*	**Brille** *f* Ich habe meine Sonnenbrille kaputtgemacht, jetzt muss ich mir eine neue kaufen.

***TIPP: Lunettes** kommt nur im Plural vor.*

le **maillot de bain** [majodəbɛ̃] Les **maillots de bain** une pièce sont de nouveau à la mode.	**Badeanzug** *m;* **Badehose** *f* Einteilige Badeanzüge sind wieder in Mode.
la **cravate** [kʀavat] Tu penses qu'il faut que je mette une **cravate**?	**Krawatte** *f* Meinst du, ich muss eine Krawatte umbinden?

le **mouchoir** [muʃwaʀ] Fais un nœud à ton **mouchoir** pour ne pas oublier!	**Taschentuch** *n* Mach dir einen Knoten ins Taschentuch, damit dus nicht vergisst!
le **bonnet** [bɔnɛ] Le **bonnet** doit couvrir un peu les oreilles.	**Mütze** *f* Eine Mütze sollte die Ohren etwas bedecken.
le **slip** [slip] Un **slip** est tout de même plus sexy qu'un caleçon!	**Slip** *m* Ein Slip ist doch sexyer als Boxershorts.
le **caleçon** [kalsɔ̃] Je préfère les **caleçons**, c'est plus confortable que les slips.	**Boxershorts** *pl* Ich trage lieber Boxershorts, die sind bequemer als Slips.
la **culotte** [kylɔt] Quand je suis seule, je me promène en (petite) **culotte** dans l'appartement.	**(Damen)unterhose** *f*, **Slip** *m* Wenn ich allein bin, laufe ich im Slip in der Wohnung herum.
le **short** [ʃɔʀt] Le **short** de l'équipe de France est en général blanc.	**Shorts** *pl* Die französische Mannschaft trägt im Allgemeinen weiße Shorts.
le **tee-shirt** [tiʃœʀt] C'est moi qui ai dessiné le **tee-shirt** du lycée.	**T-Shirt** *n* Das T-Shirt des Gymnasiums habe ich entworfen.
le **collant** [kɔlɑ̃] Allez! Encore une paire de **collants** fichue!	**Strumpfhose** *f* Mist! Schon wieder eine kaputte Strumpfhose!

TIPP: *Man kann entweder* ***le collant*** *oder* ***les collants*** *sagen.*

la **ceinture** [sɛ̃tyʀ] Sans **ceinture** je perds mon pantalon.	**Gürtel** *m* Ohne Gürtel verliere ich meine Hose.
la **canne** [kan] Les aveugles ont une **canne** blanche.	**Stock** *m* Blinde haben einen weißen Stock.
le **bijou** [biʒu] ⚠ *pl* **x** À part une bague, elle ne porte jamais de **bijoux**.	**Schmuck** *m*; **Schmuckstück** *n* Außer einem Ring trägt sie nie Schmuck.
la **perle** [pɛʀl]	**Perle** *f*
le **collier** [kɔlje] Son **collier** s'est cassé et toutes les perles sont tombées par terre.	**(Hals)kette** *f* Ihre Kette ist gerissen, und alle Perlen sind auf den Boden gefallen.

tricoter [tʀikɔte] *v* C'est ma grand-mère qui m'**a tricoté** mon pull.	**stricken** Meinen Pullover hat meine Großmutter gestrickt.
coudre [kudʀ] *v* ⚠ *irr* 8 Ma mère **coud** toutes ses robes.	**nähen** Meine Mutter näht all ihre Kleider selbst.

1.2.3 ARBEITSWELT

1.2.3.1 FABRIK UND WERKSTATT

«1–2000»

l'**usine** *f* [yzin] Mon grand-père a travaillé en **usine** dès quatorze ans.	**Fabrik** *f* Mein Großvater arbeitete ab seinem vierzehnten Lebensjahr in der Fabrik.
l'**outil** *m* [uti] J'ai toujours une boîte à **outils** dans la voiture, au cas où.	**Werkzeug** *n* Für alle Fälle habe ich immer einen Werkzeugkasten im Auto.
réparer [ʀepaʀe] *v* Vous pourriez me **réparer** ma roue tout de suite?	**reparieren** Könnten Sie mir mein Rad sofort reparieren?

«2001–4000»

l'**industrie** *f* [ɛ̃dystʀi] Il n'y a plus d'**industries** dans le centre des villes.	**Industrie** *f* In den Innenstädten gibt es keine Industrieanlagen mehr.
industriel, le [ɛ̃dystʀijɛl] *adj* Le Nord est une grande région **industrielle**.	**industriell** Im Norden gibt es viel Industrie.
l'**atelier** *m* [atəlje] Le patron est au fond de l'**atelier**.	**Werkstatt** *f* Der Chef ist hinten in der Werkstatt.
la **pièce (de rechange)** [pjɛs(dəʀ(ə)ʃɑ̃ʒ)] Il faut commander les **pièces**; il y en a pour une semaine.	**Ersatzteil** *n* Die Ersatzteile müssen bestellt werden, das dauert eine Woche.

le **mode d'emploi** [mɔd-dɑ̃plwa] Tu as le **mode d'emploi**? — Oui, mais il est en anglais.	**Gebrauchsanleitung** *f* Hast du die Gebrauchsanleitung? — Ja, aber sie ist auf Englisch.
le **service après-vente** [sɛʀvis-apʀɛvɑ̃t] La qualité du **service après-vente** est aussi importante que le prix.	**Kundendienst** *m* Die Qualität des Kundendienstes ist ebenso wichtig wie der Preis.

1.2.3.2 WIRTSCHAFTSLEBEN

1.2.3.2.1 Allgemeines

«1–2000»

les **affaires** *fpl* [afɛʀ] Le directeur est en voyage d'**affaires**.	**Geschäfte** *pl* Der Direktor ist auf Geschäftsreise.
l'**entreprise** *f* [ɑ̃tʀəpʀiz] *syn:* société Une petite **entreprise** sur deux disparaît avant d'avoir trois ans.	**Firma** *f*, **Unternehmen** *n* Jede zweite kleine Firma verschwindet wieder, bevor sie drei Jahre bestanden hat.
la **société** [sɔsjete] *syn:* entreprise Il faut du courage pour fonder sa propre **société**.	**Gesellschaft** *f* Man braucht Mut, um seine eigene Gesellschaft zu gründen.
l'**emploi** *m* [ɑ̃plwa] J'espère bien trouver un **emploi** tout de suite.	**Beschäftigung** *f*, **Stelle** *f* Ich hoffe, dass ich gleich eine Stelle finden werde.
le **chômeur**, la **chômeuse** [ʃomœʀ, øz] Ça ne doit pas être drôle d'être **chômeur**.	**Arbeitslose(r)** *f(m)* Es ist sicher nicht lustig, arbeitslos zu sein.
le **chômage** [ʃomaʒ] Avec un bon diplôme, on risque moins d'être au **chômage**.	**Arbeitslosigkeit** *f* Mit einem guten Diplom besteht weniger die Gefahr, arbeitslos zu werden.

le **salaire** [salɛʀ] Les ouvriers demandent une augmentation de **salaire**.	**Gehalt** *n;* **Lohn** *m* Die Arbeiter fordern eine Lohnerhöhung.

*TIPP: **Salaire** entspricht sowohl dem Gehalt für Angestellte, als auch dem Lohn für Arbeiter. Beamte beziehen ein **traitement**.*

le **SMIC** [smik] C'est difficile de vivre quand on est au **SMIC**.	**gesetzlicher Mindestlohn** Es ist nicht einfach, vom gesetzlichen Mindestlohn zu leben.

*TIPP: = **Salaire Minimum Interprofessionnel de Croissance** berufsübergreifender dynamischer Mindestlohn.*

occupé, e [ɔkype] *adj* Si tu es **occupée**, je peux rappeler. → *reconnaître TIPP*	**beschäftigt** Wenn du beschäftigt bist, kann ich später noch mal anrufen.
la **commande** [kɔmɑ̃d] Votre **commande** est arrivée.	**Bestellung** *f* Ihre Bestellung ist eingegangen.
commander [kɔmɑ̃de] *v* Nous n'avons pas ce modèle; il va falloir le **commander**.	**bestellen** Wir haben das Modell nicht vorrätig, das müssen wir bestellen.
la **vente** [vɑ̃t] La **vente** d'alcool autour des stades est maintenant interdite.	**Verkauf** *m* In der Umgebung von Stadien ist der Verkauf von Alkohol jetzt verboten.
la **marchandise** [maʀʃɑ̃diz] La **marchandise** a été abîmée lors du transport.	**Ware** *f* Die Ware wurde beim Transport beschädigt.

«2001–4000»

l'**économie** *f* [ekɔnɔmi] Aujourd'hui, la politique dépend de l'**économie**.	**Wirtschaft** *f* Heutzutage hängt die Politik von der Wirtschaft ab.
économique [ekɔnɔmik] *adj* La situation **économique** de certains pays d'Afrique ne s'améliore pas.	**wirtschaftlich** Die wirtschaftliche Lage in bestimmten Ländern Afrikas verbessert sich nicht.
le **commerce** [kɔmɛʀs] Grâce à l'euro, le **commerce** entre les pays de l'UE est plus facile.	**Handel** *m* Dank des Euro ist der Handel zwischen den Ländern der EU einfacher geworden.

commercial, e [kɔmɛʀsjal] *adj* ⚠ *pl* **-aux** [jo]	**Handels-; kaufmännisch**
Doit-on avoir des relations **commerciales** avec les pays qui ne respectent pas les droits de l'homme?	Sollte man mit Ländern, die die Menschenrechte nicht respektieren, Handelsbeziehungen haben?
Elle est directrice **commerciale** d'une grosse entreprise.	Sie ist kaufmännische Leiterin eines großen Unternehmens.
fonder [fɔ̃de] *v syn:* créer	**gründen**
Dès 20 ans, elle **a fondé** sa propre entreprise.	Sie hat schon mit 20 ihre eigene Firma gegründet.
le **directeur**, la **directrice** [diʀɛktœʀ, tʀis]	**Direktor(in)** *m(f)*, **Leiter(in)** *m(f)*
Elle était simple vendeuse et elle a fini **directrice** du grand magasin.	Sie war eine einfache Verkäuferin und wurde schließlich Leiterin des Kaufhauses.
le, la **propriétaire** [pʀɔpʀijetɛʀ]	**Eigentümer(in)** *m(f)*
L'époque est finie où le **propriétaire** était aussi le directeur d'une entreprise.	Die Zeiten, in denen der Eigentümer gleichzeitig auch der Direktor der Firma war, sind vorbei.
appartenir à [apaʀt(ə)niʀa] *v syn:* être à ⚠ *irr* 41	**gehören**
Ils font comme si le château leur **appartenait**, mais en fait, c'est l'État qui en est propriétaire.	Sie tun so, als ob das Schloss ihnen gehörte, aber tatsächlich ist der Staat der Besitzer.
être à [ɛtʀa] *v syn:* appartenir à ⚠ *irr* 17	**gehören**
Comme l'appartement **est à** mes parents, je ne paie pas de loyer.	Da die Wohnung meinen Eltern gehört, zahle ich keine Miete.
la **propriété** [pʀɔpʀijete]	**Eigentum** *n*; **Anwesen** *n*
Propriété privée. Défense d'entrer.	Privateigentum. Betreten verboten!
L'Élysée est la **propriété** où habite le président.	Der Elyseepalast ist das Anwesen, in dem der Präsident wohnt.
posséder [pɔsede] *v* ⚠ **il possède**	**besitzen**
Mes parents **possèdent** une maison dans le Midi.	Meine Eltern besitzen in Südfrankreich ein Haus.

diriger [diʀiʒe] *v* *syn:* conduire ⚠ **nous dirigeons** Il y a encore trop peu de femmes qui **dirigent** des entreprises.	**leiten** Es gibt immer noch zu wenig Frauen, die ein Unternehmen leiten.
le **patron**, la **patronne** [patʀɔ̃, ɔn] *syn:* chef d'entreprise Mon **patron** est contre les 35 heures.	**Chef(in)** *m(f)* Mein Chef ist gegen die 35-Stundenwoche.
le **chef d'entreprise** [ʃɛfdɑ̃tʀəpʀiz] Contre la concurrence, un **chef d'entreprise** ne peut pas faire de miracles.	**Firmenchef(in)** *m(f)*, **Leiter(in) eines Unternehmens** *m(f)* Der Leiter eines Unternehmens kann gegen die Konkurrenz keine Wunder vollbringen.
la **direction** [diʀɛksjɔ̃] Les syndicats et la **direction** ont mis fin au conflit.	**Leitung** *f* Die Gewerkschaften und die Geschäftsleitung haben den Konflikt beigelegt.

le **travail** [tʀavaj] ⚠ *pl* **-aux** [o] Mon frère a trouvé du **travail** tout de suite.	**Arbeit** *f* Mein Bruder hat sofort Arbeit gefunden.
le **boulot** [bulo] *syn:* travail Les jeunes ne trouvent souvent que des petits **boulots**.	**Arbeit** *f*, **Job** *m* Junge Leute finden oft nur kleinere Jobs.

***TIPP: Boulot** ist umgangssprachlich, wird aber sehr häufig gebraucht.*

la **main d'œuvre** [mɛ̃dœvʀ] On a besoin de **main d'œuvre** qualifiée.	**Arbeitskraft** *f* Es werden Facharbeiter gebraucht.

***TIPP: Main d'œuvre** wird nur im Singular verwendet.*

employer [ɑ̃plwaje] *v* ⚠ **il emploie** L'industrie lourde **emploie** de moins en moins d'ouvriers.	**beschäftigen, anstellen** Die Schwerindustrie beschäftigt immer weniger Arbeiter.
l'**employeur** *m*, l'**employeuse** *f* [ɑ̃plwajœʀ, øz] Le plus gros **employeur**, c'est l'État.	**Arbeitgeber(in)** *m(f)* Der größte Arbeitgeber ist der Staat.
l'**employé** *m*, l'**employée** *f* [ɑ̃plwaje] De nombreux **employés** de la SNCF ont la retraite à 55 ans.	**Angestellte(r)** *m(f)*, **Beschäftigte(r)** *m(f)* Viele Beschäftigte der französischen Eisenbahn gehen mit 55 in den Ruhestand.

le **poste** [pɔst] *syn:* place C'est une femme qui occupe le **poste** de directeur.	**Stelle** *f* Die Stelle des Direktors ist mit einer Frau besetzt.
embaucher [ɑ̃boʃe] *v syn:* engager, *ant:* licencier Il **a été embauché** dès sa sortie d'école.	**anstellen, einstellen** Er hat sofort nach der Schule eine Anstellung gefunden.
qualifié, e [kalifje] *adj* L'industrie n'emploie plus que des ouvriers **qualifiés**.	**qualifiziert** In der Industrie werden nur noch qualifizierte Arbeiter eingestellt.
le **stage** [staʒ] Quand on a déjà fait des **stages**, on trouve plus facilement du boulot.	**Praktikum** *n* Wenn man schon Praktika gemacht hat, findet man leichter einen Job.
l'**heure supplémentaire** *f* [œʀsyplemɑ̃tɛʀ] Les **heures supplémentaires** doivent être payées.	**Überstunde** *f* Überstunden müssen bezahlt werden.

la **retraite** [ʀ(ə)tʀɛt] Mes grands-parents ont une toute petite **retraite**. Il est en **retraite** depuis longtemps.	**Rente** *f;* **Ruhestand** *m* Meine Großeltern haben nur eine ganz kleine Rente. Er ist schon lange im Ruhestand.

***TIPP:** Man kann auch sagen **Il est à la retraite**.*

le **retraité**, la **retraitée** [ʀ(ə)tʀete] Les **retraités** voyagent de plus en plus.	**Rentner(in)** *m(f)* Rentner verreisen immer häufiger.
licencier [lisɑ̃sje] *v ant:* embaucher C'est dur de se faire **licencier** après trente ans de maison.	**entlassen** Es ist schon hart, wenn man nach dreißigjähriger Firmenzugehörigkeit entlassen wird.
le **licenciement** [lisɑ̃simɑ̃] La crise a provoqué de nombreux **licenciements**. Cinquante ouvriers ont reçu leur lettre de **licenciement**.	**Entlassung** *f;* **Kündigung** *f* Die Krise hat zu vielen Entlassungen geführt. Fünfzig Arbeiter haben ihre Kündigung bekommen.
démissionner [demisjɔne] *v* Je **démissionnerais** bien, mais pour aller où?	**kündigen** Ich würde ja gerne kündigen, aber wohin dann?

la **démission** [demisjɔ̃] — **Kündigung** *f;* **Rücktritt** *m*

J'en ai assez, j'envoie ma **démission** à la fin du mois. — Mir reichts. Ich schicke denen Ende des Monats meine Kündigung.

Les syndicats ont obtenu la **démission** du patron. — Die Gewerkschaften haben erreicht, dass der Chef zurückgetreten ist.

---

le **syndicat** [sɛ̃dika] — **Gewerkschaft** *f*

En France, les **syndicats** interviennent en politique. — In Frankreich betätigen sich die Gewerkschaften auch politisch.

---

la **grève** [gʀɛv] — **Streik** *m*

Les ouvriers ont décidé de se mettre en **grève**. — Die Arbeiter haben beschlossen, in Streik zu treten.

---

manifester [manifɛste] *v* — **demonstrieren**

Les lycéens **ont manifesté** dans la rue. — Die Gymnasiasten haben auf der Straße demonstriert.

TIPP: *Demonstrieren heißt auf Französisch nicht* ***démontrer****.* ***Démontrer*** *bedeutet „beweisen".*

---

la **manifestation** [manifɛstasjɔ̃] — **Demonstration** *f*

La **manifestation** (⚠ *nicht:* **démonstration**) a causé de gros embouteillages. — Die Demonstation hat schwere Staus verursacht.

TIPP: *Man benützt auch die umgangssprachliche Abkürzung* ***la manif****.*

---

fabriquer [fabʀike] *v syn:* produire — **herstellen, produzieren**

Beaucoup de voitures françaises **sont fabriquées** à l'étranger. — Viele französische Autos werden im Ausland produziert.

---

produire [pʀɔdɥiʀ] *v* ⚠ *irr* 6 — **produzieren, erzeugen**

La région de Bordeaux **produit** les meilleurs vins du monde. — Die Region von Bordeaux erzeugt die besten Weine der Welt.

---

le **produit** [pʀɔdɥi] — **Produkt** *n*

La France exporte de nombreux **produits** agricoles. — Frankreich exportiert viele landwirtschaftliche Produkte.

---

la **production** [pʀɔdyksjɔ̃] — **Produktion** *f*

La **production** de soie naturelle a fait la richesse de Lyon. — Die Produktion von Naturseide hat Lyon reich gemacht.

l'**article** *m* [aRtikl] Je regrette, nous n'avons pas cet **article**.	**Artikel** *m* Tut mir Leid, diesen Artikel führen wir nicht.
le **consommateur**, la **consommatrice** [kɔ̃sɔmatœR, tRis] Les associations de **consommateurs** sont devenues très puissantes.	**Verbraucher(in)** *m(f)* Die Verbraucherverbände sind sehr einflussreich geworden.
la **consommation** [kɔ̃sɔmasjɔ̃] Tout le monde ne profite pas de la société de **consommation**.	**Verbrauch** *m*, **Konsum** *m* Nicht alle profitieren von der Konsumgesellschaft.
le **besoin** [bəzwɛ̃] Les **besoins** en énergie augmentent toujours.	**Bedarf** *m* Der Energiebedarf wächst ständig.
livrer [livRe] *v* Est-ce que vous pouvez **livrer** à domicile?	**liefern** Können Sie auch ins Haus liefern?
la **réserve** [RezɛRv] Tu peux finir la bouteille; j'en ai d'autres en **réserve**.	**Vorrat** *m* Du kannst die Flasche austrinken, ich hab noch andere auf Vorrat.
importer [ɛ̃pɔRte] *v ant:* exporter La France **importe** presque tout son pétrole.	**importieren, einführen** Frankreich importiert fast seinen ganzen Rohölbedarf.
exporter [ɛkspɔRte] *v ant:* importer La France **exporte** une partie de sa production agricole.	**exportieren, ausführen** Frankreich exportiert einen Teil seiner landwirtschaftlichen Produktion.
l'**agriculture** *f* [agRikyltyR] L'**agriculture** biologique commence à se développer.	**Landwirtschaft** *f* Langsam entwickelt sich die biologische Landwirtschaft.
agricole [agRikɔl] *adj* La Champagne est une région **agricole** qui produit un vin célèbre.	**landwirtschaftlich** Die Champagne ist eine landwirtschaftliche Gegend, die einen berühmten Wein erzeugt.
le **marché** [maRʃe] De nouveaux produits informatiques arrivent tous les jours sur le **marché**.	**Markt** *m* Jeden Tag kommen neue Computerprodukte auf den Markt.

la **concurrence** [kɔ̃kyʀɑ̃s]
Pour la haute couture, l'Italie fait **concurrence** à la France.

Konkurrenz *f*
In der Haute Couture macht Italien Frankreich Konkurrenz.

1.2.3.2.2 Geschäft

«1–2000»

le **magasin** [magazɛ̃]
En période de Noël, beaucoup de **magasins** ouvrent le dimanche.

Geschäft *n*
Zur Weihnachtszeit haben viele Geschäfte sonntags offen.

---

le **grand magasin** [gʀɑ̃magazɛ̃]
Les **grands magasins** subissent la concurrence des grandes surfaces.

Kaufhaus *n*
Die Verbrauchermärkte machen den Kaufhäusern Konkurrenz.

---

les **courses** *fpl* [kuʀs]
Je fais mes **courses** le samedi après-midi.

Einkäufe *pl*
Ich erledige meine Einkäufe samstags nachmittags.

---

ouvert, e [uvɛʀ, ɛʀt] *adj ant:* fermé
De plus en plus de magasins restent **ouverts** entre midi et deux.

offen, geöffnet
Immer mehr Geschäfte bleiben zwischen Mittag und zwei Uhr offen.

---

fermé, e [fɛʀme] *adj ant:* ouvert
Beaucoup de coiffeurs sont **fermés** le lundi.

geschlossen
Viele Friseure haben montags geschlossen.

---

acheter [aʃ(ə)te] *v ant:* vendre
⚠ **il achète**
Mes parents vont m'**acheter** un ordinateur.

kaufen
Meine Eltern werden mir einen Computer kaufen.

---

vendre [vɑ̃dʀ] *v ant:* acheter
J'**ai vendu** mon vieux vélomoteur à un copain.

verkaufen
Ich habe mein altes Moped einem Kumpel verkauft.

«2001–4000»

le **commerçant**, la **commerçante** [kɔmɛʀsɑ̃, ɑ̃t]	**Händler(in)** *m(f)*
Comment font les **commerçants** pour rester toujours aimables?	Wie machen Händler das nur, dass sie immer freundlich bleiben?
l'**achat** *m* [aʃa]	**Kauf** *m*, **Besorgung** *f*
J'ai quelques **achats** à faire en ville.	Ich muss in der Stadt noch einige Besorgungen machen.
le **supermarché** [sypɛʀmaʀʃe]	**Supermarkt** *m*
Mes parents font toutes leurs courses au **supermarché**.	Meine Eltern kaufen alles im Supermarkt.
la **grande surface** [gʀɑ̃dsyʀfas]	**Supermarkt** *m*, **Verbrauchermarkt** *m*
On trouvera moins cher dans une **grande surface**.	In einem Verbrauchermarkt bekommen wir das billiger.
le **centre commercial** [sɑ̃tʀkɔmɛʀsjal]	**Einkaufszentrum** *n*
Dans certaines banlieues, le **centre commercial** est le seul lieu de vie.	In manchen Vororten ist das Einkaufszentrum der einzige Ort, an dem Leben herrscht.
le **libre-service** [libʀəsɛʀvis] ⚠ *pl* **libres-services**	**Selbstbedienung** *f*
L'essence est généralement en **libre-service**.	An Tankstellen ist meist Selbstbedienung.

le **rayon** [ʀɛjɔ̃]	**Abteilung** *f*
Je cherche le **rayon** électricité.	Ich suche die Elektroabteilung.
la **vitrine** [vitʀin]	**Schaufenster** *n*
Je voudrais essayer la jupe rouge qui est en **vitrine**.	Ich würde gern den roten Rock aus dem Schaufenster anprobieren.
le **client**, la **cliente** [klijɑ̃, ɑ̃t]	**Kunde, Kundin** *m, f*
Le **client** a toujours raison.	Der Kunde hat immer Recht.
la **caisse** [kɛs]	**Kasse** *f*
Le vendredi soir, il y a un monde fou aux **caisses**.	Am Freitag Abend stehen immer furchtbar viel Leute an den Kassen.
la **queue** [kø]	**Schlange** *f*
Les gens font la **queue** jusque sur le trottoir.	Die Leute stehen bis auf den Bürgersteig Schlange.

la **boutique** [butik] Au centre, on trouve surtout des **boutiques** de vêtements.	**kleines Geschäft; Boutique** *f* Im Zentrum gibt es vor allem Modeboutiquen.
le **bureau de tabac** [byʀodətaba] On achètera des timbres au **bureau de tabac**.	**Tabakladen** *m* Wir werden im Tabakladen Briefmarken kaufen.

TIPP: *Das **bureau de tabac** nimmt in Frankreich eine besondere Stellung ein. Hier werden nicht nur Tabakwaren verkauft, sondern auch Zeitungen, Zeitschriften und Briefmarken und Steuermarken. Außerdem dient es als Wettannahmestelle. Man erkennt Tabakläden an einem karottenförmigen Ladenschild, das **la carotte** genannt wird; so wurden früher zusammengerollte Tabakblätter bezeichnet.*

l'**épicerie** *f* [episʀi] Les dernières **épiceries** de quartier disparaissent.	**Lebensmittelgeschäft** *n* Die letzten Tante-Emma-Läden verschwinden.
la **boulangerie** [bulɑ̃ʒʀi] Dans cette **boulangerie**, le pain est excellent.	**Bäckerei** *f* Das Brot aus dieser Bäckerei ist ausgezeichnet.
la **pâtisserie** [pɑtisʀi] C'est cette **pâtisserie** qui fait les meilleurs gâteaux.	**Konditorei** *f* Diese Konditorei macht die besten Kuchen.

TIPP: *Mit **pâtisserie** wird auch die Ware bezeichnet, die dort verkauft wird, also Kuchen und Gebäck.*

la **boucherie** [buʃʀi] Très peu de **boucheries** vendent encore de la viande de cheval.	**Metzgerei** *f* Nur wenige Metzgereien verkaufen noch Pferdefleisch.

TIPP: *In einer **boucherie** wird im Prinzip nur Rind-, Kalb- und Lammfleisch verkauft. Schweinefleisch und Wurstwaren gibt es in der **charcuterie**.*

la **charcuterie** [ʃaʀkytʀi] La plupart des boucheries vendent aussi de la **charcuterie**.	**Wurstwaren** *pl* In den meisten Metzgereien gibt es auch Wurstwaren.
la **librairie** [libʀeʀi] Tu veux acheter un guide? Voilà justement une **librairie**!	**Buchhandlung** *f* Du willst einen Führer kaufen? Sieh mal, da ist eine Buchhandlung!
la **papeterie** [papɛtʀi] Cette **papeterie** est bien placée, juste à côté du lycée.	**Schreibwarengeschäft** *n* Dieses Schreibwarengeschäft hat einen guten Standort, direkt neben dem Gymnasium.

la **pharmacie** [farmasi]	**Apotheke** *f*
Tu trouveras ce médicament en **pharmacie**.	Dieses Medikament bekommst du in der Apotheke.
la **publicité** [pyblisite]	**Werbung** *f*
Je suis peu influencée par la **publicité**.	Werbung beeinflusst mich wenig.

***TIPP:** Man hört auch oft die umgangssprachliche Abkürzung **la pub**.*

l'**annonce** *f* [anɔ̃s]	**Anzeige** *f*
Si tu veux revendre ton ordinateur, mets une petite **annonce** dans le journal!	Setz eine Anzeige in die Zeitung, wenn du deinen Computer verkaufen möchtest.

1.2.4 GELD

«1–2000»

l'**argent** *m* [arʒɑ̃]	**Geld** *n*
Tu as de l'**argent** sur toi?	Hast du Geld dabei?
le **liquide** [likid]	**Bargeld** *n*
Vous payez en **liquide** ou par chèque?	Zahlen Sie bar oder mit Scheck?
payer [peje] *v* ⚠ **il paye, il paie**	**zahlen**
Je t'invite, c'est moi qui **paie**.	Ich lade dich ein, ich zahle.
le **prix** [pri]	**Preis** *m*
Je l'ai eu à moitié **prix**.	Ich habe es zum halben Preis bekommen.
cher, chère [ʃɛr] *adj ant:* bon marché	**teuer**
L'essence est plus **chère** en France qu'en Allemagne.	Benzin ist in Frankreich teurer als in Deutschland.
bon marché [bɔ̃marʃe] *adj ant:* cher ⚠ *inv*	**billig**
Ces fraises sont **bon marché**.	Diese Erdbeeren sind billig.
En grande surface, c'est **meilleur marché**.	Im Supermarkt ist es billiger.
gagner [gaɲe] *v*	**verdienen**
Je préfère **gagner** moins et avoir un peu de temps libre.	Lieber verdiene ich weniger und habe etwas Freizeit.

dépenser [depɑ̃se] *v* L'argent, c'est fait pour **être dépensé**.	**ausgeben** Geld ist zum Ausgeben da.
économiser [ekɔnɔmize] *v* En ce moment, j'**économise** pour passer mon permis.	**sparen** Im Moment spare ich, um meinen Führerschein zu machen.
les **frais** *mpl* [fʀɛ] Quand on déménage, ça fait des **frais**.	**Kosten** *pl* Wenn man umzieht, verursacht das Kosten.
coûter [kute] *v* Le train ne lui (⚠ *nicht:* **la**) **coûte** rien: son père travaille à la SNCF.	**kosten** Zugfahren kostet sie nichts, ihr Vater arbeitet bei der Bahn.
gratuit, e [gʀatɥi, ɥit] *adj* Certains musées sont **gratuits** le dimanche.	**kostenlos, gratis** Am Sonntag ist in manchen Museen der Eintritt frei.
le **loyer** [lwaje] Le **loyer** doit être payé pour le dix du mois.	**Miete** *f* Die Miete muss bis zum Zehnten des Monats bezahlt werden.
louer [lwe] *v* Il y a beaucoup de chambres à **louer** sous les toits de Paris. Elle ne veut pas **louer** à des étudiants.	**mieten; vermieten** Unter den Dächern von Paris gibt es viele Zimmer zu mieten. Sie möchte nicht an Studenten vermieten.
l'**impôt** *m* [ɛ̃po] La TVA est un **impôt** que tout le monde paie.	**Steuer** *f* Die Mehrwertsteuer ist eine Steuer, die jedermann zahlt.
la **facture** [faktyʀ] Quand mes parents ont vu la **facture** de téléphone, ils étaient furieux.	**Rechnung** *f* Als meine Eltern die Telefonrechnung gesehen haben, waren sie wütend.
la **dette** [dɛt] Je te rembourserai ma **dette** à la fin du mois.	**Schulden** *pl* Ich zahle dir meine Schulden am Monatsende zurück.
la **banque** [bɑ̃k] Il faut que je passe à la **banque**; je n'ai plus d'argent.	**Bank** *f* Ich muss zur Bank, ich habe kein Geld mehr.

TIPP: *Die Bank, auf der man sitzt, heißt* ***le banc****.*

le **billet (de banque)** [bijɛ(dəbɑ̃k)] Quand on a un **billet** de 500 euros, il vaut mieux ne pas le perdre!	**Banknote** *f*, **(Geld)schein** *m* Wenn man einen Fünfhunderteuroschein hat, sollte man den lieber nicht verlieren.

le **franc** [fʀɑ̃]	**Franc** *m*
Pour les grosses sommes, beaucoup de gens comptent encore en anciens **francs**.	Bei großen Beträgen rechnen noch viele Leute in alten Franc.

***TIPP:** Der Schweizer Franken heißt auf Französisch auch **franc**.*

le **centime** [sɑ̃tim]	**Centime** *m*
Mes vacances chez mes amis ne m'ont pas coûté un **centime**.	Die Ferien bei meinen Freunden haben mich keinen Pfennig gekostet.
l'**euro** *m* [øʀo]	**Euro** *m*
Est-ce que l'**euro** pourra faire concurrence au dollar?	Ob der Euro dem Dollar wohl Konkurrenz machen kann?

***TIPP:** Im Französischen wird bei allen Währungen im Plural ein „s" angefügt, also **trois euros**.*

«2001–4000»

le **revenu** [ʀ(ə)vəny, ʀəv(ə)ny]	**Einkommen** *n*
L'impôt sur le **revenu** se paie l'année suivante.	Die Einkommensteuer wird im Folgejahr bezahlt.
les **économies** [ekɔnɔmi]	**Ersparnisse** *pl*
J'ai dépensé toutes mes **économies** pendant les vacances.	Ich habe während der Ferien meine ganzen Ersparnisse aufgebraucht.
pouvoir se payer [puvwaʀsəpeje] *v* ⚠ *irr* 30	**sich leisten können**
Si seulement je **pouvais me payer** une moto!	Wenn ich mir doch ein Motorrad leisten könnte!
la **somme** [sɔm]	**Summe** *f*
Ce que j'ai économisé depuis que je ne fume plus, ça fait une **somme**!	Was ich gespart habe, seit ich nicht mehr rauche, ergibt eine ganz schöne Summe!
la **valeur** [valœʀ]	**Wert** *m*
La **valeur** de l'or a beaucoup diminué.	Der Goldwert ist stark gesunken.
valoir [valwaʀ] *v* ⚠ *irr* 40	**wert sein**
Ma montre **vaut** très cher; elle est en or massif.	Meine Uhr ist sehr viel wert, sie ist aus massivem Gold.
la **richesse** [ʀiʃɛs] *ant:* pauvreté	**Reichtum** *m*
Ce qui fait la **richesse** de plusieurs régions, c'est la vigne.	Der Wein macht den Reichtum so mancher Gegend aus.

la **fortune** [fɔʀtyn]	**Vermögen** *n*
Ce château doit valoir une **fortune**.	Dieses Schloss muss ein Vermögen wert sein.
le **trésor** [tʀezɔʀ]	**Schatz** *m*
Si tu trouves un **trésor** dans le jardin, fais-moi signe!	Wenn du im Garten einen Schatz findest, sag mir Bescheid.
le **niveau de vie** [nivodəvi]	**Lebensstandard** *m*
Le **niveau de vie** des pays riches augmente.	Der Lebensstandard in den reichen Ländern steigt.
assurer [asyʀe] *v*	**versichern**
Heureusement que j'**étais assuré** tous risques!	Zum Glück war ich vollkaskoversichert.
l'**assurance** *f* [asyʀɑ̃s]	**Versicherung** *f*
Mon **assurance** m'a remboursé tous les dégâts.	Meine Versicherung hat mir den ganzen Schaden ersetzt.
baisser [bese] *v ant:* augmenter	**fallen, sinken; senken**
Pour acheter mon ordinateur, j'attends que les prix **baissent** encore un peu.	Ich warte, bis die Preise noch ein wenig fallen, bevor ich meinen Computer kaufe.
Le gouvernement parle toujours de **baisser** les impôts.	Die Regierung redet dauernd davon, die Steuern zu senken.
la **baisse** [bɛs] *ant:* augmentation	**Senkung** *f*
Le gouvernement a promis une **baisse** des impôts.	Die Regierung hat versprochen, die Steuern zu senken.
diminuer [diminɥe] *v syn:* baisser, *ant:* augmenter	**nachlassen, zurückgehen, sinken; senken**
Comme l'inflation **diminue**, les taux d'intérêt baissent.	Da die Inflation zurückgeht, sinken die Zinssätze.
Il faudrait **diminuer** le prix des transports en commun.	Man sollte die Preise für öffentliche Verkehrsmittel senken.
augmenter [ɔgmɑ̃te] *v ant:* diminuer, baisser	**steigen; erhöhen, steigern**
Chez nous, le niveau de vie **augmente** alors qu'il baisse dans d'autres pays.	Bei uns steigt der Lebensstandard, während er in anderen Ländern sinkt.
L'entreprise a licencié des ouvriers, ainsi elle espère **augmenter** ses bénéfices.	Die Firma hat Arbeiter entlassen und hofft so, den Gewinn zu steigern.

l'**augmentation** *f* [ɔgmɑ̃tasjɔ̃] Une **augmentation** de la température aurait de graves conséquences.	**Erhöhung** *f*, **(An)steigen** *n* Ein Ansteigen der Temperatur hätte schlimme Folgen.
le **bénéfice** [benefis] *ant:* perte Nous avons fait de gros **bénéfices**.	**Gewinn** *m* Wir haben hohe Gewinne gemacht.
la **perte** [pɛʀt] *ant:* bénéfice C'est l'État qui rembourse les **pertes** de la SNCF.	**Verlust** *m* Der Staat deckt die Verluste der französischen Eisenbahn.
le **crédit** [kʀedi] C'est bien d'acheter à **crédit**, mais après il faut rembourser.	**Kredit** *m* Es ist ja gut und schön, auf Kredit zu kaufen, aber später muss man ihn dann zurückzahlen.
payer (au) comptant [peje(o)kɔ̃tɑ̃] *v* ⚠ **il paye, il paie** J'ai une réduction si je **paie comptant**?	**bar bezahlen** Bekomme ich einen Rabatt, wenn ich bar bezahle?
l'**intérêt** *m* [ɛ̃teʀɛ] Des amis m'ont fait un prêt sans **intérêt**.	**Zins** *m* Freunde haben mir ein zinsloses Darlehen gegeben.
le **taux** [to] Les **taux** d'intérêt ont beaucoup baissé.	**Satz** *m* Der Zinssatz ist stark gesunken.
le **tarif** [taʀif] Les étudiants ont demi-**tarif**.	**Preis** *m* Studenten zahlen den halben Preis.
par [paʀ] *prep* Pendant mon stage, je gagnais 2000 francs **par** mois.	**pro** Während meines Praktikums habe ich 2000 Franc pro Monat verdient.
pour cent [puʀsɑ̃] Pour la maison, nous avons emprunté à six **pour cent**.	**Prozent** *n* Für das Haus haben wir Geld zu sechs Prozent aufgenommen.

***TIPP:** Normalerweise schreibt man **6%**.*

devoir [d(ə)vwaʀ] *v* ⚠ *irr* 12 J'ai payé mes dettes; je ne **dois** plus rien à personne.	**schulden** Ich habe meine Schulden bezahlt. Ich schulde keinem mehr etwas.
rembourser [ʀɑ̃buʀse] *v* Vous pouvez **rembourser** en trois ou six mois.	**zurückzahlen; abzahlen** Sie können das in drei oder in sechs Monaten abzahlen.

la **TVA** [teveɑ]	**Mehrwertsteuer** *f*
Vous pouvez me faire une facture avec **TVA**?	Können Sie mir eine Rechnung mit ausgezeichneter Mehrwertsteuer machen?

***TIPP: TVA** steht für **taxe sur la valeur ajoutée**.*

les **soldes** *mpl* [sɔld]	**Schlussverkauf** *m*
Après Noël, je fais les **soldes**; il y a des affaires à faire.	Nach Weihnachten gehe ich zum Schlussverkauf. Da kann man sehr günstig einkaufen.
la **réduction** [ʀedyksjɔ̃]	**Rabatt** *m*, **Preisnachlass** *m*
Samedi, ils font 20% de **réduction** sur tous les livres.	Am Samstag gibt es auf alle Bücher einen Preisnachlass von 20%.

le **chèque** [ʃɛk]	**Scheck** *m*
Vous pouvez faire un **chèque** ou payer par carte.	Sie können einen Scheck ausstellen oder mit Kreditkarte bezahlen.
la **carte (de crédit)** [kaʀt(dəkʀedi)]	**Kreditkarte** *f*
J'achète tout par **carte**.	Ich zahle alles mit Kreditkarte.
le **compte** [kɔ̃t]	**Konto** *n*
Je n'ai presque plus rien sur mon **compte**.	Ich habe fast nichts mehr auf meinem Konto.

la **monnaie** [mɔnɛ]	**Kleingeld** *n*; **Wechselgeld** *n*
Désolé de vous payer avec un billet, mais je n'ai pas de **monnaie**.	Tut mir Leid, dass ich mit einem Schein zahle, aber ich habe kein Kleingeld.
Vous pouvez me faire de la **monnaie**?	Können Sie wechseln?

***TIPP: Monnaie** wird auch für Währung benützt.*

la **pièce** [pjɛs]	**Münze** *f*, **Geldstück** *n*
Tu as des **pièces** pour payer le parking? — J'ai une **pièce** de dix francs. Et toi?	Hast du Münzen, um das Parkhaus zu bezahlen? — Ich habe ein Zehnfrancstück. Und du?

1.2.5 ÄMTER UND BEHÖRDEN

«1–2000»

le **bureau** [byʀo] ⚠ *pl* **x** Vous pouvez rappeler aux heures de **bureau**.	**Büro** *n* Sie können zu den Bürostunden wieder anrufen.
le **personnel** [pɛʀsɔnɛl] Le directeur du **personnel** peut vous recevoir.	**Personal** *n* Der Personalchef kann Sie empfangen.
signer [siɲe] *v* N'oubliez pas de **signer** en bas à droite.	**unterschreiben** Vergessen Sie nicht, rechts unten zu unterschreiben.

«2001–4000»

l'**organisation** *f* [ɔʀganizasjɔ̃] La fête était réussie, mais ça manquait un peu d'**organisation**.	**Organisation** *f* Das Fest war ein Erfolg, es haperte nur etwas an der Organisation.
officiel, le [ɔfisjɛl] *adj* J'attends le papier **officiel**, mais on m'a promis le poste.	**offiziell** Ich warte noch auf die offizielle Bestätigung, aber man hat mir die Stelle versprochen.
le, la **fonctionnaire** [fɔ̃ksjɔnɛʀ] Les **fonctionnaires** ont la sécurité de l'emploi.	**Beamte(r), Beamtin** *m, f* Beamte haben eine sichere Anstellung.
nommer [nɔme] *v* Elle **a été nommée** directrice du personnel.	**ernennen** Sie ist zur Personalchefin ernannt worden.
responsable (de) [ʀɛspɔ̃sabl(də)] *adj* Il y a eu des erreurs faites, mais qui est **responsable**? Elle est **responsable** des relations avec les clients.	**verantwortlich (für); zuständig (für)** Es sind Fehler gemacht worden, aber wer ist dafür verantwortlich? Sie ist für die Kundenkontakte zuständig.
la **responsabilité** [ʀɛspɔ̃sabilite] Elle a de grosses **responsabilités** dans l'entreprise.	**Verantwortung** *f* Sie hat in der Firma große Verantwortung.
s'inscrire [sɛ̃skʀiʀ] *v* ⚠ *irr* 15 Je **me suis inscrite** au permis.	**sich anmelden** Ich habe mich für den Führerschein angemeldet.

le **document** [dɔkymɑ̃]	**Dokument** *n*
N'oubliez pas de signer les **documents**.	Vergessen Sie nicht, die Dokumente zu unterschreiben.
le **dossier** [dɔsje]	**Akte** *f*
Il faut que je vérifie dans mes **dossiers** quand c'était.	Ich muss in meinen Akten nachsehen, wann das war.
remplir [ʀɑ̃pliʀ] *v* ⚠ **ils remplissent**	**ausfüllen**
Ne **remplissez** pas le chèque; c'est la caisse qui le fait.	Füllen Sie den Scheck nicht aus, das macht die Kasse.
la **signature** [siɲatyʀ]	**Unterschrift** *f*
Ta **signature** est facile à imiter.	Deine Unterschrift kann man leicht nachmachen.
le **tampon** [tɑ̃pɔ̃]	**Stempel** *m*
Le **tampon** de la poste montre que la lettre a mis dix jours.	Am Poststempel kann man sehen, dass der Brief zehn Tage unterwegs war.

la **candidature** [kɑ̃didatyʀ]	**Bewerbung** *f*
J'espère que ma **candidature** retiendra votre attention.	Ich hoffe, dass meine Bewerbung bei Ihnen auf Interesse stoßen wird.
(s')adresser à [(s)adʀese(a)] *v*	**schicken; sich wenden an**
Adresser les candidatures **à** la direction du personnel.	Schicken Sie Ihre Bewerbungen an die Personalabteilung!
Adressez-vous à la réception de l'hôtel!	Wenden Sie sich an die Hotelrezeption!
le **candidat**, la **candidate** [kɑ̃dida, at]	**Bewerber(in)** *m(f)*
Je suis **candidate** à ce poste.	Ich habe mich um die Stelle beworben.
le **CV** [seve]	**Lebenslauf** *m*
Tu devrais coller une autre photo sur ton **CV**.	Du solltest ein anderes Foto auf deinen Lebenslauf kleben.

***TIPP:* *CV* steht für das lateinische *curriculum vitae*.**

le **contrat** [kɔ̃tʀa]	**Vertrag** *m*
Normalement, on signe le **contrat** de travail au bout d'un mois.	Normalerweise unterschreibt man den Arbeitsvertrag nach einem Monat.

1.2.6 POST UND FERNMELDEWESEN

1.2.6.1 POST

«1–2000»

la **poste** [pɔst] Par la **poste**, tu auras ma lettre dans un ou deux jours. La **poste** est ouverte le samedi matin.	**Post** *f*, **Postamt** *n* Wenn ich den Brief mit der Post schicke, erhältst du ihn in ein bis zwei Tagen. Die Post ist samstags vormittags geöffnet.
le **courrier** [kuʀje] J'ai quelque chose au **courrier**? — Non, tu n'as pas de **courrier**.	**Post** *f* Ist in der Post etwas für mich dabei? — Nein, du hast keine Post.
poster [pɔste] *v* Si tu **postes** la lettre avant 18 heures, elle partira encore ce soir.	**aufgeben** Wenn du den Brief vor 18 Uhr aufgibst, geht er noch heute Abend weg.
le **facteur**, la **factrice** [faktœʀ, tʀis] Le **facteur** vient de passer; il y a du courrier?	**Briefträger(in)** *m(f)* Der Briefträger war gerade da. Ist Post gekommen?
la **lettre** [lɛtʀ] J'ai bien reçu ta **lettre** et je te réponds tout de suite.	**Brief** *m* Ich habe deinen Brief bekommen und möchte dir gleich darauf antworten.
l'**enveloppe** *f* [ɑ̃v(ə)lɔp] Je mets toujours mon adresse au dos de l'**enveloppe**.	**Umschlag** *m* Ich schreibe immer meine Adresse auf die Rückseite des Umschlags.
la **carte (postale)** [kaʀt(pɔstal)] Envoie-moi une petite **carte** dès ton arrivée.	**Postkarte** *f* Schick mir ein Kärtchen, sobald du angekommen bist.
l'**adresse** *f* [adʀɛs] Pense à me donner ton **adresse** de vacances!	**Adresse** *f* Vergiss nicht, mir deine Urlaubsadresse zu geben.
le **timbre** [tɛ̃bʀ] Si tu passes à la poste, tu peux acheter des **timbres**?	**Briefmarke** *f* Wenn du auf die Post gehst, kannst du Briefmarken kaufen?
le **paquet** [pakɛ] Ton **paquet** est mal emballé; la poste n'en voudra pas.	**Paket** *n*; **Päckchen** *n* Dein Paket ist schlecht verpackt, die Post wird es nicht annehmen.

«2001–4000»

le **bureau de poste** [byʀodəpɔst] *syn:* poste Il y a plusieurs cabines téléphoniques devant le **bureau de poste**.	**Postamt** *n* Vor dem Postamt sind mehrere Telefonzellen.
par avion [paʀavjɔ̃] *adv* Pour l'Allemagne, ça ne va pas plus vite **par avion**.	**mit Luftpost** Nach Deutschland geht es mit Luftpost auch nicht schneller.
affranchir [afʀɑ̃ʃiʀ] *v* ⚠ **ils affranchissent** Votre lettre n'**est** pas suffisamment **affranchie**.	**freimachen, frankieren** Ihr Brief ist nicht ausreichend frankiert.
l'**expéditeur** *m*, l'**expéditrice** *f* [ɛkspeditœʀ, tʀis] Sur un paquet, il faut mettre l'adresse de l'**expéditeur**.	**Absender(in)** *m(f)* Auf einem Paket muss die Adresse des Absenders angegeben werden.
le **code postal** [kɔdpɔstal] ⚠ *pl* **codes postaux** [o] Le **code postal** de Marseille est 13000.	**Postleitzahl** *f* Die Postleitzahl von Marseille ist 13000.
la **boîte (aux lettres)** [bwat(olɛtʀ)] Tu penseras à mettre les lettres à la **boîte**?	**Briefkasten** *m* Denk bitte dran, die Briefe in den Briefkasten zu werfen.

1.2.6.2 TELEFON

«1–2000»

le **téléphone** [telefɔn] Tu as le **téléphone**?	**Telefon** *n* Hast du Telefon?
téléphoner [telefɔne] *v* **Téléphone**-lui après 20 heures; il rentre tard!	**anrufen** Ruf ihn nach 20 Uhr an, er kommt spät heim.

TIPP: *Jemanden anrufen heißt* ***téléphoner à quelqu'un.***

l'**appel** *m* [apɛl]	**Anruf** *m*
J'attends un **appel** d'Allemagne.	Ich erwarte einen Anruf aus Deutschland.
composer [kɔ̃poze] *v syn:* faire	**wählen**
Pour appeler la police, on **compose** le 17.	Um die Polizei zu rufen, muss man die 17 wählen.

«2001–4000»

le **téléphone mobile** [telefɔnmɔbil]	**Handy** *n*
L'utilisation du **téléphone mobile** est interdite dans les hôpitaux.	Es ist verboten, in Krankenhäusern Handys zu benützen.
la **cabine téléphonique** [kabintelefɔnik]	**Telefonzelle** *f*
Pour la plupart des **cabines téléphoniques**, il faut une carte.	Für die meisten Telefonzellen braucht man eine Telefonkarte.
l'**annuaire** [anɥɛʀ]	**Telefonbuch** *n*
Tu as l'**annuaire** de Paris?	Hast du ein Telefonbuch von Paris?

le **numéro (de téléphone)** [nymeʀo(dətelefɔn)]	**Telefonnummer** *f*
Je note ton **numéro de téléphone**, au cas où.	Ich notiere mir für alle Fälle deine Telefonnummer.
allô [alo] *adv*	**hallo**
Allô, Robert à l'appareil. Je peux parler à Luc?	Hallo, hier ist Robert. Kann ich mit Luc sprechen?

***TIPP:** In Frankreich meldet man sich nicht mit Namen sondern nur mit **allô** am Telefon. Der Anrufer sagt dann auch **allô** und seinen Namen.*

la **communication** [kɔmynikasjɔ̃]	**Verbindung** *f*
La **communication** est très mauvaise; je te rappellerai.	Die Verbindung ist sehr schlecht. Ich rufe dich später noch mal an.
occupé, e [ɔkype] *adj*	**besetzt**
Il a dû oublier de raccrocher: ça sonne toujours **occupé**.	Er hat sicher vergessen aufzulegen. Es ist dauernd besetzt.
le **coup de fil** [kud(ə)fil] *syn:* appel	**Anruf** *m*
Dès mon retour, je te passe un **coup de fil**.	Sobald ich zurück bin, rufe ich dich an.

décrocher [dekʀɔʃe] *v ant:* raccrocher	**abnehmen**
Personne ne **décroche**; elle doit être sortie.	Es nimmt keiner ab, sie muss ausgegangen sein.
raccrocher [ʀakʀɔʃe] *v ant:* décrocher	**auflegen**
Bon, allez, je **raccroche**, je t'embrasse et à bientôt!	Also, ich lege jetzt auf. Küsschen und bis bald!
la **télécarte** [telekaʀt]	**Telefonkarte** *f*
On peut acheter une **télécarte** dans un bureau de tabac.	Man kann Telefonkarten im Tabakgeschäft kaufen.
le **message** [mesaʒ]	**Nachricht** *f*
Elle n'est pas là pour le moment; voulez-vous laisser un **message**?	Sie ist zur Zeit nicht da. Wollen Sie eine Nachricht hinterlassen?
le **correspondant**, la **correspondante** [kɔʀɛspɔ̃dɑ̃, ɑ̃t]	**Teilnehmer(in)** *m(f)*
Le numéro de votre **correspondant** a changé. Veuillez composer le …	Die Nummer des Teilnehmers hat sich geändert. Wählen Sie bitte …
le **fax** [faks]	**Fax** *n*
Vous pouvez m'envoyer les tarifs par **fax**?	Können Sie mir die Preise per Fax schicken?
faxer [fakse] *v*	**(zu)faxen**
Faxez-moi les documents, ça ira plus vite!	Faxen Sie mir die Dokumente zu, das geht schneller.

1.2.7 RECHTSWESEN

1.2.7.1 RECHTSPRECHUNG

«1–2000»

la **loi** [lwa]	**Gesetz** *n*
La **loi** interdit la publicité pour le tabac.	Es ist gesetzlich verboten, für Tabakwaren zu werben.
la **police** [pɔlis]	**Polizei** *f*
Si on fait trop de bruit, les voisins vont appeler la **police**.	Wenn wir zu viel Lärm machen, rufen die Nachbarn die Polizei.

le **policier** [pɔlisje]	**Polizist(in)** *m(f)*
En France, l'uniforme des **policiers** est bleu.	In Frankreich ist die Uniform der Polizisten blau.

«2001–4000»

la **justice** [ʒystis]	**Gerechtigkeit** *f*
Les syndicats demandent plus de **justice** sociale.	Die Gewerkschaften fordern mehr soziale Gerechtigkeit.
le **droit** [dʀwa]	**Recht** *n*
Le travail devrait être un **droit**.	Jeder sollte ein Recht auf Arbeit haben.
juste [ʒyst] *adj ant:* injuste	**gerecht**
Mes parents sont sévères, mais ils ont toujours été **justes** avec moi.	Meine Eltern sind streng, waren aber immer gerecht zu mir.
injuste [ɛ̃ʒyst] *adj ant:* juste	**ungerecht, nicht gerecht**
La punition était **injuste**; il n'avait rien fait.	Die Strafe war nicht gerecht, er hatte nichts getan.
légal, e [legal] *adj ant:* illégal ⚠ *pl* **-aux** [o]	**legal, gesetzlich**
Ce n'est pas **légal** de vendre de l'alcool à un mineur.	Es ist ungesetzlich, an Minderjährige Alkohol zu verkaufen.
obligatoire [ɔbligatwaʀ] *adj*	**vorgeschrieben, Pflicht**
À moto, il est **obligatoire** de porter un casque.	Beim Motorradfahren besteht Helmpflicht.

la **trace** [tʀas]	**Spur** *f*
Les voleurs ont disparu sans laisser de **trace**.	Die Diebe sind verschwunden, ohne Spuren zu hinterlassen.
l'**arrestation** [aʀɛstasjɔ̃]	**Verhaftung** *f*, **Festnahme** *f*
Il a été conduit en prison dès son **arrestation**.	Nach seiner Festnahme wurde er sofort ins Gefängnis gebracht.
arrêter [aʀete] *v*	**verhaften, festnehmen**
Plusieurs manifestants **ont été arrêtés**.	Mehrere Demonstranten wurden festgenommen.
le **commissariat** [kɔmisaʀja]	**Polizeiwache** *f*
Le conducteur ivre a passé la nuit au **commissariat**.	Der betrunkene Fahrer hat die Nacht auf der Polizeiwache verbracht.
le **poste (de police)** [pɔst(də-pɔlis)]	**(Polizei)revier** *n*
Suivez-nous au **poste de police** pour la déclaration.	Kommen Sie mit aufs Revier, um Ihre Aussage zu machen.

***TIPP: Poste de police** ist kleiner als das **commissariat**.*

le **gendarme** [ʒɑ̃darm] Les **gendarmes** contrôlent souvent la vitesse sur les autoroutes.	**Polizist(in)** *m(f)* Polizisten kontrollieren auf den Autobahnen häufig die Geschwindigkeit.
intervenir [ɛ̃tɛrv(ə)nir] *v* ⚠ *irr* 41 La police n'**est** pas **intervenue** pendant la manifestation.	**einschreiten** Die Polizei ist während der Demonstration nicht eingeschritten.
l'**agent** *m* [aʒɑ̃] *syn:* policier Sur le lieu de l'accident, un **agent** réglait la circulation.	**Polizist(in)** *m(f)* An der Unfallstelle regelte ein Polizist den Verkehr.
accuser [akyze] *v* Personne ne peut **être accusé** sans preuve.	**anklagen** Niemand darf ohne Beweise angeklagt werden.
le **juge** [ʒyʒ] Le divorce a été prononcé par un **juge**.	**Richter(in)** *m(f)* Die Scheidung wurde von einem Richter ausgesprochen.

TIPP: *Die weibliche Form* ***la juge*** *ist umgangssprachlich, korrekterweise sagt man* ***Madame le juge****.*

l'**avocat** *m*, l'**avocate** *f* [avɔka, at] Il va avoir besoin d'un bon **avocat**!	**Rechtsanwalt, Rechtsanwältin** *m, f* Er wird einen guten Anwalt brauchen!
le **tribunal** [tribynal] ⚠ *pl* **-aux** [o] On peut aller devant le **tribunal** pour un excès de vitesse.	**Gericht** *n* Wegen einer Geschwindigkeitsüberschreitung kann man vor Gericht landen.
le **procès** [prɔsɛ] En France, on ne peut pas filmer un **procès**.	**Prozess** *m* In Frankreich darf bei einem Prozess nicht gefilmt werden.
le **tort** [tɔr] C'est l'autre automobiliste qui a tous les **torts**.	**Schuld** *f* Der andere Fahrer hat an allem Schuld.
le **témoin** [temwɛ̃] Une femme a été **témoin** de l'accident.	**Zeuge, Zeugin** *m, f* Eine Frau war Zeugin des Unfalls.
jurer [ʒyre] *v* Je vous **jure** que j'ai dit la vérité.	**schwören** Ich schwöre Ihnen, dass ich die Wahrheit gesagt habe.
avouer [avwe] *v* L'accusée **a avoué**.	**gestehen** Die Angeklagte hat gestanden.

le **jugement** [ʒyʒmɑ̃] Pour les victimes, le **jugement** n'est jamais trop sévère.	**Urteil** *n* Für die Opfer ist das Urteil nie hart genug.
être jugé, e [ɛtʀəʒyʒe] *v* Les criminels de guerre doivent **être jugés**.	**vor Gericht kommen** Kriegsverbrecher müssen vor ein Gericht kommen.
punir [pyniʀ] *v* ⚠ **ils punissent** Les violences sur des enfants ne **sont** pas assez **punies**.	**bestrafen** Gewalt gegen Kinder wird nicht hart genug bestraft.
la **peine** [pɛn] En France, la **peine** de mort a été supprimée en 1981.	**Strafe** *f* In Frankreich wurde die Todesstrafe 1981 abgeschafft.
condamner [kɔ̃dane] *v* Le conducteur **a été condamné** à une très lourde amende.	**verurteilen** Der Fahrer wurde zu einer sehr hohen Geldstrafe verurteilt.
libérer [libeʀe] *v* Les preuves n'étant pas suffisantes, le suspect **a été libéré**.	**freilassen** Da die Beweise nicht ausreichten, wurde der Verdächtige freigelassen.
libre [libʀ] *adj ant:* prisonnier Dans les parcs naturels, les animaux sont protégés, mais ils sont **libres**.	**frei** In Naturschutzparks sind die Tiere geschützt, aber frei.
la **prison** [pʀizɔ̃] Ces dernières années, plusieurs hommes politiques ont fait de la **prison**.	**Gefängnis** *n* In den letzten Jahren mussten einige Politiker ins Gefängnis.
le **prisonnier**, la **prisonnière** [pʀizɔnje, jɛʀ] Il y a plus de 50 000 **prisonniers**, dont moins de 5 % de femmes.	**(Straf)gefangene(r)** *f(m)* Es gibt mehr als 50 000 Gefangene, davon sind weniger als 5 % Frauen.

1.2.7.2 STRAFBARES VERHALTEN

«1–2000»

mal [mal] *adj ant:* bien Je n'ai rien fait de **mal**.	**schlecht, schlimm** Ich habe nichts Schlechtes getan.

***TIPP: Mal** wird nur in der männlichen Form benützt.*

le **criminel**, la **criminelle** [kʀiminɛl]	**Verbrecher(in)** *m(f)*
Le **criminel** a avoué.	Der Verbrecher hat gestanden.

voler [vɔle] *v*	**stehlen**
On m'**a volé** mon portefeuille dans le métro.	Man hat mir in der U-Bahn die Brieftasche gestohlen.
le **voleur**, la **voleuse** [vɔlœʀ, øz]	**Dieb(in)** *m(f)*
On ne peut pas mettre en prison tous les petits **voleurs**.	Man kann nicht alle kleinen Diebe ins Gefängnis stecken.

tirer (sur) [tiʀe(syʀ)] *v*	**schießen (auf)**
Pour fuir, les gangsters **ont tiré sur** les policiers.	Um fliehen zu können, haben die Verbrecher auf die Polizisten geschossen.
le **coup de feu** [kud(ə)fø]	**Schuss** *m*
J'ai entendu un **coup de feu**!	Ich habe einen Schuss gehört!
tuer [tɥe] *v*	**töten**
Les terroristes ont menacé de **tuer** un otage toutes les heures. → *terrorisme TIPP*	Die Terroristen haben gedroht, jede Stunde eine Geisel zu töten.
assassiner [asasine] *v*	**ermorden**
Marat **a été assassiné** dans sa baignoire.	Marat wurde in der Badewanne ermordet.
le **meurtre** [mœʀtʀ]	**Mord** *m*
Ce n'était pas un accident; c'était un **meurtre**.	Es war kein Unfall, es war Mord.

«2001–4000»

illégal, e [ilegal] *adj ant:* légal ⚠ *pl* **-aux** [o]	**illegal, ungesetzlich**
Il est **illégal** de passer la cassette vidéo d'un film en public.	Es ist ungesetzlich, die Videokassette eines Films in der Öffentlichkeit zu zeigen.
le **délit** [deli]	**Delikt** *n*, **Straftat** *f*
Se promener nu dans la rue est un **délit**.	Sich nackt in der Öffentlichkeit zu zeigen, ist eine Straftat.
le **crime** [kʀim]	**Verbrechen** *n*
Le **crime** a été découvert par la concierge.	Das Verbrechen wurde von der Hausmeisterin entdeckt.

la **victime** [viktim] L'accident a fait plusieurs **victimes**.	**(Todes)opfer** *n* Der Unfall hat mehrere Opfer gefordert.
l'**otage** *m* [ɔtaʒ] Pour s'enfuir, les voleurs ont pris un client en **otage**.	**Geisel** *f* Um fliehen zu können, haben die Diebe einen Kunden als Geisel genommen.
le **terrorisme** [tɛʀɔʀism] Les victimes du **terrorisme** ont fondé une association.	**Terrorismus** *m* Die Opfer von Terrorakten haben einen Verein gegründet.

***TIPP:** Substantive auf **-isme** haben oft das dazu passende Adjektiv auf **-iste**, das außerdem auch als Substantiv den Menschen bezeichnet. So gibt es zu **terrorisme** das Adjektiv **terroriste** „terroristisch" und das Substantiv **un terroriste** „ein Terrorist".*

soupçonner (de) [supsɔne (də)] *v* Elle **est soupçonnée du** meurtre de son mari.	**verdächtigen** Sie wird des Mordes an ihrem Mann verdächtigt.
suspect, e [syspɛ(kt), ɛkt] *adj* Dans un aéroport, tous les paquets **suspects** sont détruits.	**verdächtig** In einem Flughafen werden alle verdächtigen Pakete zerstört.

***TIPP:** **Suspect, coupable, innocent** werden auch als Substantive gebraucht.*

coupable [kupabl] *adj ant:* innocent Il est peut-être **coupable**, mais il n'a jamais avoué.	**schuldig** Er mag schuldig sein, aber er hat nie gestanden.
innocent, e [inɔsɑ̃, ɑ̃t] *adj* Le tribunal a déclaré l'accusée **innocente**.	**unschuldig** Das Gericht hat die Angeklagte für unschuldig befunden.

la **violence** [vjɔlɑ̃s] La **violence** dans les banlieues est un grave problème.	**Gewalt** *f* Die Gewalt in den Vorstädten ist ein großes Problem.
violent, e [vjɔlɑ̃, ɑ̃t] *adj* Certains jeunes deviennent **violents** parce qu'ils sont désespérés.	**gewalttätig** Manche Jugendliche werden gewalttätig, weil sie verzweifelt sind.
la **bagarre** [bagaʀ] Ne réponds pas! Ils cherchent juste la **bagarre**.	**Schlägerei** *f* Sag nichts darauf! Die suchen nur Streit.

le **cambrioleur**, la **cambrioleuse** [kɑ̃bʀijɔlœʀ, øz]	**Einbrecher(in)** *m(f)*
Attention aux **cambrioleurs** pendant les vacances!	Nehmen Sie sich während der Ferien vor Einbrechern in Acht!
la **drogue** [dʀɔg]	**Rauschgift** *n*, **Droge** *f*
Peut-on dire que le tabac est une **drogue**?	Kann man sagen, dass Tabak eine Droge ist?
le **hold-up** ['ɔldœp] ⚠ *pl inv*	**Überfall** *m*
Le **hold-up** a échoué et les gangsters ont été arrêtés.	Der Überfall ist fehlgeschlagen, und die Verbrecher wurden festgenommen.
poursuivre [puʀsɥivʀ] *v* ⚠ *irr* 38	**verfolgen**
J'ai essayé de **poursuivre** le voleur, mais il était trop rapide.	Ich habe versucht, den Dieb zu verfolgen, aber er war zu schnell.

1.2.8 ARZT UND KRANKENHAUS

«1–2000»

le **médecin** [med(ə)sɛ̃] *syn:* docteur	**Arzt, Ärztin** *m, f*
Si je tousse encore demain, je vais chez le **médecin**.	Wenn ich morgen immer noch huste, gehe ich zum Arzt.

TIPP: *Es gibt keine Femininform.*

le **docteur** [dɔktœʀ] *syn:* médecin	**Arzt, Ärztin** *m, f*
Vite, un **docteur**, elle se sent mal!	Schnell, einen Arzt, sie fühlt sich nicht wohl.
Bonjour, **docteur**!	Guten Tag, Herr Doktor!

TIPP: *Die Femininform **la doctoresse** ist veraltet. Man sagt: **Elle est docteur.** Sie ist Ärztin.*

le, la **dentiste** [dɑ̃tist]	**Zahnarzt, Zahnärztin** *m, f*
Je n'aime pas beaucoup aller chez le **dentiste**.	Ich gehe nicht gern zum Zahnarzt.

l'**infirmier** *m*, l'**infirmière** *f* [ɛ̃fiʀmje, jɛʀ]	**Krankenpfleger, Krankenschwester** *m, f*
C'est un **infirmier** qui me fait mes piqûres.	Ein Pfleger gibt mir die Spritzen.
l'**hôpital** *m* [ɔpital] ⚠ *pl* **-aux** [o]	**Krankenhaus** *n*
Pour faire des économies, on ferme tous les petits **hôpitaux**.	Als Sparmaßnahme werden alle kleinen Krankenhäuser geschlossen.
le **médicament** [medikamɑ̃]	**Arzneimittel** *n*, **Medikament** *n*
Tu as un **médicament** pour le mal de tête?	Hast du ein Mittel gegen Kopfschmerzen?

TIPP: *Man kann auch sagen* ***un médicament contre****.*

la **Sécurité sociale** [sekyʀitesɔsjal]	**gesetzliche Krankenversicherung**
Ce médicament n'est pas remboursé par la **Sécurité sociale**.	Die Kosten für dieses Medikament werden von der gesetzlichen Krankenversicherung nicht erstattet.

TIPP: *Die häufig gebrauchte Abkürzung lautet* ***la Sécu****. Die* ***Sécurité sociale*** *umfasst auch die Sozialversicherung. Alle Franzosen sind in der* ***Sécurité sociale*** *versichert.*

«2001–4000»

médical, e [medikal] *adj* ⚠ *pl* **-aux** [o]	**ärztlich**
Il faut que je passe une visite **médicale** pour mon nouveau boulot.	Ich muss mich für meinen neuen Job ärztlich untersuchen lassen.
le, la **spécialiste** [spesjalist]	**Spezialist(in)** *m(f)*, **Facharzt, Fachärztin** *m, f*
Le médecin m'a envoyée chez un **spécialiste**.	Der Arzt hat mich zu einem Spezialisten geschickt.
le **chirurgien**, la **chirurgienne** [ʃiʀyʀʒjɛ̃, jɛn]	**Chirurg(in)** *m(f)*
Aujourd'hui, les **chirurgiens** peuvent recoudre une main.	Heutzutage können Chirurgen eine Hand wieder annähen.

le **traitement** [tʀɛtmɑ̃]	**Behandlung** *f*
Le **traitement** du sida a fait de gros progrès.	Die Behandlung von Aids hat große Fortschritte gemacht.
traiter [tʀete] *v syn:* soigner	**behandeln**
Il a guéri, car il **a été traité** suffisamment tôt.	Er ist wieder gesund geworden, weil er früh genug behandelt wurde.
le **pansement** [pɑ̃smɑ̃]	**Verband** *m*
Il faut changer le **pansement** tous les jours.	Der Verband muss jeden Tag gewechselt werden.
la **piqûre** [pikyʀ]	**Spritze** *f*
Je fais la **piqûre** à droite ou à gauche?	Soll ich rechts oder links spritzen?
la **pilule** [pilyl]	**Pille** *f*
C'est ma mère qui m'a dit de prendre la **pilule**.	Meine Mutter hat gesagt, ich solle die Pille nehmen.
le **comprimé** [kɔ̃pʀime]	**Tablette** *f*
Prends deux **comprimés** tout de suite; ça fera plus d'effet!	Nimm gleich zwei Tabletten, das wirkt besser.

guérir [geʀiʀ] *v* ⚠ **ils guérissent**	**heilen; gesund werden**
La blessure **a** (⚠ *nicht:* **est**) **guéri** très vite.	Die Wunde ist sehr schnell verheilt.
Ce médicament ralentit la maladie, mais ne la **guérit** pas.	Dieses Medikament verlangsamt den Krankheitsverlauf, heilt die Krankheit aber nicht.
Je **suis** enfin **guérie**.	Ich bin endlich wieder gesund.
soigner [swaɲe] *v*	**behandeln; pflegen**
On l'**a soignée** pour une maladie qu'elle n'avait pas.	Sie wurde wegen einer Krankheit behandelt, die sie gar nicht hatte!
l'**opération** *f* [ɔpeʀasjɔ̃]	**Operation** *f*
subir [sybiʀ] *v* ⚠ **ils subissent**	**sich unterziehen**
Pour ma fracture du bras, j'**ai subi** deux opérations.	Wegen meines gebrochenen Arms musste ich mich zwei Operationen unterziehen.
la **clinique** [klinik]	**Klinik** *f*
C'est une petite **clinique**, mais j'y ai été très bien soigné.	Das ist eine kleine Klinik, aber ich wurde dort sehr gut gepflegt.

***TIPP: Clinique** ist normalerweise ein kleines, privates Krankenhaus.*

l'**ambulance** *f* [ɑ̃bylɑ̃s]	**Krankenwagen** *m*
Il faut appeler une **ambulance**.	Wir müssen einen Krankenwagen holen.

*TIPP: Die Ambulanz in einem Krankenhaus heißt **hôpital de jour**.*

la **salle d'attente** [saldatɑ̃t]	**Wartezimmer** *n*
Ouf! La **salle d'attente** est presque vide.	Gott sei Dank! Das Wartezimmer ist fast leer.

le **poison** [pwazɔ̃]	**Gift** *n*
Certaines plantes contiennent du **poison**.	Bestimmte Pflanzen enthalten Giftstoffe.

1.2.9 SCHULE UND UNIVERSITÄT

«1–2000»

l'**école** *f* [ekɔl]	**Schule** *f*
Comment, tu as trois ans et tu vas déjà à l'**école**? — Mais oui, à l'**école** maternelle!	So, du bist drei Jahre alt und gehst schon in die Schule? — Ja, in den Kindergarten!

*TIPP: Der dreijährige Kindergarten ist Teil des französischen Schulsystems (deshalb auch **école**). In Frankreich besteht allgemeine Schulpflicht von 6 bis 16. Nach der fünfjährigen **école primaire** bzw. **élémentaire**, der Grundschule, wechseln die Schüler ins **collège**, eine Art Gesamtschule, die vier Jahre dauert. Der Abschluss des **collège** ist das **brevet des collèges**, etwa die mittlere Reife. Danach können Schüler am **lycée**, dem Gymnasium bzw. der gymnasialen Oberstufe, weitermachen und nach weiteren drei Jahren mit dem **baccalauréat**, dem französischen Abitur, abschließen.*

l'**université** *f* [ynivɛʀsite]	**Universität** *f*
Il y a plus de 70 000 étudiants à l'**université** de Rennes.	An der Universität Rennes studieren mehr als 70 000 Studenten.

le **professeur**, le, la **prof** [pʀɔfɛsœʀ, pʀɔf] *syn:* enseignant	**Lehrer(in)** *m(f)*
Les **professeurs** français n'enseignent en général qu'une seule matière.	Französische Lehrer unterrichten im Allgemeinen nur ein Fach.
Cette année, nos **profs** sont plutôt sympas. → *enseignant*	Dieses Jahr sind unsere Lehrer ziemlich nett.

*TIPP: Es gibt keine Femininform. **Prof** ist umgangssprachlich.*

l'**enseignant** *m*, l'**enseignante** *f* [ɑ̃sɛɲɑ̃, ɑ̃t] *syn:* professeur	**Lehrer(in)** *m(f)*
Tous les **enseignants** ne sont pas fonctionnaires.	Nicht alle Lehrer sind Beamte.

TIPP: ***Enseignant*** *ist der allgemeine Begriff für Lehrer. Grundschullehrer nennt man* ***instituteur****, Lehrer an weiterbildenden Schulen nennt man* ***professeur****.*

le **surveillant**, la **surveillante** [syʀvɛjɑ̃, ɑ̃t]	**Aufsicht(sperson)** *f*
Les **surveillants** sont des étudiants qui paient ainsi leurs études.	Die Aufsicht wird von Studenten geführt, die sich so ihr Studium verdienen.

TIPP: *Die* ***surveillants*** *sind eine Besonderheit des französischen Schulsystems. Sie führen die Aufsicht, haben Verwaltungsaufgaben und helfen bei den Hausaufgaben.*

l'**élève** *m, f* [elɛv]	**Schüler(in)** *m(f)*
Je trouve que les **élèves** français travaillent trop.	Ich finde, französische Schüler arbeiten zu viel.
l'**étudiant** *m*, l'**étudiante** *f* [etydjɑ̃, ɑ̃t]	**Student(in)** *m(f)*
Ma copine est **étudiante** en sciences.	Meine Freundin studiert Naturwissenschaften.
enseigner [ɑ̃seɲe] *v*	**unterrichten**
Ma mère **enseigne** le français au lycée.	Meine Mutter unterrichtet Französisch in der Oberstufe.
l'**enseignement** *m* [ɑ̃sɛɲ(ə)mɑ̃]	**Lehramt** *n*
Mes parents sont dans l'**enseignement**.	Meine Eltern sind im Schuldienst.
Je ne suis pas assez patient pour faire de l'**enseignement**.	Zum Unterrichten bin ich nicht geduldig genug.
apprendre [apʀɑ̃dʀ] *v* ⚠ *irr* 31	**lernen; beibringen**
J'**apprends** le français depuis trois ans.	Ich lerne seit drei Jahren Französisch.
C'est son père qui lui **a appris** le français.	Sein Vater hat ihm Französisch beigebracht.
étudier [etydje] *v*	**lernen; studieren**
Pour chaque heure, nous avons du vocabulaire à **étudier**.	Für jede Stunde müssen wir Vokabeln lernen.
Elle **étudie** l'histoire à l'université de Montpellier.	Sie studiert Geschichte an der Universität Montpellier.

les **études** *fpl* [etyd]	**Studium** *n*
Le bac permet automatiquement de faire des **études**.	Mit dem Abitur kann man automatisch studieren.
la **classe** [klɑs]	**Unterricht** *m;* **Klasse** *f;* **Klassenzimmer** *n*
Demain il n'y a pas **classe**; c'est le 8 mai.	Morgen ist kein Unterricht, weil der 8. Mai ist.
Dans ma **classe** de première, nous sommes 38.	In meiner zwölften Klasse sind wir 38.
Allez, entrez dans la **classe**!	Nun geht schon ins Klassenzimmer!

TIPP: *In Frankreich wird das Abitur nach zwölf Schuljahren abgelegt. Von der ersten Klasse des collège, der* ***sixième****, wird rückwärts gezählt bis zur* ***première****, an die sich die* ***terminale*** *anschließt.*

la **matière** [matjɛʀ]	**Fach** *n*
La **matière** que je préfère, c'est la physique.	Mein Lieblingsfach ist Physik.
l'**emploi du temps** *m* [ɑ̃plwadytɑ̃]	**Stundenplan** *m*
Tu as le même **emploi du temps** toutes les semaines?	Hast du jede Woche denselben Stundenplan?
le **cours** [kuʀ]	**(Unterrichts)stunde** *f*
En **cours** de maths, je n'ai rien compris.	In der Mathestunde habe ich nichts verstanden.

TIPP: *Oft im Plural verwendet in der Bedeutung von Unterricht.* ***Les cours commencent à 9 heures.*** *Der Unterricht beginnt um 9 Uhr.*

les **vacances** *fpl* [vakɑ̃s]	**Ferien** *pl*
Ah bon? Tu as dix semaines de **vacances** en été?	Echt? Du hast zehn Wochen Ferien im Sommer?
la **langue maternelle** [lɑ̃gmatɛʀnɛl]	**Muttersprache** *f*
Je rêve de parler un jour le français aussi bien que ma **langue maternelle**.	Ich träume davon, eines Tages Französisch so gut sprechen zu können wie meine Muttersprache.
traduire [tʀadɥiʀ] *v* ⚠ *irr* 6	**übersetzen**
Tu me **traduis** ma lettre en français?	Übersetzt du mir meinen Brief ins Französische?

la **traduction** [tʀadyksjɔ̃]	**Übersetzung** *f*
Il y a le texte sur une page et la **traduction** sur celle d'en face; c'est pratique!	Das ist praktisch, der Text steht auf der einen Seite und die Übersetzung auf der anderen.

TIPP: *Mit* ***traduction*** *wird allgemein die Übersetzung bezeichnet. Die Übersetzung aus der fremden Sprache heißt* ***la version****, die in die fremde Sprache heißt* ***le thème****.*

«2001–4000»

l'**éducation** *f* [edykasjɔ̃]	**Bildung** *f;* **Erziehung** *f*
Chaque ministre de l'**Éducation** nationale veut faire une réforme.	Jeder Minister für das nationale Schul- und Bildungswesen will eine Reform durchführen.
Pour l'**éducation**, l'école ne peut pas remplacer la famille.	Was die Erziehung betrifft, kann die Schule das Elternhaus nicht ersetzen.
la **formation** [fɔʀmasjɔ̃]	**Ausbildung** *f*
Je commence par six mois de **formation**.	Zuerst mache ich eine sechsmonatige Ausbildung.
former [fɔʀme] *v*	**ausbilden**
Les apprentis **sont formés** en entreprise.	Lehrlinge werden in den Betrieben ausgebildet.
présent, e [pʀezɑ̃, ɑ̃t] *adj ant:* absent	**anwesend, da**
Les étudiants **présents** doivent signer la feuille de présence.	Die anwesenden Studenten müssen sich in die Anwesenheitsliste eintragen.
absent, e [apsɑ̃, ɑ̃t] *adj ant:* présent	**abwesend**
Il était **absent** pour cause de maladie.	Er hat gefehlt, weil er krank war.
la **faculté**, la **fac** [fakylte, fak]	**Universität** *f*, **Uni** *f*
Nous nous sommes connus à la **faculté**.	Wir haben uns an der Universität kennen gelernt.

TIPP: Fac *ist die umgangssprachliche Abkürzung von* ***faculté****.*

le **lycée** [lise]	**Gymnasium** *n*, **gymnasiale Oberstufe**
Je fume depuis que je vais au **lycée**.	Ich rauche, seit ich in der Oberstufe bin.
Les **lycées** français ont souvent plusieurs milliers d'élèves.	Französische Gymnasien haben oft mehrere tausend Schüler.
le **lycéen**, la **lycéenne** [liseɛ̃, ɛn] *syn:* élève	**Gymnasiast(in)** *m(f)*
Pour fêter le bac, les **lycéens** organisent une grande soirée.	Zur Feier ihres Abis organisieren die Gymnasiasten ein großes Fest.
le **collège** [kɔlɛʒ]	*vierjähriger Schultyp im Sekundarbereich I*
Vers onze ans les enfants français entrent au **collège**. → *école TIPP und classe TIPP*	Mit etwa elf Jahren kommen französische Kinder ins „collège".

***TIPP:** Es gibt nur diesen Typ von weiterführender Schule, eine Hauptschule oder Realschule ist unbekannt.*

la **maternelle** [matɛʀnɛl]	**Kindergarten** *m*
À la **maternelle**, l'institutrice est une deuxième maman. → *école TIPP*	Im Kindergarten ist die Lehrerin wie eine zweite Mutter.
l'**écolier** *m*, l'**écolière** *f* [ekɔlje, jɛʀ]	**(Grund)schüler(in)** *m(f)*
Les **écoliers** sortent à 11 h 30 le matin et à 16 h 30 l'après-midi.	Die Grundschüler kommen vormittags um 11.30 Uhr und nachmittags um 16.30 Uhr aus der Schule.

***TIPP:** In Frankreich sind alle Schulen Ganztagsschulen. Die meisten Schulen haben eine Kantine, die **la cantine** heißt, und in der die Schüler, die über Mittag nicht nach Hause gehen, essen können. Der ganze Mittwoch ist für die Grundschüler frei und meist der Mittwoch Nachmittag auch für die Schüler am **collège**. Dagegen haben Grundschüler, die den ganzen Mittwoch frei haben, meistens Samstag Vormittag Unterricht.*

l'**instituteur** *m*, l'**institutrice** *f* [ɛ̃stitytœʀ, tʀis]	**Grundschullehrer(in)** *m(f)*
Surtout en maternelle, les **instituteurs** sont le plus souvent des femmes. → *enseignant*	Vor allem im Kindergarten sind die Lehrer meist Frauen.

*TIPP: In Frankreich gibt es keine Kindergärtner oder Kindergärtnerinnen. Da die **école maternelle** zum öffentlichen Schulsystem gehört, unterrichten in ihnen ausgebildete Grundschullehrer.*

---

le **proviseur**, le **principal** [pRɔvizœR, pRɛ̃sipal] — **Direktor(in)** *m(f)*

Le surveillant nous a menacés de nous envoyer chez le **proviseur**. — Die Aufsicht hat uns angedroht, uns zum Direktor zu schicken.

*TIPP: **Proviseur** ist die Bezeichnung für den Schulleiter eines Gymnasiums, **principal** für den eines **collège**. Die Direktorin wird **Madame le proviseur/principal** genannt.*

---

le **directeur**, la **directrice** [diRɛktœR, tRis] — **Rektor(in)** *m(f)*

Cette année, la **directrice** de l'école a la classe des petits. — Dieses Jahr hat die Rektorin die Klasse der Kleinen.

*TIPP: Bezeichnung für den Schulleiter einer **école maternelle** oder einer Grundschule.*

---

le **savant**, la **savante** [savɑ̃, ɑ̃t] — **Wissenschaftler(in)** *m(f)*

Pierre et Marie Curie étaient des **savants** célèbres. — Pierre und Marie Curie waren berühmte Wissenschaftler.

---

la **science** [sjɑ̃s] *ant:* littérature — **Naturwissenschaft** *f*

Mon frère est en fac de **sciences**; il veut être prof de maths. — Mein Bruder studiert an der naturwissenschaftlichen Fakultät. Er möchte Mathelehrer werden.

---

scientifique [sjɑ̃tifik] *adj* — **naturwissenschaftlich**

Pour faire un bac **scientifique** il faut aimer les mathématiques et la physique. — Wenn man ein naturwissenschaftliches Abitur machen will, muss man Mathematik und Physik mögen.

---

les **mathématiques**, les **maths** *fpl* [matematik, mat] — **Mathematik** *f*, **Mathe** *f*

Pour étudier les sciences, il faut être bon en **mathématiques**. — Um Naturwissenschaften zu studieren, muss man gut in Mathematik sein.

*TIPP: **Maths** ist umgangssprachlich. Beide werden immer im Plural gebraucht.*

compter [kɔ̃te] *v* Allez, donne la réponse, je **compte** jusqu'à trois.	**zählen** Nun antworte schon, ich zähle bis drei.
calculer [kalkyle] *v* J'**ai calculé** combien je te dois.	**rechnen** Ich habe ausgerechnet, wie viel ich dir schulde.
le **problème** [pʀɔblɛm] Pour lundi, j'ai un **problème** de physique à faire.	**(Rechen)aufgabe** *f* Bis Montag muss ich eine Physikaufgabe machen.
la **solution** [sɔlysjɔ̃] Ça fait une heure que je cherche la **solution** de cet exercice de maths.	**Lösung** *f* Seit einer Stunde suche ich nach der Lösung dieser Matheübung.
résoudre [ʀezudʀ] *v* ⚠ *irr* 33 J'**ai résolu** ce problème en cinq minutes.	**lösen** Ich habe diese Aufgabe in fünf Minuten gelöst.
la **chimie** [ʃimi] Avec moi, les expériences de **chimie** ratent toujours.	**Chemie** *f* Bei mir gehen chemische Experimente immer schief.
la **physique** [fizik] Ma sœur est très douée en **physique**; elle a même construit un moteur.	**Physik** *f* Meine Schwester ist in Physik sehr begabt, sie hat sogar einen Motor gebaut.
la **biologie** [bjɔlɔʒi] En **biologie**, c'est surtout l'étude des plantes qui m'intéresse.	**Biologie** *f* In Biologie interessiert mich vor allem das Studium der Pflanzen.

TIPP: *An der Schule heißt dieses Fach offiziell* ***Sciences de la Vie et de la Terre****. Man sagt und schreibt häufig* ***SVT****.*

la **langue vivante** [lɑ̃gvivɑ̃t]	**Fremdsprache** *f*

TIPP: *Man sagt und schreibt häufig* ***LV****.*

l'**histoire** *f* [istwaʀ] Cette année, en **histoire**, nous étudions le XIXe siècle.	**Geschichte** *f* In Geschichte nehmen wir dieses Jahr das 19. Jahrhundert durch.
la **géographie** [ʒeɔgʀafi] C'est le même professeur qui enseigne l'histoire et la **géographie**.	**Erdkunde** *f*, **Geografie** *f* Der gleiche Lehrer unterrichtet Geschichte und Geografie.

TIPP: *Geografie wird auch oft mit dem umgangssprachlichen* ***la géo*** *bezeichnet. Geografie und Geschichte gilt als ein Fachbereich, ebenso wie Physik und Chemie.*

l'**éducation physique** *f* [edykasjɔ̃fizik]	**Sport** *m*
Au bac, l'**éducation physique** est obligatoire.	Im Abitur ist Sport ein Pflichtfach.
le **tableau** [tablo] ⚠ *pl* **x**	**Tafel** *f*
Madame, vous pourriez écrire la phrase au **tableau**?	Könnten Sie den Satz bitte an die Tafel schreiben?
la **craie** [kʀɛ]	**Kreide** *f*
Quelqu'un peut-il aller me chercher un morceau de **craie**?	Kann mir jemand ein Stück Kreide holen?
le **chiffon** [ʃifɔ̃]	**Lappen** *m*
Il faudrait un **chiffon** pour effacer le tableau.	Ich brauche einen Lappen, um die Tafel abzuwischen.
effacer [efase] *v* ⚠ **nous effaçons**	**abwischen; ausradieren**
Tout le monde a noté? Je peux **effacer**?	Habt ihr es alle aufgeschrieben? Kann ich es abwischen?
la **leçon** [ləsɔ̃]	**Lektion** *f*
Nous en sommes à la **leçon** 27.	Wir sind bei Lektion 27.
le **dictionnaire** [diksjɔnɛʀ]	**Wörterbuch** *n*
C'est très utile de savoir chercher vite dans un **dictionnaire**.	Es ist sehr praktisch, wenn man weiß, wie man schnell in einem Wörterbuch nachschlägt.
la **dictée** [dikte]	**Diktat** *n*
La **dictée** en français, je trouve ça très difficile.	Ich finde französische Diktate sehr schwierig.
le **devoir (à la maison)** [dəvwaʀ(alamɛzɔ̃)]	**Hausaufgabe** *f*
Tu as des **devoirs à la maison** même le week-end?	Du hast selbst übers Wochenende Hausaufgaben?
la **correction** [kɔʀɛksjɔ̃]	**Korrektur** *f*
J'ai un prof qui fait ses **corrections** en vert.	Ich habe einen Lehrer, der mit grünem Stift korrigiert.
le **bulletin** [byltɛ̃]	**Zeugnis** *n*
Quand mon père a vu mon **bulletin**, il a fait une drôle de tête.	Als mein Vater mein Zeugnis gesehen hat, hat er ein ganz komisches Gesicht gemacht.
le **trimestre** [tʀimɛstʀ]	**Trimester** *n*
À la fin de chaque **trimestre**, les parents reçoivent un bulletin.	Am Ende jeden Trimesters bekommen die Eltern ein Zeugnis.

***TIPP:** Das französische Schuljahr besteht aus drei Trimestern. Am Ende eines jeden Trimesters gibt es Zeugnisse, die den Eltern zugeschickt werden.*

l'**épreuve** *f* [epʀœv] Les **épreuves** du bac durent plusieurs jours.	**schriftliche Prüfung** Das schriftliche Abitur dauert mehrere Tage.
l'**examen** *m* [ɛgzamɛ̃] Le bac est un **examen** national: les épreuves sont les mêmes pour tous.	**Prüfung** *f* Das Abitur ist eine nationale Prüfung. Die schriftlichen Prüfungen sind für alle gleich.
le **bac** [bak] Si je réussis mon **bac**, mes parents me paient une voiture.	**Abitur** *n*, **Abi** *n* Wenn ich das Abi bestehe, kaufen mir meine Eltern ein Auto.

TIPP:* *Le bac *ist die Kurzform von* ***le baccalauréat****.*

l'**oral** *m* [ɔʀal] Je préfère l'**oral** à l'écrit.	**mündliche Prüfung** Mir sind mündliche Prüfungen lieber als schriftliche.
réussir [ʀeysiʀ] *v ant:* rater ⚠ **ils réussissent** Je **réussis** mieux à l'oral. Que penses-tu faire si tu **réussis** ton bac?	**abschneiden; bestehen** Im Mündlichen schneide ich besser ab. Was willst du machen, wenn du dein Abi bestehst?
échouer à [eʃwea] *v syn:* rater, *ant:* réussir La vie ne s'arrête pas parce qu'on **échoue à** un examen.	**durchfallen bei, fallen durch** Das Leben geht weiter, auch wenn man durch eine Prüfung fällt.
le **diplôme** [diplom] Avec un bon **diplôme**, on a plus de chances de trouver du travail.	**Abschlusszeugnis** *n*, **Diplom** *n* Mit einem guten Abschlusszeugnis hat man bessere Chancen, eine Arbeit zu finden.
insuffisant, e [ɛ̃syfizɑ̃, ɑ̃t] *adj* Si tu as 09 sur 20, c'est **insuffisant**.	**ungenügend** Wenn du 9 von 20 Punkten hast, ist das ungenügend.

TIPP: *In Frankreich wird nach einem Punktesystem bewertet, bei dem die höchste Punktzahl 20 ist.*

renvoyer [ʀɑ̃vwaje] *v* ⚠ **il renvoie** Il **a été renvoyé** parce qu'il a insulté le proviseur.	**von der Schule (ver)weisen** Er wurde von der Schule gewiesen, weil er den Direktor beleidigt hat.
redoubler [ʀəduble] *v* Je n'ai jamais **redoublé** (de classe).	**wiederholen** Ich habe nie eine Klasse wiederholt.

rater [ʀate] *v ant:* réussir	**durchfallen; fallen durch**
Guy a-t-il eu son bac? — Non, il l'**a raté**.	Hat Guy das Abi bestanden? — Nein, er ist durchgefallen.
J'**ai raté** mon examen à cause des maths.	Ich bin wegen Mathe durch die Prüfung gefallen.

1.3 Interessen

1.3.1 KUNST

1.3.1.1 BILDENDE KUNST

«1–2000»

l'**art** *m* [aʀ]	**Kunst** *f*
Le cinéma est le septième **art**.	Das Kino ist die siebte Kunstform.
le **tableau** [tablo] *syn:* peinture ⚠ *pl* **x**	**Bild** *n*, **Gemälde** *n*
J'ai vu ce **tableau** au musée du Louvre.	Ich habe dieses Gemälde im Louvre gesehen.
peindre [pɛ̃dʀ] *v* ⚠ *irr* 27	**malen**
Les femmes que Renoir **a peintes** n'étaient pas maigres!	Die Frauen, die Renoir gemalt hat, waren nicht gerade mager.
dessiner [desine] *v*	**zeichnen**
Je ne sais pas **dessiner** sans modèle.	Ohne Vorlage kann ich nicht zeichnen.

«2001–4000»

le **musée** [myze]	**Museum** *n*
Le **musée** d'Orsay, à Paris, est une ancienne gare.	Das Orsay-Museum in Paris ist ein ehemaliger Bahnhof.
l'**exposition** *f* [ɛkspozisjɔ̃]	**Ausstellung** *f*
Tiens, une **exposition** de poupées anciennes, ça t'intéresse?	Sieh mal, eine Ausstellung alter Puppen. Interessiert dich das?

le **style** [stil]	**Stil** *m*
Au début, Van Gogh imitait le **style** de Millet.	Zu Anfang hat Van Gogh den Stil Millets imitiert.
l'**artiste** *m, f* [aʀtist]	**Künstler(in)** *m(f)*
Je ne suis pas une **artiste**, mais je dessine assez bien.	Ich bin zwar keine Künstlerin, aber ich zeichne ziemlich gut.
le **peintre** [pɛ̃tʀ]	**Maler(in)** *m(f)*
De très nombreux **peintres** ont représenté la Seine.	Sehr viele Maler haben die Seine gemalt.

***TIPP:** Für die Malerin sagt man **une femme peintre**.*

représenter [ʀ(ə)pʀezɑ̃te] *v*	**darstellen; malen**
la **peinture** [pɛ̃tyʀ]	**Gemälde** *n*
Cette **peinture** est d'un peintre inconnu.	Dies ist das Gemälde eines unbekannten Malers.

le **sculpteur**, la **sculptrice** [skyltœʀ, tʀis]	**Bildhauer(in)** *m(f)*
La **sculptrice** Camille Claudel a travaillé pour Rodin.	Die Bildhauerin Camille Claudel hat für Rodin gearbeitet.
la **sculpture** [skyltyʀ]	**Skulptur** *f*
Le Penseur de Rodin est une **sculpture** célèbre.	Der Denker von Rodin ist eine berühmte Skulptur.

le **dessin** [desɛ̃]	**Zeichnung** *f*
J'ai gardé tous mes **dessins** de la maternelle.	Ich habe alle meine Zeichnungen aus dem Kindergarten aufgehoben.

1.3.1.2 THEATER, FILM UND FERNSEHEN

«1–2000»

le **théâtre** [teɑtʀ]	**Theater** *n*
Au **théâtre**, j'aime surtout les comédies.	Komödien mag ich im Theater am liebsten.
la **scène** [sɛn]	**Bühne** *f*
Sur **scène**, Jacques Brel était extraordinaire.	Auf der Bühne war Jacques Brel außergewöhnlich gut.
le **cinéma** [sinema]	**Kino** *n*
Au **cinéma**, on passe de plus en plus de films américains.	Im Kino werden immer mehr amerikanische Filme gezeigt.

le **spectacle** [spɛktakl]	**Vorstellung** *f*
À la fin du **spectacle** les acteurs ont salué le public.	Am Ende der Vorstellung verneigten sich die Schauspieler vor dem Publikum.
la **pièce (de théâtre)** [pjɛs(dəteɑtʀ)]	**(Theater)stück** *n*
En juillet, on peut voir des dizaines de **pièces de théâtre** au festival d'Avignon.	Im Juli kann man beim Festival von Avignon Dutzende von Theaterstücken sehen.
le **billet** [bijɛ]	**(Eintritts)karte** *f*
Tu crois qu'on aura encore des **billets**?	Meinst du, wir bekommen noch Karten?

«2001–4000»

la **représentation** [ʀ(ə)pʀezɑ̃tasjɔ̃]	**Aufführung** *f*, **Vorstellung** *f*
Au théâtre, il n'y a en général pas de **représentation** le lundi.	Normalerweise gibt es am Montag im Theater keine Aufführungen.
la **séance** [seɑ̃s]	**Vorstellung** *f*
La **séance** est à 14 heures et le film un quart d'heure plus tard.	Die Vorstellung beginnt um 14.00 Uhr und der Hauptfilm eine Viertelstunde später.
la **réservation** [ʀezɛʀvasjɔ̃]	**Vorbestellung** *f*
Il faut prendre des **réservations** un mois à l'avance.	Man muss einen Monat im Voraus vorbestellen.
complet, -ète [kɔ̃plɛ, ɛt] *adj*	**ausverkauft**
Si le spectacle est **complet**, on ira au cinéma.	Wenn die Vorstellung ausverkauft ist, gehen wir ins Kino.
l'**écran** *m* [ekʀɑ̃]	**Leinwand** *f*
Ce type devant me cache la moitié de l'**écran**.	Der Typ da vorn verdeckt mir die halbe Leinwand.
le **film** [film]	**Film** *m*
Tu préfères voir le **film** en VO ou en français?	Möchtest du den Film in der Originalfassung oder lieber auf Französisch ansehen?

TIPP: VO = version originale.

le **film policier** [filmpɔlisje]	**Krimi** *m*
Cet acteur joue souvent dans des **films policiers**.	Dieser Schauspieler spielt oft in Krimis.

revoir [R(ə)vwaR] *v* ⚠ *irr* 43 Ça ne m'ennuie pas de **revoir** ce film.	**noch einmal sehen** Es macht mir nichts aus, diesen Film noch einmal anzusehen.
le **dessin animé** [desɛ̃anime] Avant, il y avait toujours un **dessin animé** avant le grand film.	**Zeichentrickfilm** *m* Früher gab es vor dem Hauptfilm immer einen Zeichentrickfilm.
la **comédie** [kɔmedi]	**Komödie** *f*
comique [kɔmik] *adj* La scène était tellement **comique** que tous les spectateurs ont éclaté de rire.	**komisch** Die Szene war so komisch, dass alle Zuschauer lauthals gelacht haben.
la **scène** [sɛn] Je n'ai pas bien compris certaines **scènes** du film.	**Szene** *f* Manche Szenen des Films habe ich nicht richtig verstanden.
le **personnage** [pɛRsɔnaʒ] C'est une pièce à un seul **personnage**.	**Person** *f* Das ist ein Einpersonenstück.
l'**acteur** *m*, l'**actrice** *f* [aktœR, tRis] Brigitte Bardot était une **actrice** célèbre quand elle a abandonné le cinéma.	**Schauspieler(in)** *m(f)* Als sich Brigitte Bardot vom Kino verabschiedete, war sie eine berühmte Schauspielerin.
la **vedette** [vədɛt] Je ne m'intéresse pas du tout à la vie des **vedettes**.	**Star** *m* Das Leben von Stars interessiert mich überhaupt nicht.

***TIPP: Une vedette** kann ein Mann oder eine Frau sein.*

le **rôle** [Rol] D'habitude, cette actrice joue plutôt des **rôles** comiques.	**Rolle** *f* Normalerweise tritt diese Schauspielerin eher in komischen Rollen auf.
le **public** [pyblik] À chaque spectacle, il jette sa chemise dans le **public**.	**Publikum** *n* Bei jeder Aufführung wirft er sein Hemd ins Publikum.
le **spectateur**, la **spectatrice** [spɛktatœR, tRis] Les **spectateurs** ont commencé à siffler les acteurs.	**Zuschauer(in)** *m(f)* Die Zuschauer fingen an, die Schauspieler auszupfeifen.
assister à [asistea] *v syn:* voir Je n'**ai** encore jamais **assisté aux** fêtes du 14 juillet.	**dabei sein bei, beiwohnen** Ich war noch nie bei den Feierlichkeiten zum 14. Juli dabei.

applaudir [aplodiʀ] *v* ⚠ **ils applaudissent**	**klatschen, Beifall spenden**
Je n'aime pas que les gens **applaudissent** pendant les chansons.	Ich kann es nicht leiden, wenn die Leute mitten im Lied klatschen.
populaire [pɔpylɛʀ] *adj*	**beliebt**
Les chanteurs des années 60 restent très **populaires**, même auprès des jeunes.	Die Sänger der 60er-Jahre sind immer noch sehr beliebt, sogar bei der Jugend.
le **cirque** [siʀk]	**Zirkus** *m*
Les enfants ne sont pas les seuls à aimer le **cirque**.	Nicht nur Kinder lieben den Zirkus.
la **foule** [ful]	**Menge** *f*
Tu as vu la **foule** devant le cinéma?	Hast du die vielen Leute vor dem Kino gesehen?

1.3.1.3 MUSIK

«1–2000»

la **musique** [myzik]	**Musik** *f*
Je m'endors en écoutant de la **musique**.	Ich höre beim Einschlafen Musik.
le **concert** [kɔ̃sɛʀ]	**Konzert** *n*
Pour la journée de la musique, il y a des **concerts** partout en ville.	Zum Tag der Musik gibt es überall in der Stadt Konzerte.
le **groupe** [gʀup]	**Gruppe** *f*, **Band** *f*
Je joue de la guitare et je fais partie d'un **groupe**.	Ich spiele Gitarre und gehöre einer Band an.
jouer [ʒwe] *v*	**spielen**
Allez, **joue**-moi quelque chose! Tu **joues** d'un instrument?	Komm, spiel mir was vor! Spielst du ein Instrument?

***TIPP:** „Spielen" heißt bei Musikinstrumenten **jouer de**.*

la **chanson** [ʃɑ̃sɔ̃]	**Lied** *n*
J'ai oublié les paroles de la **chanson**.	Ich habe den Text des Liedes vergessen.
chanter [ʃɑ̃te] *v*	**singen**
Arrête, tu **chantes** faux!	Hör auf, du singst falsch!

«2001–4000»

l'**orchestre** *m* [ɔʀkɛstʀ]	**Orchester** *n;* **Kapelle** *f*
L'**orchestre** s'est levé pour applaudir le soliste.	Das Orchester erhob sich, um dem Solisten Beifall zu spenden.
le **rythme** [ʀitm]	**Rhythmus** *m*
Le groupe joue bien, mais ça manque de **rythme**.	Die Band spielt gut, aber da ist kein Rhythmus drin.
le **musicien**, la **musicienne** [myzisjɛ̃, jɛn]	**Musiker(in)** *m(f)*
Pour la fête de la musique, tous les **musiciens** peuvent jouer dans la rue.	Am Tag der Musik kann jeder auf der Straße musizieren.
le **chanteur**, la **chanteuse** [ʃɑ̃tœʀ, øz]	**Sänger(in)** *m(f)*
Le **chanteur** qui jouait Don José avait une voix magnifique.	Der Sänger, der den Don José gespielt hat, hatte eine wunderbare Stimme.

***TIPP:** Die Opernsängerin heißt **la cantatrice**.*

le **chef d'orchestre** [ʃɛfdɔʀkɛstʀ]	**Dirigent(in)** *m(f)*
Les musiciens se lèvent à l'entrée du **chef d'orchestre**.	Die Musiker stehen auf, wenn der Dirigent hereinkommt.

***TIPP:** Es gibt keine Femininform.*

le **compositeur**, la **compositrice** [kɔ̃pozitœʀ, tʀis]	**Komponist(in)** *m(f)*
Berlioz est un des **compositeurs** français les plus célèbres.	Berlioz ist einer der berühmtesten französischen Komponisten.
l'**instrument** [ɛ̃stʀymɑ̃]	**Instrument** *n*
Je ne joue d'aucun **instrument**.	Ich spiele kein Instrument.
le **piano** [pjano]	**Klavier** *n*
le **violon** [vjɔlɔ̃]	**Geige** *f*
Nous jouons souvent ensemble: lui est au piano et moi au **violon**.	Wir spielen oft zusammen: er spielt Klavier und ich Geige.
la **guitare** [gitaʀ]	**Gitarre** *f*
Quand je chante, je m'accompagne à la **guitare**.	Wenn ich singe, begleite ich mich mit der Gitarre.
la **corde** [kɔʀd]	**Saite** *f*
La guitare a six **cordes** et le violon quatre.	Die Gitarre hat sechs und die Geige vier Saiten.

1.3.2 KOMMUNIKATIONSMITTEL

«1–2000»

le **journal** [ʒuʀnal] ⚠ *pl* **-aux** [o]	**Zeitung** *f*
Les gens achètent leur **journal** le matin, avec le pain.	Die Leute kaufen ihre Zeitung morgens mit dem Brot.
imprimer [ɛ̃pʀime] *v*	**drucken**
Les journaux du soir, comme par exemple Le Monde, **sont imprimés** dans la journée.	Abendzeitungen, wie zum Beispiel Le Monde, werden tagsüber gedruckt.
la **télévision**, la **télé** [televizjɔ̃, tele]	**Fernsehen** *n;* **Fernseher** *m*
J'ai vu le concert à (⚠ *nicht:* **dans**) la **télé**.	Ich habe das Konzert im Fernsehen gesehen.
Chez eux, la **télévision** est toujours allumée.	Bei ihnen ist der Fernseher immer an.

***TIPP: Télé** ist etwas umgangssprachlich.*

l'**émission** *f* [emisjɔ̃]	**Sendung** *f*
Tu veux voir le film sur la une ou l'**émission** médicale sur la deux?	Möchtest du den Film im Ersten oder die medizinische Sendung im Zweiten sehen?

«2001–4000»

les **médias** *mpl* [medja]	**Medien** *pl*
Le week-end, tous les **médias** parlent du championnat de football.	Am Wochenende berichten alle Medien über die Fußballmeisterschaft.
la **presse** [pʀɛs]	**Presse** *f;* **Zeitungen** *pl*
Ce qu'on lit dans la **presse** n'est pas toujours vrai.	Was man in der Presse liest, ist nicht immer wahr.
publier [pyblije] *v*	**veröffentlichen**
J'écris des petits poèmes, mais je n'ai pas l'intention de les **publier**.	Ich schreibe kleine Gedichte, aber ich habe nicht vor, sie zu veröffentlichen.
le **magazine** [magazin] *syn:* revue	**Zeitschrift** *f*
Je dépense une fortune en **magazines** d'informatique.	Ich gebe ein Vermögen für Computerzeitschriften aus.

la **revue** [R(ə)vy] *syn:* magazine	**Zeitschrift** *f*
Pourquoi dans les **revues** féminines il n'est question que de mode et de cuisine?	Warum schreiben Frauenzeitschriften immer nur über Mode und Kochen?
la **radio** [Radjo]	**Radio** *n*, **Rundfunk** *m*
Je l'ai entendu à (⚠ *nicht:* **dans**) la **radio**; ça doit être vrai!	Ich habe es im Radio gehört. Es muss also stimmen.
le **programme** [pRɔgRam]	**Programm** *n*
Qu'est-ce qu'il y a au **programme** ce soir?	Was gibts heute Abend im Programm?
l'**auditeur** *m*, l'**auditrice** *f* [oditœR, tRis]	**Zuhörer(in)** *m(f)*
Dans beaucoup d'émissions, les **auditeurs** peuvent téléphoner en direct.	Bei vielen Sendungen können die Hörer direkt anrufen.
le **téléspectateur**, la **téléspectatrice** [telespɛktatœR, tRis]	**Fernsehzuschauer(in)** *m(f)*
Les très jeunes **téléspectateurs** aiment beaucoup la pub.	Ganz junge Fernsehzuschauer lieben die Werbung.
retransmettre [RətRɑ̃smɛtR] *v* ⚠ *irr* 22	**übertragen**
Le spectacle **a été retransmis** dans plusieurs pays.	Die Veranstaltung wurde in mehreren Ländern übertragen.
l'**image** *f* [imaʒ]	**Bild** *n*
Hier soir, j'ai vu à la télé les premières **images** du nouvel aéroport.	Gestern Abend habe ich im Fernsehen die ersten Bilder des neuen Flughafens gesehen.
l'**actualité** *f* [aktɥalite]	**Nachrichten** *pl*
Tu veux regarder les **actualités**? C'est à 20 heures.	Du möchtest die Nachrichten ansehen? Sie kommen um acht.
les **faits divers** *mpl* [fɛdivɛR]	**Verschiedenes** *n*
Je ne lis jamais la page des **faits divers**.	Ich lese nie die Seite mit Verschiedenem.
la **météo** [meteo]	**Wetterbericht** *m*
Tu as vu la **météo**? Alors, quel temps va-t-il faire?	Hast du den Wetterbericht gesehen? Na, wie wird das Wetter?
en direct [ɑ̃diRɛkt] *adv*	**live**
Le match est retransmis **en direct**, mais à 4 heures du matin!	Das Spiel wird live übertragen, aber um 4 Uhr morgens!

annoncer [anɔ̃se] *v* ⚠ **nous annonçons**	**ansagen; voraussagen**
Ils viennent d'**annoncer** une émission spéciale sur la catastrophe.	Sie haben eben angesagt, dass sie eine Sondersendung zu der Katastrophe bringen.
La météo **a annoncé** du beau temps pour demain.	Der Wetterbericht hat für morgen schönes Wetter vorausgesagt.
l'**interview** *f* [ɛ̃tɛʀvju]	**Interview** *n*
Le maire a donné une **interview** au journal.	Der Bürgermeister hat der Zeitung ein Interview gegeben.

***TIPP: Interview** ist weiblich!*

l'**affiche** *f* [afiʃ]	**Plakat** *n*
À l'entrée du cinéma, il y a les **affiches** des films au programme.	Am Kinoeingang hängen Plakate zu den Filmen, die gerade gezeigt werden.

1.3.3 ERHOLUNG UND FREIZEIT

1.3.3.1 ERHOLUNG

«1–2000»

le **congé** [kɔ̃ʒe]	**Urlaub** *m*
La plupart prennent leurs **congés** entre le 14 juillet et le 15 août.	Die meisten nehmen ihren Urlaub zwischen dem 14. Juli und dem 15. August.
le **repos** [ʀ(ə)po]	**Erholung** *f*
Tu as besoin de **repos**; tu as l'air fatiguée.	Du brauchst Erholung, du siehst müde aus.
se reposer [səʀ(ə)poze] *v*	**sich ausruhen**
Le week-end, je **me repose**; pas question de travailler!	Am Wochenende erhole ich mich, da wird nicht gearbeitet!
la **pause** [poz]	**Pause** *f*
La **pause** de 10 heures, pour moi, c'est sacré.	Meine Zehn-Uhr-Pause ist mir heilig.
la **promenade** [pʀɔmnad]	**Spaziergang** *m*
Tu n'as pas envie de faire une **promenade** avec moi?	Hast du keine Lust, mit mir einen Spaziergang zu machen?

«2001–4000»

le **loisir** [lwaziʀ] *syn:* temps libre Qu'est-ce que tu fais pendant tes **loisirs**?	**Freizeit** *f* Was machst du in deiner Freizeit?
se détendre [sədetɑ̃dʀ] *v* Le soir, j'écoute du rock pour **me détendre**.	**sich entspannen** Abends höre ich zur Entspannung Rockmusik.

1.3.3.2 FREIZEITBESCHÄFTIGUNGEN UND HOBBYS

«1–2000»

s'occuper [sɔkype] *v* Il y a des enfants qui ne savent pas **s'occuper** tout seuls.	**sich beschäftigen** Manche Kinder können sich nicht allein beschäftigen.
l'**activité** *f* [aktivite] Mon frère aime beaucoup les **activités** manuelles; il sait même tricoter!	**Betätigung** *f* Mein Bruder betätigt sich gern manuell, er kann sogar stricken.
manuel, le [manɥɛl] *adj*	**manuell**
jouer (à) [ʒwe(a)] *v* Tu veux bien **jouer** au scrabble avec moi?	**spielen** Spielst du bitte mit mir Scrabble?
le **jeu** [ʒø] *ant:* travail ⚠ *pl* **x** Je n'aime pas les **jeux** de cartes. → *match*	**Spiel** *n* Ich mag Kartenspiele nicht.
la **danse** [dɑ̃s] Les anciennes **danses** reviennent à la mode.	**Tanz** *m* Die alten Tänze kommen wieder in Mode.
danser [dɑ̃se] *v* Je peux t'inviter à **danser**?	**tanzen** Darf ich dich zum Tanzen auffordern?
l'**appareil photo** *m* [apaʀɛjfɔto] Maintenant, il y a des **appareils photo** (⚠ *nicht:* **caméras**) qu'on jette.	**Fotoapparat** *m*, **Kamera** *f* Jetzt gibt es Wegwerfkameras.
la **caméra** [kameʀa] Une **caméra** dans un hélicoptère permet de suivre la course.	**Filmkamera** *f*; **Videokamera** *f* Mit Hilfe einer Kamera in einem Hubschrauber kann man das Rennen verfolgen.

la **photo** [fɔto] Je vais te prendre en **photo**.	**Foto** *n* Ich mache ein Foto von dir.
photographier [fɔtɔgʀafje] *v* Je ne **photographie** jamais de monuments; les cartes postales sont plus jolies.	**fotografieren** Ich fotografiere nie Denkmäler. Da sind Postkarten schöner.
le **disque** [disk] Le CD a remplacé le **disque** de papa.	**Schallplatte** *f* Die CD hat die Platte der älteren Generation abgelöst.

«2001–4000»

la **poupée** [pupe] Et pourquoi un garçon ne devrait pas jouer à la **poupée**?	**Puppe** *f* Und warum sollte ein Junge nicht mit Puppen spielen?
se promener [səpʀɔmne] *v* ⚠ **il se promène** Je **me promène** tous les soirs avec mon chien.	**spazieren gehen** Ich gehe jeden Abend mit meinem Hund spazieren.
la **randonnée** [ʀɑ̃dɔne] Cet été, je fais de la **randonnée** dans le Jura avec des amis.	**Wanderung** *f* Diesen Sommer gehe ich mit Freunden im Jura wandern.
le **tour** [tuʀ] On va faire un petit **tour** en ville? Nous pourrions faire un **tour** en Bretagne le week-end prochain.	**Spaziergang** *m*; **Ausflug** *m* Wollen wir einen kleinen Stadtbummel machen? Wir könnten nächstes Wochenende einen Ausflug in die Bretagne machen.
se baigner [səbeɲe] *v* J'aime mieux **me baigner** le soir quand il n'y a plus personne sur la plage.	**schwimmen gehen** Ich gehe lieber abends schwimmen, wenn niemand mehr am Strand ist.
bronzer [bʀɔ̃ze] *v* Avec le soleil et la neige, nous allons bien **bronzer**.	**braun werden** Bei der Sonne und dem Schnee werden wir schön braun.
en plein air [ɑ̃plɛnɛʀ] *adv* Le concert a lieu **en plein air**.	**im Freien** Das Konzert findet im Freien statt.
la **colonie (de vacances)** [kɔlɔni(dəvakɑ̃s)] Nous allions tous les ans en **colonie**, une fois à la montagne, une fois à la mer.	**Ferienkolonie** *f*, **Ferienlager** *n* Wir fuhren jedes Jahr ins Ferienlager, einmal in die Berge und einmal ans Meer.

*TIPP: Die **colonies de vacances**, kurz auch **colos** genannt, sind eine beliebte Einrichtung in Frankreich. Die Kinder werden betreut von so genannten **moniteurs**, die sich den ganzen Tag um sie kümmern.*

chasser [ʃase] *v* Les renards peuvent **être chassés** toute l'année.	**jagen** Füchse dürfen ganzjährig gejagt werden.
la **chasse** [ʃas] En automne, mon oncle va tous les dimanches à la **chasse**.	**Jagd** *f* Im Herbst geht mein Onkel jeden Sonntag zur Jagd.
la **pêche** [pɛʃ] En France, la **pêche** est une sorte de sport national.	**Angeln** *n* Angeln ist in Frankreich eine Art Nationalsport.
le **lecteur de CD** [lɛktœʀdəsede] Toutes les chaînes ont un **lecteur de CD**.	**CD-Spieler** *m* Alle Stereoanlagen haben einen CD-Spieler.
le **poste de radio** [pɔstdəʀadjo] Le vieux **poste de radio** sur la cheminée, c'est pour décorer: il ne marche plus.	**Radioapparat** *m* Der alte Radioapparat auf dem Kamin ist nur Dekoration, er geht nicht mehr.
la **chaîne (hi-fi)** [ʃɛn('ifi)] Je viens d'acheter un CD; on peut le passer sur ta **chaîne**?	**Stereoanlage** *f* Ich habe gerade eine CD gekauft, können wir sie auf deiner Stereoanlage abspielen?
le **micro** [mikʀo] Parle dans le **micro**, sinon on n'entendra rien!	**Mikrofon** *n* Sprich ins Mikrofon, sonst hört man nichts!
le **magnétoscope** [maɲetɔskɔp] Avec un **magnétoscope** on peut regarder les émissions quand on veut.	**Videorekorder** *m* Wenn man einen Videorekorder hat, kann man sich die Sendungen ansehen, wann man will.
la **vidéo** [video] J'ai tous les buts du dernier championnat du monde en **vidéo**.	**Video** *n* Ich habe alle Tore der letzten Weltmeisterschaft auf Video.
la **cassette** [kasɛt] Ça coûte moins cher de louer une **cassette** vidéo que d'aller au cinéma.	**Kassette** *f* Es ist billiger, eine Videokassette auszuleihen, als ins Kino zu gehen.

enregistrer [ɑ̃ʀ(ə)ʒistʀe] *v* J'**ai enregistré** le film d'hier soir.	**aufnehmen** Ich habe den Film, der gestern Abend kam, aufgenommen.
le **pari** [paʀi] J'ai perdu mon **pari**.	**Wette** *f* Ich habe meine Wette verloren.
parier [paʀje] *v* Combien tu **paries** sur l'Allemagne? — Moi, je **parie** que la France va gagner.	**wetten** Wie viel wettest du auf Deutschland? — Ich wette, dass Frankreich gewinnt.
le **prix** [pʀi] Le premier **prix** est une croisière de huit jours en Méditerranée.	**Preis** *m* Der erste Preis ist eine achttägige Kreuzfahrt auf dem Mittelmeer.
bricoleur, -euse [bʀikɔlœʀ, øz] *adj* Je suis très **bricoleuse**; chez moi, je répare tout.	Ich bin eine große Bastlerin. Bei mir zu Hause repariere ich alles selbst.

1.3.3.3 VERGNÜGEN UND GENUSS

«1–2000»

profiter de [pʀɔfitedə] *v* J'**ai** vraiment **profité** de mes vacances: je me suis amusée comme une folle.	**ausnutzen** Ich habe meine Ferien wirklich ausgenutzt. Ich habe mich irre gut amüsiert.
aimer [eme] *v* J'**aime** me baigner la nuit.	**gerne mögen** Ich gehe gern nachts baden.
le **fumeur**, la **fumeuse** [fymœʀ, øz] Chez moi, personne n'est **fumeur**.	**Raucher(in)** *m(f)* Bei mir zu Hause raucht niemand.
fumer [fyme] *v*	**rauchen**
la **cigarette** [sigaʀɛt] Tu aurais une **cigarette**? — Désolée, je ne fume pas.	**Zigarette** *f* Hast du vielleicht eine Zigarette? — Tut mir Leid, aber ich rauche nicht.
la **pipe** [pip] Mon grand-père a toujours la **pipe** à la bouche.	**Pfeife** *f* Mein Großvater hat immer die Pfeife im Mund.

le **cigare** [sigaʀ] Si je fume un **cigare**, je suis malade.	**Zigarre** *f* Wenn ich eine Zigarre rauche, wird mir schlecht.
le **tabac** [taba] Le **tabac** est dangereux pour la santé.	**Tabak** *m* Tabak schadet der Gesundheit.

«2001–4000»

la **distraction** [distʀaksjɔ̃] La promenade est une **distraction** qui ne coûte pas cher. À la campagne, ça manque de **distraction**!	**Unterhaltung** *f;* **Abwechslung** *f* Spazierengehen ist eine Unterhaltung, die nicht viel kostet. Auf dem Land gibt es nicht genug Abwechslung.
(se) distraire [(sə)distʀɛʀ] *v* *syn:* (s')amuser, *ant:* (s')ennuyer ⚠ **nous (nous) distrayons** Pour **distraire** les enfants, rien de tel qu'un dessin animé. Quand il pleut, on **se distrait** comme on peut.	**unterhalten; sich unterhalten, sich amüsieren** Nichts ist besser als ein Zeichentrickfilm, um die Kinder zu unterhalten. Wenn es regnet, amüsieren wir uns, so gut wir können.
(s')amuser [(s)amyze] *v* *syn:* (se) distraire, *ant:* (s')ennuyer Ça t'**amuserait** d'aller en boîte? **Amuse-toi** bien!	**Spaß machen; sich amüsieren, Spaß haben** Würde es dir Spaß machen, in die Disko zu gehen? Viel Spaß!
amusant, e [amyzɑ̃, ɑ̃t] *adj* Les clowns étaient très **amusants**.	**lustig** Die Clowns waren sehr lustig.
plaisanter [plɛzɑ̃te] *v* Quand on est ensemble, on discute, on **plaisante**, on s'amuse, quoi.	**Spaß machen, Witze machen** Wenn wir zusammen sind, reden wir, machen Spaß, na ja, wir amüsieren uns eben.
se réjouir de [səʀeʒwiʀdə] *v* ⚠ **ils se réjouissent** Je **me réjouis de** ton succès.	**sich freuen (über)** Ich freue mich über deinen Erfolg.
(s')ennuyer [(s)ɑ̃nɥije] *v* *ant:* (se) distraire, (s')amuser ⚠ **il (s')ennuie** Moi, les jeux vidéo m'**ennuient**. Si tu **t'ennuies**, on peut sortir.	**(sich) langweilen** Mich langweilen Videospiele. Wenn du dich langweilst, können wir ja ausgehen.

l'**ennui** *m* [ɑ̃nɥi]	**Langeweile** *f*
J'ai cru que j'allais mourir d'**ennui**.	Ich habe geglaubt, ich sterbe vor Langeweile.

1.3.4 SPORT

«1–2000»

le **sport** [spɔʀ]	**Sport** *m*
Tu fais du **sport**?	Treibst du Sport?
l'**équipe** *f* [ekip]	**Mannschaft** *f*
Je fais partie de l'**équipe** de foot du collège.	Ich spiele in der Fußballmannschaft der Schule.
le **foot(ball)** [fut(bol)]	**Fußball** *m*
J'ai joué au **foot** jusqu'au lycée.	Bis zur Oberstufe habe ich Fußball gespielt.

***TIPP: Foot** ist etwas umgangssprachlich.*

le **joueur**, la **joueuse** [ʒwœʀ, øz]	**Spieler(in)** *m(f)*
On peut remplacer des **joueurs** pendant le match.	Man kann Spieler während des Spiels auswechseln.
le **ballon** [balɔ̃]	**Ball** *m*
Le **ballon** de rugby n'est pas rond. → *balle*	Ein Rugbyball ist nicht rund.
s'entraîner [sɑ̃tʀene] *v*	**trainieren**
Je **me suis entraînée** sur la plage; c'est très bon de courir sur le sable.	Ich habe am Strand trainiert. Es ist gut, auf Sand zu laufen.
le **match** [matʃ] ⚠ *pl* **match(e)s**	**Spiel** *n*
Le **match** à domicile est toujours plus facile.	Das Heimspiel ist immer einfacher.

***TIPP:** Für sportliche Spiele sagt man immer **match** und nie **jeu**.*

la **course** [kuʀs]	**Rennen** *n*
Les 24 heures du Mans sont la plus célèbre **course** automobile.	Die 24 Stunden von Le Mans sind das berühmteste Autorennen.

le **départ** [depaʀ] *ant:* arrivée Attention au **départ**! 5, 4, 3, 2, 1, partez!	**Start** *m* Vorsicht am Start! 5, 4, 3, 2, 1 und los!
partir [paʀtiʀ] *v ant:* arriver Le Tour de France **est** déjà **parti** d'Allemagne.	**starten** Die Tour de France ist auch schon in Deutschland gestartet.
le **record** [ʀ(ə)kɔʀ] Je ne cherche pas à battre des **records**; je nage pour le plaisir.	**Rekord** *m* Ich will keine Rekorde brechen, ich schwimme zum Vergnügen.
courir [kuʀiʀ] *v* ⚠ *irr* 9 J'**ai** (⚠ *nicht:* **je suis**) **couru** le 100 mètres en 12 secondes.	**laufen** Ich bin die hundert Meter in 12 Sekunden gelaufen.
nager [naʒe] *v* ⚠ **nous nageons** Je pourrais **nager** des heures tellement j'aime ça.	**schwimmen** Ich könnte stundenlang schwimmen, so gern tu ich das.
les **sports d'hiver** *mpl* [spɔʀdivɛʀ] Nous allons tous les ans une semaine aux **sports d'hiver**.	**Wintersport** *m* Wir fahren jedes Jahr eine Woche in den Wintersport.
le **ski** [ski] On peut faire du **ski** dans les Vosges.	**Ski** *m* In den Vogesen kann man Ski fahren.
skier [skje] *v* Dans les Alpes, on peut **skier** toute l'année.	**Ski fahren** In den Alpen kann man das ganze Jahr über Ski fahren.

«2001–4000»

sportif, -ive [spɔʀtif, iv] *adj* Mon frère est très **sportif**. À la télé, je ne regarde que les émissions **sportives**. Le match a été très **sportif**.	**sportlich; Sport-; fair** Mein Bruder ist sehr sportlich. Im Fernsehen sehe ich mir nur die Sportsendungen an. Das Spiel war sehr fair.
l'**entraînement** *m* [ɑ̃tʀɛnmɑ̃] Je manque d'**entraînement**; je suis tout de suite fatiguée.	**Training** *n* Ich bin nicht mehr im Training, ich werde sofort müde.
la **compétition** [kɔ̃petisjɔ̃] Demain, nous avons une **compétition** de natation.	**Wettkampf** *m* Morgen haben wir einen Schwimmwettkampf.

le **champion**, la **championne** [ʃɑ̃pjɔ̃, jɔn]	**Spitzensportler(in)** *m(f);* **Meister(in)** *m(f),* **-meister(in)** *m(f)*
Les **champions** s'entraînent plusieurs heures par jour.	Spitzensportler trainieren täglich mehrere Stunden.
Les Français sont devenus **champions** du monde de football.	Die Franzosen sind Fußballweltmeister geworden.
le **championnat** [ʃɑ̃pjɔna]	**Meisterschaft** *f*
Monaco participe au **championnat** de France de football.	Monaco nimmt an der französischen Fußballmeisterschaft teil.
la **finale** [final]	**Finale** *n,* **Endspiel** *n*
À ton avis, qui va gagner la **finale**?	Wer wird deiner Meinung nach das Endspiel gewinnen?
battre [batʀ] *v* ⚠ *irr* 4	**schlagen**
La France terminera première à moins qu'elle **soit battue** par le Luxembourg.	Frankreich wird Erster werden, es sei denn, es wird von Luxemburg geschlagen.
l'**athlétisme** *m* [atletism]	**Leichtathletik** *f*
L'**athlétisme** est le principal sport des jeux d'été.	Leichtathletik ist die Hauptdisziplin der Sommerspiele.
l'**athlète** *m, f* [atlɛt]	**Sportler(in)** *m(f)*
Il y a des **athlètes** qui se dopent.	Es gibt Sportler, die sich dopen.

l'**arbitre** *m, f* [aʀbitʀ]	**Schiedsrichter(in)** *m(f)*
L'**arbitre** a sorti le carton rouge.	Der Schiedsrichter hat die rote Karte gezogen.

***TIPP:** Man sagt **le carton** und nicht „la carte".*

le **sifflet** [siflɛ]	**Pfiff** *m*
On n'attend plus que le coup de **sifflet** de l'arbitre pour commencer.	Wir warten nur noch auf den Anpfiff des Schiedsrichters.

***TIPP:** Mit **sifflet** wird sowohl „der Pfiff" als auch „die Pfeife" bezeichnet.*

siffler [sifle] *v*	**pfeifen**
L'arbitre **avait sifflé** la fin du match; le but ne compte pas.	Der Schiedsrichter hatte schon abgepfiffen, das Tor zählt nicht.
marquer [maʀke] *v*	**(ein Tor/einen Korb) schießen**
L'équipe de France **a marqué** le but de la victoire à la dernière minute.	Die französische Mannschaft hat das Siegestor in der letzten Minute geschossen.
le **but** [byt]	**Tor** *n*
Le **but** a été refusé par l'arbitre.	Der Schiedsrichter hat das Tor nicht gegeben.

le **gardien de but**, la **gardienne de but** [gaʀdjɛ̃, gaʀdjɛndəby]	**Torhüter(in)** *m(f)*, **Torwart** *m*
Il y a des matchs où le **gardien de but** doit s'ennuyer!	Es gibt Spiele, bei denen sich der Torwart bestimmt langweilt.
le **stade** [stad]	**Stadion** *n*
Pour la finale, le **stade** était plein.	Beim Endspiel war das Stadion voll.
le **terrain** [teʀɛ̃]	**Platz** *m*
À la fin du match, les spectateurs ont envahi le **terrain**.	Am Ende des Spiels haben die Zuschauer den Platz gestürmt.
la **piscine** [pisin]	**Schwimmbad** *n*
J'ai préféré aller à la **piscine** de l'hôtel: la mer était trop froide.	Ich bin lieber ins Schwimmbad des Hotels gegangen, das Meer war zu kalt.

***TIPP:** Das Hallenbad heißt **piscine couverte**, das Freibad **piscine découverte**.*

la **natation** [natasjɔ̃]	**Schwimmen** *n*
La **natation** développe les épaules.	Schwimmen kräftigt die Schultern.
la **raquette** [ʀakɛt]	**Schläger** *m*
J'ai cassé une corde; tu peux me prêter une **raquette**?	Mir ist eine Saite gerissen, kannst du mir einen Schläger leihen?
la **balle** [bal]	**Ball** *m*
Ta **balle** était dehors. Ça fait jeu pour moi.	Dein Ball war im Aus. Damit habe ich das Spiel gewonnen.

***TIPP:** Mit **balle** wird im Allgemeinen ein kleinerer Ball bezeichnet, wie z. B. ein Tennisball. Größere Bälle nennt man **ballon**.*

le **tennis** [tenis]	**Tennis** *n*
Je joue au **tennis** depuis longtemps.	Ich spiele schon lange Tennis.

***TIPP:** Bei Sport und Spiel sagt man immer **jouer à la** oder **jouer au**.*

lancer [lɑ̃se] *v syn:* jeter ⚠ **nous lançons**	**werfen; stoßen**
Comment peut-on **lancer** un poids à plus de 20 mètres?	Wie kann man nur eine Kugel weiter als 20 Meter stoßen?

***TIPP:** Bei Sportarten wie Hammer und Diskus heißt **lancer** „werfen".*

tirer [tiʀe] *v* Quels maladroits! Ils **tirent** chaque fois à côté du but!	**schießen** Was sind die alle ungeschickt! Jedes Mal schießen sie am Tor vorbei.
la **voile** [vwal] Pour faire de la **voile**, la Bretagne est la région idéale.	**Segeln** *n* Zum Segeln ist die Bretagne die ideale Gegend.
la **planche à roulettes** [plɑ̃ʃaʀulɛt]	**Skateboard** *n*
le **roller** [ʀɔlœʀ] Les **rollers** sont bien plus silencieux que les planches à roulettes.	**Inlineskates** *pl* Inlineskates sind viel leiser als Skateboards.
la **planche à voile** [plɑ̃ʃavwal] La **planche à voile** est un sport fatigant.	**Windsurfen** *n* Windsurfen ist anstrengend.

1.4 Öffentliches Leben

1.4.1 STAATSWESEN

1.4.1.1 STAAT UND POLITIK

«1–2000»

l'**humanité** *f* [ymanite] Quel est l'avenir de l'**humanité**?	**Menschheit** *f* Wie sieht die Zukunft der Menschheit aus?
la **politique** [pɔlitik] Je discute souvent de **politique** avec mes copains.	**Politik** *f* Ich diskutiere mit meinen Freunden oft über Politik.
politique [pɔlitik] *adj* Je n'ai pas les mêmes opinions **politiques** que mes parents.	**politisch** Ich habe nicht die gleichen politischen Ansichten wie meine Eltern.
le **pays** [pei] Les **pays** de l'Europe de l'ouest forment l'UE.	**Land** *n* Die Länder des westlichen Europas bilden die EU.

le **gouvernement** [guvɛʀnəmɑ̃] Le chef du **gouvernement** choisit ses ministres.	**Regierung** *f* Das Regierungsoberhaupt wählt die Minister aus.
gouverner [guvɛʀne] *v syn:* diriger, conduire, mener C'est le Premier ministre ou le Président qui **gouverne** la France?	**regieren** Regiert der Premierminister oder der Präsident Frankreich?
le **parti** [paʀti] Malgré une baisse, le **parti** communiste joue encore un rôle important.	**Partei** *f* Trotz eines Rückgangs spielt die kommunistische Partei noch immer eine wichtige Rolle.
le **roi** [ʀwa] Le dernier **roi** français s'appelait Louis-Philippe Ier.	**König** *m* Der letzte französische König hieß Louis-Philippe I.

***TIPP:** Man sagt **Napoléon premier**, „Napoleon der erste", aber **Henri deux, Charles trois**, „Heinrich der zweite", „Karl der dritte".*

la **reine** [ʀɛn] Le rôle principal de la **reine** était d'avoir des fils.	**Königin** *f* Die wichtigste Aufgabe der Königin war es, Söhne zu gebären.
l'**empereur** *m* [ɑ̃pʀœʀ] La France a eu deux **empereurs**: Napoléon Ier et Napoléon III.	**Kaiser** *m* In Frankreich gab es zwei Kaiser: Napoleon I. und Napoleon III.
le **président**, la **présidente** [pʀezidɑ̃, ɑ̃t] Le **Président** de la République est élu pour sept ans.	**Präsident(in)** *m(f)* Der Präsident der Republik wird für sieben Jahre gewählt.

***TIPP:** Wenn Franzosen **la République** mit großem Anfangsbuchstaben schreiben, so ist meist Frankreich damit gemeint.*

le **ministre** [ministʀ] De nombreuses femmes ont été **ministres**, mais une seule a été Premier **ministre**.	**Minister(in)** *m(f)* Zahlreiche Frauen waren Ministerinnen, aber eine einzige war je Premierministerin.
le **Premier ministre** [pʀəmjeministʀ] Le **Premier ministre** est nommé par le Président.	**Premierminister(in)** *m(f)* Der Premierminister wird vom Präsidenten ernannt.

le **chancelier**, la **chancelière** [ʃɑ̃səlje, jɛʀ]	**Kanzler(in)** *m(f)*
Le **chancelier** n'est élu que pour quatre ans.	Der Kanzler wird nur für vier Jahre gewählt.
la **frontière** [fʀɔ̃tjɛʀ]	**Grenze** *f*
On ne traverse plus vraiment de **frontière** entre la France et l'Allemagne.	Zwischen Deutschland und Frankreich überschreitet man eigentlich keine Grenze mehr.
étranger, -ère [etʀɑ̃ʒe, ʒɛʀ] *adj*	**ausländisch**
En août, à Paris, on rencontre surtout des touristes **étrangers**.	Im August trifft man in Paris vor allem ausländische Touristen.
l'**étranger** *m*, l'**étrangère** *f* [etʀɑ̃ʒe, ʒɛʀ]	**Ausländer(in)** *m(f)*
En été, des millions d'**étrangers** traversent la France sans s'arrêter.	Im Sommer fahren Millionen von Ausländern durch Frankreich ohne anzuhalten.
la **patrie** [patʀi]	**Heimatland** *n*, **Heimat** *f*
Ta **patrie**, c'est l'Europe, la France ou la Provence?	Ist deine Heimat Europa, Frankreich oder die Provence?

«2001–4000»

le **peuple** [pœpl]	**Volk** *n*
En démocratie, c'est le **peuple** qui gouverne.	In einer Demokratie regiert das Volk.
l'**État** *m* [eta]	**Staat** *m*
«L'**État**, c'est moi», disait Louis XIV.	„Der Staat bin ich.", sagte Ludwig XIV.

TIPP:* *État* *ist der Staat,* *état* *der Zustand.

la **nation** [nasjɔ̃]	**Nation** *f*
Les **Nations** Unies peuvent intervenir partout dans le monde.	Die Vereinten Nationen können überall auf der Welt eingreifen.
national, e [nasjɔnal] *adj* ⚠ *pl* **-aux** [o]	**national**
La fête **nationale** française est le 14 juillet.	Der französische Nationalfeiertag ist der 14. Juli.
la **nationalité** [nasjɔnalite]	**Nationalität** *f*, **Staatsangehörigkeit** *f*
Veuillez indiquer votre nom et votre **nationalité**.	Geben Sie bitte Ihren Namen und Ihre Staatsangehörigkeit an.

le **drapeau** [dʀapo] ⚠ *pl* **x** Le **drapeau** de la France est bleu, blanc, rouge.	**Fahne** *f* Die französische Fahne ist blau, weiß, rot.
la **couronne** [kuʀɔn] C'est Napoléon qui a posé lui-même la **couronne** sur sa tête.	**Krone** *f* Napoleon hat sich selbst die Krone aufs Haupt gesetzt.
régner (sur) [ʀeɲe(syʀ)] *v* ⚠ **il règne** Louis XIV **a régné sur** la France pendant plus d'un demi-siècle.	**herrschen (über)** Ludwig XIV. hat länger als ein halbes Jahrhundert über Frankreich geherrscht.
la **colonie** [kɔlɔni] La langue officielle des anciennes **colonies** est souvent encore le français.	**Kolonie** *f* Oft ist die offizielle Sprache in den ehemaligen Kolonien noch Französisch.
la **république** [ʀepyblik] La France est une **république**.	**Republik** *f* Frankreich ist eine Republik.
la **dictature** [diktatyʀ] Plusieurs anciennes colonies d'Afrique sont des **dictatures**.	**Diktatur** *f* Mehrere ehemalige Kolonien in Afrika sind Diktaturen.
la **démocratie** [demɔkʀasi] La dictature est le contraire de la **démocratie**.	**Demokratie** *f* Die Diktatur ist das Gegenteil der Demokratie.
les **droits de l'homme** *mpl* [dʀwad(ə)lɔm] Amnesty combat pour le respect des **droits de l'homme**.	**Menschenrechte** *pl* Amnesty setzt sich für die Einhaltung der Menschenrechte ein.
le **parlement** [paʀləmɑ̃] Le **parlement** français s'appelle l'Assemblée nationale.	**Parlament** *n* Das französische Parlament heißt Nationalversammlung.
la **fraternité** [fʀatɛʀnite] L'idéal de la République est: liberté, égalité, **fraternité**.	**Brüderlichkeit** *f* Das Ideal der Republik ist: Freiheit, Gleichheit, Brüderlichkeit.
l'**égalité** *f* [egalite]	**Gleichheit** *f*
la **liberté** [libɛʀte] La statue de la **Liberté** est l'œuvro d'un Français.	**Freiheit** *f* Die Freiheitsstatue wurde von einem Franzosen geschaffen.
indépendant, e [ɛ̃depɑ̃dɑ̃, ɑ̃t] *adj* Les colonies françaises sont devenues **indépendantes** dans les années 50 et 60.	**unabhängig** Die französischen Kolonien wurde in den 50er- und 60er-Jahren unabhängig.

l'**indépendance** *f* [ɛ̃depɑ̃dɑ̃s]	**Unabhängigkeit** *f*
L'Algérie a obtenu l'**indépendance** en 1962.	Algerien hat 1962 seine Unabhängigkeit erlangt.
l'**union** *f* [ynjɔ̃]	**Union** *f*; **Einigkeit** *f*
L'**Union** Européenne fait concurrence aux États-Unis.	Die Europäische Union macht den Vereinigten Staaten Konkurrenz.
L'**union** fait la force.	Einigkeit macht stark.
s'unir [syniʀ] *v* ⚠ **ils s'unissent**	**sich vereinigen, gemeinsam vorgehen**
Il faut **s'unir** contre le racisme.	Wir müssen gemeinsam gegen den Rassismus angehen.
l'**unité** *f* [ynite]	**Einheit** *f*
Finalement, qu'est-ce qui fait l'**unité** nationale?	Was macht letztendlich die Einheit der Nation aus?
l'**homme politique** *m* [ɔmpɔlitik]	**Politiker** *m*
On reproche aux **hommes politiques** d'être loin de la réalité.	Man wirft Politikern Realitätsferne vor.

*TIPP: **Femme politique** sagt man nicht. Es gibt allerdings auch das Wort **un politicien, une politicienne** für „Politiker(in)", das aber oft abwertend benützt wird.*

le **conseil** [kɔ̃sɛj]	**Rat** *m*
Le **conseil** des ministres se réunit le mercredi.	Der Ministerrat tritt jeden Mittwoch zusammen.
le **discours** [diskuʀ]	**Rede** *f*
Le **discours** du chancelier est retransmis à la télévision.	Die Rede des Kanzlers wird im Fernsehen übertragen.
succéder à [syksedea] *v* ⚠ **il succède**	**folgen auf**
Chirac **a succédé à** Mitterrand comme Président.	Auf Mitterrand ist Chirac als Präsident gefolgt.
le **partisan**, la **partisane** [paʀtizɑ̃, an] *ant:* adversaire	**Anhänger(in)** *m(f)*
Les **partisans** de la paix ont manifesté.	Die Friedensanhänger haben demonstriert.
l'**élection** *f* [elɛksjɔ̃]	**Wahl** *f*
Les candidats à l'**élection** présidentielle doivent avoir au moins 23 ans.	Kandidaten für die Präsidentschaftswahlen müssen mindestens 23 Jahre alt sein.
élire [eliʀ] *v* ⚠ *irr* 21	**wählen**
Le Président **est élu** par le peuple.	Der Präsident wird vom Volk gewählt.

la **voix** [vwa] Lors d'une **élection**, chaque voix compte.	**Stimme** *f* Bei einer Wahl zählt jede Stimme.
le **vote** [vɔt] Dès 20 h, les médias ont annoncé les résultats du **vote**.	**Abstimmung** *f*, **Wahl** *f* Schon um 20 Uhr haben die Medien die Wahlergebnisse bekannt gegeben.
voter [vɔte] *v* Il n'est pas obligatoire de **voter**. Je **vote** pour les écologistes.	**wählen** Es besteht keine Wahlpflicht. Ich wähle die Grünen.
l'**électeur** *m*, l'**électrice** *f* [elɛktœʀ, tʀis] Pour être **électeur**, il faut avoir au moins 18 ans.	**Wähler(in)** *m(f)* Um wählen zu können, muss man mindestens 18 sein.
les **élections législatives** *fpl* [elɛksjɔ̃leʒislativ] Il y a deux tours aux **élections législatives**.	**Parlamentswahlen** *pl* Bei den Parlamentswahlen gibt es zwei Durchgänge.
l'**Assemblée nationale** *f* [asɑ̃blenasjɔnal] *syn:* Parlement Le bâtiment de l'**Assemblée nationale** est au bord de la Seine.	**Nationalversammlung** *f* Das Gebäude der Nationalversammlung befindet sich am Ufer der Seine.
le **député**, la **députée** [depyte] L'Assemblée nationale se compose de 577 **députés**.	**Abgeordnete(r)** *f(m)* Die Nationalversammlung besteht aus 577 Abgeordneten.
la **majorité** [maʒɔʀite] Aucun parti n'a, seul, la **majorité**. Tout Français peut voter à sa **majorité**.	**Mehrheit** *f*; **Volljährigkeit** *f* Keine Partei hat für sich genommen die Mehrheit. Jeder Franzose kann wählen, wenn er volljährig ist.
la **minorité** [minɔʀite] La **minorité** au parlement forme l'opposition.	**Minderheit** *f* Die Minderheit im Parlament bildet die Opposition.
le, la **communiste** [kɔmynist] Depuis 1981, les socialistes et les **communistes** ont gouverné plusieurs fois ensemble. → *terrorisme TIPP*	**Kommunist(in)** *m(f)* Seit 1981 haben die Sozialisten mehrere Male zusammen mit den Kommunisten die Regierung gebildet.
le, la **socialiste** [sɔsjalist] De très nombreuses rues portent le nom du **socialiste** Jean Jaurès. → *terrorisme TIPP*	**Sozialist(in)** *m(f)* Viele Straßen sind nach dem Sozialisten Jean Jaurès benannt.

la **réforme** [ʀefɔʀm]	**Reform** *f*
Tous les gouvernements parlent d'une **réforme** des impôts sans jamais la faire.	Alle Regierungen reden von einer Steuerreform, ohne sie je durchzuführen.
le **maire** [mɛʀ]	**Bürgermeister(in)** *m(f)*
Le **maire** est élu par le conseil municipal.	Der Bürgermeister wird vom Stadtrat gewählt.

***TIPP:** Bürgermeisterinnen werden mit **Madame le maire** bezeichnet, es gibt auch das Wort **la mairesse**, aber es ist selten.*

le **conseil municipal** [kɔ̃sɛjmynisipal] ⚠ *pl* **conseils municipaux** [o]	**Gemeinderat** *m*
Le **conseil municipal** se réunit à la mairie.	Der Gemeinderat tagt im Rathaus.
intérieur, e [ɛ̃teʀjœʀ] *adj ant:* extérieur	**inländisch, Innen-**
Les Français approuvent la politique **intérieure** du nouveau gouvernement.	Die Franzosen befürworten die Innenpolitik der neuen Regierung.
extérieur, e [ɛksteʀjœʀ] *adj ant:* intérieur	**ausländisch, Außen-**
La politique **extérieure** de la France a souvent dérangé les Américains.	Die Außenpolitik Frankreichs hat die Amerikaner oft gestört.
international, e [ɛ̃tɛʀnasjɔnal] *adj* ⚠ *pl* **-aux** [o] *ant:* national	**international**
L'ONU est une organisation **internationale**.	Die Uno ist eine internationale Organisation.
mondial, e [mɔ̃djal] *adj* ⚠ *pl* **-aux** [o]	**Welt-**
Les deux guerres **mondiales** ont fait des millions de morts.	Die beiden Weltkriege haben Millionen von Todesopfern gefordert.
l'**ONU** *f* [ɔny]	**Uno** *f*
De Gaulle avait beaucoup de mépris pour l'**ONU**.	De Gaulle hat die Uno tief verachtet.

***TIPP:** = **Organisation des Nations Unies**.*

l'**OTAN** *f* [otɑ̃]	**Nato** *f*
La France fait de nouveau partie de l'**OTAN**.	Frankreich gehört wieder der Nato an.

***TIPP:** = **Organisation du traité de l'Atlantique Nord**.*

le **tiers-monde** [tjɛʀmɔ̃d] De nombreuses associations apportent leur aide au **tiers-monde**.	**Dritte Welt** Zahlreiche Vereinigungen unterstützen die Dritte Welt.
l'**étranger** *m* [etʀɑ̃ʒe] Quel pays tu choisirais si tu devais vivre à l'**étranger**?	**Ausland** *n* Wenn du im Ausland leben müsstest, welches Land würdest du wählen?
l'**immigré** *m*, l'**immigrée** *f* [imigʀe] Les **immigrés** viennent en majorité d'Afrique.	**Einwanderer(in)** *m(f)*, **Immigrant(in)** *m(f)* Die Einwanderer kommen zum größten Teil aus Afrika.
l'**immigration** *f* [imigʀasjɔ̃] Le gouvernement essaie de limiter l'**immigration**.	**Einwanderung** *f* Die Regierung versucht, die Einwanderung zu begrenzen.
le **racisme** [ʀasism] Le **racisme** est puni par la loi. → *terrorisme TIPP*	**Rassismus** *m* Rassismus ist strafbar.

trahir [tʀaiʀ] *v* ⚠ **ils trahissent** On a reproché à Louis XVI d'**avoir trahi** la France.	**verraten** Man hat Ludwig XVI. vorgeworfen, Frankreich verraten zu haben.
la **crise** [kʀiz] On dit que le monde est en **crise**, mais tout ne va pas si mal.	**Krise** *f* Man sagt, die Welt macht eine Krise durch, aber so schlimm ist es nun auch wieder nicht.
la **révolution** [ʀevɔlysjɔ̃] La **Révolution** française a commencé en 1789.	**Revolution** *f* Die Französische Revolution begann 1789.

1.4.1.2 KRIEG UND FRIEDEN

«1–2000»

la **guerre** [gɛʀ] *ant:* paix Le 11 novembre et le 8 mai, on fête la fin des deux dernières **guerres**.	**Krieg** *m* Man feiert das Ende der beiden letzten Kriege am 11. November und am 8. Mai.
la **paix** [pɛ] *ant:* guerre Les hommes ne demandent qu'à vivre en **paix**.	**Friede(n)** *m* Die Menschen wollen nur in Frieden leben.

l'**ennemi** *m*, l'**ennemie** *f* [ɛnmi] *ant:* ami	**Feind(in)** *m(f)*
Nos anciens **ennemis** sont devenus nos amis.	Unsere alten Feinde sind unsere Freunde geworden.
le **soldat**, la **soldate** [sɔlda, at]	**Soldat(in)** *m(f)*
À quoi servent les **soldats** s'il y a une guerre atomique?	Wozu sollen Soldaten bei einem Atomkrieg gut sein?
la **bataille** [bataj]	**Schlacht** *f*
La **bataille** de la Marne a été gagnée grâce à des taxis.	Die Schlacht an der Marne wurde durch den Einsatz von Taxis gewonnen.

«2001–4000»

militaire [militɛʀ] *adj*	**militärisch, Militär-**
Le service **militaire** a été supprimé.	Der Militärdienst wurde abgeschafft.

***TIPP: Militaire** wird auch als Substantiv gebraucht: **Les militaires portent un uniforme**. Militärangehörige tragen Uniform.*

l'**armée** *f* [aʀme]	**Armee** *f*
L'**armée** se compose maintenant de professionnels.	Die Armee besteht nun aus Berufssoldaten.
la **marine** [maʀin]	**Marine** *f*
J'ai fait mon service militaire dans la **marine**.	Ich habe meinen Wehrdienst bei der Marine abgeleistet.
l'**officier** *m* [ɔfisje]	**Offizier(in)** *m(f)*
On peut passer directement **officier** en faisant une école.	Wenn man eine entsprechende Schule besucht hat, kann man sofort Offizier werden.

***TIPP:** Es gibt keine Femininform.*

le **général** [ʒeneʀal] ⚠ *pl* **-aux** [o]	**General(in)** *m(f)*
De Gaulle était **général**.	De Gaulle war General.

***TIPP: La générale** bezeichnet die Ehefrau des Generals.*

l'**arme** *f* [aʀm]	**Waffe** *f*
La France possède l'**arme** nucléaire.	Frankreich besitzt Atomwaffen.

la **bombe** [bɔ̃b] Aujourd'hui les **bombes** sont «intelligentes», elles tombent où on veut.	**Bombe** *f* Heutzutage sind Bomben „intelligent", sie schlagen genau dort ein, wo man es will.
bombarder [bɔ̃baʀde] *v* Paris **a été** peu **bombardé** pendant la guerre.	**bombardieren** Paris wurde während des Krieges nur wenig bombardiert.
l'**arme à feu** *f* [aʀmafø] J'ai horreur des **armes à feu**.	**Schusswaffe** *f* Ich verabscheue Schusswaffen.
le **fusil** [fyzi] À la campagne, tout le monde a son **fusil**.	**Gewehr** *n* Auf dem Land hat jeder sein Gewehr.
nucléaire [nykleɛʀ] *adj syn:* atomique La France a cessé ses essais **nucléaires** dans le Pacifique.	**Atom-** Frankreich hat seine Atomtests im Pazifik eingestellt.
atomique [atɔmik] *adj syn:* nucléaire Il vaut mieux ne pas penser à une guerre **atomique**.	**Atom-** Es ist besser, wenn man erst gar nicht über einen Atomkrieg nachdenkt.
marcher [maʀʃe] *v* Les militaires **marchent** au pas.	**marschieren** Soldaten marschieren im Gleichschritt.

***TIPP:** Vorsicht, **marcher** wird mit **avoir** konjugiert.*

combattre [kɔ̃batʀ] *v* ⚠ *irr* 4 L'armée française a perdu la guerre presque sans **combattre**.	**kämpfen** Die französische Armee hat fast ohne zu kämpfen den Krieg verloren.
le **combat** [kɔ̃ba] *syn:* bataille Les **combats** sur les plages de Normandie ont été terribles.	**Kampf** *m* Die Kämpfe an den Stränden der Normandie waren furchtbar.
l'**adversaire** *m* [advɛʀsɛʀ] *syn:* ennemi, *ant:* ami La France et l'Angleterre ont souvent été **adversaires**.	**Gegner(in)** *m(f)* Frankreich und England waren oft Gegner.
le **conflit** [kɔ̃fli] *syn:* guerre Le traité de Versailles a mis fin au **conflit** de 14–18.	**Konflikt** *m* Der Versailler Vertrag hat den Konflikt von 14–18 beendet.
l'**attaque** *f* [atak] *ant:* défense Malgré les **attaques** répétées, Verdun a tenu.	**Angriff** *m* Trotz der wiederholten Angriffe hielt Verdun stand.

attaquer [atake] *v ant:* défendre Personne ne s'attendait à ce qu'Hitler **attaque** par la Belgique.	**angreifen** Niemand hatte damit gerechnet, dass Hitler über Belgien angreifen würde.
la **défense** [defɑ̃s] *ant:* attaque La meilleure **défense**, c'est l'attaque.	**Verteidigung** *f* Angriff ist die beste Verteidigung.
défendre [defɑ̃dʀ] *v ant:* attaquer Il n'y avait plus que des femmes et des enfants pour **défendre** la ville.	**verteidigen** Es blieben nur noch Frauen und Kinder, um die Stadt zu verteidigen.
la **victoire** [viktwaʀ] *ant:* défaite Le 8 mai est aussi appelé «fête de la **victoire**».	**Sieg** *m* Der 8. Mai wird auch „Fest des Sieges" genannt.
le **vainqueur** [vɛ̃kœʀ] En cas de guerre nucléaire, il n'y aura pas de **vainqueur**.	**Sieger(in)** *m(f)* Im Falle eines Atomkrieges wird es keinen Sieger geben.
vaincre [vɛ̃kʀ] *v* ⚠ *irr* 39 David **a vaincu** Goliath.	**besiegen** David hat Goliath besiegt.
envahir [ɑ̃vaiʀ] *v* ⚠ **ils envahissent** L'armée ennemie **a envahi** le pays en quelques semaines.	**einfallen in; besetzen** Die feindliche Armee hat das Land in ein paar Wochen besetzt.
la **défaite** [defɛt] *ant:* victoire La marine française a subi une **défaite** à Trafalgar.	**Niederlage** *f* Die französische Marine hat bei Trafalgar eine Niederlage erlitten.
l'**occupation** *f* [ɔkypasjɔ̃] Sous l'**occupation**, les Français n'avaient rien à manger.	**Besatzung** *f* Während der Besatzung hatten die Franzosen nichts zu essen.
la **résistance** [ʀezistɑ̃s] Ceux qui appartenaient à la **Résistance** risquaient leur vie.	**Widerstand** *m* Diejenigen, die dem Widerstand angehörten, riskierten ihr Leben.

***TIPP: Résistance** wird großgeschrieben, wenn es sich um die französische Widerstandsbewegung im Zweiten Weltkrieg handelt.*

résister à [ʀezistea] *v* Il fallait du courage pour **résister à** l'ennemi.	**Widerstand leisten gegen** Man brauchte Mut, um gegen den Feind Widerstand zu leisten.
la **fuite** [fɥit] À Valmy, l'ennemi a pris la **fuite** sans combattre.	**Flucht** *f* Der Feind hat bei Valmy kampflos die Flucht ergriffen.
fuir [fɥiʀ] *v* ⚠ **nous fuyons** Les «pieds noirs» **ont fui** (⚠ *nicht:* **sont**) l'Algérie à l'indépendance.	**fliehen (aus)** Die „pieds noirs" sind nach der Unabhängigkeit aus Algerien geflohen.

***TIPP:** Mit **pieds noirs** (schwarze Füße) wurden die französischstämmigen Bewohner Algeriens bezeichnet.*

s'enfuir (de) [sɑ̃fɥiʀ(də)] *v* ⚠ **nous nous enfuyons** On ne **s'enfuit** pas **d'**une telle prison.	**entkommen, fliehen; entkommen aus** Aus einem solchen Gefängnis kann man nicht entkommen.
le **réfugié**, la **réfugiée** [ʀefyʒje] De nombreux **réfugiés** politiques vivent en France.	**Flüchtling** *m* In Frankreich leben viele politische Flüchtlinge.
le **héros**, l'**héroïne** *f* ['eʀo, eʀɔin] Je ne suis pas un **héros** et j'espère ne jamais faire la guerre.	**Held(in)** *m(f)* Ich bin kein Held und hoffe, dass ich nie in den Krieg muss.
le **traité (de paix)** [tʀete(dəpɛ)] En 1945, aucun véritable **traité de paix** n'a été signé.	**Friedensvertrag** *m* 1945 wurde kein richtiger Friedensvertrag unterzeichnet.

1.4.2 KIRCHE UND RELIGION

«1–2000»

l'**église** *f* [egliz] Tu vas encore à l'**église**?	**Kirche** *f* Gehst du noch in die Kirche?

***TIPP:** Großgeschrieben, wenn es sich um die Institution handelt.*

le **dieu** [djø] ⚠ *pl* **x** Je crois en **Dieu**.	**Gott** *m* Ich glaube an Gott.

> ***TIPP:*** *Der christliche Gott wird großgeschrieben, nicht christliche Götter klein. Die Femininform lautet* ***la déesse****.*

Noël [nɔɛl]	**Weihnachten** *n*
Je te souhaite un joyeux **Noël**.	Ich wünsche dir fröhliche Weihnachten.
Pâques *m* [pɑk]	**Ostern** *n*
Le lundi de **Pâques** est toujours férié.	Der Ostermontag ist ein Feiertag.

> ***TIPP: Pâques*** *wird weiblicher Plural, sobald ein Adjektiv dabei steht:* ***Joyeuses Pâques!*** *Fröhliche Ostern.*

la **religion** [ʀ(ə)liʒjɔ̃]	**Religion** *f*
L'islam est la deuxième **religion** de France.	Der Islam ist die zweithäufigste Religion in Frankreich.

«2001–4000»

la **bible** [bibl]	**Bibel** *f*
Je lis la **Bible** tous les jours.	Ich lese jeden Tag die Bibel.
Il y a une **bible** dans chaque table de nuit de l'hôtel.	In jedem Nachttisch des Hotels ist eine Bibel.

> ***TIPP: Bible*** *wird großgeschrieben, wenn es sich um die Heilige Schrift handelt, klein, wenn man vom Buch spricht.*

sacré, e [sakʀe] *adj*	**heilig**
Pour moi, une promesse, c'est **sacré**.	Ein Versprechen ist mir heilig.
chrétien, ne [kʀetjɛ̃, jɛn] *adj*	**christlich**
J'ai été élevée dans la foi **chrétienne**.	Ich wurde im christlichen Glauben erzogen.
le **chrétien**, la **chrétienne** [kʀetjɛ̃, jɛn]	**Christ(in)** *m(f)*
Les **chrétiens** croient au Christ.	Christen glauben an Christus.
catholique [katɔlik] *adj*	**katholisch**
Le pape est le chef de l'Église **catholique**.	Der Papst ist das Oberhaupt der katholischen Kirche.

> ***TIPP: Catholique*** *wird auch als Substantiv gebraucht.*

la **Pentecôte** [pɑ̃tkot]	**Pfingsten** *n*
La **Pentecôte** est cinquante jours après Pâques.	Pfingsten ist fünfzig Tage nach Ostern.

la **Toussaint** [tusɛ̃] À la **Toussaint**, il fait souvent gris.	**Allerheiligen** *n* An Allerheiligen ist oft trübes Wetter.
protestant, e [pʀɔtɛstɑ̃, ɑ̃t] *adj* Les églises **protestantes** s'appellent des «temples».	**protestantisch, evangelisch** Protestantische Kirchen nennt man „temples“.

TIPP:* Protestant** *wird auch als Substantiv gebraucht.* ***Le temple *bezeichnet sowohl einen heidnischen Tempel als auch eine evangelische Kirche.*

juif, juive [ʒɥif, iv] *adj* La Pentecôte est aussi une fête **juive**.	**jüdisch** Pfingsten ist auch ein jüdisches Fest.

TIPP: *Als Substantiv wird es großgeschrieben.* ***Beaucoup de Juifs de Paris vivent dans le quartier du Sentier****. Viele Pariser Juden leben im Sentier-Viertel.*

la **foi** [fwa] On dit que la **foi** transporte les montagnes.	**Glaube(n)** *m* Man sagt, dass der Glaube Berge versetzen kann.
croire [kʀwaʀ] *v* ⚠ *irr* 10 Tu **crois** à l'enfer?	**glauben** Glaubst du an die Hölle?
la **conscience** [kɔ̃sjɑ̃s] Quand je mens, j'ai mauvaise **conscience**.	**Gewissen** *n* Wenn ich lüge, habe ich ein schlechtes Gewissen.
le **péché** [peʃe] Pour moi, l'amour ne peut pas être un **péché**.	**Sünde** *f* Für mich kann Liebe keine Sünde sein.
l'**âme** *f* [ɑm] Qu'est-ce que l'**âme** devient, après la mort?	**Seele** *f* Was wird nach dem Tod aus der Seele?
l'**enfer** *m* [ɑ̃fɛʀ] *ant:* paradis Si Dieu est bon, pourquoi a-t-il créé l'**enfer**?	**Hölle** *f* Wenn Gott gütig ist, warum hat er dann die Hölle geschaffen?
le **paradis** [paʀadi] *ant:* enfer Tahiti, c'est vraiment le **paradis** sur terre.	**Paradies** *n* Tahiti ist wirklich das Paradies auf Erden.
l'**ange** *m* [ɑ̃ʒ] On représente toujours les **anges** avec des ailes.	**Engel** *m* Man stellt Engel immer mit Flügeln dar.
éternel, le [etɛʀnɛl] *adj* J'ai du mal à croire à la vie **éternelle**.	**ewig** Es fällt mir schwer, an das ewige Leben zu glauben.

le **miracle** [miʀakl] Jésus a fait des **miracles**.	**Wunder** *n* Jesus hat Wunder gewirkt.
le **saint**, la **sainte** [sɛ̃, sɛ̃t] **Sainte** Jeanne d'Arc est la **sainte** nationale.	**Heilige(r)** *f(m)* Die heilige Johanna von Orléans ist die Nationalheilige Frankreichs.
le **diable** [djabl] *ant:* Dieu Le **diable** est bien en enfer; qu'il y reste!	**Teufel** *m* Der Teufel ist in der Hölle gut aufgehoben, und dort kann er auch bleiben!
le **fantôme** [fɑ̃tom] J'aime bien les histoires de **fantômes**; ça me fait peur!	**Gespenst** *n* Ich liebe Gespenstergeschichten, die sind schön gruselig.
le **prêtre** [pʀɛtʀ] Aujourd'hui, les **prêtres** sont habillés comme toi et moi.	**Priester** *m*, **Pfarrer(in)** *m(f)* Heutzutage sind Pfarrer angezogen wie du und ich.
le **pasteur** [pastœʀ] Les **pasteurs** sont souvent mariés.	**Pastor(in)** *m(f)* Pastoren sind oft verheiratet.
le **pape** [pap] Le **pape** n'est pas forcément italien.	**Papst** *m* Der Papst muss nicht unbedingt ein Italiener sein.
la **messe** [mɛs] Tu vas à la **messe**? — Oui, mais juste à Noël et à Pâques.	**Messe** *f* Gehst du zur Messe? — Ja, aber nur an Weihnachten und Ostern.
la **cérémonie** [seʀemɔni] Tout le village a assisté à la **cérémonie**.	**Feier** *f*, **Feierlichkeit** *f* Das ganze Dorf hat an der Feier teilgenommen.
la **cloche** [klɔʃ] Les **cloches** sonnent; ça doit être un mariage.	**Glocke** *f* Die Glocken läuten, das muss wegen einer Hochzeit sein.
prier [pʀije] *v* On n'est pas obligé d'entrer dans une église pour **prier**.	**beten** Zum Beten muss man nicht unbedingt in eine Kirche gehen.
la **prière** [pʀijɛʀ] La première **prière** des chrétiens est le «notre Père».	**Gebet** *n* Das Hauptgebet der Christen ist das Vaterunser.

1.5 Umwelt

1.5.1 DORF UND STADT

«1–2000»

l'**endroit** *m* [ɑ̃dʀwa] C'est l'**endroit** où l'accident a eu lieu.	**Ort** *m;* **Stelle** *f* An dieser Stelle hat sich der Unfall ereignet.
la **ville** [vil] *ant:* campagne En **ville**, les gens sont toujours pressés.	**Stadt** *f* In der Stadt haben es die Menschen immer eilig.
la **campagne** [kɑ̃paɲ] *ant:* ville Nous passons souvent le week-end à la **campagne** chez mes grands-parents.	**Land** *n* Wir verbringen das Wochenende oft auf dem Land bei meinen Großeltern.
le **village** [vilaʒ] La fête du **village** est le premier dimanche d'août.	**Dorf** *n* Das Dorffest ist am ersten Sonntag im August.
l'**habitant** *m*, l'**habitante** *f* [abitɑ̃, ɑ̃t] Paris compte 9 millions d'**habitants** avec la banlieue.	**Einwohner(in)** *m(f)* Mit den Vororten hat Paris 9 Millionen Einwohner.
le **centre(-ville)** [sɑ̃tʀ(vil)] ⚠ *pl* **centres(-ville)** Le **centre-ville** est interdit aux voitures.	**Innenstadt** *f*, **Zentrum** *n* Die Innenstadt ist für den Autoverkehr gesperrt.
le **bâtiment** [bɑtimɑ̃] Ce gros **bâtiment**, c'est la mairie.	**Gebäude** *n* Das große Gebäude da ist das Rathaus.
le **château** [ʃɑto] ⚠ *pl* **x** Le **château** de Chenonceaux est construit au-dessus d'une rivière.	**Schloss** *n* Das Schloss Chenonceaux wurde über einem Fluss erbaut.
la **tour** [tuʀ] Tu veux monter sur la **tour** Eiffel?	**Turm** *m* Möchtest du auf den Eiffelturm?

***TIPP:** Achtung, **la tour** „der Turm“ und **le tour** „die Tour“, wie in **le Tour de France**.*

la **place** [plas] Tu pourras te garer sur la **place** du marché.	**Platz** *m* Du kannst auf dem Marktplatz parken.

la **salle** [sal]	**Saal** *m*
La **salle** de Paris-Bercy peut contenir 17 000 spectateurs.	Der Saal von Paris-Bercy fasst 17 000 Zuschauer.

TIPP: ***La salle*** *kann auch das Zimmer sein, wie in das Klassenzimmer.*

la **rue** [ʀy]	**Straße** *f*
Vous pouvez me dire où est la **rue** Gambetta?	Können Sie mir sagen, wo die Gambettastraße ist?

TIPP: *Nur Straßen in Städten und Dörfern werden mit* ***la rue*** *bezeichnet, die Landstraße heißt* ***la route****.*

le **passant**, la **passante** [pɑsɑ̃, ɑ̃t]	**Passant(in)** *m(f)*
C'est une rue où il n'y a pas beaucoup de **passants**.	In dieser Straße kommen nicht viele Passanten vorbei.
le **trottoir** [tʀɔtwaʀ]	**Bürgersteig** *m*
C'est la mode de rouler à vélo sur les **trottoirs**?	Ist das jetzt Mode, mit dem Rad auf dem Bürgersteig zu fahren?
la **route** [ʀut]	**(Land)straße** *f;* **Strecke** *f*
Ce n'est pas une autoroute; c'est une **route** à quatre voies.	Das ist keine Autobahn, sondern eine vierspurige Straße.
Je connais la **route**; je la fais tous les jours. → *rue*	Ich kenne die Strecke, ich fahre sie jeden Tag.
le **pont** [pɔ̃]	**Brücke** *f*
Maintenant, il y a un **pont** pour aller sur l'île de Ré.	Es gibt jetzt eine Brücke zur Insel Ré.
le **tunnel** [tynɛl]	**Tunnel** *m*
À Lyon, il y a toujours des bouchons sous les **tunnels**.	In Lyon gibt es in den Tunnels immer Stau.

la **ferme** [fɛʀm]	**Bauernhof** *m*
Dans ces villages, il y a beaucoup de vieilles **fermes** abandonnées.	In diesen Dörfern gibt es viele alte, verlassene Bauernhöfe.

«2001–4000»

la **région** [ʀeʒjɔ̃]	**Gegend** *f;* **Region** *f*
J'adore cette **région**, d'ailleurs nous y venons souvent en vacances.	Ich liebe diese Gegend, wir kommen übrigens oft in den Ferien hierhin.
En France, il y a 22 **régions**.	In Frankreich gibt es 22 Regionen.

la **province** [pʀɔvɛ̃s] *ant:* Paris En **province**, on a le temps de vivre.	**Provinz** *f* In der Provinz hat man noch Zeit zum Leben.
la **capitale** [kapital] Tu connais la **capitale** de Madagascar?	**Hauptstadt** *f* Kennst du die Hauptstadt von Madagaskar?

***TIPP:** Anstelle von **Paris** sagt man oft auch **la capitale**.*

la **commune** [kɔmyn] Une **commune** du nord de la France s'appelle «Y».	**Gemeinde** *f* Eine Gemeinde im Norden Frankreichs heißt „Y".
la **population** [pɔpylasjɔ̃] La **population** des campagnes a beaucoup baissé.	**Bevölkerung** *f* Die Landbevölkerung ist stark zurückgegangen.
la **banlieue** [bɑ̃ljø] Quand on habite la **banlieue**, on ne profite pas de Paris.	**Vorort** *m* Wenn man in einem Vorort lebt, hat man nicht viel von Paris.
entourer [ɑ̃tuʀe] *v* La ville de Grenoble **est entourée** de montagnes.	**umgeben** Grenoble ist von Bergen umgeben.
le **quartier** [kaʀtje] J'habite dans un **quartier** neuf.	**Viertel** *n* Ich wohne in einem Neubauviertel.
le **plan** [plɑ̃] Avec un **plan** de la ville, ça serait plus facile.	**Stadtplan** *m* Mit einem Stadtplan wäre es leichter.
l'**avenue** *f* [avny] Cette **avenue** va jusqu'à l'Arc de triomphe.	**Avenue** *f* Diese Avenue geht bis zum Triumphbogen.

***TIPP:** Mit **avenue** wird eine große Prachtstraße bezeichnet.*

le **boulevard** [bulvaʀ] Les **boulevards** sont souvent plantés d'arbres.	**Boulevard** *m* Boulevards sind oft von Bäumen gesäumt.

***TIPP:** Mit **boulevard** wird eine sehr breite Straße bezeichnet.*

le **monument** [mɔnymɑ̃] Chaque village a son **monument** aux morts.	**Denkmal** *n*; **Kulturdenkmal** *n* Jedes Dorf hat sein Gefallenendenkmal.
la **cathédrale** [katedʀal] La **cathédrale** de Strasbourg n'a qu'une tour.	**Kathedrale** *f*, **Münster** *n* Das Straßburger Münster hat nur einen Turm.

le **clocher** [klɔʃe]	**Kirchturm** *m*, **(Glocken)turm** *m*
C'est une église moderne; le **clocher** est séparé.	Das ist eine moderne Kirche mit einem separaten Kirchturm.

TIPP: *Zu anderen Türmen sagt man* ***la tour****.*

la **mairie** [meʀi] *syn:* hôtel de ville	**Rathaus** *n*
l'**hôtel de ville** *m* [otɛld(ə)vil] *syn:* mairie	**Rathaus** *n*
Comme la mairie est trop petite, on va construire un nouvel **hôtel de ville**.	Da das Rathaus zu klein ist, wird man nun ein neues Rathaus bauen.

TIPP: *Ein* ***hôtel de ville*** *ist ein größeres und prunkvolleres Gebäude in einer Stadt.* ***Mairie*** *bezeichnet jedes beliebige Rathaus sowie den Sitz der Verwaltung.*

la **ruine** [ʀɥin]	**Ruine** *f*
Il ne reste plus que des **ruines** du vieux château.	Vom alten Schloss sind nur noch Ruinen übrig.
la **statue** [staty]	**Statue** *f*
La **statue** de Jeanne d'Arc est au milieu de la place.	In der Mitte des Platzes steht die Statue der Johanna von Orléans.
la **fontaine** [fɔ̃tɛn]	**Brunnen** *m*
Nous avons rendez-vous près de la **fontaine**.	Wir haben uns am Brunnen verabredet.

le **moulin** [mulɛ̃]	**Mühle** *f*
C'est un ancien **moulin** transformé en restaurant.	Das ist eine alte Mühle, die zu einem Restaurant umgebaut wurde.

la **tombe** [tɔ̃b]	**Grab** *n*
À la Toussaint nous sommes allés sur (⚠) la **tombe** de nos grands-parents.	Zu Allerheiligen haben wir das Grab unserer Großeltern besucht.
le **cimetière** [simtjɛʀ]	**Friedhof** *m*
C'est le **cimetière** où est enterrée toute ma famille.	Auf diesem Friedhof liegt meine ganze Familie begraben.

1.5.2 LANDSCHAFT

«1–2000»

la **vue** [vy] Depuis le sommet, on a une **vue** magnifique.	**Sicht** *f*, **Blick** *m* Vom Gipfel aus hat man einen wunderbaren Blick.
la **colline** [kɔlin] L'église du Sacré-Cœur est sur une **colline**.	**Hügel** *m* Die Kirche Sacré-Cœur steht auf einem Hügel.
la **montagne** [mɔ̃taɲ] Cette année, on va à la **montagne**.	**Gebirge** *n*, **Berge** *pl* Dieses Jahr fahren wir in die Berge.
le **sommet** [sɔmɛ] Nous sommes presque au **sommet**.	**Gipfel** *m* Wir sind fast am Gipfel.
l'**altitude** *f* [altityd] À quelle **altitude** sommes-nous? — Juste mille mètres.	**Höhe** *f* Wie hoch sind wir? — Auf genau 1000 Meter.
la **vallée** [vale] Pour aller dans le Midi, on suit la **vallée** du Rhône.	**Tal** *n* Man fährt das Rhonetal entlang, um nach Südfrankreich zu kommen.

la **côte** [kot] La majorité des Français passe ses vacances sur la **côte**.	**Küste** *f* Die meisten Franzosen verbringen ihre Ferien an der Küste.
la **plage** [plaʒ] Sur la **plage**, je m'ennuie.	**Strand** *m* Am Strand langweile ich mich.
la **rivière** [ʀivjɛʀ] Regarde! Il y a des poissons dans la **rivière**.	**Fluss** *m* Sieh mal, da sind Fische im Fluss!
le **lac** [lak] Tu connais le **lac** de Constance?	**See** *m* Kennst du den Bodensee?

la **source** [suʀs] Je ne sais pas si on peut boire l'eau de cette **source**.	**Quelle** *f* Ich weiß nicht, ob man das Wasser dieser Quelle trinken kann.
la **forêt** [fɔʀɛ] En automne, je vais cueillir des champignons en **forêt**.	**Wald** *m* Im Herbst gehe ich im Wald Pilze sammeln.
le **champ** [ʃɑ̃] Les **champs** de blé, c'est beau, mais ce n'est pas varié!	**Feld** *n* Weizenfelder sind zwar schön, aber nicht sehr abwechslungsreich.

le **parc** [paʀk]	**Park** *m*
Le **parc** du château est immense.	Der Schlosspark ist riesig.
le **chemin** [ʃ(ə)mɛ̃]	**Weg** *m*
Ce **chemin** ne mène nulle part.	Der Weg führt nirgendwohin.

«2001–4000»

le **paysage** [peizaʒ]	**Landschaft** *f*
J'adore les **paysages** de neige.	Ich liebe Schneelandschaften.
la **terre** [tɛʀ]	**Erde** *f*
Quand il pleut, la **terre** colle aux chaussures.	Wenn es regnet, bleibt die Erde an den Schuhen kleben.
le **sable** [sabl]	**Sand** *m*
Sur la côte de l'Atlantique, il n'y a que des plages de **sable** fin.	An der Atlantikküste gibt es nur Strände mit feinem Sand.
la **pierre** [pjɛʀ]	**Stein** *m*
Le torrent a emporté des **pierres** énormes.	Der Gebirgsbach hat enorm große Steine mitgerissen.
la **plaine** [plɛn]	**Ebene** *f*
Le Nord est une région de **plaines**.	Der Norden ist sehr eben.
le **rocher** [ʀɔʃe]	**Fels** *m*
Je nage jusqu'au **rocher** et je reviens.	Ich schwimme bis zum Felsen, dann komme ich zurück.
la **grotte** [gʀɔt]	**Höhle** *f*
Si on va visiter la **grotte**, il faudra penser à emporter nos pulls.	Wenn wir die Höhle besichtigen wollen, dürfen wir unsere Pullis nicht vergessen.
le **fleuve** [flœv]	**Fluss** *m*
La Loire est le plus long **fleuve** français.	Die Loire ist der längste Fluss Frankreichs.

***TIPP:** Nur Flüsse, die ins Meer münden, nennt man **fleuve**, die anderen Flüsse heißen **la rivière**.*

le **torrent** [tɔʀɑ̃]	**Gebirgsbach** *m*
Le chemin traverse le **torrent**, mais il n'y a pas de pont.	Der Weg geht durch den Gebirgsbach, aber es gibt keine Brücke.
le **ruisseau** [ʀɥiso] ⚠ *pl* **x**	**Bach** *m*
En été, le **ruisseau** est à sec.	Im Sommer hat der Bach kein Wasser.

l'**étang** *m* [etɑ̃] En Sologne, au sud de Paris, il y a des milliers d'**étangs**.	**Teich** *m* In der Sologne, südlich von Paris, gibt es Tausende von Teichen.
la **rive** [ʀiv] À Paris, le quartier des étudiants se trouve sur la **rive** gauche.	**Ufer** *n* In Paris liegt das Studentenviertel am linken Seineufer.
le **bord** [bɔʀ] Le **bord** de la Seine est le rendez-vous des amoureux et des clochards. Je passerai quinze jours au **bord** de la mer.	**Ufer** *n* Das Seineufer ist Treffpunkt von Verliebten und Stadtstreichern. Ich werde zwei Wochen am Meer verbringen.
l'**île** *f* [il] On appelle la Corse l'«**île** de Beauté».	**Insel** *f* Man nennt Korsika „die Insel der Schönheit".
le **désert** [dezɛʀ] La France possédait une partie du **désert** du Sahara.	**Wüste** *f* Ein Teil der Wüste Sahara gehörte zu Frankreich.
le **pré** [pʀe] Tant qu'il ne gèle pas, les vaches restent dans les **prés**.	**Wiese** *f*; **Weide** *f* Solange es keinen Frost gibt, bleiben die Kühe auf der Weide.
le **canal** [kanal] ⚠ *pl* **-aux** [o] En France, les **canaux** sont de moins en moins utilisés.	**Kanal** *m* In Frankreich werden die Kanäle immer seltener benützt.

1.5.3 NATUR

1.5.3.1 ALLGEMEINES

«1–2000»

la **nature** [natyʀ] Sous la tente, on peut dormir en pleine **nature**.	**Natur** *f* Im Zelt kann man in der freien Natur übernachten.
naturel, le [natyʀɛl] *adj ant:* artificiel Les Pyrénées sont une frontière **naturelle** entre la France et l'Espagne.	**natürlich** Die Pyrenäen bilden eine natürliche Grenze zwischen Frankreich und Spanien.

l'**air** *m* [ɛʀ] L'**air** des montagnes est très pur.	**Luft** *f* Bergluft ist sehr rein.
l'**eau** *f* [o] ⚠ *pl* **x** Pas besoin d'emporter d'**eau**; il y a des sources partout.	**Wasser** *n* Wir brauchen kein Wasser mitzunehmen, es gibt überall Quellen.
la **vague** [vag] Je préfère l'océan, à cause des **vagues**.	**Welle** *f* Ich mag den Ozean lieber wegen der Wellen.
la **chaleur** [ʃalœʀ] *ant:* froid Quelle **chaleur**!	**Hitze** *f* Was für eine Hitze!
le **feu** [fø] ⚠ *pl* **x** En Provence, les **feux** sont interdits en été.	**Feuer** *n* In der Provence ist es im Sommer verboten, Feuer zu machen.
froid, e [fʀwa, fʀwad] *adj ant:* chaud En hiver, c'est dans le Jura qu'il fait le plus **froid**.	**kalt** Im Winter ist es im Jura am kältesten.
frais, fraîche [fʀɛ, fʀɛʃ] *adj* À cette altitude, les nuits sont très **fraîches**. L'eau de la source est agréablement **fraîche**. → *adverbe TIPP*	**kühl; frisch** In dieser Höhe sind die Nächte sehr kühl. Das Quellwasser ist angenehm frisch.
la **glace** [glas] Tu veux de la **glace** dans ta bière? — Surtout pas!	**Eis** *n* Willst du Eis in dein Bier? — Ganz sicher nicht!

«2001–4000»

le **gaz** [gɑz] Certains **gaz** explosent.	**Gas** *n* Bestimmte Gase explodieren.
la **vapeur** [vapœʀ] Les nuages sont faits de **vapeur** d'eau.	**Dampf** *m* Wolken bestehen aus Wasserdampf.
l'**inondation** *f* [inɔ̃dasjɔ̃] Autrefois, les **inondations** du Rhône étaient terribles.	**Überschwemmung** *f* Früher gab es an der Rhone schreckliche Überschwemmungen.
la **boue** [bu] Je n'entre pas; j'ai de la **boue** sur mes chaussures.	**Schlamm** *m*, **Schmutz** *m* Ich komme nicht herein, ich habe ganz schmutzige Schuhe.

le **tremblement de terre** [tʀɑ̃bləmɑ̃dətɛʀ]	**Erdbeben** *n*
En France, les **tremblements de terre** ne sont jamais très graves.	In Frankreich sind Erdbeben nie besonders schlimm.
la **flamme** [flam]	**Flamme** *f*
Le gaz naturel brûle avec une **flamme** bleue.	Erdgas brennt mit einer blauen Flamme.
la **cendre** [sɑ̃dʀ]	**Asche** *f*
Le feu a tout brûlé; il ne reste que des **cendres**.	Das Feuer hat alles verbrannt, es ist nur noch Asche übrig.
fondre [fɔ̃dʀ] *v*	**schmelzen**
Avec la pluie, la neige **a fondu** en quelques heures.	Bei dem Regen ist der Schnee in ein paar Stunden geschmolzen.
l'**ombre** *f* [ɔ̃bʀ]	**Schatten** *m*
Moi, je reste à l'**ombre**; il fait trop chaud au soleil.	Ich bleibe im Schatten, in der Sonne ist es zu heiß.

1.5.3.2 TIERWELT

«1–2000»

l'**animal** *m* [animal] *syn:* bête ⚠ *pl* **-aux** [o]	**Tier** *n*
La SPA s'occupe des **animaux** abandonnés.	Der Tierschutzverein kümmert sich um ausgesetzte Tiere.

TIPP: SPA = Société protectrice des animaux.

la **bête** [bɛt] *syn:* animal	**Tier** *n*
Je suis une amie des **bêtes**.	Ich liebe Tiere.
sauvage [sovaʒ] *adj*	**wild (lebend)**
Dans les parcs naturels, on voit encore beaucoup d'animaux **sauvages**.	In den Naturschutzparks kann man noch viele wilde Tiere sehen.
l'**oiseau** *m* [wazo] ⚠ *pl* **x**	**Vogel** *m*
L'hiver, je mets du beurre dehors pour les **oiseaux**.	Im Winter tue ich für die Vögel Butter raus.
voler [vɔle] *v*	**fliegen**
J'ai entendu un moustique **voler** dans la chambre!	Ich habe im Zimmer eine Stechmücke herumfliegen hören.

le **poisson** [pwasɔ̃]	**Fisch** *m*
Je vais à la pêche pour me reposer, pas pour prendre du **poisson**.	Ich gehe angeln, um mich zu entspannen und nicht, um Fische zu fangen.

***TIPP:* Le poisson** *„der Fisch" nicht mit* **le poison** *„das Gift" verwechseln!*

le **chien** [ʃjɛ̃]	**Hund** *m*
Les **chiens** sont plus fidèles que les chats. → *rat TIPP*	Hunde sind treuer als Katzen.
le **chat** [ʃa]	**Katze** *f*
Qui s'occupe du **chat** pendant les vacances? → *rat TIPP*	Wer kümmert sich während der Ferien um die Katze?
la **poule** [pul]	**Huhn** *n*
La **poule** donne des œufs.	Hühner legen Eier.
le **cochon** [kɔʃɔ̃]	**Schwein** *n*
Les **cochons** mangent de tout.	Schweine fressen alles.

TIPP: Cochon *bezeichnet das lebende Tier, mit* **le porc** *bezeichnet man hauptsächlich das Schweinefleisch, seltener das Schwein. Man sagt jedoch* **élevage de porcs** *„Schweinezucht".*

le **cheval** [ʃ(ə)val] ⚠ *pl* **-aux** [o]	**Pferd** *n*
Je fais du **cheval**.	Ich reite.
la **vache** [vaʃ]	**Kuh** *f*
La maladie de la **vache** folle vient d'Angleterre.	Der Rinderwahnsinn kommt aus England.
le **mouton** [mutɔ̃]	**Schaf** *n*
Les meilleurs **moutons** sont élevés sur des prés salés.	Die besten Schafe werden auf Salzweiden gezüchtet.
le **troupeau** [tʀupo] ⚠ *pl* **x**	**Herde** *f*
En été, des **troupeaux** de moutons se promènent dans la montagne.	Im Sommer laufen Schafherden in den Bergen herum.
l'**élevage** *m* [elvaʒ]	**Zucht** *f*
L'**élevage** du porc est une spécialité de la Bretagne.	Die Schweinezucht ist eine Spezialität der Bretagne.

la **souris** [suʀi]	**Maus** *f*
Le fromage attire les **souris**.	Käse lockt Mäuse an.

la **queue** [kø]	**Schwanz** *m*
Les vaches chassent les mouches avec leur **queue**.	Kühe vertreiben die Fliegen mit dem Schwanz.

la **patte** [pat] Donne la **patte**, Médor!	**Pfote** *f* Gib Pfötchen, Médor!
le **poil** [pwal] Ne prends pas le chat sur tes genoux, il perd ses **poils** en ce moment!	**Haar** *n* Nimm die Katze nicht auf den Schoß, sie haart zurzeit.
la **gueule** [gœl] Regarde ce que le chat tient dans sa **gueule**: une souris!	**Maul** *n* Sieh mal, was die Katze im Maul hat: eine Maus!

«2001–4000»

l'**animal domestique** *m* [animaldɔmɛstik] ⚠ *pl* **-aux** [o] Beaucoup de personnes âgées ont des **animaux domestiques** parce qu'ils se sentent seuls.	**Haustier** *n* Viele alte Menschen halten sich Haustiere, weil sie einsam sind.
nourrir [nuʀiʀ] *v* ⚠ **ils nourrissent** Ça coûte cher de **nourrir** un chien aussi énorme!	**füttern** Es ist teuer, einen so riesigen Hund zu füttern!
manger [mɑ̃ʒe] *v* ⚠ **nous mangeons** L'éléphant **mange** de l'herbe et des feuilles.	**fressen** Elefanten fressen Gras und Blätter.
élever [elve] *v* ⚠ **il élève** Mes grands-parents **élèvent** des lapins.	**züchten** Meine Großeltern züchten Kaninchen.
aboyer [abwaje] *v* ⚠ **il aboie** Le chien du voisin **a aboyé** toute la nuit.	**bellen** Der Nachbarshund hat die ganze Nacht gebellt.
mordre [mɔʀdʀ] *v* Fais attention; ce chien m'**a** déjà **mordue**!	**beißen** Sei vorsichtig, der Hund hat mich schon mal gebissen!
la **corne** [kɔʀn] En se battant, les vaches perdent parfois une **corne**.	**Horn** *n* Bei Kämpfen verlieren Kühe manchmal ein Horn.
le **veau** [vo] ⚠ *pl* **x** Tous les **veaux** ne naissent pas au printemps.	**Kalb** *n* Nicht alle Kälber werden im Frühling geboren.
l'**agneau** *m* [aɲo] ⚠ *pl* **x** «Le loup et l'**agneau**» est une fable célèbre.	**Lamm** *n* „Der Wolf und das Lamm" ist eine berühmte Fabel.

la **chèvre** [ʃɛvʀ]	**Ziege** *f*
La **chèvre** a de petites cornes.	Ziegen haben kleine Hörner.
l'**âne** *m* [ɑn]	**Esel** *m*
Jésus est né entre un bœuf et un **âne**. → *rat TIPP*	Jesus ist bei einem Ochsen und einem Esel geboren.
le **poulet** [pulɛ]	**Huhn** *n*
Tous ces **poulets** les uns à côté des autres, c'est horrible!	All diese Hühner eins neben dem anderen, das ist furchtbar!

***TIPP: Poulet** bezeichnet auch das Hähnchen, das man isst.*

le **coq** [kɔk]	**Hahn** *m*
Le **coq** est le symbole de la France.	Der Hahn ist das Symbol Frankreichs.
le **canard** [kanaʀ]	**Ente** *f*
l'**oie** *f* [wa]	**Gans** *f*
Les canards sont plus petits; ce sont des **oies**!	Enten sind kleiner, das sind Gänse!
le **pigeon** [piʒɔ̃]	**Taube** *f*
Dans les villes, les **pigeons** font beaucoup de saletés.	Tauben machen in den Städten viel Schmutz.
la **dinde** [dɛ̃d]	**Truthenne** *f*; **Pute** *f*
À Noël, les Français mangent souvent de la **dinde**.	Zu Weihnachten essen die Franzosen oft Pute.

***TIPP:** Wenn man vom lebenden Tier spricht, ist **la dinde** die Truthenne und **le dindon** der Truthahn, gegessen wird aber **une dinde**.*

la **plume** [plym]	**Feder** *f*
Il y a des **plumes** partout; le chat a dû attraper un oiseau.	Es liegen überall Federn herum, die Katze muss einen Vogel gefangen haben.
l'**aile** *f* [ɛl]	**Flügel** *m*
Le papillon a quatre **ailes**.	Ein Schmetterling hat vier Flügel.
le **nid** [ni]	**Nest** *n*
Des oiseaux ont fait leur **nid** dans la boîte aux lettres.	Im Briefkasten haben Vögel ihr Nest gebaut.
le **gibier** [ʒibje]	**Wild** *n*
Il y a beaucoup de **gibier** en Sologne.	Die Sologne ist wildreich.
la **fourrure** [fuʀyʀ]	**Fell** *n*
La **fourrure** de l'ours blanc est très épaisse.	Das Fell des Eisbären ist sehr dicht.

le **lapin** [lapɛ̃]	**Hase** *m;* **Kaninchen** *n*
Les **lapins** adorent les carottes et la salade. → *rat TIPP*	Hasen fressen gerne Karotten und Salat.
le **chevreuil** [ʃəvʀœj]	**Reh** *n*
Les **chevreuils** ne doivent pas être trop nombreux, car ils abîment les jeunes arbres.	Es sollte nicht zu viele Rehe geben, denn sie beschädigen junge Bäume.
le **cerf** [sɛʀ]	**Hirsch** *m*
Dans tous les châteaux, des têtes de **cerf** sont accrochées au mur.	In allen Schlössern hängen Hirschgeweihe an den Wänden.
le **rat** [ʀa]	**Ratte** *f*

*TIPP: **Le rat** bezeichnet das Tier allgemein und das Männchen im Speziellen. Die weibliche Ratte heißt **la rate**. Oft ergibt ein Anfügen von „e“ an die männliche Form das weibliche Tier. Manchmal findet noch eine weitere Änderung statt, z. B. wird aus **le chien/la chienne**, aus **le chat/la chatte**, aus **le lion/la lionne**, aus **le loup/la louve**, aus **l'âne/l'ânesse** und aus **le tigre/la tigresse**.*

le **renard** [ʀ(ə)naʀ]	**Fuchs** *m*
On dit que le **renard** est malin. → *rat TIPP*	Man sagt, der Fuchs sei schlau.
le **loup** [lu]	**Wolf** *m*
On trouve de nouveau des **loups** dans les Alpes, venus d'Italie. → *rat TIPP*	In den Alpen gibt es wieder Wölfe, die aus Italien eingewandert sind.
l'**ours** *m* [uʀs]	**Bär** *m*
Il reste une dizaine d'**ours** dans les Pyrénées. → *rat TIPP*	In den Pyrenäen gibt es noch etwa ein Dutzend Bären.

le **lion** [ljɔ̃]	**Löwe** *m*
Le **lion** est le roi des animaux, et le plus paresseux! → *rat TIPP*	Der Löwe ist der König der Tiere und das faulste.
le **tigre** [tigʀ]	**Tiger** *m*
Le **tigre** est une espèce protégée. → *rat TIPP*	Tiger sind eine geschützte Tierart.
le **singe** [sɛ̃ʒ]	**Affe** *m*
Les **singes** sont vraiment amusants!	Affen sind wirklich lustig!

la **baleine** [balɛn]	**Wal** *m*
La **baleine** n'est pas un poisson.	Der Wal ist kein Fisch.
le **requin** [ʀəkɛ̃]	**Hai** *m*
La plupart des **requins** ne sont pas dangereux.	Die meisten Haie sind nicht gefährlich.

l'**insecte** *m* [ɛ̃sɛkt] Je croyais que l'araignée était un **insecte**!	**Insekt** *n* Ich dachte, dass Spinnen Insekten sind.
le **moustique** [mustik] J'ai été piquée par des **moustiques** cette nuit.	**Stechmücke** *f* Ich bin heute Nacht von Stechmücken gestochen worden.
l'**araignée** *f* [aʀeɲe] Pourquoi tu as peur des **araignées**?	**Spinne** *f* Warum hast du Angst vor Spinnen?
la **fourmi** [fuʀmi] Les **fourmis** forment de véritables sociétés.	**Ameise** *f* Ameisen bilden richtige Staaten.
la **mouche** [muʃ] Ces **mouches** m'énervent.	**Fliege** *f* Diese Fliegen regen mich auf.
le **papillon** [papijɔ̃] Il a une très belle collection de **papillons**.	**Schmetterling** *m* Er hat eine sehr schöne Schmetterlingssammlung.
l'**abeille** *f* [abɛj] Les **abeilles** donnent du miel.	**Biene** *f* Bienen geben Honig.
la **guêpe** [gɛp] Il y a un nid de **guêpes** sous le toit.	**Wespe** *f* Unterm Dach ist ein Wespennest.
piquer [pike] *v* Je me suis fait **piquer** en cueillant du raisin.	**stechen** Ich bin gestochen worden, als ich Trauben las.
griffer [gʀife] *v* C'est un chat très gentil, cependant il peut **griffer** en jouant.	**kratzen** Das ist eine sehr liebe Katze, trotzdem kann sie einen beim Spielen kratzen.

---

le **serpent** [sɛʀpɑ̃] — **Schlange** *f*

Normalement, les **serpents** qui sont dans l'eau ne mordent pas. — Normalerweise beißen Schlangen, die im Wasser sind, nicht.

1.5.3.3 PFLANZENWELT

«1–2000»

la **plante** [plɑ̃t] — **Pflanze** *f*

Les **plantes** ont besoin d'eau et de lumière. — Pflanzen brauchen Wasser und Licht.

planter [plɑ̃te] *v* À ma naissance, mes parents **ont planté** un arbre.	**pflanzen** Bei meiner Geburt haben meine Eltern einen Baum gepflanzt.
l'**arbre** *m* [aʀbʀ] Au-dessus de 2 000 mètres, les **arbres** ne poussent plus.	**Baum** *m* Oberhalb von 2000 Metern wachsen keine Bäume mehr.
le **buisson** [bɥisɔ̃] On ne peut pas passer; les **buissons** sont trop épais.	**Strauch** *m* Da können wir nicht durch, die Sträucher sind zu dicht.
l'**herbe** *f* [ɛʀb] Le foin est de l'**herbe** séchée.	**Gras** *n* Heu ist getrocknetes Gras.
pousser [puse] *v syn:* grandir Dans cette terre, tout **pousse**.	**wachsen** Auf dem Boden wächst alles gut.
la **feuille** [fœj] Ça y est; les arbres ont perdu toutes leurs **feuilles**.	**Blatt** *n* Es ist so weit, die Bäume haben all ihre Blätter verloren.
le **fruit** [fʀɥi] La pomme est le **fruit** du pommier.	**Frucht** *f* Die Frucht des Apfelbaums ist der Apfel.
la **fleur** [flœʀ] Les **fleurs** du pommier sont roses. Ça se fait d'offrir des **fleurs** à un garçon?	**Blüte** *f*; **Blume** *f* Apfelblüten sind rosa. Kann man einem Jungen eigentlich Blumen schenken?

«2001–4000»

cultiver [kyltive] *v* On **cultive** la pomme de terre en Europe depuis Parmentier.	**anbauen** In Europa werden seit Parmentier Kartoffeln angebaut.
semer [s(ə)me] *v* ⚠ **il sème** On **sème** le blé en automne ou à la fin de l'hiver.	**säen** Weizen wird im Herbst oder Ende des Winters gesät.
arroser [aʀoze] *v* Nos voisins **arrosent** leur gazon tous les jours.	**spritzen, gießen** Unsere Nachbarn spritzen ihren Rasen jeden Tag.
la **récolte** [ʀekɔlt] La **récolte** du maïs a lieu en octobre.	**Ernte** *f* Die Maisernte findet im Oktober statt.

fleurir [flœʀiʀ] *v* ⚠ **ils fleurissent**	**blühen**
Le parc est magnifique au printemps quand tout **fleurit**.	Im Frühling, wenn alles blüht, ist der Park wunderschön.
cueillir [kœjiʀ] *v* ⚠ *irr* 11	**pflücken**
Si tu **cueilles** certaines fleurs, en Suisse, tu peux avoir une amende.	Wenn du in der Schweiz bestimmte Blumen pflückst, kannst du eine Geldstrafe bekommen.
le **bouquet** [bukɛ]	**Strauß** *m*
Comme c'est gentil! Je vais mettre le **bouquet** dans un vase.	Das ist aber lieb! Ich werde den Strauß in eine Vase stellen.
la **rose** [ʀoz]	**Rose** *f*
Nos **roses** fleurissent jusqu'en hiver.	Unsere Rosen blühen bis in den Winter.
la **mauvaise herbe** [mɔvɛzɛʀb, movɛzɛʀb]	**Unkraut** *n*
C'est toujours les **mauvaises herbes** qui poussent le mieux.	Unkraut gedeiht immer am besten.

TIPP:** In gehobenem Französisch würde man allerdings sagen: **Ce sont les mauvaises herbes qui …

la **haie** [ʼɛ]	**Hecke** *f*
La **haie** nous protège du vent.	Die Hecke schützt uns vor Wind.
le **foin** [fwɛ̃]	**Heu** *n*
On peut traverser le pré; les **foins** ont été faits.	Wir können über die Wiese gehen, das Heu ist schon gemacht.
le **gazon** [gazɔ̃]	**Rasen** *m*
Le **gazon** de Wimbledon est plus beau que le nôtre!	Der Rasen von Wimbledon ist schöner als unserer.
tondre [tɔ̃dʀ] *v*	**mähen**
On voit que le gazon vient d'**être tondu**!	Man sieht, dass der Rasen gerade gemäht worden ist.
la **céréale** [seʀeal]	**Getreide** *n*
Le blé est une **céréale**.	Weizen ist eine Getreidesorte.
La France exporte beaucoup de **céréales**.	Frankreich exportiert viel Getreide.
le **grain** [gʀɛ̃]	**Korn** *n*
Les **grains** de maïs sont tout jaunes.	Maiskörner sind ganz gelb.
la **paille** [pɑj]	**Stroh** *n*
Il faut changer la **paille** des bêtes tous les jours.	Das Stroh der Tiere muss jeden Tag erneuert werden.

le **blé** [ble] Le pain blanc est fait avec de la farine de **blé**.	**Weizen** *m* Weißbrot wird mit Weizenmehl gemacht.
le **maïs** [mais] J'adore le **maïs** en salade avec du thon.	**Mais** *m* Ich liebe Tunfischsalat mit Mais.

le **tronc** [tʀɔ̃] Quand on coupe le **tronc** d'un arbre, on peut connaître son âge.	**Stamm** *m* Wenn man den Stamm eines Baumes durchschneidet, kann man sein Alter bestimmen.
la **branche** [bʀɑ̃ʃ] On va ramasser des **branches** et faire un feu.	**Ast** *m* Wir werden Äste sammeln und ein Feuer machen.
le **bâton** [bɑtɔ̃] Quand je me promène en forêt, je tiens toujours un **bâton**.	**Stock** *m* Wenn ich im Wald spazieren gehe, habe ich immer einen Stock dabei.
la **racine** [ʀasin] Les **racines** de la vigne vont à plusieurs mètres sous terre.	**Wurzel** *f* Die Wurzeln von Weinreben wachsen einige Meter tief in die Erde.
le **sapin** [sapɛ̃] «Mon beau **sapin**, roi des forêts …»	**Tannenbaum** *m* „Oh Tannenbaum, oh Tannenbaum …"

***TIPP:** Wird nach der gleichen Melodie gesungen.*

le **chêne** [ʃɛn] Le **chêne** pousse très lentement. → *adverbe TIPP*	**Eiche** *f* Eichen wachsen sehr langsam.
le **pommier** [pɔmje] Notre **pommier** donne des pommes excellentes.	**Apfelbaum** *m* Unsere Apfelbaum trägt ausgezeichnete Äpfel.

***TIPP:** Bäume und Pflanzen, deren Früchte man essen kann, haben die Endung „ier", z. B. **le poirier** „der Birnbaum", **le cerisier** „der Kirschbaum", **le prunier** „der Pflaumenbaum", **le bananier** „die Bananenstaude", **le citronnier** „der Zitronenbaum", **le fraisier** „die Erdbeerpflanze", **le framboisier** „der Himbeerstrauch", **le groseillier** „der Johannisbeerstrauch". Sie können auch die Endung „er" haben, z. B. **l'oranger** „der Orangenbaum", **le noyer** „der Nussbaum".*

la **vigne** [viɲ] La France est le pays de la **vigne**.	**Weinrebe** *f* Frankreich ist das Land der Reben.

le **champignon** [ʃɑ̃piɲɔ̃] Les **champignons** dangereux poussent rarement dans les prés.	**Pilz** *m* Gefährliche Pilze wachsen selten auf Wiesen.

TIPP: *Der deutsche „Champignon" heißt* ***champignon de Paris****.*

1.5.3.4 HIMMEL UND ERDE

«1–2000»

le **monde** [mɔ̃d] Il existe peut-être d'autres hommes, ailleurs dans le **monde**.	**Welt** *f* Es gibt vielleicht außerhalb dieser Welt auch noch Menschen.
la **lune** [lyn] La **lune** est cachée derrière un nuage.	**Mond** *m* Der Mond ist hinter einer Wolke versteckt.

TIPP: *In der Astronomie werden Planeten mit einem großen Anfangsbuchstaben geschrieben:* ***La Lune est un satellite de la Terre.***

la **terre** [tɛʀ] Pourquoi sommes-nous sur **terre**? → *lune TIPP*	**Erde** *f* Warum sind wir auf der Erde?
l'**étoile** *f* [etwal] On voit les **étoiles**; il fera beau demain.	**Stern** *m* Es ist sternklar, morgen wird es schön.
le **soleil** [sɔlɛj] → *lune TIPP*	**Sonne** *f*
briller [bʀije] *v* Dès que le soleil **brille**, je suis de bonne humeur.	**scheinen** Sobald die Sonne scheint, bin ich guter Laune.
le **ciel** [sjɛl] Le **ciel** est tout gris; il va certainement pleuvoir.	**Himmel** *m* Der Himmel ist ganz grau. Es wird sicherlich regnen.
le **nord** [nɔʀ] *ant:* sud Le vent du **nord** est froid.	**Norden** *m* Der Nordwind ist kalt.

TIPP: *Wenn man von einer Gegend des Landes spricht, schreibt man* ***Nord*** *groß.* ***Le Nord est plat.*** *Der Norden ist flach.*

le **sud** [syd] *ant:* nord
Au **sud** de la Loire, on a un accent bien particulier. → *nord TIPP*

Süden *m*
Südlich der Loire wird mit einem ganz typischen Akzent gesprochen.

---

l'**est** *m* [ɛst] *ant:* ouest
La terrasse est du côté **est**. → *nord TIPP*

Osten *m*
Die Terrasse ist auf der Ostseite.

---

l'**ouest** *m* [wɛst] *ant:* est
La pluie vient presque toujours de l'**ouest**. → *nord TIPP*

Westen *m*
Der Regen kommt fast immer aus Westen.

---

la **mer** [mɛʀ]
Quand la **mer** est calme, le drapeau est vert.

Meer *n*
Wenn das Meer ruhig ist, hängt eine grüne Fahne.

---

l'**océan** *m* [ɔseɑ̃]
La Rochelle est sur l'**océan** Atlantique.

Ozean *m*
La Rochelle liegt am Atlantischen Ozean.

«2001–4000»

la **planète** [planɛt]
La Terre n'est sûrement pas la seule **planète** habitée.

Planet *m*
Die Erde ist sicher nicht der einzige bewohnte Planet.

---

se coucher [səkuʃe] *v ant:* se lever
Dès que le soleil **se couche**, il fait frais.

untergehen
Sobald die Sonne untergeht, wird es frisch.

---

se lever [səl(ə)ve] *v ant:* se coucher ⚠ **il se lève**
Mon grand-père se lève quand le soleil **se lève**.

aufgehen
Mein Großvater steht bei Sonnenaufgang auf.

---

le **lever du soleil** [l(ə)vedysɔlɛj] *ant:* coucher du soleil ⚠ *pl* **levers de soleil**
Il faut être au sommet avant le **lever du soleil**.

Sonnenaufgang *m*
Wir müssen vor Sonnenaufgang auf dem Gipfel sein.

TIPP: *In Verbindung mit dem bestimmten Artikel sagt man* ***le lever du soleil****. Bei* ***un, ce*** *usw. und im Plural sagt man* ***un/ce lever de soleil****.*

le **coucher du soleil** [kuʃedysɔlɛj] *ant:* lever du soleil ⚠ *pl* **couchers de soleil**	**Sonnenuntergang** *m*
Il n'y a rien de plus beau qu'un **coucher de soleil** sur la mer. → *lever du soleil TIPP*	Es gibt nichts Schöneres als ein Sonnenuntergang am Meer.
le **rayon** [ʀɛjɔ̃]	**Strahl** *m*
Les **rayons** du soleil passent à travers les feuilles.	Sonnenstrahlen dringen durch das Laub.
l'**horizon** *m* [ɔʀizɔ̃]	**Horizont** *m*
On voit les Alpes à l'**horizon**.	Man kann die Alpen am Horizont sehen.
le **pôle** [pol]	**Pol** *m*
Les ours blancs vivent au **pôle** nord.	Die Eisbären leben am Nordpol.

1.5.4 WETTER UND KLIMA

«1–2000»

le **temps** [tɑ̃]	**Wetter** *n*
Si le **temps** est beau, je sors.	Wenn das Wetter schön ist, gehe ich raus.
la **température** [tɑ̃peʀatyʀ]	**Temperatur** *f*
À Nice, la **température** descend rarement au-dessous de zéro.	In Nizza sinken die Temperaturen selten unter Null.
la **neige** [nɛʒ]	**Schnee** *m*
Il est tombé au moins 30 centimètres de **neige**.	Es sind mindestens 30 Zentimeter Schnee gefallen.
neiger [neʒe] *v*	**schneien**
Il **a neigé** la nuit de Noël.	Es hat an Heiligabend nachts geschneit.
geler [ʒ(ə)le] *v* ⚠ **il gèle**	**frieren**
Quand il **gèle** en mai, c'est très mauvais pour la vigne.	Wenn es im Mai Frost gibt, ist das sehr schlecht für den Wein.
le **vent** [vɑ̃]	**Wind** *m*
Dans le Midi, le **vent** du nord s'appelle le «mistral».	Der Nordwind in Südfrankreich heißt „Mistral".

la **tempête** [tɑ̃pɛt] Les bateaux sont restés au port à cause de la **tempête**.	**Sturm** *m* Wegen des Sturms sind die Schiffe im Hafen geblieben.
souffler [sufle] *v* Le drapeau indique dans quel sens le vent **souffle**.	**wehen, blasen** Die Fahne zeigt an, in welche Richtung der Wind bläst.
le **nuage** [nɥaʒ] Il n'y a pas un seul petit **nuage**!	**Wolke** *f* Es ist kein einziges Wölkchen am Himmel.
le **brouillard** [bʀujaʀ] Par temps de **brouillard**, l'autoroute est dangereuse.	**Nebel** *m* Bei Nebel ist die Autobahn gefährlich.
la **pluie** [plɥi] La **pluie** a cessé.	**Regen** *m* Der Regen hat aufgehört.
pleuvoir [pløvwaʀ] *v* ⚠ *irr* 29 Il **a plu** toute la journée.	**regnen** Es hat den ganzen Tag geregnet.

«2001–4000»

le **climat** [klima] En France, le **climat** change d'une région à l'autre.	**Klima** *n* In Frankreich ist das Klima von Region zu Region unterschiedlich.
doux, douce [du, dus] *adj* Comme la mer est proche, les températures sont **douces** en hiver.	**mild** Da das Meer in der Nähe ist, sind die Temperaturen im Winter mild.
ensoleillé, e [ɑ̃sɔlɛje] *adj* Le Midi est très **ensoleillé**.	**sonnig** In Südfrankreich ist es sehr sonnig.
chaud, e [ʃo, ʃod] *adj* J'emporte un short, au cas où il ferait **chaud**.	**warm; heiß** Ich nehme kurze Hosen mit, für den Fall, dass es heiß wird.
le **froid** [fʀwa] *ant:* chaleur Avec ce **froid**, on est bien chez soi!	**Kälte** *f* Bei der Kälte ist es zu Hause am schönsten.
le **gel** [ʒɛl] Après quinze jours de **gel**, la glace doit être épaisse.	**Frost** *m* Nach zwei Wochen Frost muss das Eis dick sein.
le **verglas** [vɛʀglɑ] Attention, il y a du **verglas** sur le trottoir.	**Glatteis** *n* Vorsicht, auf dem Bürgersteig ist Glatteis!

l'**orage** *m* [ɔʀaʒ]	**Gewitter** *n*
L'**orage** va bientôt éclater.	Das Gewitter wird bald losbrechen.
le **tonnerre** [tɔnɛʀ]	**Donner(schlag)** *m*
Tu as entendu le coup de **tonnerre**?	Hast du den Donner gehört?
l'**éclair** *m* [eklɛʀ]	**Blitz** *m*
Tu as vu l'**éclair**?	Hast du den Blitz gesehen?

1.5.5 UMWELTPROBLEME

«1–2000»

l'**environnement** *m* [ɑ̃viʀɔnmɑ̃]	**Umwelt** *f*
Le ministre de l'**environnement** est souvent en conflit avec ses collègues.	Der Umweltminister befindet sich oft mit seinen Kollegen im Konflikt.
la **pollution** [pɔlysjɔ̃]	**(Umwelt)verschmutzung** *f*
Le problème de la **pollution** dans les villes est grave.	Die Umweltverschmutzung in den Städten ist ein ernstes Problem.
polluer [pɔlɥe] *v*	**verschmutzen**
Les voitures **polluent** l'air que nous respirons.	Die Autos verschmutzen die Luft, die wir atmen.
l'**écologie** *f* [ekɔlɔʒi]	**Ökologie** *f*
L'**écologie** est née dans les années 70.	Die Ökologiebewegung begann in den 70er-Jahren.
écologique [ekɔlɔʒik] *adj*	**umweltfreundlich**
Le vélo est **écologique**. Il ne pollue pas.	Fahrräder sind umweltfreundlich. Sie verschmutzen die Umwelt nicht.
l'**écologiste** *m, f* [ekɔlɔʒist]	**Umweltschützer(in)** *m(f)*
Les **écologistes** sont entrés au gouvernement.	Die Umweltschützer sind in die Regierung eingezogen.
la **fumée** [fyme]	**Rauch** *m*
La **fumée** blanche que produisent les centrales nucléaires est en fait de la vapeur d'eau.	Der weiße Rauch, den die Kernkraftwerke ausstoßen, ist eigentlich Wasserdampf.

les **déchets** *mpl* [deʃɛ]	**Müll** *m*
On n'a pas trouvé de solution idéale pour les **déchets** nucléaires.	Man hat noch keine ideale Lösung für Atommüll gefunden.

«2001–4000»

la **décharge** [deʃaʀʒ]	**Mülldeponie** *f*
On voit trop de **décharges** sauvages dans la nature.	Man sieht zu oft wilde Müllkippen in der Natur.
recycler [ʀ(ə)sikle] *v*	**recyceln, wieder verwerten**
Le verre est ramassé pour **être recyclé**.	Glas wird gesammelt und recycelt.
le **pot catalytique** [pokatalitik]	**Katalysator** *m*
Toutes les voitures neuves ont maintenant un **pot catalytique**.	Alle neuen Autos haben jetzt einen Katalysator.
sans plomb [sɑ̃plɔ̃] *adj*	**bleifrei**
L'essence **sans plomb** est moins chère.	Bleifreies Benzin ist billiger.

1.6 Technik und Materialien

1.6.1 ENERGIE UND TECHNIK

«1–2000»

l'**énergie** *f* [enɛʀʒi]	**Energie** *f*
L'**énergie** solaire est gratuite, mais il faut la transformer.	Sonnenenergie ist zwar kostenlos, aber man muss sie umwandeln.
l'**électricité** *f* [elɛktʀisite]	**Elektrizität** *f*, **Strom** *m*
En France, les centrales nucléaires produisent 80 % de l'**électricité**.	In Frankreich produzieren die Kernkraftwerke 80 % des Stroms.
le **courant** [kuʀɑ̃]	**Strom** *m*
Il n'y a plus de **courant**. C'est sûrement à cause de l'orage.	Der Strom ist ausgefallen. Das ist sicher wegen des Gewitters.

la **machine** [maʃin] Chaque bureau a sa **machine** à café.	**Maschine** *f* Jedes Büro hat seine eigene Kaffeemaschine.
le **moteur** [mɔtœʀ] C'est normal qu'un vieux **moteur** perde de l'huile.	**Motor** *m* Es ist normal, dass ein alter Motor Öl verliert.
la **ligne** [liɲ] On devrait enterrer les **lignes** électriques, ça serait moins laid!	**(Strom)leitung** *f* Stromleitungen sollte man unter der Erde verlegen, das wäre weniger hässlich.
la **conduite** [kɔ̃dɥit] Le gel a fait éclater une **conduite** d'eau.	**(Wasser/Gas)leitung** *f* Eine Wasserleitung ist eingefroren und geplatzt.
la **pompe** [pɔ̃p] Tu as une **pompe**? Mon vélo est à plat.	**Pumpe** *f* Hast du eine Pumpe? Mein Fahrrad hat einen Plattfuß.
le **tuyau** [tɥijo] ⚠ *pl* **x** Le **tuyau** de gaz doit être remplacé tous les cinq ans.	**Rohr** *n* Ein Gasrohr muss alle fünf Jahre ersetzt werden.
fonctionner [fɔ̃ksjɔne] *v syn:* marcher Ma radio ne **fonctionne** plus; je ferais mieux d'en racheter une.	**funktionieren** Mein Radio geht nicht mehr, ich kaufe besser ein neues.
le **chantier** [ʃɑ̃tje] «**Chantier** interdit au public».	**Baustelle** *f* „Betreten der Baustelle verboten!"
la **construction** [kɔ̃stʀyksjɔ̃] La **construction** de la tour Eiffel a duré deux ans.	**Bau** *m* Der Bau des Eiffelturms hat zwei Jahre gedauert.
construire [kɔ̃stʀɥiʀ] *v ant:* détruire ⚠ *irr* 6 En 1802, la France voulait déjà **construire** un tunnel sous la Manche.	**bauen** Schon 1802 wollte Frankreich einen Tunnel unter dem Ärmelkanal durch bauen.

«2001–4000»

la **technique** [tɛknik] En un siècle, la **technique** a fait des progrès extraordinaires.	**Technik** *f* In einem Jahrhundert hat die Technik enorme Fortschritte gemacht.

la **méthode** [metɔd]	**Methode** *f*
Il existe plusieurs **méthodes** pour produire de l'énergie nucléaire.	Es gibt mehrere Methoden, um Atomenergie zu erzeugen.
efficace [efikas] *adj*	**effizient; wirkungsvoll; fähig**
L'important, c'est de trouver une méthode **efficace**.	Das Wichtigste ist, eine wirkungsvolle Methode zu finden.
Quand je suis fatigué, mon travail n'est pas **efficace**.	Wenn ich müde bin, leiste ich keine gute Arbeit.
technique [tɛknik] *adj*	**technisch**
Les garçons choisissent plus souvent une profession **technique** que les filles.	Jungen wählen öfter einen technischen Beruf als Mädchen.
automatique [ɔtɔmatik] *adj*	**automatisch**
Dans les usines, maintenant, tout est **automatique**.	In den Fabriken geht inzwischen alles automatisch.
allumé, e [alyme] *adj ant:* éteint	**an(geschaltet)**
C'est ennuyeux que l'ordinateur reste **allumé**?	Macht das was, wenn der Computer angeschaltet bleibt?
éteint, e [etɛ̃, ɛ̃t] *adj ant:* allumé	**aus(geschaltet)**
Tout est **éteint**, tu crois qu'ils sont là?	Alle Lichter sind aus. Meinst du, sie sind da?
électrique [elɛktʀik] *adj*	**elektrisch**
On n'imagine plus une maison sans appareil **électrique**.	Man kann sich elektrische Geräte aus dem Haushalt nicht mehr wegdenken.
la **centrale nucléaire** [sɑ̃tʀalnykleɛʀ]	**Kernkraftwerk** *n*
Plusieurs **centrales nucléaires** ont été construites sur la Loire et sur le Rhône.	An der Loire und an der Rhone sind mehrere Kernkraftwerke gebaut worden.
solaire [sɔlɛʀ] *adj*	**Solar-, Sonnen-**
Les écologistes demandent qu'on utilise mieux l'énergie **solaire**.	Umweltschützer fordern, dass die Sonnenenergie besser genutzt wird.
le **fil** [fil]	**Kabel** *n*, **Schnur** *f*
Le **fil** ne va pas jusqu'à la prise.	Das Kabel reicht nicht bis zur Steckdose.
la **prise (de courant)** [pʀiz(dəkuʀɑ̃)]	**Steckdose** *f*

le **câble** [kɑbl]	**Kabel** *n*
Tu as mis le **câble** de l'imprimante à l'envers!	Du hast das Druckerkabel verkehrt herum eingesteckt!

TIPP: ***Câble*** *kann auch das Kabel vom Kabelfernsehen bezeichnen.* ***Nous avons le câble et nous recevons 25 programmes.*** *Wir sind verkabelt und können 25 Programme empfangen.*

le **bouton** [butɔ̃]	**Knopf** *m*
Pour allumer l'appareil, tu appuies sur ce **bouton**.	Um das Gerät anzuschalten, drückst du auf diesen Knopf.
surveiller [syʀveje] *v*	**überwachen**
Une seule personne **surveille** toutes les machines.	Ein einziger Mensch überwacht die ganzen Maschinen.
régler [ʀegle] *v* ⚠ **il règle**	**einstellen, regulieren**
Tu **règles** le chauffage de ta chambre comme tu veux.	Du kannst die Heizung deines Zimmers nach Belieben regulieren.

1.6.2 INFORMATIONSTECHNIK

«1–2000»

l'**ordinateur** *m* [ɔʀdinatœʀ]	**Computer** *m*
Les prix des **ordinateurs** baissent alors que leur puissance augmente.	Die Preise von Computern sinken, während ihre Leistung steigt.
l'**informatique** *f* [ɛ̃fɔʀmatik]	**Informatik** *f*
L'**informatique** est enseignée dans les lycées.	An den Gymnasien gibt es Informatik als Lehrfach.
le **matériel informatique** [mateʀjɛlɛ̃fɔʀmatik]	**Hardware** *f*
Avec du vieux **matériel informatique**, on ne peut pas faire tourner les logiciels récents.	Mit alter Hardware kann man die neuere Software nicht zum Laufen bringen.
le **logiciel** [lɔʒisjɛl]	**Programm** *n*
Il y a des **logiciels** pour enfants de deux ans.	Es gibt schon Programme für zweijährige Kinder.

TIPP: *Zu Software sagt man* ***logiciel d'exploitation****.*

les **données** *fpl* [dɔne]
Pour ne pas perdre de **données**, il faut penser à les enregistrer.

Daten *pl*
Um keine Daten zu verlieren, muss man daran denken, sie zu speichern.

---

le **menu** [məny]
Le **menu** t'indique ce que tu peux faire.

Menü *n*
Das Menü zeigt dir an, was du alles machen kannst.

---

l'**imprimante** *f* [ɛ̃pʀimɑ̃t]
Puisque tu ne fais que du traitement de texte, tu n'as pas besoin d'une **imprimante** couleur.

Drucker *m*
Da du nur Textverarbeitung machst, brauchst du keinen Farbdrucker.

«2001–4000»

le **PC** [pese]
Un **PC** est dépassé au bout de deux ou trois ans.

PC *m*
Ein PC ist nach zwei, drei Jahren veraltet.

TIPP: *Mit* ***PC*** *ist ein IBM-kompatibler Computer gemeint, im Gegensatz zu einem Macintosh.* ***Tu as un PC ou un Mac?***

---

le **clavier** [klavje]
Les Français utilisent le **clavier** AZERTY, les Allemands le QWERTY.

Tastatur *f*
Franzosen benützen eine AZERTY-Tastatur, deutsche eine QWERTY.

TIPP: *Die Tastaturen werden so nach der Anordnung der Buchstaben auf der jeweiligen Tastatur benannt.*

---

la **touche** [tuʃ]
Quand on appuie sur la **touche** «Suppr», on efface.

Taste *f*
Wenn man die Entfernungstaste drückt, löscht man.

TIPP: Suppr *ist die Abkürzung von* ***supprimer*** *und heißt „löschen",* ***Inser*** *steht für* ***insérer*** *und heißt „einfügen". Die Escape-Taste heißt* ***la touche échappe****, und auf der Taste steht* ***Échap****. Die Enter-Taste heißt* ***la touche entrée****.*

---

la **disquette** [diskɛt]
Je recopie tout sur **disquette**.

Diskette *f*
Ich kopiere alles auf Diskette.

---

le **disque dur** [disk(ə)dyʀ]
Ne copie pas ce jeu sur mon **disque dur**, car je n'ai plus beaucoup de place.

Festplatte *f*
Kopiere dieses Spiel nicht auf meine Festplatte, ich habe nämlich nicht mehr viel Platz.

le **traitement de texte** [tʀɛtmɑ̃dətɛkst] Je ne peux pas lire ta disquette: j'ai un **traitement de texte** plus ancien que toi.	**Textverarbeitung** *f* Ich kann deine Diskette nicht lesen, ich habe eine ältere Textverarbeitungsversion als du.
le **fichier** [fiʃje] Tu sais créer un **fichier**?	**Datei** *f* Weißt du, wie man eine Datei eröffnet?
le **CD-ROM** [sedeʀɔm] ⚠ *pl inv* On trouve tous les grands dictionnaires en **CD-ROM**.	**CD-ROM** *f* Alle großen Wörterbücher gibt es auf CD-ROM.

1.6.3 MATERIALIEN

«1–2000»

dur, e [dyʀ] *adj ant:* mou Le sol est gelé; il est aussi **dur** que du béton.	**hart** Der Boden ist gefroren, er ist hart wie Stein.
mou, molle [mu, mɔl] *adj ant:* dur Avec un oreiller trop **mou**, je dors mal.	**weich** Mit einem zu weichen Kissen schlafe ich schlecht.
sec, sèche [sɛk, sɛʃ] *adj ant:* humide, mouillé Le climat de l'Alsace est assez **sec**.	**trocken** Das Klima im Elsass ist ziemlich trocken.
humide [ymid] *adj ant:* sec Le linge se repasse plus facilement lorsqu'il est encore **humide**.	**feucht** Wäsche lässt sich leichter bügeln, solange sie feucht ist.
mouillé, e [muje] *adj ant:* sec Sur l'autoroute **mouillée** on ne doit pas rouler à plus de 110.	**nass** Auf nasser Autobahn darf man nicht schneller als 110 fahren.
souple [supl] *adj* Il faut entretenir le cuir pour qu'il reste **souple**.	**weich, geschmeidig** Leder muss man pflegen, damit es geschmeidig bleibt.
la **poudre** [pudʀ] L'héroïne est une **poudre** blanche.	**Pulver** *n* Heroin ist ein weißes Pulver.

en [ɑ̃] *prep* Il y a longtemps que les skis ne sont plus **en** bois.	**aus** Ski sind schon lange nicht mehr aus Holz.
vrai, e [vʀɛ] *adj* Tu crois que ce sont de **vrais** diamants?	**echt** Glaubst du, das sind echte Diamanten?
le **bois** [bwɑ] On a dix sièges en plastique pour le prix d'une chaise en **bois**.	**Holz** *n* Man bekommt zehn Plastikstühle für den Preis, den man für einen Stuhl aus Holz zahlen müsste.
le **charbon** [ʃaʀbɔ̃] Plus personne ne se chauffe au **charbon**.	**Kohle** *f* Niemand heizt mehr mit Kohle.
le **pétrole** [petʀɔl] La crise du **pétrole** de 1973 est bien oubliée.	**Erdöl** *n* Man hat die Ölkrise von 1973 längst vergessen.
le **coton** [kɔtɔ̃] L'inconvénient du **coton**, c'est qu'il faut le repasser.	**Baumwolle** *f* Der Nachteil von Baumwolle ist, dass man sie bügeln muss.
la **laine** [lɛn] C'est ma tante qui tricote mes pulls de **laine**.	**Wolle** *f* Meine Tante strickt mir meine Wollpullis.
le **métal** [metal] ⚠ *pl* **-aux** [o] L'or est un **métal** précieux.	**Metall** *n* Gold ist ein Edelmetall.
l'**or** *m* [ɔʀ] Je n'ai pas de bijoux en **or**.	**Gold** *n* Ich habe keinen Goldschmuck.
l'**argent** *m* [aʀʒɑ̃] Mes parents sortent les couverts en **argent** une fois par an.	**Silber** *n* Einmal pro Jahr holen meine Eltern das Silberbesteck hervor.

«2001–4000»

la **matière** [matjɛʀ] La soie est une **matière** très agréable à porter.	**Material** *n* Seide ist ein Material, das sich sehr angenehm trägt.
solide [sɔlid] *adj* Le blanc de l'œuf devient **solide** en cuisant. L'acier est plus **solide** que le bois, mais moins souple.	**fest; hart** Eiweiß wird beim Kochen fest. Stahl ist härter als Holz, aber weniger biegsam.

liquide [likid] *adj* *ant:* solide	**flüssig**
Le beurre a fondu au soleil; il est tout **liquide**!	Die Butter ist in der Sonne geschmolzen, sie ist ganz flüssig.
fragile [fʀaʒil] *adj*	**zerbrechlich**
Ces verres à pied sont très **fragiles**.	Diese hochstieligen Gläser sind sehr zerbrechlich.
chimique [ʃimik] *adj*	**chemisch**
Les armes **chimiques** sont interdites.	Chemische Waffen sind verboten.
synthétique [sɛ̃tetik] *adj*	**synthetisch, Kunst-**
Les textiles **synthétiques** ont l'avantage d'être légers.	Kunstfaserstoffe haben den Vorteil, leicht zu sein.
artificiel, le [aʀtifisjɛl] *adj*	**künstlich**
Ces fleurs sont **artificielles**? Je les ai prises pour des vraies!	Sind das künstliche Blumen? Ich habe sie für echte gehalten.
pur, e [pyʀ] *adj*	**rein; unverdünnt, pur**
C'est un manteau **pure** laine.	Das ist ein Mantel aus reiner Wolle.
Le vin se boit **pur**, surtout le bon!	Wein trinkt man unverdünnt, vor allem guten!
le **mélange** [melɑ̃ʒ]	**Mischung** *f*
Le **mélange** deux temps contient de l'essence et de l'huile.	Zweitaktmischung besteht aus Benzin und Öl.
mélanger [melɑ̃ʒe] *v* ⚠ **nous mélangeons**	**mischen**
En **mélangeant** le bleu et le jaune, tu obtiendras du vert.	Wenn du blau und gelb mischst, bekommst du grün.
le **fer** [fɛʀ]	**Eisen** *n*
Pour durer, le **fer** doit être traité.	Um haltbar zu werden, muss Eisen behandelt werden.
l'**acier** *m* [asje]	**Stahl** *m*
L'**acier** a fait autrefois la richesse de la Lorraine.	Stahl machte früher den Reichtum Lothringens aus.
le **cuivre** [kɥivʀ]	**Kupfer** *n*
Le **cuivre** conduit très bien le courant.	Kupfer leitet Strom gut.
le **plomb** [plɔ̃]	**Blei** *n*
Les conduites d'eau en **plomb** sont dangereuses pour la santé.	Wasserrohre aus Blei sind gesundheitsschädlich.
le **plastique** [plastik]	**Plastik** *n*
Les trucs en **plastique**, ça s'achète, ça se casse et ça se jette.	Diese Plastikdinger kauft man, dann gehen sie gleich kaputt, und man wirft sie weg.

le **carton** [kaʀtɔ̃]	**Karton** *m*, **Pappe** *f*
On fabrique même des meubles en **carton**!	Man stellt aus Pappe sogar Möbel her.
le **tissu** [tisy]	**Stoff** *m*
Le **tissu** me plaît, mais je trouve la jupe un peu longue.	Der Stoff gefällt mir, aber ich finde den Rock etwas zu lang.
la **soie** [swa]	**Seide** *f*
Les chemises en **soie** sont chères.	Seidenhemden sind teuer.
le **cuir** [kɥiʀ]	**Leder** *n*
Le pied respire mieux dans des chaussures de **cuir**.	Der Fuß kann in Lederschuhen besser atmen.
le **béton** [betɔ̃]	**Beton** *m*
Les gens en ont un peu marre du **béton**.	Die Menschen sind Beton etwas leid geworden.

1.7 Essen und Trinken

1.7.1 ALLGEMEINES

«1–2000»

la **nourriture** [nuʀityʀ]	**Ernährung** *f*
Il faut avoir une **nourriture** équilibrée et variée.	Man sollte sich ausgewogen und abwechslungsreich ernähren.
manger [mɑ̃ʒe] *v* ⚠ **nous mangeons**	**essen**
Qu'est-ce qu'on **mange** ce soir?	Was essen wir heute Abend?
boire [bwaʀ] *v* ⚠ *irr* 5	**trinken**
Je **bois** à ta santé.	Ich trinke auf dein Wohl.
prendre [pʀɑ̃dʀ] *v* ⚠ *irr* 31	**trinken; essen**
Tu **prends** du thé ou du café au petit-déjeuner?	Trinkst du Tee oder Kaffee zum Frühstück?
la **faim** [fɛ̃]	**Hunger** *m*
J'ai une **faim** de loup.	Ich habe einen Riesenhunger!

la **soif** [swaf]	**Durst** *m*
Si tu as **soif**, on peut s'arrêter dans un bistro.	Wenn du Durst hast, können wir in einer Kneipe Halt machen.
le **repas** [ʀ(ə)pɑ]	**Essen** *n*, **Mahlzeit** *f*
Les Français n'imaginent pas un **repas** sans pain.	Franzosen können sich ein Essen ohne Brot nicht vorstellen.
le **petit-déjeuner** [p(ə)titdeʒœne] ⚠ *pl* **petits-déjeuners**	**Frühstück** *n*
Au **petit-déjeuner**, beaucoup de Français boivent du café noir.	Viele Franzosen trinken zum Frühstück schwarzen Kaffee.
le **déjeuner** [deʒœne]	**Mittagessen** *n*
Le **déjeuner** se compose d'un hors-d'œuvre, d'un plat et d'un dessert.	Das Mittagessen besteht aus Vorspeise, Hauptgang und Nachtisch.
le **dîner** [dine]	**Abendessen** *n*
C'est vrai qu'en France on mange chaud au déjeuner et au **dîner**?	Stimmt es, dass man in Frankreich mittags und abends warm isst?
le **plat** [pla]	**Gericht** *n*
Je prendrai le **plat** du jour.	Ich nehme das Tagesgericht.

«2001–4000»

l'**appétit** *m* [apeti]	**Appetit** *m*
Bon **appétit** tout le monde!	Guten Appetit allerseits!
gourmand, e [guʀmɑ̃, ɑ̃d] *adj*	**naschhaft**
le **régime** [ʀeʒim]	**Diät** *f*
C'est difficile de suivre un **régime** quand on est gourmand!	Es ist sehr schwer, Diät zu halten, wenn man gerne nascht.
se forcer [səfɔʀse] *v* ⚠ **nous nous forçons**	**sich zwingen**
Ne **te force** surtout pas si tu n'aimes pas ça!	Du brauchst dich wirklich nicht zu zwingen, wenn es dir nicht schmeckt.
le **hors-d'œuvre** ['ɔʀdœvʀ] ⚠ *pl inv*	**Vorspeise** *f*
Je te conseille les **hors-d'œuvre** variés.	Ich empfehle dir die Vorspeisenplatte.
le **dessert** [desɛʀ]	**Nachtisch** *m*, **Dessert** *n*
Vous prendrez du fromage ou un **dessert**?	Hätten Sie gerne Käse oder ein Dessert?

1.7.2 LEBENSMITTEL

1.7.2.1 ALLGEMEINES

«1–2000»

le **pain** [pɛ̃] En France, on peut acheter du **pain** frais le dimanche matin.	**Brot** *n* In Frankreich kann man Sonntag Vormittag frisches Brot kaufen.

TIPP: *Wenn man in einer Bäckerei* ***un pain*** *verlangt, bekommt man ein großes Stangenbrot, das doppelt so schwer ist wie eine Baguette.*

la **baguette** [bagɛt] La **baguette** est le pain français par excellence.	**Stangenbrot** *n*, **Baguette** *f* Die Baguette ist das typische französische Brot.
le **lait** [lɛ] Merci, je bois mon café sans **lait**.	**Milch** *f* Danke, ich trinke meinen Kaffee ohne Milch.
le **beurre** [bœʀ] Tu veux du **beurre** dans ton sandwich?	**Butter** *f* Möchtest du Butter auf dein Sandwich?
le **croissant** [kʀwasɑ̃] Je peux avoir un café avec deux **croissants**?	**Croissant** *n*, **Hörnchen** *n* Kann ich einen Kaffee und zwei Hörnchen haben?
la **compote** [kɔ̃pɔt] J'adore la **compote** de pommes.	**Kompott** *n*; **Mus** *n* Ich esse furchtbar gerne Apfelkompott/Apfelmus.
la **confiture** [kɔ̃fityʀ] La **confiture** d'abricots est celle que je préfère.	**Konfitüre** *f*, **Marmelade** *f* Aprikosenkonfitüre esse ich am liebsten.
le **miel** [mjɛl] Le **miel** est bon quand on tousse.	**Honig** *m* Honig ist gut, wenn man Husten hat.
la **tartine** [taʀtin] Ce matin, je mange des **tartines** de confiture.	**Brot mit Aufstrich** *n* Heute früh esse ich Marmeladenbrote.
la **crème** [kʀɛm] Pour moi, ce sera une escalope à la **crème**.	**Sahne** *f* Ich nehme ein Rahmschnitzel.

TIPP: *Ein* ***café crème*** *ist ein Milchkaffee.*

le **fromage** [fRɔmaʒ] En France, on ne mange pas de **fromage** au petit-déjeuner.	**Käse** *m* In Frankreich isst man zum Frühstück keinen Käse.
le **yaourt** [jauRt] Les **yaourts** français sont plus petits que les nôtres.	**Jog(h)urt** *m* Französische Joghurts sind kleiner als unsere.
l'**œuf** *m* [œf] Tu veux du lard avec tes **œufs**?	**Ei** *n* Willst du Speck zu deinen Eiern?

TIPP: *Das „f" wird im Plural nicht ausgesprochen* [lezø].

le **riz** [Ri] Tu sais manger le **riz** avec des baguettes?	**Reis** *m* Kannst du Reis mit Stäbchen essen?
la **pomme de terre** [pɔmdətɛR] Le poisson se mange souvent avec des **pommes de terre** à la vapeur.	**Kartoffel** *f* Zu Fisch werden oft Petersilienkartoffeln serviert.
la **soupe** [sup] La **soupe** à l'oignon est une spécialité française.	**Suppe** *f* Zwiebelsuppe ist eine französische Spezialität.

le **gâteau** [gɑto] ⚠ *pl* **x** Ma mère fait souvent un **gâteau** le dimanche.	**Kuchen** *m* Meine Mutter bäckt sonntags oft einen Kuchen.
la **tarte** [taRt] Tu préfères la **tarte** aux pommes ou la **tarte** aux abricots?	**(Obst)kuchen** *m* Isst du lieber Apfel- oder Aprikosenkuchen?
le **chocolat** [ʃɔkɔla] Tu veux un bout de **chocolat** avec ton café?	**Schokolade** *f* Möchtest du ein Stück Schokolade zum Kaffee?
la **glace** [glas] Je t'offre une **glace**. Tu la veux à quoi?	**Eis** *n* Ich spendiere dir ein Eis. Welche Sorte möchtest du?
le **bonbon** [bɔ̃bɔ̃] Je mange des **bonbons** pour ne pas fumer.	**Bonbon** *n* Um nicht zu rauchen, esse ich Bonbons.
sucré, e [sykRe] *adj* Nos cerises sont très **sucrées** cette année. Je n'aime pas beaucoup le café **sucré**.	**süß; gezuckert, gesüßt** Unsere Kirschen sind dieses Jahr sehr süß. Ich mag nicht gern Kaffee mit Zucker.

le **sucre** [sykʀ] Tu mets un ou deux **sucres** dans ton thé?	**Zucker** *m;* **Würfelzucker** *m* Nimmst du ein oder zwei Stück Zucker in den Tee?
salé, e [sale] *adj* L'eau de mer a un goût **salé**.	**salzig** Meerwasser schmeckt salzig.
amer, -ère [amɛʀ] *adj* Cette confiture d'oranges est vraiment **amère**!	**bitter** Diese Orangenkonfitüre ist wirklich bitter!
le **sel** [sɛl] Tu ne mets pas de **sel** sur tes frites?	**Salz** *n* Gibst du kein Salz auf deine Pommes?
le **poivre** [pwavʀ] Pour cuisiner, j'utilise un mélange de **poivre** blanc et de **poivre** noir.	**Pfeffer** *m* Zum Kochen verwende ich eine Mischung aus weißem und schwarzem Pfeffer.
la **boîte (de conserve)** [bwat(dəkɔ̃sɛʀv)] Il n'y a qu'à ouvrir une **boîte de conserve** quelconque.	**(Konserven)dose** *f* Dann machen wir halt irgendeine Dose auf.

«2001–4000»

la **farine** [faʀin] Mets un peu de **farine** sur la table pour que la pâte ne colle pas!	**Mehl** *n* Streu etwas Mehl auf den Tisch, damit der Teig nicht festklebt!
le **vinaigre** [vinɛgʀ] Pour réussir la mayonnaise, on ajoute un peu de **vinaigre**.	**Essig** *m* Damit die Majonäse gelingt, gibt man ein bisschen Essig dazu.
l'**huile** *f* [ɥil] Dans le Sud, on ne connaît que l'**huile** d'olive.	**Öl** *n* Im Süden kennt man nur Olivenöl.
la **moutarde** [mutaʀd] Attention, c'est de la **moutarde** forte!	**Senf** *m* Vorsicht, das ist scharfer Senf!
la **recette** [ʀ(ə)sɛt] Tu pourras me copier la **recette** pour ma mère?	**Rezept** *n* Kannst du mir das Rezept für meine Mutter aufschreiben?
la **salade** [salad]	**Salat** *m*
la **sauce** [sos] La **sauce** pour la salade se fait avec du vinaigre, de l'huile, du sel, du poivre et de la moutarde.	**Soße** *f* Die Salatsoße macht man mit Essig, Öl, Salz, Pfeffer und Senf.

le **pâté** [pate]	**Pastete** *f*
Tu as une boîte de **pâté**? On va se faire un sandwich.	Hast du eine Dose Pastete? Dann können wir uns ein Sandwich machen.
la **pâte** [pɑt]	**Teig** *m*
Dans ma **pâte**, je ne mets pas d'œufs.	Ich mache den Teig ohne Eier.
les **pâtes** *fpl* [pɑt]	**Teigwaren** *pl*, **Nudeln** *pl*
Goûte les **pâtes** pour voir si elles sont cuites!	Probier mal die Nudeln, ob sie schon durch sind!
l'**omelette** *f* [ɔmlɛt]	**Omelett** *n*
Je mangerais bien une **omelette** aux champignons.	Ich hätte Appetit auf ein Pilzomelett.
les **frites** *fpl* [fʀit]	**Pommes** *pl*
Un steak **frites** et un demi, s'il vous plaît!	Ein Steak mit Pommes und ein Bier, bitte!

TIPP: *Ein* ***demi*** *ist ein viertel Liter Bier vom Fass.*

1.7.2.2 FLEISCH UND FISCH

«1–2000»

la **viande** [vjɑ̃d]	**Fleisch** *n*
Dans l'ensemble, on mange trop de **viande**.	Im Großen und Ganzen wird zu viel Fleisch gegessen.
le **porc** [pɔʀ]	**Schweinefleisch** *n*
En Allemagne, on mange plus de **porc** qu'en France.	In Deutschland wird mehr Schweinefleisch gegessen als in Frankreich.
le **bœuf** [bœf]	**Rind(fleisch)** *n*
On commande une côte de **bœuf** pour deux?	Wollen wir ein T-Bone Steak für zwei bestellen?

TIPP: ***Bœuf*** *bezeichnet auch den Ochsen. Das f wird im Singular gesprochen, im Plural aber nicht* [lebø].

le **poulet** [pulɛ]	**Hähnchen** *n*
Nous pourrions acheter un **poulet** rôti à la boucherie.	Wir könnten beim Metzger ein gebratenes Hähnchen kaufen.
la **saucisse** [sosis]	**Würstchen** *n*; **Wurst** *f*
La **saucisse** de Strasbourg est faite avec du bœuf.	Straßburger Würstchen sind aus Rindfleisch.

TIPP: ***La saucisse*** *wird warm gegessen.*

«2001–4000»

les **fruits de mer** *mpl* [fʀɥidəmɛʀ]	**Meeresfrüchte** *pl*
L'hiver est la meilleure saison pour manger des **fruits de mer**.	Am besten isst man Meeresfrüchte im Winter.
la **crevette** [kʀəvɛt]	**Garnele** *f*, **Krabbe** *f*
En hors-d'œuvre il y a des **crevettes** avec du pain et du beurre.	Als Vorspeise gibt es Garnelen mit Brot und Butter.
la **truite** [tʀɥit]	**Forelle** *f*
Les **truites** que tu as pêchées sont excellentes!	Die Forellen, die du geangelt hast, sind ausgezeichnet.
le **thon** [tɔ̃]	**T(h)unfisch** *m*
Que dis-tu d'une salade de tomates avec du **thon** à l'huile et des olives noires?	Was hältst du von einem Tomatensalat mit Tunfisch in Öl und schwarzen Oliven?
le **veau** [vo] ⚠ *pl* **x**	**Kalb(fleisch)** *n*
L'escalope de **veau** coûte trop cher pour moi.	Kalbsschnitzel ist mir zu teuer.
le **mouton** [mutɔ̃]	**Hammelfleisch** *n*
Le vrai couscous se fait avec du **mouton**.	Ein richtiges Kuskus wird mit Hammelfleisch gemacht.

le **bifteck**, le **steak** [biftɛk, stɛk]	**Steak** *n*
Le **bifteck** est la viande préférée des Français.	Franzosen essen am liebsten Steak.

***TIPP:** Ein Steak kann man **bleu** „englisch", **saignant** „blutig", **à point** „medium" oder **bien cuit** „gut durchgebraten" bekommen.*

la **côtelette** [kotlɛt, kɔtlɛt]	**Kotelett** *n*
Ces **côtelettes** d'agneau sont vraiment minuscules!	Diese Lammkoteletts sind wirklich winzig!
l'**escalope** *f* [ɛskalɔp]	**Schnitzel** *n*
L'**escalope** de dinde est deux fois moins chère que le veau.	Putenschnitzel sind halb so teuer wie Kalbfleisch.
le **rôti** [ʀoti]	**Braten** *m*
Ce qui fait un bon **rôti**, c'est la sauce.	Die Soße macht einen Braten erst gut.
le **jambon** [ʒɑ̃bɔ̃]	**Schinken** *m*
Le **jambon** de Paris est du jambon cuit.	Der „jambon de Paris" ist gekochter Schinken.
le **saucisson** [sosisɔ̃]	**Wurst** *f*
Je peux avoir un sandwich au **saucisson**?	Kann ich ein Wurstsandwich haben?

***TIPP:** **Le saucisson** wird kalt gegessen. → saucisse*

le **lard** [laʀ] L'omelette au **lard** et aux pommes de terre est une omelette paysanne.	**(Bauch)speck** *m* Ein Omelett mit Speck und Kartoffeln heißt „Bauernomelett".
la **choucroute** [ʃukʀut] La **choucroute** est une spécialité qui vient d'Alsace.	**Sauerkraut** *n* Das Sauerkraut ist eine Spezialität aus dem Elsass.
cru, e [kʀy] *adj ant:* cuit Le jambon de Bayonne est un jambon **cru**.	**roh** Bayonneschinken ist roher Schinken.
maigre [mɛgʀ] *adj ant:* gras Je préfère de loin la viande **maigre**.	**mager** Ich esse am allerliebsten mageres Fleisch.
gras, se [gʀɑ, gʀɑs] *adj ant:* maigre Certains morceaux de porc sont très **gras**.	**fett** Manche Stücke vom Schwein sind sehr fett.
tendre [tɑ̃dʀ] *adj ant:* dur Mon bifteck est si **tendre** qu'on pourrait le couper à la fourchette.	**zart** Mein Steak ist so zart, dass man es sogar mit der Gabel zerschneiden könnte.

1.7.2.3 OBST UND GEMÜSE

«1–2000»

les **fruits** *mpl* [fʀɥi] Maintenant, on a des **fruits** frais toute l'année.	**Obst** *n* Jetzt gibt es das ganze Jahr über frisches Obst.
le **légume** [legym] Les **légumes** frais sont très bons pour la santé. La pomme de terre est un **légume** bon marché.	**Gemüse** *n*; **Beilage** *f* Frisches Gemüse ist sehr gesund. Kartoffeln sind eine preiswerte Beilage.
la **pomme** [pɔm] Aujourd'hui, à la cantine, il y avait des **pommes** au dessert.	**Apfel** *m* In der Kantine gab es heute Äpfel als Nachtisch.
la **poire** [pwaʀ] J'adore les **poires** en compote. → *pommier TIPP*	**Birne** *f* Ich esse liebend gerne Birnenkompott.

l'**orange** *f* [ɔʀɑ̃ʒ] Je bois tous les jours un verre de jus d'**orange** au petit-déjeuner. → *pommier TIPP*	**Orange** *f* Ich trinke jeden Tag ein Glas Orangensaft zum Frühstück.
la **cerise** [s(ə)ʀiz] Les oiseaux ont mangé presque toutes les **cerises**. → *pommier TIPP*	**Kirsche** *f* Die Vögel haben fast alle Kirschen aufgefressen.
la **noix** [nwa] On peut manger des **noix** avec la salade ou le fromage. → *pommier TIPP*	**Walnuss** *f* Man kann Walnüsse zu Salat oder Käse essen.

«2001–4000»

le **haricot** ['aʀiko] Le cassoulet est composé de **haricots**, de saucisses et de canard.	**(weiße) Bohne** In ein „Cassoulet" kommen weiße Bohnen, Würstchen und Ente.

***TIPP:** Das **cassoulet** ist eine Spezialität Südwestfrankreichs.*

les **haricots verts** *mpl* ['aʀikovɛʀ] Lorsqu'ils sont vieux, les **haricots verts** font des fils.	**Schnittbohnen** *pl* Wenn Schnittbohnen alt sind, haben sie Fäden.
les **petits pois** *mpl* [p(ə)tipwa] De nos jours on mange surtout des **petits pois** en conserve.	**Erbsen** *pl* Heutzutage isst man vor allem Dosenerbsen.
la **carotte** [kaʀɔt] Tu préfères les **carottes** crues ou cuites?	**Karotte** *f*, **Möhre** *f* Isst du Karotten lieber roh oder gekocht?
la **tomate** [tɔmat] Il y a de minuscules **tomates** toutes rondes.	**Tomate** *f* Es gibt winzig kleine runde Tomaten.

le **chou** [ʃu] ⚠ *pl* **x** En France, on mange le **chou** rouge cru, en salade.	**Kohl** *m* In Frankreich isst man Rotkohl roh als Salat.
le **chou-fleur** [ʃuflœʀ] ⚠ *pl* **choux-fleurs** On produit beaucoup de **choux-fleurs** en Bretagne.	**Blumenkohl** *m* In der Bretagne wird sehr viel Blumenkohl angebaut.
l'**oignon** *m* [ɔɲɔ̃] Les **oignons** font pleurer quand on les coupe.	**Zwiebel** *f* Beim Zwiebelschneiden muss man weinen.

la **fraise** [fʀɛz] Les **fraises** du jardin sont bien meilleures que celles qu'on achète. → *pommier TIPP*	**Erdbeere** *f* Erdbeeren aus dem eigenen Garten sind viel besser als gekaufte.
la **framboise** [fʀɑ̃bwaz] Les **framboises** sauvages sont plus petites. → *pommier TIPP*	**Himbeere** *f* Wilde Himbeeren sind kleiner.
la **groseille** [gʀɔsɛj] Les **groseilles** sont blanches ou rouges. → *pommier TIPP*	**Johannisbeere** *f* Johannisbeeren sind weiß oder rot.
la **prune** [pʀyn] Les **prunes** sèches sont utilisées en cuisine. → *pommier TIPP*	**Pflaume** *f* Getrocknete Pflaumen werden in der Küche verwendet.
le **raisin** [ʀɛzɛ̃] Je préfère le **raisin** blanc au **raisin** noir.	**(Wein)trauben** *pl* Ich mag grüne Trauben lieber als blaue.
la **banane** [banan] Des **bananes** flambées au dessert, ça te dit? → *pommier TIPP*	**Banane** *f* Was hältst du von flambierten Bananen zum Dessert?
le **citron** [sitʀɔ̃] Tu veux un peu de jus de **citron** sur ton poisson? → *pommier TIPP*	**Zitrone** *f* Möchtest du etwas Zitronensaft auf deinen Fisch?
mûr, e [myʀ] *adj ant:* vert Ces poires ne sont pas **mûres**; elles sont dures comme du bois.	**reif** Diese Birnen sind nicht reif, sie sind steinhart.

1.7.2.4 GETRÄNKE

«1–2000»

la **boisson** [bwasɔ̃] Qu'est-ce que je vous sers comme **boisson**?	**Getränk** *n* Und was möchten Sie trinken?
le **thé** [te] Je prends mon **thé** avec un nuage de lait.	**Tee** *m* Ich trinke meinen Tee mit einer Spur Milch.
le **café** [kafe] Le matin, il me faut un bon **café** noir pour me réveiller.	**Kaffee** *m* Morgens brauche ich einen starken schwarzen Kaffee, damit ich wach werde.

la **bière** [bjɛʀ] La **bière** sans alcool a le même goût que l'autre.	**Bier** *n* Alkoholfreies Bier schmeckt genauso wie das andere.
le **vin** [vɛ̃] En France, le **vin** se boit pendant les repas.	**Wein** *m* In Frankreich trinkt man den Wein zum Essen.
la **bouteille** [butɛj] Mon père a quelques bonnes **bouteilles** dans sa cave.	**Flasche** *f* Mein Vater hat ein paar gute Flaschen in seinem Keller.
plein, e [plɛ̃, plɛn] *adj ant:* vide La bouteille est encore presque **pleine**, tu n'aimes pas ce vin?	**voll** Die Flasche ist ja noch fast voll, magst du diesen Wein nicht?
vide [vid] *adj ant:* plein La bouteille est déjà **vide**? Eh bien, c'est que le vin était bon!	**leer** Die Flasche ist schon leer? Na, da hat der Wein geschmeckt!
verser [vɛʀse] *v* Tu peux me **verser** un peu de vin?	**einschenken** Könntest du mir etwas Wein einschenken?

«2001–4000»

le **jus de fruit** [ʒyd(ə)fʀɥi] Je veux bien un **jus de fruit**.	**Fruchtsaft** *m* Ich hätte gern einen Fruchtsaft.
l'**eau minérale** *f* [omineʀal] Dans les repas d'affaires, on boit surtout de l'**eau minérale**.	**Mineralwasser** *n* Man trinkt bei Arbeitsessen vor allem Mineralwasser.
l'**alcool** *m* [alkɔl] L'**alcool** au volant est sévèrement puni.	**Alkohol** *m* Alkohol am Steuer kommt teuer.
le **champagne** [ʃɑ̃paɲ] On va ouvrir une bouteille de **champagne** pour fêter ça.	**Champagner** *m* Zur Feier des Tages machen wir eine Flasche Champagner auf.
ivre [ivʀ] *adj* J'arrête, sinon je vais être **ivre**.	**betrunken** Ich höre lieber auf, sonst werde ich noch betrunken.

1.7.3 ZUBEREITUNG DER SPEISEN

«1–2000»

bouillir [bujiʀ] *v* ⚠ **il bout**	**kochen**
Tu mets le riz dans l'eau dès qu'elle **bout**.	Du schüttest den Reis ins Wasser, sobald es kocht.
cuire [kɥiʀ] *v* ⚠ *irr* 6	**kochen**
Les pâtes **cuisent** en une dizaine de minutes à l'eau bouillante.	Die Nudeln müssen etwa zehn Minuten in sprudelndem Wasser kochen.
la **tranche** [tʀɑ̃ʃ]	**Scheibe** *f*
J'aime le jambon coupé en **tranches** très minces.	Ich esse gerne ganz dünn geschnittenen Schinken.
la **goutte** [gut]	**Tropfen** *m*
Je veux bien un peu de vin, mais juste une **goutte**.	Ich trinke gern etwas Wein, aber nur einen Tropfen bitte.

«2001–4000»

griller [gʀije] *v*	**grillen**
Le bifteck doit **être** bien **grillé** de chaque côté.	Das Steak muss auf jeder Seite gut gegrillt werden.
préparer [pʀepaʀe] *v*	**zubereiten**
Aujourd'hui, c'est moi qui **prépare** le repas.	Heute bereite ich das Essen zu.
remuer [ʀəmɥe] *v*	**umrühren; (durcheinander) mischen, vermengen**
Faire cuire pendant cinq minutes en **remuant** de temps en temps.	Fünf Minuten kochen lassen und von Zeit zu Zeit umrühren.
Tu veux que je **remue** la salade?	Soll ich den Salat durcheinander mischen?

1.7.4 GESCHIRR UND BESTECK

«1–2000»

le **plat** [pla] Ce **plat** ne va pas au four.	**Schüssel** *f*; **Platte** *f* Diese Platte ist nicht feuerfest.
la **casserole** [kasʀɔl] L'eau de la **casserole** bout; tu peux mettre les œufs.	**Topf** *m* Das Wasser im Topf kocht. Du kannst die Eier hineintun.
la **poêle** [pwal] Pas besoin de mettre d'huile; c'est une **poêle** qui ne colle pas.	**Pfanne** *f* Du brauchst kein Öl hineinzutun, die Pfanne ist antihaftbeschichtet.
l'**assiette** *f* [asjɛt] On pose les **assiettes** creuses sur les **assiettes** plates.	**Teller** *m* Die Suppenteller stellt man auf die flachen Teller.
la **tasse** [tɑs] Pour ton chocolat, tu préfères un bol ou une **tasse**?	**Tasse** *f* Möchtest du deine Schokolade lieber in einer Schale oder einer Tasse?
le **verre** [vɛʀ] Les **verres** à vin blanc sont plus petits que ceux à vin rouge.	**Glas** *n* Weißweingläser sind kleiner als Rotweingläser.
la **vaisselle** [vɛsɛl] On offre souvent de la **vaisselle** aux jeunes mariés.	**Geschirr** *n* Jungen Ehepaaren schenkt man oft Geschirr.
le **couvert** [kuvɛʀ] Dans les restaurants chics, les **couverts** sont en argent.	**Besteck** *n* In feinen Restaurants ist das Besteck aus Silber.
la **fourchette** [fuʀʃɛt] On place la **fourchette** à gauche de l'assiette.	**Gabel** *f* Die Gabel liegt links vom Teller.
la **cuiller** [kɥijɛʀ] Je peux avoir une petite **cuiller** pour mon yaourt?	**Löffel** *m* Könnte ich einen kleinen Löffel für meinen Joghurt haben?
le **couteau** [kuto] ⚠ *pl* **x** Le **couteau** à beurre n'a pas de dents.	**Messer** *n* Ein Buttermesser hat keinen Wellenschliff.
mettre la table [mɛtʀlatabl] *v* ⚠ *irr* 22 Je **mets la table** sur la terrasse?	**(den Tisch) decken** Soll ich auf der Terrasse decken?

***TIPP:** Man sagt auch **mettre le couvert**.*

«2001–4000»

le **saladier** [saladje] La salade est dans le **saladier**; il n'y a plus qu'à la remuer.	**(Salat)schüssel** *f* Der Salat ist bereits in der Schüssel. Er muss nur noch durcheinander gemischt werden.
le **bol** [bɔl] Au petit-déjeuner, je bois un grand **bol** de café au lait.	**Schale** *f* Zum Frühstück trinke ich eine große Schale Milchkaffee.
le **couvercle** [kuvɛʀkl] Si tu mets le **couvercle** sur la casserole, l'eau bouillira plus vite.	**Deckel** *m* Wenn du den Topf zudeckst, kocht das Wasser schneller.
la **nappe** [nap] Dans un vrai restaurant, les **nappes** sont en tissu.	**Tischtuch** *n*, **Tischdecke** *f* In einem guten Restaurant sind die Tischtücher aus Stoff.
l'**ouvre-bouteille** *m* [uvʀəbutɛj] ⚠ *pl* **ouvre-bouteilles** Tu as pensé à l'**ouvre-bouteille** pour la bière?	**(Flaschen)öffner** *m* Hast du an den Öffner fürs Bier gedacht?
le **tire-bouchon** [tiʀbuʃɔ̃] ⚠ *pl* **tire-bouchons** C'est malin! On a oublié le **tire-bouchon**!	**Korkenzieher** *m* So was Dummes! Wir haben den Korkenzieher vergessen!
l'**ouvre-boîte** *m* [uvʀəbwat] ⚠ *pl* **ouvre-boîtes** J'ai un **ouvre-boîte** sur mon couteau suisse.	**Dosenöffner** *m* An meinem Schweizer Messer ist ein Dosenöffner.
le **bouchon** [buʃɔ̃] Un morceau du **bouchon** est tombé dans la bouteille!	**Korken** *m* Ein Stück Korken ist in die Flasche gefallen!

1.7.5 RESTAURANT

«1–2000»

le **restaurant** [ʀɛstɔʀɑ̃] Je t'invite au **restaurant**!	**Restaurant** *n* Ich lade dich ins Restaurant ein!

le **bar** [baʀ] Le **bar** de l'hôtel est ouvert jusqu'à minuit.	**Bar** *f* Die Hotelbar ist bis Mitternacht geöffnet.
le **bistro(t)** [bistʀo] Les petits **bistros** parisiens sont très typiques.	**Kneipe** *f* Die kleinen Pariser Kneipen sind sehr typisch.
le **service** [sɛʀvis] J'espère que le **service** est rapide.	**Bedienung** *f* Hoffentlich werden wir schnell bedient!
le **garçon** [gaʀsɔ̃] **Garçon**, s'il vous plaît! Deux cafés et l'addition!	**Kellner** *m*, **Ober** *m* Herr Ober, zwei Kaffee und die Rechnung bitte!
la **serveuse** [sɛʀvøz] Appelle la **serveuse** si tu la vois! — Mademoiselle!	**Bedienung** *f*, **Kellnerin** *f* Ruf mal die Kellnerin, wenn du sie siehst! — Bedienung!

TIPP: *Kellnerinnen werden in Frankreich mit* ***Mademoiselle*** *angesprochen und gerufen.*

servir [sɛʀviʀ] *v* ⚠ *irr* 36 Qu'est-ce que je vous **sers**? Voulez-vous que je vous **serve**?	**servieren; bedienen** Was darf ich Ihnen bringen? Möchten Sie, dass ich Sie bediene?
l'**addition** *f* [adisjɔ̃] Garçon, s'il vous plaît, l'**addition**!	**Rechnung** *f* Herr Ober, bezahlen bitte!
le **pourboire** [puʀbwaʀ] On peut laisser un **pourboire**, mais ce n'est pas obligatoire.	**Trinkgeld** *n* Man kann ein Trinkgeld geben, aber man muss nicht.

«2001–4000»

le **snack** [snak] Dans un **snack**, on peut manger quelque chose rapidement.	**Imbiss** *m*, **Imbissstube** *f* An einer Imbissstube kann man schnell was essen.
le **self** [sɛlf] Ce qui me plaît dans un **self**, c'est qu'on peut tout voir.	**Selbstbedienungslokal** *n* Was ich an einem Selbstbedienungslokal so schön finde, ist, dass man alles sehen kann.
la **carte** [kaʀt] Si on ne veut pas de menu, on peut juste prendre un plat à la **carte**.	**(Speise)karte** *f* Wenn man kein ganzes Menü essen will, kann man auch etwas von der Karte bestellen.

les **toilettes** *fpl* [twalɛt]
Vous pouvez me dire où sont les **toilettes**?

Toilette *f*
Können Sie mir sagen, wo die Toilette ist?

1.8 Reise und Verkehr

1.8.1 REISE

«1–2000»

aller [ale] *v* ⚠ *irr* 1
Tu y **vas** en bus ou à pied?

fahren; gehen; fliegen
Fährst du mit dem Bus oder gehst du zu Fuß?

*TIPP: **Aller** wird mit **être** konjugiert.*

---

voyager [vwajaʒe] *v* ⚠ **nous voyageons**
Je ne **voyage** jamais en première classe; ça coûte trop cher.

reisen
Ich reise nie erster Klasse, das ist zu teuer.

*TIPP: Wird mit **avoir** konjugiert.*

---

le **voyage** [vwajaʒ]
Je rêve d'un **voyage** autour du monde.

Reise *f*
Ich träume von einer Weltreise.

---

partir [paʀtiʀ] *v* *ant:* arriver ⚠ *irr* 26
Le train **est parti** il y a cinq minutes.
Quand je **pars** en voyage, j'emporte toujours quelques livres.

abfahren
Der Zug ist vor fünf Minuten abgefahren.
Wenn ich verreise, nehme ich immer einige Bücher mit.

---

circuler [siʀkyle] *v*
Les trains ne **circulent** pas à cause de la grève.

verkehren
Wegen des Streiks verkehren keine Züge.

---

l'**horaire** *m* [ɔʀɛʀ]
Les **horaires** de la SNCF changent le 24 mai.

Fahrplan *m*
Die Fahrpläne der französischen Bahn ändern sich am 24. Mai.

l'**arrivée** *f* [aʀive] *ant:* départ Peux-tu m'indiquer l'heure de ton **arrivée**?	**Ankunft** *f* Kannst du mir deine Ankunftszeit angeben?
le **départ** [depaʀ] *ant:* arrivée Le **départ** de l'avion est retardé à cause du brouillard.	**Abfahrt** *f;* **Abflug** *m* Der Abflug des Flugzeugs hat sich wegen des Nebels verzögert.
arriver [aʀive] *v ant:* partir L'avion **est arrivé** avec deux heures de retard.	**ankommen** Das Flugzeug ist mit zwei Stunden Verspätung angekommen.
rater [ʀate] *v ant:* avoir Si on **rate** le bus, on prendra le suivant.	**verpassen** Wenn wir den Bus verpassen, nehmen wir eben den nächsten.
le **passager**, la **passagère** [pɑsaʒe, ɛʀ] Les **passagers** du vol LH 817 sont invités à se rendre porte 13.	**Passagier(in)** *m(f)* Die Passagiere des Fluges LH 817 werden gebeten, sich zum Ausgang 13 zu begeben.
le **billet** [bijɛ] Il faut composter le **billet** avant de monter dans le train.	**Fahrschein** *m,* **Fahrkarte** *f;* **Flugschein** *m,* **Ticket** *n* Man muss den Fahrschein entwerten, bevor man in den Zug steigt.
les **bagages** *mpl* [bagaʒ] Tu peux mettre mes **bagages** dans le coffre?	**Gepäck** *n* Kannst du mein Gepäck in den Kofferraum tun?
la **douane** [dwan] On ne passe plus de **douane** entre la France et l'Allemagne.	**Zoll** *m* Zwischen Frankreich und Deutschland muss man nicht mehr durch den Zoll.
le **guide** [gid] Les horaires des musées sont dans le **guide**.	**Führer** *m* Die Öffnungszeiten des Museums stehen im Führer.
le, la **guide** [gid] En général, on donne un pourboire au **guide**.	**Führer(in)** *m(f)* Normalerweise gibt man dem Führer ein Trinkgeld.
le **séjour** [seʒuʀ] Je te remercie pour ce **séjour** très agréable.	**Aufenthalt** *m* Ich danke dir für diesen sehr netten Aufenthalt.

«2001–4000»

le **trajet** [tʀaʒɛ] Quand il fait beau, je fais le **trajet** à l'école à pied.	**Strecke** *f* Wenn es schön ist, gehe ich die Strecke zur Schule zu Fuß.
se rendre à [səʀɑ̃dʀa] *v syn:* aller Beaucoup de Parisiens **se rendent à** leur travail en métro.	**fahren; gehen** Viele Pariser fahren mit der Metro zur Arbeit.
par [paʀ] *prep* Pour rentrer à Stuttgart, je passe **par** Strasbourg.	**über** Um nach Stuttgart zurückzufahren, fahre ich über Straßburg.
l'**aller et retour** *m* [aleeʀ(ə)tuʀ] Est-ce que je peux avoir un **aller et retour** pour Marseille, 2e classe, non-fumeurs?	**Rückfahrkarte** *f* Kann ich bitte eine Rückfahrkarte nach Marseille haben, zweiter Klasse, Nichtraucher?
aller chercher [aleʃɛʀʃe] *v* ⚠ *irr* 1 J'**irai** te **chercher** à la gare.	**abholen** Ich hole dich am Bahnhof ab.
à bord [abɔʀ] *adv* Nous vous souhaitons la bienvenue **à bord** de notre appareil.	**an Bord** Wir begrüßen Sie an Bord unserer Maschine.
atterrir [ateʀiʀ] *v* ⚠ **ils atterrissent** L'avion **a atterri** malgré le brouillard.	**landen** Das Flugzeug ist trotz des Nebels gelandet.
le, la **touriste** [tuʀist] Les **touristes** envahissent la capitale en été.	**Tourist(in)** *m(f)* Im Sommer fallen die Touristen in der Hauptstadt ein.
le **voyageur**, la **voyageuse** [vwajaʒœʀ, øz] Les **voyageurs** pour Épinal ont une correspondance à 15 h 33, quai 3, voie 5.	**Reisende(r)** *f(m)* Reisende nach Épinal haben einen Anschluss um 15 Uhr 33 auf Bahnsteig 3, Gleis 5.
le **tourisme** [tuʀism] Le **tourisme** vert s'est beaucoup développé ces derniers temps.	**Tourismus** *m* In der letzten Zeit hat sich der sanfte Tourismus stark verbreitet.
le **syndicat d'initiative** [sɛ̃dikadinisjativ] On nous a donné un plan de la ville au **syndicat d'initiative**.	**Fremdenverkehrsamt** *n* Im Fremdenverkehrsamt hat man uns einen Stadtplan gegeben.

***TIPP:** Man hört auch häufig **office de tourisme**.*

l'**agence de voyage** *f* [aʒɑ̃sdəvwajaʒ] On peut réserver ses billets d'avion dans une **agence de voyage**.	**Reisebüro** *n* Man kann seine Tickets im Reisebüro bestellen.
l'**excursion** *f* [ɛkskyʀsjɔ̃] Beaucoup d'Allemands viennent en **excursion** à Paris pour le week-end.	**Ausflug** *m* Viele Deutsche machen Wochenendausflüge nach Paris.
le **circuit** [siʀkɥi] Nous pourrions faire un **circuit** en Alsace à vélo.	**Tour** *f* Wir könnten eine Fahrradtour im Elsass machen.
la **visite** [vizit] La **visite** du Louvre demande au moins deux jours.	**Besuch** *m* Für einen Besuch im Louvre braucht man mindestens zwei Tage.
visiter [vizite] *v* Tu **as visité** tous les châteaux de la Loire? Mais il y en a plus de 300!	**besichtigen** Du hast alle Loireschlösser besichtigt? Aber das sind ja mehr als 300!
la **valise** [valiz] Je fais toujours mes **valises** au dernier moment.	**Koffer** *m* Ich packe den Koffer immer in der letzten Minute.
le **passeport** [pɑspɔʀ] À l'intérieur de l'UE, on n'a pas besoin de **passeport**.	**Pass** *m* Innerhalb der EU braucht man keinen Pass.
la **pièce d'identité** [pjɛsdidɑ̃tite] Le permis de conduire peut servir de **pièce d'identité**.	**Ausweis** *m* Der Führerschein kann benützt werden, um sich auszuweisen.
la **carte d'identité** [kaʀtdidɑ̃tite] La photo de la **carte d'identité** doit être récente.	**Personalausweis** *m* Das Foto im Personalausweis muss neueren Datums sein.
les **papiers** *mpl* [papje] Veuillez montrer vos **papiers**, s'il vous plaît!	**Papiere** *pl* Ihre Papiere, bitte!
le **visa** [viza] Pour se rendre aux États-Unis, il faut un **visa**.	**Visum** *n* Für Reisen in die Vereinigten Staaten braucht man ein Visum.
déclarer [deklaʀe] *v* Vous avez quelque chose à **déclarer**?	**anmelden, verzollen** Haben Sie etwas zu verzollen?

l'**hôtel** *m* [ɔtɛl] Les **hôtels** deux étoiles sont déjà très confortables.	**Hotel** *n* Zwei-Sterne-Hotels sind schon recht komfortabel.
l'**auberge de jeunesse** *f* [obɛʀʒdəʒœnɛs] J'aime l'ambiance des **auberges de jeunesse**; on y rencontre des jeunes de partout.	**Jugendherberge** *f* Ich mag die Atmosphäre in Jugendherbergen, man trifft da junge Leute von überallher.
la **chambre simple** [ʃɑ̃bʀ(ə)sɛ̃pl] J'ai réservé une **chambre simple** au nom de Mulch.	**Einzelzimmer** *n* Ich habe auf den Namen Mulch ein Einzelzimmer reserviert.
la **chambre double** [ʃɑ̃bʀ(ə)dubl] Il nous reste une **chambre double**, mais qui donne sur la rue.	**Doppelzimmer** *n* Wir haben noch ein Doppelzimmer, das aber zur Straße liegt.
la **réception** [ʀesɛpsjɔ̃] Veuillez laisser la clé à la **réception**.	**Empfang** *m*, **Rezeption** *f* Geben Sie bitte Ihren Schlüssel an der Rezeption ab.
faire enregistrer [fɛʀɑ̃ʀ(ə)ʒistʀe] *v* ⚠ *irr* 18 On doit **faire enregistrer** les bagages au moins une heure avant le départ.	**aufgeben** Das Gepäck muss mindestens eine Stunde vor Abflug aufgegeben werden.
le **camping** [kɑ̃piŋ] Il y a un **camping** près d'ici? Au début, mes parents faisaient du **camping**; maintenant, ils vont à l'hôtel.	**Zeltplatz** *m*; **Camping** *n* Gibt es hier in der Nähe einen Zeltplatz? Früher haben meine Eltern gezeltet, heute gehen sie ins Hotel.
la **tente** [tɑ̃t] On pourrait monter la **tente** par ici.	**Zelt** *n* Wir könnten unser Zelt hier aufschlagen.

1.8.2 VERKEHR

1.8.2.1 STRASSENVERKEHR

1.8.2.1.1 Allgemein

«1–2000»

la **circulation** [siʀkylasjɔ̃]	**Verkehr** *m*
Il y a beaucoup de **circulation**.	Es herrscht viel Verkehr.
le **conducteur**, la **conductrice** [kɔ̃dyktœʀ, tʀis]	**Fahrer(in)** *m(f)*
Les jeunes **conducteurs** doivent coller un A sur leur voiture.	Junge Fahrer müssen ein A auf ihrem Auto haben.
conduire [kɔ̃dɥiʀ] *v* ⚠ *irr* 6	**fahren**
D'après les statistiques, les femmes **conduisent** plus prudemment. → *adverbe TIPP*	Den Statistiken zufolge fahren Frauen vorsichtiger.
tourner [tuʀne] *v*	**fahren; abbiegen**
Tourne autour de la place pour faire demi-tour!	Fahr zum Wenden um den Platz!
Au feu, tu **tourneras** à gauche.	Biege an der Ampel links ab!
traverser [tʀavɛʀse] *v*	**über die Straße gehen**
En Allemagne, on ne **traverse** pas au rouge.	In Deutschland geht man nicht bei Rot über die Straße.
(se) garer [(sə)gaʀe] *v syn:* stationner	**parken**
Tu peux **garer** ta voiture devant notre portail.	Du kannst dein Auto vor unserem Tor parken.
Je **me gare** sur le trottoir; j'en ai pour deux secondes.	Ich parke auf dem Bürgersteig, ich brauche nur zwei Sekunden.
l'**arrêt (d'autobus)** *m* [aʀɛ(dɔtɔbys, dotobys)]	**(Bus)haltestelle** *f*
Descends deux **arrêts** avant le terminus!	Steig zwei Haltestellen vor der Endhaltestelle aus!
l'**essence** *f* [esɑ̃s]	**Benzin** *n*
Il faut que je pense à prendre de l'**essence**.	Ich darf nicht vergessen zu tanken.

«2001–4000»

bruyant, e [bʀɥijɑ̃, ɑ̃t] *adj* Le diesel est plus **bruyant** et pollue plus.	**laut** Der Dieselmotor ist lauter und umweltschädlicher.
les **heures de pointe** *fpl* [œʀdəpwɛ̃t]	**Hauptverkehrszeiten** *pl*, **Stoßzeit** *f*
bloquer [blɔke] *v* À Paris, les manifestations **bloquent** souvent la circulation.	**blockieren** In Paris blockieren Demonstrationen oft den Verkehr.
l'**embouteillage** *m* [ɑ̃butɛjaʒ] *syn:* bouchon Aux heures de pointe, il y a toujours des **embouteillages**.	**Stau** *m* Zu den Hauptverkehrszeiten gibt es immer Staus.
l'**autoroute** *f* [otoʀut] Sur l'**autoroute** de l'Est, il y a très peu de circulation.	**Autobahn** *f* Auf der Ostautobahn ist sehr wenig Verkehr.
le **bouchon** [buʃɔ̃] *syn:* embouteillage	**Stau** *m*
le **péage** [peaʒ] En France, on paie un **péage** sur les autoroutes. Il y a toujours des **bouchons** avant le péage.	**Straßenbenutzungsgebühr** *f*, **Maut** *f*; **Mautstelle** *f* In Frankreich zahlt man auf den Autobahnen eine Straßenbenutzungsgebühr. Vor der Mautstelle staut sich der Verkehr immer.
l'**excès de vitesse** *m* [ɛksɛdəvitɛs] J'ai eu une amende pour **excès de vitesse**.	**Geschwindigkeitsüberschreitung** *f* Ich habe einen Strafzettel wegen Geschwindigkeitsüberschreitung bekommen.
l'**amende** *f* [amɑ̃d] On paie une **amende** en achetant un timbre au bureau de tabac.	**Geldbuße** *f*, **Strafzettel** *m* Man kann einen Strafzettel bezahlen, indem man in einem Tabakladen eine Gebührenmarke kauft.
le **panneau (de signalisation)** [pano(dəsiɲalizasjɔ̃)] ⚠ *pl* **x** Vous n'avez pas vu le **panneau de signalisation**?	**Verkehrsschild** *n* Haben Sie das Verkehrsschild nicht gesehen?

le **sens interdit** [sɑ̃sɛ̃tɛʀdi]	**Einbahnstraße** *f (in der verkehrten Richtung)*
Si tu prends un **sens interdit**, tu perds deux points.	Wenn du eine Einbahnstraße in der verkehrten Richtung fährst, kostet dich das zwei Punkte.
le **sens unique** [sɑ̃synik]	**Einbahnstraße** *f*
La rue suivante est à **sens unique**; on tournera plus loin.	Die nächste Straße ist eine Einbahnstraße, wir biegen später ab.
la **déviation** [devjasjɔ̃]	**Umleitung** *f*
On refait le pont; il faut suivre la **déviation**.	Die Brücke wird umgebaut. Wir müssen die Umleitung fahren.
le **carrefour** [kaʀfuʀ] *syn:* croisement	**Kreuzung** *f*
À un **carrefour**, on doit respecter les priorités.	An einer Kreuzung muss man die Vorfahrtsregeln beachten.
la **priorité** [pʀijɔʀite]	**Vorfahrt** *f*
Le véhicule venu de la gauche a brûlé la **priorité**.	Das Fahrzeug, das von links kam, hat die Vorfahrt nicht beachtet.
le **virage** [viʀaʒ]	**Kurve** *f*
La moto a raté son **virage**.	Das Motorrad hat die Kurve nicht geschafft.
le **feu (tricolore)** [fø(tʀikɔlɔʀ)]	**Ampel** *f*
Aux **feux tricolores**, le rouge passe directement au vert.	Die Ampel springt direkt von Rot auf Grün.

l'**automobiliste** *m, f* [ɔtɔmɔbilist, otomɔbilist]	**Autofahrer(in)** *m(f)*
Les **automobilistes** ne doivent pas oublier qu'ils sont aussi des piétons.	Autofahrer sollten nicht vergessen, dass sie auch Fußgänger sind.
le **piéton**, la **piétonne** [pjetɔ̃, ɔn]	**Fußgänger(in)** *m(f)*
Les **piétons** français ne font pas très attention aux feux.	Französische Fußgänger beachten Ampeln nicht besonders.
la **zone piétonne** [zonpjetɔn]	**Fußgängerzone** *f*
Rouen a eu la première grande **zone piétonne**.	Rouen hatte die erste große Fußgängerzone.
le **parking** [paʀkiŋ]	**Parkplatz** *m;* **Parkhaus** *n*
Les **parkings** de supermarché sont gratuits.	Die Parkplätze der Supermärkte sind gratis.

stationner [stasjɔne] *v syn:* garer	**parken**
Il est interdit de **stationner** devant un garage.	Es ist verboten, vor einer Garage zu parken.
le **stationnement** [stasjɔnmɑ̃]	**Parken** *n*
Le **stationnement** est payant; il faut prendre un ticket à l'horodateur.	Das Parken kostet etwas. Man muss aus dem Parkscheinautomaten einen Parkschein rauslassen.
l'**horodateur** *m* [ɔʀɔdatœʀ]	**Parkscheinautomat** *m*
le **garage** [gaʀaʒ]	**Werkstatt** *f*
Tu ne vas tout de même pas au **garage** pour faire changer un balai d'essuie-glace!	Du wirst doch nicht in die Werkstatt gehen, um dir ein neues Wischerblatt montieren zu lassen!
la **station-service** [stasjɔ̃sɛʀvis] ⚠ *pl* **stations-service(s)**	**Tankstelle** *f*
Sur autoroute, les **stations-service** sont rares et l'essence est chère.	An den Autobahnen gibt es wenige Tankstellen, und das Benzin ist teuer.
le **gazole** [gazɔl]	**Diesel** *m*
En France, presque un véhicule sur deux marche au **gazole**.	In Frankreich fährt fast jedes zweite Auto mit Diesel.
le **super** [sypɛʀ]	**Super** *n*
En France, beaucoup de voitures roulent encore au **super**.	In Frankreich fahren noch viele Autos mit verbleitem Super.
la **panne** [pan]	**Panne** *f*
Je suis tombé en **panne** devant un garage!	Ich hatte eine Panne direkt vor einer Werkstatt.
Ma voiture est en **panne**.	Mein Auto ist defekt.
le **frein** [fʀɛ̃]	**Bremse** *f*
Mon vélo n'a plus de **frein** arrière.	Bei meinem Fahrrad geht die hintere Bremse nicht mehr.
freiner [fʀene] *v*	**bremsen**
Sur le verglas, il faut éviter de **freiner**.	Auf Glatteis sollte man vermeiden zu bremsen.
démarrer [demaʀe] *v*	**anspringen; losfahren**
Le moteur **a démarré** du premier coup.	Der Motor ist gleich angesprungen.
La voiture **a démarré** tout d'un coup sans mettre son clignotant.	Das Auto ist plötzlich losgefahren ohne zu blinken.

reculer [ʀ(ə)kyle] *v ant:* avancer	**rückwärts fahren**
La rue est bloquée; il va falloir **reculer**.	Die Straße ist blockiert, wir müssen rückwärts fahren.

TIPP: Reculer *wird mit* ***avoir*** *konjugiert.*

faire demi-tour [fɛʀd(ə)mituʀ] *v* ⚠ *irr* 18	**wenden, umkehren**
J'ai oublié mon billet! — Bon, on **fait demi-tour**!	Ich habe meine Fahrkarte vergessen! — Also gut, dann kehren wir um!
la **marche avant** [maʀʃavɑ̃]	**Vorwärtsgang** *m*
Maintenant passe la **marche avant**.	Leg jetzt den Vorwärtsgang ein!
la **marche arrière** [maʀʃaʀjɛʀ]	**Rückwärtsgang** *m*
Tu te gareras plus facilement en **marche arrière**.	Rückwärts kannst du hier leichter einparken.
transporter [tʀɑ̃spɔʀte] *v*	**transportieren, befördern**
Qu'est-ce que tu **transportes** dans ta valise? Elle pèse des tonnes!	Was hast du eigentlich in deinem Koffer alles dabei, der wiegt ja Tonnen!
emmener [ɑ̃m(ə)ne] *v ant:* ramener ⚠ **il emmène**	**mitnehmen**
Je veux bien t'**emmener**, mais je ne pourrai pas te ramener.	Ich nehme dich gerne mit, aber ich kann dich nicht zurückbringen.
ramener [ʀam(ə)ne] *v ant:* emmener ⚠ **il ramène**	**zurückbringen**

le **permis (de conduire)** [pɛʀmi(dəkɔ̃dɥiʀ)]	**Führerschein** *m*
Tu as ton **permis de conduire**?	Hast du einen Führerschein?
la **carte grise** [kaʀtgʀiz]	**Fahrzeugschein** *m*
Il vaut mieux ne pas laisser la **carte grise** dans son véhicule.	Man sollte den Fahrzeugschein nicht im Auto lassen.
le **code de la route** [kɔdd(ə)laʀut]	**Straßenverkehrsordnung** *f*
Les piétons aussi doivent respecter le **code de la route**.	Auch Fußgänger müssen sich an die Straßenverkehrsordnung halten.
la **ceinture de sécurité** [sɛ̃tyʀdəsekyʀite]	**Sicherheitsgurt** *m*
Tous les passagers d'une voiture doivent porter la **ceinture de sécurité**.	Alle Insassen eines Autos müssen angeschnallt sein.

le **casque** [kask] À moto, le **casque** est obligatoire.	**(Sturz)helm** *m* Für Motorradfahrer besteht Helmpflicht.
écraser [ekʀaze] *v* Un piéton qui traverse l'autoroute a toutes les chances d'**être écrasé**.	**überfahren** Ein Fußgänger, der die Autobahn überquert, wird höchstwahrscheinlich überfahren.
faire du stop [fɛʀdystɔp] *v* ⚠ *irr* 18 Il est interdit de **faire du stop** sur une autoroute.	**per Anhalter fahren** Auf der Autobahn ist es verboten, per Anhalter zu fahren.

1.8.2.1.2 Fahrzeuge

«1–2000»

la **voiture** [vwatyʀ] *syn:* auto Je vais à mon travail en **voiture**.	**Auto** *n* Ich fahre mit dem Auto zur Arbeit.

TIPP:** Autonamen sind weiblich:* ***une 306, une Mégane, une Opel*.*

l'**auto** *f* [oto] *syn:* voiture Sans **autos**, les villes seraient plus agréables.	**Auto** *n* Ohne Autos wären die Städte angenehmer.
la **moto** [moto] À **moto**, on se sent tellement libre!	**Motorrad** *n* Beim Motorradfahren fühlt man sich so frei!
le **vélo** [velo] *syn:* bicyclette On voit peu de **vélos** dans les villes françaises.	**Fahrrad** *n* In französischen Städten sieht man wenige Fahrräder.
le **bus**, l'**autobus** *m* [bys, otobys, ɔtɔbys] On prend le **bus**?	**Bus** *m* Fahren wir mit dem Bus?
l'**autocar** *m* [otokaʀ, ɔtɔkaʀ] Les **autocars** de touristes vont en général vers le sud.	**Reisebus** *m* Reisebusse mit Touristen fahren im Allgemeinen in den Süden.
le **tram** [tʀam] Dans beaucoup de villes, le **tram** a été abandonné après la guerre.	**Straßenbahn** *f* In vielen Städten wurden die Straßenbahnen nach dem Krieg abgeschafft.
le **taxi** [taksi] Avec ta valise, tu ferais mieux de prendre un **taxi**.	**Taxi** *n* Mit dem Koffer nimmst du lieber ein Taxi.

la **roue** [ʀu] Heureusement que quelqu'un m'a aidée à changer ma **roue**!	**Rad** *n* Gott sei Dank hat mir jemand geholfen, das Rad zu wechseln.

«2001–4000»

le **véhicule** [veikyl] En zone piétonne, la circulation est interdite à tous les **véhicules** à moteur.	**Fahrzeug** *n* In Fußgängerzonen dürfen keine Motorfahrzeuge fahren.
puissant, e [pɥisɑ̃, ɑ̃t] *adj* Comme nous avons une caravane, il nous faut une voiture **puissante**.	**stark** Da wir einen Wohnwagen haben, brauchen wir ein leistungsstarkes Auto.
le **camion** [kamjɔ̃] *syn:* poids lourd Les **camions** n'ont pas le droit de circuler le week-end.	**Lastwagen** *m* Lastwagen dürfen am Wochenende nicht fahren.
le **poids lourd** [pwaluʀ] *syn:* camion Les **poids lourds** doivent respecter un espace entre eux.	**Last(kraft)wagen** *m* Lastwagen müssen untereinander Abstand halten.
la **bicyclette** [bisiklɛt] *syn:* vélo Dans plusieurs villes, on peut louer des **bicyclettes** pour faire ses courses.	**Fahrrad** *n* In mehreren Städten kann man sich zum Einkaufen ein Fahrrad leihen.
le, la **cycliste** [siklist] En France, on ne s'occupe pas beaucoup des **cyclistes**.	**Radfahrer(in)** *m(f)* In Frankreich kümmert man sich nicht besonders um die Radfahrer.
le **vélomoteur** [velɔmɔtœʀ] Le **vélomoteur**, ça va quand il ne pleut pas!	**Moped** *n* Ein Moped ist ja gut und schön, so lange es nicht regnet.
le **ticket** [tikɛ] En général, on ne peut pas acheter de **ticket** dans le bus.	**Fahrschein** *m* Normalerweise kann man den Fahrschein nicht im Bus lösen.
les **transports en commun** *mpl* [tʀɑ̃spɔʀɑ̃kɔmœ̃] En dehors des heures de pointe, trop peu de gens utilisent les **transports en commun**.	**öffentliche Verkehrsmittel** *pl* Außerhalb der Stoßzeiten benützen zu wenig Menschen die öffentlichen Verkehrsmittel.

le **pneu** [pnø] Les **pneus** neige sont plus vite usés.	**Reifen** *m* Winterreifen nutzen sich schneller ab.
le **clignotant** [kliɲɔtɑ̃] Mets ton **clignotant** à droite; on va tourner dans la prochaine.	**Blinker** *m* Blink rechts, wir biegen in die nächste Straße ein.
le **pare-brise** [paʀbʀiz] ⚠ *pl inv* Avec ce sel sur la route, le **pare-brise** se salit tout de suite.	**(Windschutz)scheibe** *f* Bei all dem Salz auf den Straßen werden die Scheiben sofort schmutzig.
le **pare-chocs** [paʀʃɔk] ⚠ *pl inv* On a roulé **pare-chocs** contre **pare-chocs** pendant des kilomètres.	**Stoßstange** *f* Wir sind kilometerlang Stoßstange an Stoßstange gefahren.
l'**essuie-glace** *m* [esɥiglas] ⚠ *pl* **essuie-glaces** Les **essuie-glaces** sont bloqués par la neige.	**Scheibenwischer** *m* Der Schnee hat die Scheibenwischer blockiert.
le **volant** [vɔlɑ̃] J'écoute toujours la radio quand je suis au **volant**.	**Lenkrad** *n*, **Steuer** *n* Ich höre immer Radio, wenn ich am Steuer sitze.
la **caravane** [kaʀavan] Ça doit être désagréable de tirer une **caravane**, non?	**Wohnwagen** *m* Das muss doch unangenehm sein, einen Wohnwagen zu ziehen, oder?

1.8.2.2 EISENBAHN

«1–2000»

le **chemin de fer** [ʃ(ə)mɛ̃d(ə)fɛʀ] Presque toutes les petites lignes de **chemin de fer** ont été supprimées.	**Eisenbahn** *f* Fast alle kleinen Eisenbahnstrecken sind stillgelegt worden.
le **train** [tʀɛ̃] Je ne voyage qu'en **train**.	**Zug** *m* Ich verreise nur mit dem Zug.

la **SNCF** [ɛsɛnseɛf]	**französische Eisenbahngesellschaft**
La **SNCF** coûte très cher à l'État français.	Die Eisenbahn kostet den französischen Staat viel Geld.

TIPP:** = **Société nationale des chemins de fer français.

le **TGV** [teʒeve]	**Hochgeschwindigkeitszug** *m*
En **TGV**, on met moins d'une heure pour aller de Paris à Lille.	Mit dem Hochgeschwindigkeitszug braucht man weniger als eine Stunde von Paris nach Lille.

TIPP:** = **train à grande vitesse.

entre [ɑ̃tʀ] *prep*	**zwischen**
Le TGV **entre** Paris et Strasbourg n'est plus un rêve.	Eine TGV-Verbindung zwischen Paris und Straßburg ist kein Traum mehr.
le **métro** [metʀo]	**U-Bahn** *f*
Bordeaux, Lille, Lyon, Marseille et Toulouse ont aussi un **métro**.	Bordeaux, Lille, Lyon, Marseille und Toulouse haben auch eine U-Bahn.

la **gare** [gaʀ]	**Bahnhof** *m*
Le train venant de Marseille entre en **gare**.	Der Zug aus Marseille fährt in den Bahnhof ein.
la **station (de métro)** [stasjɔ̃(dəmetʀo)]	**U-Bahn-Station** *f*
Pour huit **stations** et un changement il faut compter un bon quart d'heure.	Für acht Stationen und einmal umsteigen muss man mit einer guten Viertelstunde rechnen.
le **RER** [ɛʀøɛʀ]	**S-Bahn** *f (bezeichnet das ganze Pariser S-Bahn-Netz)*
Depuis l'aéroport de Roissy-Charles de Gaulle, le **RER** va directement au centre de Paris.	Vom Flughafen Roissy-Charles de Gaulle geht eine S-Bahn direkt ins Zentrum von Paris.

TIPP:** = **Réseau express régional.

directement [diʀɛktəmɑ̃] *adv*	**direkt**
changer [ʃɑ̃ʒe] *v* ⚠ **nous changeons**	**umsteigen**
Vous **changez** à Pau.	Sie steigen in Pau um.

«2001–4000»

la **voie** [vwa]	**Gleis** *n*
Les trains français circulent sur la **voie** de gauche.	Französische Züge fahren auf dem linken Gleis.
le **wagon** [vagɔ̃]	**Wagen** *m*
Je voudrais une place dans un **wagon** non-fumeurs.	Ich hätte gern einen Platz in einem Nichtraucherwagen.
le **wagon-restaurant** [vagɔ̃rɛstɔrɑ̃] ⚠ *pl* **wagons-restaurants**	**Speisewagen** *m*
Le **wagon-restaurant** se trouve en tête de train.	Der Speisewagen befindet sich an der Spitze des Zuges.
le **wagon-lit** [vagɔ̃li] ⚠ *pl* **wagons-lits**	**Schlafwagen** *m*
Quand je voyage en **wagon-lit** ou en couchette, je dors très mal.	Wenn ich im Schlafwagen oder im Liegewagen fahre, schlafe ich sehr schlecht.
la **couchette** [kuʃɛt]	**Liegewagen(platz)** *m*
le **compartiment** [kɔ̃partimɑ̃]	**Abteil** *n*
Les wagons récents n'ont plus de **compartiments**.	In modernen Wagen gibt es keine Abteile mehr.
le **contrôleur**, la **contrôleuse** [kɔ̃trolœr, øz]	**Schaffner(in)** *m(f)*
Si on achète le supplément au **contrôleur**, il coûte plus cher.	Wenn man den Zuschlag beim Schaffner löst, ist er teurer.
le **supplément** [syplemɑ̃]	**Zuschlag** *m*
la **correspondance** [kɔrɛspɔ̃dɑ̃s]	**Anschluss** *m*
Notre train a du retard; on va rater la **correspondance**.	Unser Zug hat Verspätung, wir werden unseren Anschluss verpassen.
le **quai** [ke]	**Bahnsteig** *m*
Le train pour Lyon partira à 12 h **quai** 2 voie 4.	Der Zug nach Lyon fährt um 12 Uhr am Bahnsteig 2, Gleis 4 ab.
le **terminus** [tɛrminys]	**Endstation** *f*
Il y a encore neuf stations jusqu'au **terminus** du RER.	Bis zur Endstation hält die S-Bahn noch neunmal.
le **guichet** [giʃɛ]	**Schalter** *m*
Le vendredi soir, il faut faire la queue au **guichet**.	Freitag abends muss man am Schalter Schlange stehen.
composter [kɔ̃pɔste] *v*	**entwerten**
Si tu n'**as** pas **composté** ton billet, tu as une amende.	Wenn dein Fahrschein nicht entwertet ist, bekommst du eine Geldstrafe.

1.8.2.3 FLUGZEUG

«1–2000»

l'**avion** *m* [avjɔ̃]	**Flugzeug** *n*
Il y a des personnes qui sont malades en **avion**.	Es gibt Menschen, denen es im Flugzeug schlecht wird.

***TIPP:** Namen von Flugzeugen sind männlich **un Boeing, un Airbus, le Concorde etc**.*

le **vol** [vɔl]	**Flug** *m*
Tous les **vols** sont supprimés à cause de la grève.	Wegen des Streiks wurden alle Flüge abgesagt.
l'**aéroport** *m* [aeʀɔpɔʀ]	**Flughafen** *m*
Pour raison de sécurité, les terrasses de l'**aéroport** sont fermées.	Aus Sicherheitsgründen sind die Terrassen des Flughafens gesperrt.
la **compagnie aérienne** [kɔ̃paɲiaeʀjɛn]	**Fluggesellschaft** *f*
Air France est la principale **compagnie aérienne** française.	Die Air France ist die bedeutendste französische Fluggesellschaft.

«2001–4000»

l'**appareil** *m* [apaʀɛj] *syn:* avion	**Flugzeug** *n*; **Maschine** *f*
Les **appareils** volent à haute altitude.	Flugzeuge fliegen in großer Höhe.
L'**appareil** aura du retard.	Die Maschine wird verspätet ankommen.
l'**hélicoptère** *m* [elikɔptɛʀ]	**Hubschrauber** *m*
Les **hélicoptères** sont très utiles pour les opérations de secours.	Hubschrauber sind für Rettungseinsätze sehr nützlich.
l'**hôtesse (de l'air)** *f* [otɛs(d(ə)lɛʀ)]	**Stewardess** *f*
Jusqu'en 1963, les **hôtesses de l'air** ne pouvaient pas se marier.	Bis 1963 durften Stewardessen nicht heiraten.
décoller [dekɔle] *v* *ant:* atterrir	**abfliegen, starten; abheben**
L'avion **a décollé** à l'heure.	Das Flugzeug ist pünktlich gestartet.

1.8.2.4 SCHIFF

«1–2000»

le **bateau** [bato] ⚠ *pl* **x** On ne traverse plus les océans en **bateau**.	**Schiff** *n* Man überquert die Ozeane nicht mehr mit dem Schiff.

***TIPP:** Namen von Schiffen sind männlich **le France, le Titanic**.*

le **port** [pɔʀ] Le vieux **port** de Marseille est très typique.	**Hafen** *m* Der alte Hafen von Marseille ist äußerst typisch.
le **capitaine** [kapitɛn] Le **capitaine** du Titanic a disparu avec son bateau.	**Kapitän** *m* Der Kapitän der Titanic ist mit seinem Schiff untergegangen.

«2001–4000»

la **croisière** [kʀwazjɛʀ] Les **croisières** en Méditerranée attirent beaucoup de touristes.	**Kreuzfahrt** *f* Mittelmeerkreuzfahrten ziehen viele Touristen an.
la **traversée** [tʀavɛʀse] Le record de la **traversée** de l'Atlantique est de trois jours et demi.	**Überfahrt** *f* Der Rekord für eine Durchquerung des Atlantik liegt bei dreieinhalb Tagen.
le **ferry** [feʀi] La concurrence entre les **ferrys** et le tunnel sous la Manche est sévère.	**Fähre** *f* Es gibt einen harten Konkurrenzkampf zwischen den Fähren und dem Kanaltunnel.
se noyer [sənwaje] *v* ⚠ **il se noie** Au secours! Je **me noie**!	**ertrinken** Hilfe, ich ertrinke!

1.8.2.5 RAUMFAHRT

«1–2000»

le **satellite** [satelit] Le premier **satellite** était russe.	**Satellit** *m* Der erste Satellit war russisch.

la **fusée** [fyze] La **fusée** Ariane est un grand succès commercial.	**Rakete** *f* Die Ariane ist ein großer kommerzieller Erfolg.
l'**astronaute** *m, f* [astʀonot] Le premier **astronaute** français s'appelait Chrétien.	**Astronaut(in)** *m(f)* Der erste französische Astronaut hieß Chrétien.

«2001–4000»

le **vol spatial** [vɔlspasjal] ⚠ *pl* **vols spatiaux** [jo] Le premier **vol spatial** habité a eu lieu en 1961.	**Raumflug** *m* Der erste bemannte Raumflug fand 1961 statt.
la **navette spatiale** [navɛtspasjal] La **navette spatiale** atterrit comme un avion.	**Raumfähre** *f* Eine Raumfähre landet genau wie ein Flugzeug.
lancer [lɑ̃se] *v* ⚠ **nous lançons** Les fusées françaises **sont lancées** de Guyane.	**abschießen** Französische Raketen werden von Guyana aus abgeschossen.

1.9 Länder und Völker

1.9.1 LÄNDER

«1–2000»

l'**Europe** *f* [øʀɔp]	**Europa** *n*

***TIPP:** Auf Französisch steht bei Ländern, Kontinenten und Regionen immer der bestimmte Artikel, z. B. **l'Europe** „Europa".*

l'**Allemagne** *f* [almaɲ] *syn:* RFA	**Deutschland** *n*

TIPP:** Kontinente und Regionen sind meist weiblich. Bei weiblichen Ländernamen sagt man für „in" und „nach" auf Französisch **en**, bei männlichen Ländernamen heißen „in" und „nach" auf Französisch **au** und bei Ländernamen im Plural heißt es **aux**. Z. B. **Nous sommes en Allemagne/au Portugal/aux États Unis. Nous allons en Allemagne/au Portugal/aux États Unis.

l'**Autriche** *f* [otʀiʃ] — **Österreich** *n*
la **Belgique** [bɛlʒik] — **Belgien** *n*
le **Canada** [kanada] — **Kanada** *n*
la **France** [fʀɑ̃s] — **Frankreich** *n*
le **Luxembourg** [lyksɑ̃buʀ] — **Luxemburg** *n*
la **Suisse** [sɥis] — **die Schweiz**

«2001–4000»

la **RFA** [ɛʀɛfa] *syn:* Allemagne — **die BRD**

> ***TIPP:*** *=* ***République fédérale d'Allemagne****.*

l'**Hexagone** *m* [ɛgzagɔn] *syn:* France — **Frankreich** *n*

> ***TIPP:*** *Frankreich wird so bezeichnet, weil seine geografische Form einem Sechseck ähnelt.*

l'**UE** *f* [yø] — **die EU**

> ***TIPP:*** *=* ***Union européenne****.*

---

l'**Afrique** *f* [afʀik] — **Afrika** *n*
l'**Amérique** *f* [ameʀik] — **Amerika** *n*
l'**Asie** *f* [azi] — **Asien** *n*
l'**Australie** *f* [ɔstʀali] — **Australien** *n*

---

l'**Algérie** *f* [alʒeʀi] — **Algerien** *n*
l'**Angleterre** *f* [ɑ̃gl(ə)tɛʀ] — **England** *n*
la **Chine** [ʃin] — **China** *n*
le **Danemark** [danmaʀk] — **Dänemark** *n*
les **États-Unis** *mpl* [etazyni] — **die Vereinigten Staaten**
l'**Espagne** *f* [ɛspaɲ] — **Spanien** *n*
la **Grande-Bretagne** [gʀɑ̃dbʀətaɲ] — **Großbritannien** *n*
la **Grèce** [gʀɛs] — **Griechenland** *n*
la **Hollande** ['ɔl(l)ɑ̃d] — **Holland** *n*
la **Hongrie** ['ɔ̃gʀi] — **Ungarn** *n*
l'**Inde** *f* [ɛ̃d] — **Indien** *n*
l'**Irlande** *f* [iʀlɑ̃d] — **Irland** *n*
l'**Italie** *f* [itali] — **Italien** *n*
le **Japon** [ʒapɔ̃] — **Japan** *n*
la **Norvège** [nɔʀvɛʒ] — **Norwegen** *n*
les **Pays-Bas** *mpl* [peiba] — **die Niederlande**

la **Pologne** [pɔlɔɲ] — **Polen** *n*
le **Portugal** [pɔʀtygal] — **Portugal** *n*
la **Russie** [ʀysi] — **Russland** *n*
la **Suède** [sɥɛd] — **Schweden** *n*
la **Turquie** [tyʀki] — **die Türkei**

---

les **Alpes** *fpl* [alp] — **die Alpen**
l'**Alsace** *f* [alsas] — **das Elsass**
la **Corse** [kɔʀs] — **Korsika** *n*
Napoléon est né en **Corse**. — Napoleon ist auf Korsika geboren.

> ***TIPP:*** *Bei Inseln steht auch der bestimmte Artikel, z. B.* ***La Corse est très jolie.*** *Korsika ist sehr schön.*

la **Forêt-Noire** [fɔʀɛnwaʀ] — **der Schwarzwald**
la **Méditerranée** [meditɛʀane] — **das Mittelmeer**
le **Midi** [midi] — **Südfrankreich** *n*
les **Pyrénées** *fpl* [piʀene] — **die Pyrenäen**
le **Rhin** [ʀɛ̃] — **der Rhein**

> ***TIPP:*** *Flüsse sind meist weiblich. Ausnahmen dazu sind* ***le Rhin*** *„der Rhein",* ***le Rhône*** *„die Rhone",* ***le Danube*** *„die Donau".*

la **Sarre** [saʀ] — **die Saar; das Saarland**
les **Vosges** *fpl* [voʒ] — **die Vogesen**

1.9.2 BEWOHNER, SPRACHEN UND NATIONALITÄTEN

«1–2000»

allemand, e [almɑ̃, ɑ̃d] — **deutsch; Deutsche(r); Deutsch**

> ***TIPP:*** *Man verwendet dasselbe Wort sowohl als Adjektiv als auch für die Sprache und die Bewohner. Die Sprachen sind immer männlich. Die Bewohner schreibt man mit großem Anfangsbuchstaben, in Verbindung mit* ***être, devenir, rester*** *werden sie jedoch kleingeschrieben.*

autrichien, ne [otʀiʃjɛ̃, jɛn] — **österreichisch; Österreicher(in)**
belge [bɛlʒ] — **belgisch; Belgier(in)**
canadien, ne [kanadjɛ̃, jɛn] — **kanadisch; Kanadier(in)**

européen, ne [øʀɔpeɛ̃n, ən]	**europäisch; Europäer(in)**
français, e [fʀɑ̃sɛ, ɛz]	**französisch; Franzose, Französin; Französisch(e)**
Mes amis sont **français**.	Meine Freunde sind Franzosen.
Je connais un **Français** qui s'appelle Ludovic.	Ich kenne einen Franzosen, der Ludovic heißt.
J'apprends le **français**.	Ich lerne Französisch.
luxembourgeois, e [lyksɑ̃buʀʒwa, ʒwaz]	**luxemburgisch; Luxemburger(in)**
suisse [sɥis]	**schweizerisch; Schweizer(in)**

TIPP: *Für die Schweizerin kann man auch* ***la Suissesse*** *sagen.*

«2001–4000»

franco-allemand, e [fʀɑ̃koalmɑ̃, ɑ̃d]	**deutsch-französisch**
parisien, ne [paʀizjɛ̃, jɛn]	**Pariser; Pariser(in)**

africain, e [afʀikɛ̃, ɛn]	**afrikanisch; Afrikaner(in)**
algérien, ne [alʒeʀjɛ̃, jɛn]	**algerisch; Algerier(in)**
américain, e [ameʀikɛ̃, ɛn]	**amerikanisch; Amerikaner(in)**
asiatique [aziatik]	**asiatisch; Asiat(in)**
australien, ne [ɔstʀaljɛ̃, jɛn]	**australisch; Australier(in)**
anglais, e [ɑ̃glɛ, ɛz]	**englisch; Engländer(in)**
britannique [bʀitanik]	**britisch; Brite, Britin**
chinois, e [ʃinwa, az]	**chinesisch; Chinese, Chinesin**
danois, e [danwa, az]	**dänisch; Däne, Dänin**
espagnol, e [ɛspaɲɔl]	**spanisch; Spanier(in)**
grec, grecque [gʀɛk]	**griechisch; Grieche, Griechin**
hollandais, e ['ɔl(l)ɑ̃dɛ, ɛz]	**holländisch; Holländer(in)**
hongrois, e ['ɔ̃gʀwa, az]	**ungarisch; Ungar(in)**
indien, ne [ɛ̃djɛ̃, jɛn]	**indisch; Inder(in); indianisch; Indianer(in)**
irlandais, e [iʀlɑ̃dɛ, ɛz]	**irisch; Ire, Irin**
italien, ne [italjɛ̃, jɛn]	**italienisch; Italiener(in)**
japonais, e [ʒapɔnɛ, ɛz]	**japanisch; Japaner(in)**
norvégien, ne [nɔʀveʒjɛ̃, jɛn]	**norwegisch; Norweger(in)**
polonais, e [pɔlɔnɛ, ɛz]	**polnisch; Pole, Polin**
portugais, e [pɔʀtygɛ, ɛz]	**portugiesisch; Portugiese, Portugiesin**
russe [ʀys]	**russisch; Russe, Russin**
suédois, e [sɥedwa, az]	**schwedisch; Schwede, Schwedin**
turc, turque [tyʀk]	**türkisch; Türke, Türkin**

2 ALLGEMEINE BEGRIFFE

2.1 Zeit

2.1.1 JAHRESABLAUF

«1–2000»

l'**année** *f* [ane] *syn:* an	**Jahr** *n*
Meilleurs vœux de bonheur pour la nouvelle **année**!	Die besten Glückwünsche zum neuen Jahr!

***TIPP:* Année** *und* **an** *sind schwierig zu unterscheiden. Oft sind sie austauschbar:* **J'ai passé deux années/ans à Rostock.** *Ich habe zwei Jahre in Rostock gelebt. Sie sind nicht austauschbar in Sätzen wie* **dans les années 90** *„in den Neunzigerjahren",* **ces dernières années** *„in den letzten Jahren", wo das Jahr in seinem ganzen Verlauf gemeint ist, und bei Zeitangaben, bei denen das Jahr als eine Einheit betrachtet wird, z. B.* **Il a 20 ans.** *Für ein halbes Jahr sagt man* **six mois**.

l'**an** *m* [ɑ̃]	**Jahr** *n*
Je passerai mon permis moto dans un **an**.	Ich mache in einem Jahr meinen Motorradführerschein.
J'ai eu 15 **ans** le 8 mai.	Ich bin am 8. Mai 15 geworden.

la **saison** [sɛzɔ̃]	**Jahreszeit** *f*
Les quatre **saisons**.	Die vier Jahreszeiten.
le **printemps** [pʀɛ̃tɑ̃]	**Frühling** *m*
Au **printemps**, il peut encore geler très fort.	Im Frühling kann es noch starken Frost geben.
l'**été** *m* [ete]	**Sommer** *m*
En **été**, il fait très sec dans le Midi.	Im Sommer ist es in Südfrankreich sehr trocken.

TIPP: *Für alle Jahreszeiten, mit Ausnahme vom Frühling sagt man* **en**.

l'**automne** *m* [ɔtɔn, otɔn]	**Herbst** *m*
Profitons des dernières belles journées d'**automne**!	Genießen wir die letzten schönen Herbsttage!
l'**hiver** *m* [ivɛʀ]	**Winter** *m*
On a moins de neige en **hiver** qu'autrefois.	Im Winter gibt es weniger Schnee als früher.

le **mois** [mwa]	**Monat** *m*
Je dois être embauchée après trois **mois** d'essai.	Nach drei Monaten Probezeit soll ich fest angestellt werden.

la **semaine** [s(ə)mɛn] — **Woche** *f*
Les grandes vacances durent dix **semaines**. — Die großen Ferien dauern zehn Wochen.
En **semaine**, je me lève à 6 heures. — Die Woche über stehe ich um 6 Uhr auf.

---

le **jour** [ʒuʀ] — **Tag** *m*
J'ai huit **jours** de congé à Pâques. — An Ostern habe ich acht Tage Urlaub.
En mai, on a eu du soleil tous les **jours**. → *journée* — Im Mai hatten wir jeden Tag Sonne.

---

le **jour férié** [ʒuʀfeʀje] — **Feiertag** *m*
Le lundi de la Pentecôte est un **jour férié**. — Der Pfingstmontag ist ein Feiertag.

«2001–4000»

quinze jours [kɛ̃zʒuʀ] — **vierzehn Tage, zwei Wochen**
Dans **quinze jours**, c'est déjà Noël! — In zwei Wochen ist schon Weihnachten!

---

la **journée** [ʒuʀne] *syn:* jour — **Tag** *m*
Qu'est-ce que tu fais de tes **journées** quand il pleut? — Was stellst du mit deinen Tagen an, wenn es regnet?

> ***TIPP:*** *Beim Wort* ***journée*** *wird der Verlauf des ganzen Tages betont.*

---

le **week-end** [wikɛnd] ⚠ *pl* **week-ends** — **Wochenende** *n*
Beaucoup de gens partent pour le **week-end** et ça crée des embouteillages. — Viele Menschen fahren übers Wochenende weg, und das sorgt für Staus.

---

le **nouvel an** [nuvɛlɑ̃] — **Neujahr** *n*
Des milliers de Parisiens fêtent le **nouvel an** sur les Champs-Élysées. — Tausende von Parisern feiern Neujahr auf den Champs-Élysées.

---

le **réveillon** [ʀevɛjɔ̃] — **Weihnachten** *n*; **Silvester** *n*
Tu fêtes le **réveillon** de Noël avec tes parents? — Feierst du Weihnachten mit deinen Eltern?

> ***TIPP:*** *Mit* ***réveillon*** *wird der Heiligabend und die Silvesternacht bezeichnet, aber auch die Weihnachtsfeier und die Silvesterparty. Ganz speziell ist auch damit das Essen an diesen Tagen gemeint.*

2.1.2 MONATSNAMEN

janvier *m* [ʒɑ̃vje]	**Januar** *m*
Janvier a été très froid.	Der Januar war sehr kalt.

TIPP: *Monatsnamen werden normalerweise ohne Artikel gebraucht oder man sagt* ***le mois de****. Im Januar heißt* ***en janvier****.*

février *m* [fevʀije]	**Februar** *m*
On met la date en haut à droite: Paris, le 4 (⚠ *nicht:* **4ème**) **février** 1999.	Das Datum kommt oben rechts hin: Paris, den 4. Februar 1999.
mars *m* [maʀs]	**März** *m*
avril *m* [avʀil]	**April** *m*
mai *m* [mɛ]	**Mai** *m*
juin *m* [ʒwɛ̃]	**Juni** *m*
juillet *m* [ʒɥijɛ]	**Juli** *m*
août *m* [u(t)]	**August** *m*
septembre *m* [sɛptɑ̃bʀ]	**September** *m*
octobre *m* [ɔktɔbʀ]	**Oktober** *m*
novembre *m* [nɔvɑ̃bʀ]	**November** *m*
décembre *m* [desɑ̃bʀ]	**Dezember** *m*

2.1.3 WOCHENTAGE

le **dimanche** [dimɑ̃ʃ]	**Sonntag** *m*
Le **dimanche**, je fais du sport.	Sonntags treibe ich Sport.
Qu'est-ce que tu fais **dimanche**?	Was machst du am (kommenden) Sonntag?
Pourquoi tu n'as pas téléphoné **dimanche**?	Warum hast du (letzten) Sonntag nicht angerufen?

TIPP: *Wenn der bestimmte Artikel steht, heißt das, dass etwas regelmäßig an diesem Tag geschieht. Ohne Artikel bezeichnet es den letzten oder den nächsten.*

le **lundi** [lœ̃di]	**Montag** *m*
le **mardi** [maʀdi]	**Dienstag** *m*
le **mercredi** [mɛʀkʀədi]	**Mittwoch** *m*
le **jeudi** [ʒødi]	**Donnerstag** *m*
le **vendredi** [vɑ̃dʀədi]	**Freitag** *m*
le **samedi** [samdi]	**Samstag** *m*, **Sonnabend** *m*

2.1.4 TAGESZEIT

«1–2000»

le **matin** [matɛ̃] En France il y a cours le **matin** et l'après-midi. → *matinée*	**Morgen** *m*, **Vormittag** *m* In Frankreich ist vormittags und nachmittags Unterricht.
l'**après-midi** *m* [apʀɛmidi] ⚠ *pl inv* Cet **après-midi**, j'irais bien au cinéma.	**Nachmittag** *m* Heute Nachmittag würde ich gern ins Kino gehen.
le **soir** [swaʀ] Le vendredi **soir**, les trains sont pleins. → *soirée*	**Abend** *m* Freitagabends sind die Züge voll.
la **nuit** [nɥi] Je n'aime pas conduire de **nuit**. La **nuit** dernière, j'ai très mal dormi.	**Nacht** *f* Ich fahre nachts nicht gern Auto. Heute Nacht habe ich sehr schlecht geschlafen.

«2001–4000»

la **matinée** [matine] J'ai lu toute la **matinée**.	**Vormittag** *m* Ich habe den ganzen Vormittag gelesen.

***TIPP: Matinée** bezeichnet den Vormittag in seinem ganzen Verlauf.*

midi [midi] *ant:* minuit Il est **midi** juste. La pause pour le déjeuner est à **midi** et demi.	**zwölf Uhr mittags** Es ist genau zwölf Uhr mittags. Die Mittagspause beginnt um halb eins.
la **soirée** [swaʀe] J'ai passé une **soirée** très agréable.	**Abend** *m* Ich habe einen sehr angenehmen Abend verbracht.

***TIPP: Soirée** bezeichnet den Abend in seinem ganzen Verlauf.*

minuit [minɥi] *ant:* midi Il est **minuit**! Bonne année à tous!	**Mitternacht** *f* Es ist Mitternacht! Ein gutes neues Jahr allerseits!

2.1.5 UHRZEIT

à quelle heure [akɛlœʀ] *adv* **À quelle heure** est le prochain train pour Nantes?	**um wie viel Uhr, wann** Wann fährt der nächste Zug nach Nantes?
à [a] *prep* En général, les spectacles commencent seulement **à** 20 h 30.	**um** Im Allgemeinen fangen die Vorstellungen erst um 20 Uhr dreißig an.

***TIPP:** Man spricht **vingt heures trente**.*

l'**heure** *f* [œʀ] Une pièce de Claudel peut durer jusqu'à dix **heures**. Il est cinq **heures** dix.	**Stunde** *f* Ein Stück von Claudel kann bis zu zehn Stunden dauern. Es ist zehn Minuten nach fünf.
la **demi-heure** [d(ə)miœʀ] ⚠ *pl* **demi-heures** Nous avons une **demi-heure** devant nous. On va boire un verre?	**halbe Stunde** Wir haben noch eine halbe Stunde. Wollen wir so lange etwas trinken gehen?
le **quart d'heure** [kaʀdœʀ] Attends-moi là! J'en ai pour un petit **quart d'heure**.	**Viertelstunde** *f* Warte hier auf mich! Ich brauche eine knappe Viertelstunde.
la **minute** [minyt] Nous habitons à cinq **minutes** du centre.	**Minute** *f* Wir wohnen fünf Minuten vom Zentrum entfernt.
la **seconde** [s(ə)gɔ̃d] Une **seconde**! Tu es si pressé?	**Sekunde** *f* Eine Sekunde! Hast du es denn so eilig?

le **quart** [kaʀ] Le cours de maths est à onze heures et **quart**. Il est midi moins le **quart**.	**Viertel** *n* Der Matheunterricht beginnt um Viertel nach elf. Es ist Viertel vor zwölf.
demi, e [d(ə)mi] *adj* Pour les petits, l'école commence à huit heures et **demie**.	**halb** Für die Kleinen fängt die Schule um halb neun an.

***TIPP:** Im Französischen nimmt man die Stundenzahl der vorangegangenen Stunde.*

moins [mwɛ̃] *adv* Ton train est à quatre heures **moins** cinq.	**vor** Dein Zug geht um fünf vor vier.

***TIPP:** Man kann auch **15 heures 55** sagen.*

2.1.6 ANDERE ZEITBEGRIFFE

2.1.6.1 VERGANGENHEIT, GEGENWART UND ZUKUNFT

«1–2000»

le **temps** [tɑ̃]	**Zeit** *f*
Les gens disent sans arrêt qu'ils n'ont pas le **temps**!	Die Menschen sagen dauernd, sie hätten keine Zeit.
quand [kɑ̃] *adv, conj*	**wann; wenn; als**
Quand est-ce que tu arrives?	Wann kommst du an?
Quand je reçois une lettre de toi, c'est toujours une joie.	Wenn ich einen Brief von dir bekomme, freue ich mich immer.
Quand je l'ai vue hier, je ne l'ai pas reconnue.	Als ich sie gestern gesehen habe, habe ich sie nicht erkannt.
en [ɑ̃] *prep*	**in; im Jahre** *(bei Jahreszahlen meist gar keine Präposition)*
La Savoie est devenue française seulement **en** 1860.	Savoyen wurde erst 1860 französisch.
pendant que [pɑ̃dɑ̃kə] *conj*	**während**
Tu peux corriger ma lettre **pendant que** je prépare le repas?	Kannst du meinen Brief korrigieren, während ich das Essen mache?
pendant [pɑ̃dɑ̃] *prep syn:* durant	**während**
Pendant la grève des bus, nous avons dû marcher des kilomètres.	Während des Busstreiks mussten wir zig Kilometer zu Fuß gehen.
le **siècle** [sjɛkl]	**Jahrhundert** *n*
Le XXe **siècle** a été celui du progrès technique.	Das 20. Jahrhundert war das Jahrhundert des technischen Fortschritts.

TIPP: *Man kann auch* ***XXème*** *schreiben, gesprochen wird* ***vingtième****.*

la **date** [dat]	**Datum** *n*
D'après la **date** sur l'enveloppe, la lettre a été postée hier.	Nach dem Datum auf dem Umschlag wurde der Brief gestern aufgegeben.
À quelle **date** est né Jésus?	Wann wurde Jesus geboren?
maintenant [mɛ̃t(ə)nɑ̃] *adv*	**jetzt**
C'est **maintenant** qu'il faut faire quelque chose; après, ce sera trop tard.	Man muss jetzt etwas tun, später ist es zu spät.

Französisch	Deutsch
le **présent** [pʀezɑ̃] *ant:* passé, avenir	**Gegenwart** *f*
Il faut vivre dans le **présent**.	Man muss in der Gegenwart leben.
actuel, le [aktɥɛl] *adj* *ant:* passé, futur	**gegenwärtig, heutig; jetzig**
Les voitures **actuelles** consomment moins d'essence.	Die heutigen Autos verbrauchen weniger Benzin.
La capitale **actuelle** est Berlin.	Die jetzige Hauptstadt ist Berlin.
aujourd'hui [oʒuʀdɥi] *adv*	**heute**
Si je commence ce travail **aujourd'hui**, je peux avoir fini demain soir.	Wenn ich heute mit der Arbeit anfange, kann ich morgen Abend damit fertig sein.
moderne [mɔdɛʀn] *adj*	**modern**
La peinture **moderne** me plaît.	Mir gefällt moderne Malerei.
dernier, -ère [dɛʀnje, jɛʀ] *adj*	**neueste(r, -s)**
Les **derniers** modèles de téléphone portable sont tout petits.	Die neuesten Handymodelle sind ganz klein.
le **moment** [momɑ̃] *syn:* instant	**Augenblick** *m*, **Moment** *m*
Il va falloir choisir le bon **moment**.	Wir müssen den richtigen Augenblick abwarten.
Ça fait déjà un bon **moment** que j'attends.	Ich warte schon eine ganze Weile.
l'**instant** *m* [ɛ̃stɑ̃] *syn:* moment	**Moment** *m*
J'en ai juste pour un **instant**.	Ich brauche nur einen Moment.

Französisch	Deutsch
passé, e [pɑse] *adj* *ant:* actuel, futur	**vergangen**
On essaie de redécouvrir les traditions du temps **passé**.	Man versucht, vergangene Traditionen neu zu entdecken.
le **passé** [pɑse] *ant:* présent, avenir	**Vergangenheit** *f*
Dans le **passé**, on avait toute sa vie le même emploi.	Früher hatte man sein ganzes Leben lang dieselbe Stelle.
ancien, ne [ɑ̃sjɛ̃, jɛn] *adj* *ant:* actuel, futur	**ehemalig, früher**
Un **ancien** ministre est toujours appelé «Monsieur le ministre».	Ein ehemaliger Minister wird immer noch mit „Monsieur le ministre" angeredet.
hier [jɛʀ] *adv*	**gestern**
Tu as déjà oublié ta promesse d'**hier** soir?	Hast du dein Versprechen von gestern Abend schon vergessen?

il y a [ilja] *prep* Je suis déjà venu en France **il y a** trois ans.	**vor** Ich war vor drei Jahren schon einmal in Frankreich.
il y a … que [ilja…kə] **Il y a** plus de vingt ans **que** je suis venu en France pour la première fois. **Il y a** six mois **que** nous habitons Le Havre.	**vor; seit** Ich bin vor über zwanzig Jahren zum ersten Mal nach Frankreich gekommen. Wir wohnen seit sechs Monaten in Le Havre.
l'**avenir** *m* [av(ə)niʀ] *syn:* futur À l'**avenir**, je ferai plus attention.	**Zukunft** *f* In Zukunft werde ich besser aufpassen.
le **futur** [fytyʀ] *syn:* avenir J'ai du mal à imaginer ma vie dans le **futur**.	**Zukunft** *f* Ich kann mir mein zukünftiges Leben nur schwer vorstellen.
futur, e [fytyʀ] *adj ant:* actuel, passé Romuald nous a présenté sa **future** femme.	**(zu)künftig** Romuald hat uns seine zukünftige Frau vorgestellt.
demain [d(ə)mɛ̃] *adv* On verra **demain** matin, car ce soir je suis fatiguée.	**morgen** Wir werden morgen früh weitersehen, denn heute Abend bin ich zu müde.

«2001–4000»

l'**époque** *f* [epɔk] Nous vivons une **époque** où tout change très vite.	**Epoche** *f*, **Zeit** *f* Wir leben in einer Zeit, in der sich alles sehr schnell ändert.
ce, cet, cette [sə, sɛt] *adj* **Cet** après-midi, il va faire chaud!	**heute** Heute Nachmittag wird es heiß!

TIPP: *Man sagt auch* ***ce matin*** *„heute Morgen“,* ***ce soir*** *„heute Abend“ und* ***cette nuit*** *„heute Nacht“. Die Form* ***cet*** *wird verwendet, wenn das Adjektiv vor einem männlichen Substantiv steht, das mit Vokal oder stummem h anfängt.*

actuellement [aktɥɛlmɑ̃] *adv* **Actuellement**, ma sœur ne travaille pas.	**im Moment, zurzeit** Meine Schwester arbeitet im Moment nicht.

nouveau, nouvel, nouvelle [nuvo, nuvɛl] *adj ant:* ancien ⚠ *pl* **nouveaux**	**neu**
Le **nouvel** hôtel de ville a coûté très cher.	Das neue Rathaus hat viel Geld gekostet.

*TIPP: Die Form **nouvel** wird verwendet, wenn das Adjektiv vor einem männlichen Substantiv steht, das mit Vokal oder stummem h anfängt.*

tant que [tɑ̃kə] *conj*	**solange**
Tant que c'est de la musique, la radio ne me dérange pas.	Solange Musik kommt, stört mich das Radio nicht.
lorsque [lɔʀsk(ə)] *conj syn:* quand	**als**
Lorsqu'il a marqué le but, tout le stade s'est levé.	Als er das Tor geschossen hat, stand das ganze Stadion auf.

*TIPP: Vor Vokal und stummem h wird **que** zu **qu'**.*

lors de [lɔʀdə] *prep*	**bei, anlässlich**
Lors des derniers championnats du monde, plusieurs records ont été battus.	Bei den letzten Weltmeisterschaften sind mehrere Rekorde gebrochen worden.
récent, e [ʀesɑ̃, ɑ̃t] *adj*	**neuere(r, -s)**
L'histoire **récente** montre les conséquences du racisme.	Die neuere Geschichte zeigt uns die Folgen des Rassismus.
avant-hier [avɑ̃tjɛʀ] *adv*	**vorgestern**
Nous étions encore ensemble **avant-hier** et ça me paraît déjà si loin!	Vorgestern waren wir noch zusammen, und dennoch kommt mir das schon so lange vor!
récemment [ʀesamɑ̃] *adv*	**neulich, kürzlich**
J'en ai **récemment** parlé avec elle.	Ich habe erst kürzlich mit ihr darüber gesprochen.
à l'époque [alepɔk] *adv*	**damals**
À l'époque, j'avais sept ans et je ne m'en souviens plus.	Ich war damals sieben, und ich erinnere mich nicht mehr daran.
autrefois [otʀəfwa] *adv*	**früher**
Autrefois, les fils avaient le métier de leur père.	Früher übten Söhne den Beruf des Vaters aus.
après-demain [apʀɛd(ə)mɛ̃] *adv*	**übermorgen**
Tu pars déjà **après-demain**?	Du fährst übermorgen schon?
au bout de [obudə] *prep*	**nach**
Au bout de huit jours, je commence à comprendre un peu quelque chose.	Nach acht Tagen verstehe ich langsam ein bisschen.

2.1.6.2 DAUER

«1–2000»

jusque [ʒysk(ə)] *prep*	**bis**
Jusqu'ici, tout va bien.	Bis jetzt geht alles gut.
Les lycéens français ont souvent cours **jusqu'à** 18 heures.	Französische Gymnasiasten haben oft bis 18 Uhr Unterricht.

***TIPP:** Vor Vokal und stummem h wird **que** zu **qu'**.*

depuis [dəpɥi] *prep*	**seit**
Tu dois me trouver changé **depuis** la dernière fois!	Du findest sicher, dass ich mich seit dem letzten Mal verändert habe!
dès [dɛ] *prep*	**(schon) ab**
Le mimosa fleurit **dès** février.	Mimosen blühen schon ab Februar.
à partir de [apaʀtiʀdə] *prep*	**ab**
À partir de 11 heures, le soir, je ne suis plus là pour personne.	Ich bin ab 11 Uhr abends für niemanden mehr da.
encore [ɑ̃kɔʀ] *adv*	**(immer) noch**
Un siècle après, on parle **encore** de l'affaire Dreyfus.	Nach einem Jahrhundert redet man immer noch von der Affäre Dreyfus.
long, longue [lɔ̃, lɔ̃g] *adj ant:* court	**lang**
Après des vacances aussi **longues**, ça doit être dur de retravailler! → *reconnaître TIPP*	Nach so langen Ferien muss es schwierig sein, wieder zu arbeiten!
longtemps [lɔ̃tɑ̃] *adv*	**lange**
Ça fait **longtemps** que je ne fume plus!	Ich rauche schon lange nicht mehr.
toujours [tuʒuʀ] *adv*	**immer; immer noch**
Il veut **toujours** être le premier.	Er will immer der Erste sein.
Maman est **toujours** sous la douche?	Ist Mama immer noch unter der Dusche?

«2001–4000»

jusqu'à ce que [ʒyskask(ə)] *conj*	**bis**
Pas de problème; je t'attends **jusqu'à ce que** tu aies fini.	Kein Problem, ich warte, bis du fertig bist.

***TIPP: Jusqu'à ce que** steht immer mit dem Subjonctif.*

depuis que [dəpɥikə] *conj*	**seit**
Depuis que je vis en France, je vois les Français autrement.	Seit ich in Frankreich lebe, sehe ich die Franzosen ganz anders.
dès que [dɛkə] *conj*	**sobald**
Dès que je serai rentré, je te passe un coup de fil.	Ich rufe dich an, sobald ich zu Hause bin.

2.1.6.3 HÄUFIGKEIT

«1–2000»

déjà [deʒa] *adv*	**schon**
Tu as **déjà** visité une grotte?	Hast du schon mal eine Höhle besichtigt?
tout le temps [tulətɑ̃] *adv* *syn:* toujours	**immer**
Elle est **tout le temps** de bonne humeur.	Sie ist immer guter Laune.
souvent [suvɑ̃] *adv*	**oft**
Je pense **souvent** à toi et tu me manques.	Ich denke oft an dich, und du fehlst mir.
parfois, quelquefois [parfwa, kɛlkəfwa] *adv*	**manchmal**
Je fais encore **parfois** des fautes, mais je m'améliore.	Ich mache noch manchmal Fehler, aber ich werde besser.
courant, e [kurɑ̃, ɑ̃t] *adj*	**gebräuchlich**
Je n'apprends que les mots **courants**.	Ich lerne nur die gebräuchlichen Wörter.

rarement [rarmɑ̃] *adv* *ant:* souvent	**selten**
Les gens du Midi sont **rarement** blonds.	Südfranzosen sind selten blond.
ne … jamais [nə…ʒamɛ] *adv*	**nie**
Je **n'**en ai **jamais** entendu parler.	Davon habe ich noch nie gehört.

***TIPP: Ne** wird vor Vokal und stummem h zu **n'** und wird in der gesprochenen Sprache oft ganz weggelassen.*

«2001–4000»

Französisch	Deutsch
fréquent, e [fʀekɑ̃, ɑ̃t] *adj*	**häufig**
La neige en Bretagne, ça n'est pas **fréquent**.	Schnee ist in der Bretagne nicht sehr häufig.
sans arrêt [sɑ̃zaʀɛ] *adv syn:* tout le temps	**dauernd, ständig**
On se dispute **sans arrêt**, mais on s'aime bien.	Wir streiten uns dauernd, aber wir mögen uns trotzdem.
le plus souvent, la plupart du temps [ləplysuvɑ̃, laplypaʀdytɑ̃] *adv*	**meistens**
Avec ma sœur, **le plus souvent**, c'est moi qui cède.	Bei meiner Schwester gebe meistens ich nach.
en général, généralement, d'ordinaire, habituellement [ɑ̃ʒeneʀal, ʒeneʀalmɑ̃, dɔʀdinɛʀ, abitɥɛlmɑ̃] *adv*	**normalerweise, (für) gewöhnlich**
Généralement, le Tour de France arrive sur les Champs-Élysées.	Normalerweise kommt die Tour de France auf den Champs-Élysées an.
Habituellement, je me couche à minuit.	Gewöhnlich gehe ich um Mitternacht ins Bett.
normalement, d'habitude [nɔʀmalmɑ̃, dabityd] *adv*	**normalerweise**
Normalement, les bus s'arrêtent devant la gare, mais il y a des travaux.	Normalerweise halten die Busse vor dem Bahnhof, aber da wird gerade gebaut.
de temps en temps [dətɑ̃zɑ̃tɑ̃] *adv*	**von Zeit zu Zeit, ab und zu**
Je regarde **de temps en temps** la télé, mais pas très souvent.	Von Zeit zu Zeit sehe ich fern, aber nicht sehr oft.

2.1.6.4 *FRÜHER UND SPÄTER*

«1–2000»

avant [avɑ̃] *adv, prep ant:* après	**vorher; vor**
J'aurais dû réfléchir **avant**.	Ich hätte vorher überlegen sollen.
Il gèle souvent **avant** la Toussaint.	Es friert oft schon vor Allerheiligen.
avant de [avɑ̃də] *prep ant:* après	**bevor**
Il faut mettre son clignotant **avant de** tourner, pas après!	Man muss blinken, bevor man abbiegt, nicht danach!
avant que [avɑ̃kə] *conj ant:* après que	**bevor**
J'ai su que c'était ta sœur **avant qu'**elle me le dise: elle te ressemble tellement!	Ich wusste, dass das deine Schwester ist, bevor sie es mir sagte. Sie sieht dir ja so ähnlich!

***TIPP: Avant que** steht immer mit dem Subjonctif.*

venir de faire qch [v(ə)niʀdəfɛʀ] *v* ⚠ *irr* 41	**etwas gerade getan haben**
Ma mère **vient de** faire un gâteau.	Meine Mutter hat gerade einen Kuchen gebacken.

à l'heure [alœʀ] *adv*	**pünktlich**
Je suis toujours **à l'heure** à mes rendez-vous.	Ich komme immer pünktlich zu meinen Verabredungen.
à temps [atɑ̃] *adv*	**rechtzeitig**
Nous sommes arrivés juste **à temps** pour avoir le dernier métro.	Wir sind gerade noch rechtzeitig zur letzten U-Bahn gekommen.
en avance [ɑ̃navɑ̃s] *adv ant:* en retard	**zu früh**
Excusez-moi, je suis un tout petit peu **en avance**!	Entschuldigen Sie, ich bin ein klein bisschen zu früh dran!
à l'avance [alavɑ̃s] *adv syn:* d'avance	**vorher, im Voraus**
Je vous remercie **à l'avance** de votre réponse.	Ich danke Ihnen schon im Voraus für Ihre Antwort.

seulement [sœlmɑ̃] *adv*	**erst**
J'ai su **seulement** avant-hier que je pourrais venir.	Ich habe erst vorgestern erfahren, dass ich kommen kann.

Französisch	Deutsch
bientôt [bjɛ̃to] *adv* À **bientôt**, j'espère.	**bald** Bis hoffentlich bald!
d'abord [dabɔʀ] *adv* On va **d'abord** manger; on verra après!	**zuerst, zunächst** Zuerst essen wir, dann sehen wir weiter.
tout de suite [tutsɥit] *adv* *syn:* immédiatement Je ne peux pas te rembourser **tout de suite**.	**sofort** Ich kann dir das Geld nicht sofort zurückgeben.
ensuite [ɑ̃sɥit] *adv syn:* puis, après Nous allons visiter le musée; **ensuite**, je t'emmène chez moi.	**danach** Wir gehen ins Museum, danach nehme ich dich zu mir mit.
puis [pɥi] *adv syn:* ensuite Il y a eu une explosion, **puis** plus rien.	**dann** Es gab eine Explosion, und dann nichts mehr.
alors [alɔʀ] *adv* Elle m'a donné une gifle. — Et **alors**, qu'est-ce que tu as fait?	**dann** Sie hat mich geohrfeigt. — Und was hast du dann gemacht?
après [apʀɛ] *adv, prep ant:* avant **Après** le bac, je ne sais pas ce que je ferai. **Après** avoir marqué le but, il a embrassé le ballon. C'est seulement **après** que j'ai compris mon erreur.	**nach; nachdem; danach** Ich weiß noch nicht, was ich nach dem Abi mache. Nachdem er das Tor geschossen hatte, küsste er den Ball. Erst danach habe ich meinen Fehler bemerkt.

Französisch	Deutsch
tôt [to] *adv ant:* tard Il ne faut pas commencer le tennis trop **tôt**.	**früh** Man sollte nicht zu früh mit Tennis anfangen.
tard [taʀ] *adv ant:* tôt On peut rentrer **tard**; mes parents sont sortis.	**spät** Wir können spät heimkommen, meine Eltern sind ausgegangen.
dernier, -ière [dɛʀnje, jɛʀ] *adj ant:* premier Le **dernier** jour de cours est le 30 juin. L'important, c'est de participer, même si on arrive **dernier**.	**letzte(r, -s)** Der letzte Schultag ist am 30. Juni. Dabeisein ist alles, selbst wenn man Letzter wird.
enfin [ɑ̃fɛ̃] *adv* J'ai **enfin** reçu de tes nouvelles!	**endlich** Ich habe endlich Neuigkeiten von dir!

«2001–4000»

aussitôt [osito] *adv syn:* tout de suite, immédiatement	**sofort, gleich**
Si tu m'écris, je te promets de te répondre **aussitôt**.	Wenn du mir schreibst, verspreche ich dir, dass ich dir sofort antworten werde.
immédiatement [imedjatmɑ̃] *adv syn:* tout de suite, aussitôt	**gleich, sofort**
Si je ne fais pas les choses **immédiatement**, je n'y pense plus.	Wenn ich die Dinge nicht gleich erledige, denke ich nicht mehr daran.
à la fois [alafwa] *adv*	**gleichzeitig**
Je ne peux pas faire trente-six choses **à la fois**.	Ich kann doch nicht hundert Dinge gleichzeitig tun!
tout à coup [tutaku] *adv*	**plötzlich**
L'orage est venu **tout à coup**.	Das Gewitter ist ganz plötzlich hereingebrochen.
soudain [sudɛ̃] *adv*	**plötzlich**
Quand elle lui a parlé, il est **soudain** devenu tout rouge.	Als sie mit ihm redete, ist er plötzlich ganz rot geworden.

***TIPP: Soudain** wird auch als Adjektiv benützt, z. B. **une crise soudaine**.*

urgent, e [yʀʒɑ̃, ɑ̃t] *adj*	**dringend**
Je posterai le courrier demain, à moins que ta lettre soit **urgente**.	Ich gebe die Post morgen auf, es sei denn, dein Brief ist dringend.
définitif, -ive [definitif, iv] *adj*	**endgültig**
C'est ton dernier mot? Ta décision est **définitive**?	Ist das dein letztes Wort? Ist deine Entscheidung endgültig?
finalement [finalmɑ̃] *adv*	**schließlich, letztlich**
J'étais inquiète, mais **finalement**, je me suis bien débrouillée.	Ich hatte mir Sorgen gemacht, aber schließlich habe ich mich ganz gut geschlagen.

2.1.7 ZEITLICHER ABLAUF

«1–2000»

prêt, e [pʀɛ, pʀɛt] *adj*	**fertig, bereit**
Le repas est **prêt**; on mange quand tu veux.	Das Essen ist fertig, wir können essen, wann du willst.
commencer [kɔmɑ̃se] *v* ⚠ **nous commençons**	**anfangen, beginnen**
Le film **commence** dans un quart d'heure.	Der Film beginnt in einer Viertelstunde.
Je **commence** à m'inquiéter; Anne devrait être rentrée depuis longtemps.	Ich mache mir langsam Sorgen, Anne müsste schon längst zu Hause sein.
se mettre à [səmɛtʀa] *v syn:* commencer ⚠ *irr* 22	**anfangen zu**
Je **me suis à** la guitare l'an dernier.	Ich habe letztes Jahr angefangen, Gitarre zu spielen.
le **début** [deby] *syn:* commencement	**Anfang** *m*
Au **début**, l'italien paraît très facile.	Anfangs erscheint Italienisch ganz leicht.
rester [ʀɛste] *v*	**bleiben**
Moi, je **reste** dans la voiture; il pleut trop.	Ich bleibe im Auto, es regnet zu stark.

***TIPP: Rester** wird mit **être** konjugiert.*

continuer [kɔ̃tinɥe] *v*	**weitergehen; weitermachen**
Ne partez pas! La fête **continue** jusqu'à 4 heures.	Gehen Sie noch nicht! Das Fest geht bis 4 Uhr weiter.
Je **continue** de faire trois langues, mais j'ai du mal!	Ich lerne weiter drei Sprachen, aber ich tue mich schwer damit.
la **fois** [fwa]	**Mal** *n*
Je me souviens de la première **fois** où on s'est rencontrés.	Ich erinnere mich, wie wir uns das erste Mal getroffen haben.
une fois [ynfwa] *adv*	**einmal**
Il était **une fois** un roi très riche …	Es war einmal ein sehr reicher König …
de nouveau [dənuvo] *adv*	**noch einmal**
J'essaierai **de nouveau** l'année prochaine.	Ich versuche es nächstes Jahr noch einmal.
répéter [ʀepete] *v* ⚠ **il répète**	**wiederholen**
Peux-tu **répéter** ta question?	Kannst du deine Frage wiederholen?

le **progrès** [pʀɔgʀɛ] Tu as fait de gros **progrès** en un mois.	**Fortschritt** *m* Du hast in einem Monat große Fortschritte gemacht.
devenir [dəvniʀ] *v* ⚠ *irr* 41 Il est plus difficile qu'avant de **devenir** français.	**werden** Es ist schwieriger als früher, Franzose zu werden.

***TIPP: Devenir** wird mit **être** konjugiert.*

le **changement** [ʃɑ̃ʒmɑ̃] Beaucoup de jeunes veulent le **changement**, pas forcément la révolution.	**Veränderung** *f* Viele junge Menschen wollen eine Veränderung, aber nicht unbedingt eine Revolution.
changer [ʃɑ̃ʒe] *v* ⚠ **nous changeons** Paris n'**a** pas tellement **changé** en un siècle, comparé à Berlin.	**sich verändern** Im Vergleich mit Berlin hat sich Paris in einem Jahrhundert nicht so sehr verändert.
arrêter [aʀete] *v syn:* cesser Demain, j'**arrête** de fumer. J'**arrête** le foot; je suis trop nul.	**aufhören; aufhören mit** Morgen höre ich auf zu rauchen. Ich höre mit dem Fußball auf, ich bin darin wirklich zu schlecht.
finir [finiʀ] *v* ⚠ **ils finissent** Tu sais comment **finit** la pièce? Après trois échecs, elle **a fini** par renoncer.	**enden, ausgehen** Weißt du, wie das Stück ausgeht? Nach drei Misserfolgen hat sie schließlich aufgegeben.
la **fin** [fɛ̃] À la **fin** du film, tout le monde pleurait.	**Ende** *n* Am Ende des Films weinten alle.
fini, e [fini] *adj syn:* terminé Je suis content que cette histoire soit **finie**.	**zu Ende, vorbei** Ich bin froh, dass diese Geschichte zu Ende ist.

«2001–4000»

le **commencement** [kɔmɑ̃smɑ̃] *syn:* début Nous ne sommes qu'au **commencement** du XXIe siècle.	**Anfang** *m* Wir befinden uns erst am Anfang des 21. Jahrhunderts.
cesser [sese] *v syn:* arrêter Les essais nucléaires français **ont cessé** en 1997.	**aufhören** Die französischen Atomtests haben 1997 aufgehört.

terminé, e [tɛʀmine] *adj syn:* fini Mon séjour sera bientôt **terminé**. Ça a passé vite!	**zu Ende** Mein Aufenthalt ist bald zu Ende. Die Zeit ist schnell vergangen.
terminer [tɛʀmine] *v syn:* finir Pour bien **terminer** l'année, nous avons organisé une soirée.	**beenden** Um das Jahr gut zu beenden, haben wir eine Abendeinladung organisiert.
limiter [limite] *v* Le gouvernement veut **limiter** la durée du temps de travail.	**begrenzen** Die Regierung möchte die Arbeitszeit begrenzen.
la **suite** [sɥit] La **suite** au prochain numéro.	**Fortsetzung** *f* Fortsetzung im nächsten Heft.
suivant, e [sɥivɑ̃, ɑ̃t] *adj* L'opération s'est bien passée, mais j'ai mal dormi les nuits **suivantes**.	**folgend** Die Operation ist gut verlaufen, aber ich habe in den folgenden Nächten schlecht geschlafen.

avoir lieu [avwaʀljø] *v syn:* se passer ⚠ *irr* 3 Le Tour de France **a lieu** tous les ans en juillet.	**stattfinden** Die Tour de France findet jedes Jahr im Juli statt.
durer [dyʀe] *v* Un match de rugby ne **dure** que 80 minutes.	**dauern** Ein Rugbymatch dauert nur 80 Minuten.
la **durée** [dyʀe] En France, la **durée** des études jusqu'au bac est de douze ans.	**Dauer** *f* In Frankreich beträgt die Dauer der Schulzeit bis zum Abitur zwölf Jahre.

le **développement** [dev(ə)lɔpmɑ̃] Le tiers-monde connaît un **développement** très lent.	**Entwicklung** *f* Die Dritte Welt macht eine sehr langsame Entwicklung durch.
se développer [sədevlɔpe] *v* Malgré l'aide qu'ils reçoivent, certains pays du tiers-monde **se développent** très lentement.	**sich entwickeln** Trotz der Hilfen, die sie erhalten, entwickeln sich manche Länder der Dritten Welt sehr langsam.
l'**évolution** *f* [evɔlysjɔ̃] Le progrès technique a accéléré l'**évolution** de la société.	**Weiterentwicklung** *f* Der technische Fortschritt hat die Weiterentwicklung der Gesellschaft beschleunigt.

l'**étape** *f* [etap] Le vol sur la Lune a été une **étape** importante pour l'humanité.	**Etappe** *f*, **Abschnitt** *m* Der Flug zum Mond war ein wichtiger Abschnitt in der Geschichte der Menschheit.

TIPP: *Vorsicht,* ***étape*** *wird nur mit einem p geschrieben.*

interrompre [ɛ̃teʀɔ̃pʀ] *v* ⚠ *irr*20 Excusez-moi de vous **avoir interrompu**!	**unterbrechen** Entschuldigen Sie, dass ich Sie unterbrochen habe!
le **retard** [ʀ(ə)taʀ] Tu es encore en **retard**.	**Verspätung** *f* Du bist schon wieder zu spät.
retarder [ʀ(ə)taʀde] *v* La neige nous **a retardés** sur la route. Si tu veux, je peux **retarder** mon départ.	**aufhalten; verzögern** Der Schnee hat uns unterwegs aufgehalten. Wenn du willst, kann ich meine Abreise hinausschieben.
le **délai** [delɛ] J'ai un **délai** de quinze jours pour me décider.	**Frist** *f* Ich habe eine Frist von zwei Wochen, um mich zu entscheiden.

2.2 Raum

2.2.1 RÄUMLICHE BEGRIFFE

«1–2000»

se trouver [sətʀuve] *v syn:* être Notre-Dame de Paris **se trouve** sur une île.	**sich befinden, liegen** Notre Dame de Paris befindet sich auf einer Insel.
où [u] *adv* **Où** est la mairie? **Où** vas-tu?	**wo; wohin** Wo ist das Rathaus? Wohin gehst du?
ici [isi] *adv* C'est **ici** que j'habite. Rex, viens **ici** tout de suite!	**hier; hierher** Hier wohne ich. Rex, komm sofort hierher!

là [la] *adv*	**da; dort(hin); her**
Mes parents ne sont pas **là**.	Meine Eltern sind nicht da.
Je vais souvent **là**, c'est un endroit sympa.	Ich gehe oft dorthin, es ist nett da.
Allez, viens **là**!	Nun komm schon her!
là-bas [labɑ] *adv*	**dort; dorthin**
Tu vois cette colline, **là-bas**?	Siehst du den Hügel dort?
y [i] *adv*	**dort**
Tu connais déjà Toulouse? — Oui, j'**y** suis déjà allée.	Kennst du Toulouse schon? — Ja, ich war schon mal da.
à [a] *prep*	**in; nach**
J'habite **à** Berlin.	Ich wohne in Berlin.
Je me réjouis de venir **à** Marseille.	Ich freue mich, nach Marseille zu kommen.
chez [ʃe] *prep*	**bei; zu**
Tu habites toujours **chez** tes parents?	Du wohnst immer noch bei deinen Eltern?
Je vais **chez** mon père un week-end sur deux.	Ich gehe jedes zweite Wochenende zu meinem Vater.
dans [dɑ̃] *prep*	**in**
Dans le centre-ville, il n'y a personne le dimanche.	Im Stadtzentrum ist sonntags niemand.
Allez jouer **dans** la cour!	Geht in den Hof spielen!
en [ɑ̃] *prep*	**in; nach**
En Forêt-Noire, on peut faire du ski.	Im Schwarzwald kann man Ski fahren.
Nous allons **en** Espagne tous les ans.	Wir fahren jedes Jahr nach Spanien.
sur [syʀ] *prep*	**auf; an**
Le dictionnaire est **sur** mon bureau.	Das Wörterbuch liegt auf meinem Schreibtisch.
Lyon est **sur** le Rhône.	Lyon liegt an der Rhone.
sortir (de) [sɔʀtiʀ(də)] *v ant:* entrer	**hinausgehen; hinausfahren; verlassen**
On ne peut pas **sortir**, il y a une voiture devant le garage.	Wir können nicht hinausfahren, vor der Garage steht ein Auto.
Quand il **est sorti de** l'hôpital, il allait déjà beaucoup mieux.	Als er das Krankenhaus verließ, ging es ihm schon viel besser.
quelque part [kɛlkəpaʀ] *adv ant:* nulle part	**irgendwo; irgendwohin**
On va bien trouver un restaurant **quelque part**.	Wir werden schon irgendwo ein Restaurant finden.
Tu veux aller **quelque part**?	Willst du irgendwohin gehen?

nulle part [nylpaʀ] *adv ant:* quelque part Je n'ai trouvé **nulle part** de boîte aux lettres. Non, je n'irai **nulle part** ce soir.	**nirgends, nirgendwo; nirgendwohin** Ich habe nirgends einen Briefkasten gefunden. Nein, heute Abend gehe ich nirgendwohin.
partout [paʀtu] *adv* J'ai cherché **partout**. J'emporte mon téléphone mobile **partout**.	**überall; überallhin** Ich habe überall gesucht. Ich nehme mein Handy überallhin mit.
ailleurs [ajœʀ] *adv* Moi, j'irais **ailleurs**; ça a l'air mort ici.	**woanders; woandershin** Ich würde woandershin gehen, hier ist tote Hose.
la **place** [plas] *syn:* espace Dans le train, on n'a pas beaucoup de **place** pour ses jambes.	**Platz** *m* Im Zug hat man für seine Beine nicht viel Platz.
la **distance** [distɑ̃s] La **distance** entre Paris et Berlin est d'environ 1 000 km. Sur autoroute, il faut garder ses **distances**.	**Entfernung** *f;* **Abstand** *m* Die Entfernung zwischen Paris und Berlin beträgt etwa 1000 km. Auf der Autobahn sollte man Abstand halten.
loin (de) [lwɛ̃(də)] *adv (prep) ant:* près (de) Allons-y à pied, ce n'est pas **loin** (d'ici)!	**weit; weit (entfernt) von** Komm, wir gehen zu Fuß, es ist nicht weit (von hier)!
près (de) [pʀɛ(də)] *adv (prep) ant:* loin (de) Le sommet est tout **près**. On trouvera bien un hôtel **près de** la gare!	**nahe; nahe bei, in der Nähe von** Der Gipfel ist ganz nah. Wir werden schon ein Hotel in der Nähe des Bahnhofs finden.
le **détour** [detuʀ] Ça fait un **détour**, mais la route est plus jolie.	**Umweg** *m* Das ist zwar ein Umweg, aber die Strecke ist schöner.
proche [pʀɔʃ] *adj ant:* lointain Je ne croyais pas la frontière aussi **proche**!	**nahe** Ich glaubte nicht, dass die Grenze so nahe ist.
à côté (de) [akote(də)] *adv (prep)* J'habite juste **à côté**. Sa chambre est **à côté de** la mienne.	**nebenan; neben** Ich wohne gleich nebenan. Sein Zimmer ist neben meinem.

en face (de) [ɑ̃fas(də)] *adv (prep)*	**gegenüber (von)**
Le théâtre se trouve **en face de** l'hôtel de ville.	Das Theater befindet sich gegenüber vom Rathaus.
l'**avant** *m* [avɑ̃] *ant:* arrière	**vorderer Teil**
Le wagon-restaurant est à l'**avant** du train.	Der Speisewagen ist im vorderen Teil des Zuges.
devant [d(ə)vɑ̃] *adv, prep ant:* derrière	**vor**
Je passe **devant**, vous me suivez?	Ich fahre vor, folgen Sie mir?
Je suis garée **devant** la poste.	Ich habe vor der Post geparkt.
le **milieu** [miljø] ⚠ *pl* **x**	**Mitte** *f*
La statue de Stanislas est au **milieu** de la place.	Die Statue von Stanislas steht mitten auf dem Platz.
parmi [paʀmi] *prep*	**unter; von**
Parmi les lettres, il y en avait une de ma correspondante.	Unter den Briefen war einer von meiner Brieffreundin.
Parmi les régions françaises, la Corse est la plus petite.	Von den französischen Regionen ist Korsika die kleinste.
autour (de) [otuʀ(də)] *adv (prep)*	**herum; um**
On a longtemps cru que le Soleil tournait **autour de** la Terre.	Lange glaubte man, dass sich die Sonne um die Erde dreht.

l'**arrière** *m* [aʀjɛʀ] *ant:* avant	**hinterer Teil**
Vous trouverez encore des places à l'**arrière** du train.	Es gibt noch Plätze im hinteren Teil des Zuges.
derrière [dɛʀjɛʀ] *adv, prep ant:* devant	**hinten; hinter**
Pour la photo, les plus grands se mettent **derrière**!	Für das Foto sollen sich die Größeren hinten hinstellen.
J'ai mis la clé de la maison **derrière** la boîte aux lettres.	Ich habe den Hausschlüssel hinter den Briefkasten getan.
le **côté** [kote]	**Seite** *f*
Les piétons doivent marcher sur le **côté** gauche de la route.	Fußgänger müssen auf der linken Straßenseite gehen.
la **droite** [dʀwat] *ant:* gauche	**rechte Seite; rechts**
Sur la photo, à ma **droite**, c'est ma sœur Caroline.	Auf dem Foto ist rechts von mir meine Schwester Caroline.
Prends à **droite** après le feu!	Bieg nach der Ampel rechts ab!
droit, e [dʀwa, dʀwat] *adj ant:* gauche	**rechte(r, -s)**
J'écris de la main **droite**, mais je joue au tennis avec la gauche.	Ich schreibe mit der rechten Hand, aber ich spiele mit der linken Tennis.

la **gauche** [goʃ] *ant:* droite	**linke Seite; links**
De **gauche** à droite, on voit ma tante, mon oncle et mon père.	Von links nach rechts sieht man meine Tante, meinen Onkel und meinen Vater.
Moi, je voterai à **gauche**.	Ich werde links wählen.
gauche [goʃ] *adj ant:* droit	**linke(r, -s)**
Depuis mon accident de ski, j'ai mal au genou **gauche**.	Seit meinem Skiunfall habe ich Schmerzen im linken Knie.
en haut (de) [ɑ̃o(də)] *adv (prep) ant:* en bas (de)	**oben; oben auf**
Je passe devant; je vous attendrai **en haut**.	Ich gehe schon mal voraus. Ich warte dann oben auf euch.
Quand on est **en haut de** la colline, on a une vue magnifique.	Wenn man oben auf dem Hügel ist, hat man eine herrliche Sicht.
au-dessus (de) [od(ə)sy(də)] *adv (prep) ant:* au-dessous (de)	**darüber; über**
Au-dessus de mon lit, j'ai l'affiche du film Titanic.	Über meinem Bett habe ich das Plakat des Films Titanic.
haut, e ['o, 'ot] *adj ant:* bas	**hoch**
C'est une vieille maison, les plafonds sont très **hauts**.	Es ist ein altes Haus, und die Decken sind sehr hoch.
en bas (de) [ɑ̃bɑ(də)] *adv (prep) ant:* en haut (de)	**unten; unten auf**
Il y a une note **en bas de** la page.	Unten auf der Seite steht eine Fußnote.
au-dessous (de) [od(ə)su(də)] *adv (prep) ant:* au-dessus (de)	**unten; unter**
C'est une vieille dame qui habite **au-dessous**.	Unten wohnt eine alte Dame.
La température est de cinq degrés **au-dessous de** zéro.	Die Temperatur liegt bei fünf Grad unter Null.
bas, se [bɑ, bɑs] *adj ant:* haut	**niedrig**
La chaise est trop **basse**, je suis mal assis.	Der Stuhl ist zu niedrig, da sitze ich schlecht.
par terre [paʀtɛʀ] *adv*	**auf den/dem Boden**
Attention, tout va tomber **par terre**!	Vorsicht, gleich fällt alles auf den Boden.
profond, e [pʀɔfɔ̃, ɔ̃d] *adj*	**tief**
Le torrent n'est pas **profond** à cet endroit.	Der Gebirgsbach ist an dieser Stelle nicht tief.
la **surface** [syʀfas]	**Oberfläche** *f*
On voit des poissons venir à la **surface** de l'eau.	Man kann sehen, wie Fische an die Wasseroberfläche kommen.

plat, e [pla, plat] *adj* La plaine d'Alsace est toute **plate**.	**flach** Die Elsassebene ist ganz flach.
long, longue [lɔ̃, lɔ̃g] *adj ant:* court La rue la plus **longue** de Paris fait plus de 4 km.	**lang** Die längste Straße in Paris ist mehr als 4 Kilometer lang.
droit, e [dʀwa, dʀwat] *adj* Les routes de Champagne sont toutes **droites**.	**gerade** Die Straßen in der Champagne sind kerzengerade.
large [laʀʒ] *adj ant:* étroit L'autoroute du Soleil est très **large**, avec de trois à six voies.	**breit** Die „Autoroute du Soleil" ist sehr breit, sie hat drei bis sechs Spuren.

TIPP: *Die **autoroute du Soleil** führt von Paris nach Marseille.*

étroit, e [etʀwa, etʀwat] *adj ant:* large Les rues de la vieille ville sont **étroites**.	**eng** Die Straßen der Altstadt sind sehr eng.

«2001–4000»

l'**espace** *m* [ɛspas] *syn:* place Moi, j'ai besoin d'**espace**; je ne pourrais pas vivre dans une seule pièce.	**Platz** *m* Ich brauche Platz, ich könnte nie in einem einzigen Zimmer wohnen.
le **lieu** [ljø] *syn:* endroit ⚠ *pl* **x** Tu dois indiquer ta date et ton **lieu** de naissance.	**Ort** *m* Du musst Geburtsdatum und Geburtsort angeben.
voilà [vwala] *adv* **Voilà** ta chambre! La salle de bain est à côté.	**da** Da ist dein Zimmer! Das Bad ist daneben.

intérieur, e [ɛ̃teʀjœʀ] *adj ant:* extérieur La chambre donne sur une cour **intérieure**.	**innere(r, -s), Innen-** Das Zimmer geht auf einen Innenhof.
à l'intérieur (de) [alɛ̃teʀjœʀ(də)] *adv (prep) ant:* à l'extérieur (de) La noix est vide, il n'y a rien **à l'intérieur**. Seuls les bus peuvent circuler **à l'intérieur de** la zone piétonne.	**(dr)innen; innerhalb (von)** Die Nuss ist taub, es ist nichts drin. Nur Busse dürfen innerhalb der Fußgängerzone fahren.

dedans [dədɑ̃] *adv syn:* à l'intérieur, *ant:* dehors	**hinein; (dr)innen**
La salade de fruits est bonne? J'ai mis un peu de kirsch **dedans**.	Ist der Obstsalat gut? Ich habe etwas Kirschwasser hineingetan.
Je sers le café **dedans** ou dehors?	Soll ich den Kaffee drinnen oder draußen servieren?
central, e [sɑ̃tʀal] *adj* ⚠ *pl* **-aux** [o]	**zentral; Haupt-**
Rendez-vous à deux heures près de l'escalier **central**!	Wir treffen uns um zwei Uhr an der Haupttreppe.
extérieur, e [ɛksteʀjœʀ] *adj ant:* intérieur	**äußere(r, -s), Außen-**
L'éclairage **extérieur** s'allume quand quelqu'un approche.	Die Außenbeleuchtung geht an, wenn jemand näher kommt.
à l'extérieur (de) [alɛksteʀjœʀ(də)] *adv (prep) ant:* à l'intérieur (de)	**außen; draußen; außerhalb von**
On va s'installer **à l'extérieur**.	Wir setzen uns draußen hin.
Les usines sont maintenant **à l'extérieur des** villes.	Fabriken sind jetzt außerhalb der Städte.
dehors [dəɔʀ] *adv ant:* dedans	**draußen; nach draußen**
On pourrait manger **dehors**.	Wir könnten draußen essen.
Tu veux aller **dehors** par un froid pareil?	Bei der Kälte willst du raus?
la **hauteur** ['otœʀ]	**Höhe** *f*
Tu connais la **hauteur** de la tour de télévision?	Weißt du, wie hoch der Fernsehturm ist?
sous [su] *prep syn:* au-dessous de	**unter**
Ses économies étaient cachées **sous** le matelas.	Er hatte seine Ersparnisse unter der Matratze versteckt.
la **profondeur** [pʀɔfɔ̃dœʀ]	**Tiefe** *f*
Le lac atteint une **profondeur** de cent mètres.	Der See ist bis zu hundert Meter tief.
la **largeur** [laʀʒœʀ]	**Breite** *f*
La **largeur** de la porte est suffisante, le canapé doit passer.	Die Tür ist breit genug, dass das Sofa durchpasst.

2.2.2 BEWEGUNG UND RUHE

«1–2000»

bouger [buʒe] *v* ⚠ **nous bougeons**	**sich bewegen**
Allez, il faut **bouger** un peu, sinon on va prendre froid!	Los, wir müssen uns etwas bewegen, sonst wird uns kalt!
tourner [turne] *v*	**sich drehen**
On a longtemps cru que le Soleil **tournait** autour de la Terre.	Lange glaubte man, dass sich die Sonne um die Erde dreht.
se tourner [səturne] *v*	**sich umdrehen**
Tourne-toi vers moi, je te prends en photo!	Dreh dich zu mir um, ich mache ein Foto von dir!
le **pas** [pɑ]	**Schritt** *m*
Ma nièce a fait ses premiers **pas** hier.	Meine Nichte hat gestern ihre ersten Schritte gemacht.
sauter [sote] *v*	**überspringen; springen**
Le cheval est tombé en **sautant** la rivière.	Das Pferd ist beim Überspringen des Flusses gestürzt.
Tu **as** (⚠ *nicht:* **es**) **sauté** d'aussi haut? Mais tu es fou!	Du bist von so hoch oben gesprungen? Bist du verrückt?
monter [mɔ̃te] *v syn:* s'élever, *ant:* descendre	**hinaufgehen, hochgehen; hinauffahren, hochfahren**
Tu **es monté** en ascenseur?	Bist du mit dem Aufzug hochgefahren?
J'**ai monté** toute la côte sans descendre de vélo!	Ich bin die ganze Steigung hochgefahren, ohne vom Fahrrad abzusteigen.

***TIPP:** Das Hilfsverb **avoir** steht, wenn das Verb transitiv gebraucht wird, und **être**, wenn es intransitiv gebraucht wird.*

la **montée** [mɔ̃te]	**Aufstieg** *m*; **Steigung** *f*
Il faut compter quatre heures pour la **montée**.	Für den Aufstieg muss man vier Stunden rechnen.
Il reste une **montée** difficile, après c'est presque plat.	Es kommt noch eine letzte starke Steigung, danach geht es fast eben weiter.

descendre [desɑ̃dr] *v ant:* monter	**hinuntergehen; hinunterfahren**
J'aime le vélo surtout quand ça **descend**.	Rad fahren macht mir vor allem dann Spaß, wenn es bergab geht.
J'**ai** tout **descendu** sans freiner.	Ich bin die ganze Strecke runtergefahren ohne zu bremsen.
→ *monter TIPP*	

baisser [bese] *v syn:* descendre, *ant:* monter	**sinken**
L'eau de la rivière **a** (⚠ *nicht:* **est**) encore **baissé** depuis hier.	Das Wasser des Flusses ist seit gestern weiter gesunken.
la **descente** [desɑ̃t] *ant:* montée	**Abfahrt** *f;* **Abstieg** *m*
C'est une impression? Les montées sont toujours plus longues que les **descentes**.	Ist das nur ein Eindruck, dass der Aufstieg immer länger ist als der Abstieg?
couler [kule] *v*	**sinken**
Le Titanic **a** (⚠ *nicht:* **est**) **coulé** en quelques heures.	Die Titanic ist in wenigen Stunden gesunken.
tomber [tɔ̃be] *v*	**fallen**
Je ne **suis** pas **tombée**, mais j'ai eu chaud!	Ich bin nicht gefallen, aber es war knapp.
la **chute** [ʃyt]	**Sturz** *m*
Il a fait une mauvaise **chute**.	Er ist böse gestürzt.

se coucher [səkuʃe] *v*	**sich (hin)legen**
Je **me suis couchée** dans l'herbe et j'ai écouté le vent.	Ich habe mich ins Gras gelegt und dem Wind zugehört.
être couché, e [ɛtʀəkuʃe] *v* ⚠ *irr* 17	**liegen**
Les vaches **sont** tranquillement **couchées** à l'ombre.	Die Kühe liegen ruhig im Schatten.

***TIPP:** Zustandsverben wie „liegen" oder „sitzen" werden im Französischen oft mit einer Konstruktion aus **être** und dem Partizip Perfekt des entsprechenden Bewegungsverbs ausgedrückt, also **se coucher** und **être couché(e)** oder **s'asseoir** und **être assis(e)**.*

s'asseoir [saswaʀ] *v* ⚠ *irr* 2	**sich setzen**
Je vous en prie, **asseyez-vous**!	Setzen Sie sich doch bitte!
être assis, e [ɛtʀasi, iz] *v* ⚠ *irr* 17	**sitzen**
J'**ai été assise** toute la journée devant mon ordinateur.	Ich habe den ganzen Tag am Computer gesessen.
être debout [ɛtʀədəbu] *v* ⚠ *irr* 17	**stehen**
Les personnes qui **sont debout** peuvent s'avancer, il y a de la place devant.	Die Leute, die noch stehen, können nach vorn kommen, da sind noch Plätze frei.

«2001–4000»

la **présence** [pʀezɑ̃s] La cérémonie a eu lieu en **présence** du ministre.	**Gegenwart** *f* Die Feier fand in Gegenwart des Ministers statt.
l'**équilibre** *m* [ekilibʀ] Ce n'est pas le moment de perdre l'**équilibre**!	**Gleichgewicht** *n* Jetzt bloß nicht das Gleichgewicht verlieren!
le **mouvement** [muvmɑ̃] Il a fait un faux **mouvement** et a renversé la bouteille de vin.	**Bewegung** *f* Er hat eine falsche Bewegung gemacht und die Weinflasche umgestoßen.
le **geste** [ʒɛst] Dans le Sud, on parle beaucoup par **gestes**.	**Geste** *f* Im Süden redet man viel mit den Händen.
être suspendu, e [ɛtʀəsyspɑ̃dy] *v* ⚠ *irr* 17 Une tête de cerf **est suspendue** au-dessus de la cheminée.	**hängen** Über dem Kamin hängt ein Hirschgeweih.
rouler [ʀule] *v* Le ballon **a** (⚠ *nicht:* **est**) **roulé** sur la ligne sans rentrer dans le but.	**rollen** Der Ball ist auf der Torlinie entlanggerollt, aber nicht ins Tor.
couler [kule] *v* Le Rhône **coule** du nord vers le sud.	**fließen** Die Rhône fließt von Nord nach Süd.

***TIPP:* Couler** *wird mit* **avoir** *konjugiert.*

se baisser [səbese] *v* C'est une année à champignons, il suffit de **se baisser** pour les ramasser.	**sich bücken** Dieses Jahr ist ein Pilzjahr. Man braucht sich nur zu bücken und sie einsammeln.
se pencher [səpɑ̃ʃe] *v* Ne **te penche** pas trop, c'est vraiment profond! Ne pas **se pencher** dehors!	**sich vorbeugen; sich hinauslehnen** Beuge dich nicht zu weit vor, da geht es wirklich tief hinunter. Hinauslehnen verboten!
pousser [puse] *v* Il faut **pousser** la porte, pas la tirer. Ce n'est pas la peine de **pousser**, tout le monde entrera!	**drücken; drängeln** Du musst drücken und nicht an der Tür ziehen. Es ist doch unnötig zu drängeln, es kommen schon alle rein!

glisser [glise] *v* — **ausrutschen**
J'**ai** (⚠ *nicht:* **je suis**) **glissé** sur le verglas. — Ich bin auf dem Glatteis ausgerutscht.

2.2.3 SCHNELL UND LANGSAM

«1–2000»

la **vitesse** [vitɛs] — **Geschwindigkeit** *f*
Le Concorde atteint la **vitesse** de 2 200 km/h. — Die Concorde erreicht eine Geschwindigkeit von 2200 km/h.

***TIPP:** Man sagt **kilomètres heure** oder **kilomètres à l'heure**.*

se dépêcher [sədepeʃe] *v* — **sich beeilen**
Dépêchons-nous, la séance va bientôt commencer! — Wir müssen uns beeilen, die Vorstellung fängt gleich an.

pressé, e [pʀese] *adj* — **eilig**
Dans le métro, les gens ont toujours l'air **pressés**. — In der Metro wirken die Menschen immer so, als hätten sie es eilig.

vite [vit] *adv syn:* rapidement, *ant:* lentement — **schnell**
Je me dépêche, mais je ne peux pas aller plus **vite**. — Ich beeile mich ja schon, aber ich kann nicht schneller.

rapide [ʀapid] *adj ant:* lent — **schnell**
Le retour a été plus **rapide**: il n'y avait personne sur la route. — Die Rückfahrt ging schneller, es war niemand unterwegs.

lent, e [lɑ̃, lɑ̃t] *adj ant:* rapide — **langsam**
Les véhicules **lents** doivent circuler sur la voie de droite. — Langsame Fahrzeuge müssen auf der rechten Spur fahren.

«2001–4000»

accélérer [akseleʀe] *v ant:* ralentir ⚠ **il accélère** — **beschleunigen**
Une moto **accélère** beaucoup plus vite qu'une voiture. — Ein Motorrad beschleunigt viel schneller als ein Auto.

rattraper [ʀatʀape] *v* — **einholen**
Je l'**ai rattrapé** sans problème, tellement il était lent! — Ich habe ihn problemlos eingeholt, so langsam war er!

dépasser [depɑse] *v*	**überholen**
On ne pourra jamais **dépasser** tous ces camions!	All die Lastwagen werden wir nie überholen können.
avancer [avɑ̃se] *v ant:* reculer ⚠ **nous avançons**	**weitergehen; weiterfahren**
Avance jusqu'au feu.	Fahr bis zur Ampel weiter!

*TIPP: **Avancer** wird mit **avoir** konjugiert.*

ralentir [ʀalɑ̃tiʀ] *v* ⚠ **ils ralentissent**	**langsamer gehen; langsamer fahren**
Je **ralentis**; par temps de pluie, c'est plus prudent.	Ich fahre langsamer. Bei Regen ist das vernünftiger.
immobile [imɔbil] *adj*	**unbeweglich; still**
Elle ne peut pas rester **immobile** deux minutes.	Sie kann keine zwei Minuten still halten.

2.2.4 RICHTUNG

«1–2000»

la **direction** [diʀɛksjɔ̃]	**Richtung** *f*
Vous pouvez m'indiquer la **direction** de Metz?	Können Sie mir sagen, in welcher Richtung es nach Metz geht?
le long de [ləlɔ̃də] *prep*	**entlang**
On peut prendre **le long de** la Seine, c'est très rapide.	Wir können an der Seine entlang fahren, das geht sehr schnell.
vers [vɛʀ] *prep*	**nach**
En automne, certains oiseaux partent **vers** le Sud.	Im Herbst fliegen manche Vögel nach Süden.
hors de [ɔʀdə] *prep*	**außerhalb von**
Hors des villes, on respire vraiment mieux!	Außerhalb von Städten kann man wirklich besser atmen.
de [də] *prep*	**aus**
Tu viens **d'**où? **De** Paris ou **de** la province?	Woher bist du? Aus Paris oder aus der Provinz?
par [paʀ] *prep*	**durch**
On peut aller en Italie **par** le tunnel du mont Blanc.	Man kann durch den Mont-Blanc-Tunnel nach Italien fahren.

à travers [atʀavɛʀ] *prep*	**durch**
La route passe **à travers** la forêt.	Die Straße geht durch den Wald.

«2001–4000»

approcher (de) [apʀɔʃe(də)] *v* *ant:* s'éloigner (de)	**sich nähern**
Noël **approche** et je n'ai encore rien préparé.	Weihnachten rückt näher, und ich habe noch nichts vorbereitet.
Nous **approchons du** torrent, on l'entend déjà couler.	Wir nähern uns dem Wildbach, man hört ihn schon rauschen.
s'éloigner (de) [selwaɲe(də)] *v* *ant:* s'approcher (de)	**sich entfernen (von)**
Le bateau **s'éloigne** très lentement **du** port.	Das Schiff entfernt sich sehr langsam vom Hafen.
à reculons [aʀ(ə)kylɔ̃] *adv*	**rückwärts**
Il va falloir tout redescendre **à reculons**.	Jetzt müssen wir das ganze Stück rückwärts runterklettern.
en avant [ɑ̃navɑ̃] *adv*	**vorwärts**
Allez, **en avant**, on y est presque!	Nun komm schon, vorwärts, wir sind fast da!

2.2.5 KOMMEN UND GEHEN

«1–2000»

venir [v(ə)niʀ] *v* *ant:* partir ⚠ *irr* 41	**kommen**
Viens en ville avec moi, c'est le moment des soldes!	Komm mit mir in die Stadt, es ist gerade Schlussverkauf!

***TIPP:* Venir** *wird mit* **être** *konjugiert.*

apparaître [apaʀɛtʀ] *v* *ant:* disparaître ⚠ *irr* 7	**erscheinen, auftauchen**
Quand le pape **est apparu** au balcon, il avait l'air très fatigué.	Als der Papst auf dem Balkon erschien, machte er einen sehr müden Eindruck.

entrer [ɑ̃tʀe] *v* *ant:* sortir	**hereinkommen; betreten**
Il **est entré** sans dire bonjour.	Er ist hereingekommen, ohne Guten Tag zu sagen.
Quand le directeur **est entré** dans la classe, les élèves se sont levés.	Als der Direktor das Klassenzimmer betrat, sind alle Schüler aufgestanden.
s'en aller [sɑ̃nale] *v* *syn:* partir, *ant:* arriver ⚠ *irr* 1	**(weg)gehen**
Il faut que je **m'en aille**, sinon je vais être en retard.	Ich muss jetzt gehen, sonst komme ich zu spät.
partir [paʀtiʀ] *v* *syn:* s'en aller	**abfahren; weggehen**
Le train **part** à 15 h 42.	Der Zug fährt um 15.42 Uhr ab.
Je **suis parti** sans dire au revoir à tes parents!	Ich bin gegangen, ohne mich von deinen Eltern zu verabschieden.
marcher [maʀʃe] *v*	**(zu Fuß) gehen**
Quand on **a** (⚠ *nicht:* **est**) **marché** quelques heures, on ne sent plus la fatigue.	Wenn man erst einmal ein paar Stunden gegangen ist, spürt man die Müdigkeit nicht mehr.
passer [pɑse] *v*	**vorbeigehen; vorbeifahren**
J'ai l'impression que nous **sommes** déjà **passés** là tout à l'heure!	Ich habe den Eindruck, dass wir vorhin hier schon vorbeigekommen sind.
s'arrêter [saʀete] *v*	**anhalten, stehen bleiben**
Nous **nous arrêterons** bientôt pour faire une pause.	Wir halten bald an, um eine Pause zu machen.
le **retour** [ʀ(ə)tuʀ]	**Rückweg** *m*
Dépêchons-nous, sinon il va faire nuit au **retour**.	Wir müssen uns beeilen, sonst ist es auf dem Rückweg dunkel.
rentrer [ʀɑ̃tʀe] *v*	**nach Hause kommen; zurückkommen**
Dès que nous **serons rentrés**, je prendrai une douche.	Sobald wir zu Hause sind, dusche ich.
revenir [ʀ(ə)vəniʀ, ʀəv(ə)niʀ] *v* ⚠ *irr* 41	**zurückkommen**
Je **n'étais** pas **revenue** ici depuis des années.	Seit Jahren war ich nicht mehr hierher zurückgekommen.

«2001–4000»

traîner [tʀene] *v*	**trödeln**
Si on continue de **traîner**, on ne sera pas au sommet pour midi.	Wenn wir weiter so trödeln, sind wir bis Mittag nicht am Gipfel.

atteindre [atɛ̃dʀ] *v* ⚠ *irr* 27 On **a atteint** le sommet au lever du soleil.	**erreichen** Wir haben den Gipfel bei Sonnenaufgang erreicht.
s'installer [sɛ̃stale] *v* L'entreprise **s'est installée** en province.	**sich niederlassen** Das Unternehmen hat sich in der Provinz niedergelassen.
disparaître [dispaʀɛtʀ] *v ant:* apparaître ⚠ *irr* 7 Tu as vu Jeanne? Elle **a** (⚠ *nicht:* **est**) **disparu** après le repas.	**verschwinden** Hast du Jeanne gesehen? Sie ist nach dem Essen verschwunden.
la **disparition** [dispaʀisjɔ̃] La **disparition** des deux enfants reste inexpliquée.	**Verschwinden** *n* Das Verschwinden der beiden Kinder ist weiterhin ungeklärt.
se sauver [səsove] *v* Tu n'as pas fermé le portail et le chien **s'est sauvé**.	**entwischen** Du hast das Tor nicht zugemacht, und jetzt ist der Hund entwischt.

2.3 Menge und Maß

2.3.1 MENGENBEGRIFFE

«1–2000»

les deux [ledø] *adj, pron* J'ai invité **les deux** sœurs. Elles sont venues toutes **les deux**.	**beide** Ich habe beide Schwestern eingeladen. Sie sind beide gekommen.
la **dizaine** [dizɛn] Pour la Toussaint, nous avons une **dizaine** de jours de congé. C'était il y a une **dizaine** d'années.	**zehn; etwa zehn** An Allerheiligen haben wir zehn Tage frei. Es ist etwa zehn Jahre her.

***TIPP:** Die Endung **-aine** wandelt Zehnerzahlen in ein weibliches Substantiv um. Damit wird entweder eine exakte Zahl ausgedrückt oder aber häufig eine annähernde Zahl.*

la **douzaine** [duzɛn]	**Dutzend** *n*
J'ai une **douzaine** d'œufs, on pourrait faire une grosse omelette?	Ich habe ein Dutzend Eier, wir könnten ein großes Omelett machen.
la **centaine** [sɑ̃tɛn]	**hundert; etwa hundert**
La salle peut contenir plusieurs **centaines** de personnes.	Der Saal fasst ein paar hundert Leute.
le **millier** [milje]	**tausend**
Plusieurs **milliers** de médecins ont manifesté.	Mehrere tausend Ärzte haben demonstriert.
le **quart** [kaʀ]	**Viertel** *n*
Un **quart** de la pizza me suffira!	Ein Viertel der Pizza reicht mir.
le **tiers** [tjɛʀ]	**Drittel** *n*
Pour voter cette décision, il faut la majorité des deux **tiers**.	Damit diese Entscheidung angenommen wird, braucht man eine Zweidrittelmehrheit.
la **moitié** [mwatje]	**Hälfte** *f*
La **moitié** sud du pays est plus ensoleillée que le Nord.	Die südliche Hälfte des Landes ist sonniger als der Norden.
La bouteille est déjà à **moitié** vide.	Die Flasche ist schon halb leer.
assez [ase] *adv, pron*	**genug, genügend**
Vous avez **assez** chaud?	Ist Ihnen warm genug?
Je n'ai pas **assez** de temps pour tout faire.	Ich habe nicht genügend Zeit, um das alles zu machen.

***TIPP: Assez** kann auch „relativ/ziemlich" bedeuten, z. B. **Cet exercice est assez difficile.** Diese Übung ist ziemlich schwierig.*

suffire [syfiʀ] *v* ⚠ *irr* 37	**(aus)reichen**
Il **suffit** de quelques heures pour savoir utiliser ce traitement de texte.	Ein paar Stunden reichen, um dieses Textverarbeitungsprogramm anwenden zu können.
suffisant, e [syfizɑ̃, ɑ̃t] *adj*	**ausreichend, genügend**
Il y a de la neige, mais pas en quantité **suffisante**.	Es gibt Schnee, aber nicht in ausreichender Menge.
beaucoup [boku] *adv, pron*	**sehr; viel**
J'aime **beaucoup** mes grands-parents.	Ich liebe meine Großeltern sehr.
Mon père travaille **beaucoup**.	Mein Vater arbeitet viel.
beaucoup de [bokudə] *adv*	**viel; viele**
Il m'a fallu **beaucoup de** temps pour comprendre ça.	Ich habe viel Zeit gebraucht, um das zu verstehen.
Beaucoup de gens croient à l'astrologie.	Viele Menschen glauben an die Astrologie.

nombreux, -euse [nɔ̃bʀø, øz] *adj*	**zahlreich**
De **nombreuses** espèces d'animaux sont menacées.	Zahlreiche Tierarten sind bedroht.
pas mal (de) [pɑmal(də)] *adv*	**ganz gut; ganz schön viel**
Pour quelqu'un qui débute, tu te débrouilles **pas mal**.	Für einen Anfänger schlägst du dich ganz gut.
J'ai **pas mal de** problèmes en ce moment.	Ich habe im Augenblick ganz schön viele Probleme.
combien (de) [kɔ̃bjɛ̃(də)] *adv*	**wie viel**
Combien ça coûte?	Wie viel kostet das?
Tu penses rester **combien de** temps?	Was meinst du, wie lange du bleibst?
environ [ɑ̃viʀɔ̃] *adv*	**ungefähr**
La Loire fait **environ** 1 000 km.	Die Loire ist ungefähr 1000 km lang.
plus [plys, ply] *adv ant:* moins	**mehr**
Dès que je mange **plus**, je grossis.	Sobald ich mehr esse, nehme ich zu.
Ma sœur est **plus** jeune que moi.	Meine Schwester ist jünger als ich.

***TIPP: Plus** [plys] bedeutet einerseits mehr als gewöhnlich, andererseits kann es auch der Komparativ von **beaucoup** sein. **Plus** wird im Französischen aber auch verwendet, um den Komparativ zu bilden, wobei der Vergleich mit **que** angeschlossen wird. In diesen Fällen wird es* [ply] *ausgesprochen.*

plus de [plydə] *adv*	**mehr als**
Ils avaient invité **plus de** 300 personnes.	Sie hatten mehr als 300 Personen eingeladen.
la plupart (de) [laplypaʀ(də)] *adv*	**die meisten**
La plupart des oiseaux sont maintenant protégés.	Die meisten Vogelarten sind jetzt geschützt.

***TIPP: La plupart** wird wie ein Plural gebraucht.*

le plus [ləply, ləplys] *adv ant:* le moins	**am meisten**
Au bureau, c'est en début de semaine qu'on travaille **le plus**.	Am Anfang der Woche arbeiten wir im Büro am meisten.
Ce soir, tu étais **la plus** belle de toutes.	Heute Abend warst du die Schönste von allen.
Parmi les avions de ligne, c'est le Concorde qui vole **le plus** vite.	Unter den Linienflugzeugen fliegt die Concorde am schnellsten.

TIPP:* *Le plus [ləplys] *ist der Superlativ von* **beaucoup**. *Im Zusammenhang mit einem Adjektiv oder Adverb wird mit* **le plus** [ləply] *der Superlativ gebildet.* → *plus TIPP und meilleur TIPP*

de plus en plus (de) [dəplyzɑ̃plys, dəplyzɑ̃ply(də)] *adv* *ant:* de moins en moins (de)	**immer mehr**
Il grossit **de plus en plus**.	Er nimmt immer mehr zu.
J'ai **de plus en plus de** mal en physique-chimie.	Ich tue mich in Physik und Chemie immer schwerer.
De plus en plus de personnes savent se servir d'un ordinateur.	Immer mehr Menschen können mit einem Computer umgehen.
quelques [kɛlkə] *adj*	**einige, ein paar**
J'emporte toujours **quelques** livres en vacances.	Ich nehme in die Ferien immer einige Bücher mit.
quelques-uns, -unes [kɛlkəzœ̃, zyn] *pron*	**einige**
Tu fais collection de timbres? — J'en ai **quelques-uns**, mais je ne les collectionne pas vraiment.	Sammelst du Briefmarken? — Ich habe zwar einige, aber sammeln tue ich eigentlich nicht.
un peu [œ̃pø] *adv*	**etwas, ein wenig**
Tu veux **un peu** de lait dans ton café?	Willst du etwas Milch in deinen Kaffee?
Mon chien commence à être vieux, il est **un peu** sourd.	Mein Hund wird langsam alt, er ist ein wenig taub.
peu [pø] *adv*	**wenig**
Le soir, je mange **peu**.	Abends esse ich nur wenig.
peu de [pødə] *adv*	**wenig; wenige**
Il me reste **peu d'**argent.	Ich habe nur noch wenig Geld.
Peu de gens sont au courant de sa maladie.	Wenige Menschen wissen von seiner Krankheit.
peu à peu [pøapø] *adv*	**nach und nach, so langsam**
Je m'y habitue **peu à peu**, mais j'ai eu du mal au début.	Ich gewöhne mich so langsam daran, aber anfangs fiel es mir schwer.
de peu [dəpø] *adv* *ant:* nettement, largement	**knapp**
Elle a gagné, mais **de peu**.	Sie hat gewonnen, aber knapp.
nettement [nɛtmɑ̃] *adv* *syn:* largement	**deutlich**
Il fait **nettement** plus chaud qu'hier.	Heute ist es deutlich wärmer als gestern.

largement [laʀʒəmɑ̃] *adv syn:* nettement — **bei weitem, viel**

Je l'ai acheté 100 marks, mais maintenant, il vaut **largement** plus. — Ich habe 100 Mark dafür bezahlt, aber jetzt ist es viel mehr wert.

---

tant [tɑ̃] *adv syn:* tellement — **so viel; so viele**

Ne te donne pas **tant** de mal! — Mach dir doch nicht so viel Mühe!

177 vins de Bordeaux différents? Je ne pensais pas qu'il y en avait **tant**! — 177 verschiedene Sorten Bordeaux? Ich hätte nicht geglaubt, dass es so viele gibt!

---

tellement [tɛlmɑ̃] *adv* — **so**

Le foie gras est **tellement** cher qu'on n'en mange qu'à Noël. — Stopfleber ist so teuer, dass wir sie nur an Weihnachten essen.

J'ai eu **tellement** peur que je n'ose plus conduire. — Ich hatte solche Angst, dass ich es nicht mehr wage zu fahren.

---

tel, le [tɛl] *adj* — **solch**

Une **telle** voiture coûte une fortune. — Solch ein Auto kostet ein Vermögen.

---

moins [mwɛ̃] *adv ant:* plus — **weniger**

Il y a eu **moins** de neige cette année. — Dieses Jahr gab es weniger Schnee.

*TIPP: **Moins** ist der Komparativ von **peu**.*

---

le moins [ləmwɛ̃] *adv ant:* le plus — **am wenigsten**

C'est elle qui travaille **le moins** et qui a les meilleurs notes. — Sie arbeitet am wenigsten, hat aber die besten Noten.

C'est le gazole qui coûte **le moins** cher. — Diesel ist der billigste Kraftstoff.

*TIPP: **Le moins** ist der Superlativ von **peu**.*

---

aucun, e [okœ̃, yn] *adj, pron* — **kein; keine(r, -s)**

Je n'en ai **aucune** idée. — Ich habe keine Ahnung.

J'ai demandé à plusieurs personnes, mais **aucune** n'a pu me renseigner. — Ich habe mehrere Leute gefragt, aber keiner konnte mir eine Auskunft geben.

---

rien (de) [ʀjɛ̃(də)] *pron* — **nichts**

Je n'ai **rien** acheté. — Ich habe nichts gekauft.

Rien de tout ce qu'il dit n'est vrai. — Nichts von all dem, was er sagt, ist wahr.

*TIPP: Das **ne** wird in der gesprochenen Sprache oft ganz weggelassen.*

rien du tout [ʀjɛ̃dytu] *pron*	**überhaupt nichts**
Je n'ai **rien** compris **du tout**. → *rien TIPP*	Ich habe überhaupt nichts verstanden.
ne … que [nə…kə] *adv*	**nur**
Pendant mon stage, je **n'**ai gagné **que** 300 euros.	Während meines Praktikums habe ich nur 300 Euro verdient.

TIPP:* Ne** *wird vor Vokal und stummem h zu* ***n'*.*

«2001–4000»

contenir [kɔ̃t(ə)niʀ] *v* ⚠ *irr* 41	**enthalten, fassen**
Une bouteille de vin **contient** environ 0,7 litre.	Eine Flasche Wein enthält etwa 0,7 Liter.
le **contenu** [kɔ̃t(ə)ny]	**Inhalt** *m*
Le congélateur est resté éteint une semaine et tout son **contenu** a été perdu.	Der Gefrierschrank war eine Woche aus, und sein ganzer Inhalt ist kaputtgegangen.
la **quantité** [kɑ̃tite]	**Menge** *f*
L'UE produit une trop grosse **quantité** de lait.	Die EU produziert eine zu große Menge Milch.
Des **quantités** d'associations se créent tous les jours.	Es werden jeden Tag eine Menge Vereine gegründet.

le **double** [dubl]	**Doppelte(s)** *n*
Je devrais gagner le **double** dans cinq ans.	In fünf Jahren müsste ich das Doppelte verdienen.

***TIPP:* Double** *wird auch als Adjektiv gebraucht.*

égal, e [egal] *adj* ⚠ *pl* **-aux** [o]	**gleich**
Les deux moitiés sont à peu près **égales**.	Die beiden Hälften sind etwa gleich.
plusieurs [plyzjœʀ] *adj, pron*	**mehrere**
Après mon annonce, j'ai reçu **plusieurs** propositions.	Nach meiner Anzeige habe ich mehrere Angebote bekommen.
le **tas** [tɑ]	**Haufen** *m*
J'ai toujours des **tas** de papiers sur ma table.	Auf meinem Tisch liegen immer haufenweise Papiere.
le **maximum** [maksimɔm] *ant:* minimum	**Maximum** *n*
Le **maximum** de fautes à ne pas dépasser est de dix.	Man darf ein Maximum von zehn Fehlern nicht überschreiten.
Il me faudra au **maximum** dix minutes.	Ich brauche höchstens zehn Minuten.

TIPP: *Der Plural heißt auch* ***les maxima****.*

le **minimum** [minimɔm] *ant:* maximum	**Minimum** *n*
Au lycée, je fais le **minimum** et ça marche!	Im Gymnasium tue ich nur das Mindeste, aber das funktioniert.
Pour faire des progrès, il faut au **minimum** un mois.	Um Fortschritte zu erzielen braucht man mindestens einen Monat.

TIPP: *Der Plural heißt auch* ***les minima****.*

seul, e [sœl] *adj*	**einzig**
Pour le moment, je suis allé une **seule** fois en France.	Bis jetzt war ich nur ein einziges Mal in Frankreich.

ni … ni [ni…ni] *conj*	**weder … noch**
Je ne connais **ni** l'Espagne **ni** l'Italie. → *ne … que TIPP*	Ich kenne weder Spanien noch Italien.

2.3.2 GRUNDZAHLEN

«1–2000»

0	**zéro** [zeʀo]	**null**
1	**un, une** [œ̃, yn]	**eins; eine(r, -s)**

TIPP: *Beim Zählen sagt man* ***un, deux, trois*** *„eins", „zwei", „drei". Ansonsten richtet sich* ***un*** *und* ***une*** *nach dem Geschlecht des Substantivs.*

2	**deux** [dø]	**zwei**
3	**trois** [tʀwa]	**drei**
4	**quatre** [katʀ]	**vier**
5	**cinq** [sɛ̃k]	**fünf**
6	**six** [sis]	**sechs**
7	**sept** [sɛt]	**sieben**
8	**huit** ['ɥit]	**acht**
9	**neuf** [nœf]	**neun**
10	**dix** [dis]	**zehn**
11	**onze** [ɔ̃z]	**elf**
12	**douze** [duz]	**zwölf**
13	**treize** [tʀɛz]	**dreizehn**
14	**quatorze** [katɔʀz]	**vierzehn**
15	**quinze** [kɛ̃z]	**fünfzehn**
16	**seize** [sɛz]	**sechzehn**

17	**dix-sept** [disɛt]	**siebzehn**
18	**dix-huit** [dizɥit]	**achtzehn**
19	**dix-neuf** [diznœf]	**neunzehn**
20	**vingt** [vɛ̃]	**zwanzig**
21	**vingt et un, une** [vɛ̃teœ̃, yn]	**einundzwanzig**
22	**vingt-deux** [vɛ̃tdø]	**zweiundzwanzig**
30	**trente** [tʀɑ̃t]	**dreißig**
40	**quarante** [kaʀɑ̃t]	**vierzig**
50	**cinquante** [sɛ̃kɑ̃t]	**fünfzig**
60	**soixante** [swasɑ̃t]	**sechzig**
70	**soixante-dix** [swasɑ̃tdis]	**siebzig**

TIPP: *In Belgien und der Schweiz sagt man zu 70* ***septante****.*

71	**soixante et onze** [swasɑ̃teɔ̃z]	**einundsiebzig**
80	**quatre-vingts** [katʀəvɛ̃]	**achtzig**
81	**quatre-vingt-un, -une** [katʀəvɛ̃œ̃, yn]	**einundachtzig**
90	**quatre-vingt-dix** [katʀəvɛ̃dis]	**neunzig**

TIPP: *In Belgien und der Schweiz sagt man zu 90* ***nonante****.*

100	**cent** [sɑ̃]	**(ein)hundert**

TIPP: Cent *bekommt ein Plural-s bei vollen Hunderten, also* ***deux cents****, nicht aber, wenn eine weitere Zahl folgt, z. B.* ***deux cent trois****.*

1000	**mille** [mil]	**(ein)tausend**

TIPP: Mille *bekommt nie ein s angehängt.*

le **million** [miljɔ̃]	**Million** *f*
Les Français sont un peu moins de 60 **millions**.	Es gibt etwas weniger als 60 Millionen Franzosen.
le **nombre** [nɔ̃bʀ]	**Zahl** *f*
17 et 19 sont des **nombres** premiers.	17 und 19 sind Primzahlen.

«2001–4000»

le **chiffre** [ʃifʀ]	**Zahl** *f*, **Ziffer** *f*
Tu écris la somme en **chiffres**, puis en lettres.	Schreibe die Summe zuerst in Ziffern, dann in Buchstaben.
le **milliard** [miljaʀ]	**Milliarde** *f*
Il y aura bientôt plus d'un **milliard** d'Indiens.	Es wird bald mehr als eine Milliarde Inder geben.

2.3.3 MASSE UND GEWICHTE

«1–2000»

le **mètre** [mɛtʀ]	**Meter** *m*
le **kilomètre** [kilɔmɛtʀ]	**Kilometer** *m*
le **litre** [litʀ]	**Liter** *m*
le **kilo(gramme)** [kilo, kilɔgʀam]	**Kilo(gramm)** *n*

***TIPP:** In der täglichen Sprache ist **kilo** wesentlich gebräuchlicher als **kilogramme**.*

«2001–4000»

le **centimètre** [sɑ̃timɛtʀ]	**Zentimeter** *m*
le **gramme** [gʀam]	**Gramm** *n*
la **tonne** [tɔn]	**Tonne** *f*
la **livre** [livʀ]	**Pfund** *n*

***TIPP:** Achtung, das Pfund ist weiblich. **le livre** ist „das Buch".*

le **degré** [dəgʀe] Il a fait 30 **degrés** à l'ombre.	**Grad** *n* Es waren 30 Grad im Schatten.
mesurer [məzyʀe] *v* J'**ai mesuré** la cuisine, impossible d'y mettre un frigo. Un de mes camarades **mesure** plus de deux mètres.	**(aus)messen; groß sein** Ich habe die Küche ausgemessen, es ist unmöglich, einen Kühlschrank unterzubringen. Einer meiner Kameraden ist über zwei Meter groß.
la **longueur** [lɔ̃gœʀ] La **longueur** des jupes suit la mode.	**Länge** *f* Die Länge der Röcke ist Modesache.
peser [pəze] *v* ⚠ **il pèse** Ton sac **pèse** une tonne, qu'est-ce que tu as mis dedans?	**wiegen** Deine Tasche wiegt ja eine Tonne, was hast du da bloß drin?
le **poids** [pwa] Le **poids** d'une lettre normale ne doit pas dépasser 20 grammes.	**Gewicht** *n* Das Gewicht eines Standardbriefes darf 20 Gramm nicht überschreiten.

2.4 Ordnung

2.4.1 ORDNUNGSBEGRIFFE

«1–2000»

l'**espèce** *f* [ɛspɛs] L'ours est une **espèce** menacée.	**Art** *f* Der Bär ist eine bedrohte Tierart.
la **sorte** [sɔʀt] Chaque région a ses **sortes** de fromages.	**Sorte** *f* Jede Region hat ihre eigenen Käsesorten.
le **type** [tip] Il existe différents **types** d'imprimantes.	**Typ** *m* Es gibt verschiedene Typen von Druckern.
la **taille** [taj] Pendant les soldes, je ne trouve jamais ma **taille**. Tu as vu la **taille** de son cigare?	**Größe** *f* Im Schlussverkauf finde ich nie meine Größe. Hast du gesehen, wie groß seine Zigarre war?
la **qualité** [kalite] La **qualité** se paie.	**Qualität** *f* Qualität kostet etwas.
la **classe** [klas] Il n'y a plus de première **classe** dans le métro.	**Klasse** *f* In der U-Bahn gibt es keine erste Klasse mehr.
l'**ordre** *m* [ɔʀdʀ] Je vais mettre la pièce en **ordre**. Il faut mettre les mots dans le bon **ordre**.	**Ordnung** *f*; **Reihenfolge** *f* Ich werde das Zimmer in Ordnung bringen. Die Wörter müssen in die richtige Reihenfolge gebracht werden.
la **paire** [pɛʀ] Une **paire** de chaussures me fait six mois, pas plus.	**Paar** *n* Ein Paar Schuhe hält bei mir sechs Monate, nicht länger.
le **groupe** [gʀup] J'ai trouvé un **groupe** sympa avec qui je sors le samedi.	**Gruppe** *f* Ich habe da eine nette Gruppe gefunden, mit der ich samstags ausgehe.

«2001–4000»

la **règle** [ʀɛgl]	**Regel** *f*
Tu me rappelles les **règles**? Je n'ai pas joué depuis longtemps.	Kannst du mir die Regeln in Erinnerung bringen? Ich habe schon lange nicht mehr gespielt.
le **domaine** [dɔmɛn]	**Gebiet** *n*
La géologie est un **domaine** auquel je ne connais rien du tout.	Die Geologie ist ein Gebiet, auf dem ich mich überhaupt nicht auskenne.
ranger [ʀɑ̃ʒe] *v* ⚠ **nous rangeons**	**ordnen; räumen; aufräumen**
Tous mes livres **sont rangés** par ordre alphabétique.	Alle meine Bücher sind alphabetisch geordnet.
Je vais **ranger** mes affaires dans l'armoire.	Ich werde meine Sachen in den Schrank räumen.
J'aimerais bien que tu **ranges** ta chambre.	Ich hätte gern, dass du dein Zimmer aufräumst.
le **niveau** [nivo] ⚠ *pl* **x**	**Ebene** *f;* **Niveau** *n;* **Wasserstand** *m*
Au **niveau** politique, l'UE a encore du chemin à faire.	Auf der politischen Ebene hat die EU noch einen weiten Weg vor sich.
J'ai un très bon **niveau** en anglais et je me débrouille en français.	In Englisch bin ich sehr gut, in Französisch geht es so.
Le **niveau** de la rivière a baissé.	Der Wasserstand des Flusses ist zurückgegangen.
la **marque** [maʀk]	**Marke** *f*
Mes parents achètent toujours la même **marque** de voitures.	Meine Eltern kaufen immer dieselbe Automarke.

le **tour** [tuʀ]	
C'est à qui le **tour**? — À moi, c'est mon **tour**!	Wer ist dran? — Ich bin an der Reihe!
le **rang** [ʀɑ̃]	**Reihe** *f*
Au cinéma, je me mets toujours dans les derniers **rangs**.	Im Kino setze ich mich immer in die letzten Reihen.
la **série** [seʀi]	**Serie** *f*
Cette **série** de victoires s'arrêtera forcément un jour.	Diese Siegesserie wird notgedrungenerweise eines Tages abreißen.

2.4.2 UNTERSCHIED UND EINTEILUNG

«1–2000»

seulement [sœlmɑ̃] *adv* J'apprends **seulement** deux langues: l'anglais et le français.	**nur** Ich lerne nur zwei Sprachen: Englisch und Französisch.
le **morceau** [mɔʀso] ⚠ *pl* **x** Qui veut encore un **morceau** de gâteau?	**Stück** *n* Wer möchte noch ein Stück Kuchen?
le **bout** [bu] *syn:* morceau À 4 h, je mange un **bout** de pain et du chocolat.	**Stück** *n* Um 4 Uhr esse ich ein Stück Brot und Schokolade.
la **partie** [paʀti] C'est un texte en deux **parties**.	**Teil** *m* Der Text besteht aus zwei Teilen.
en dehors de [ɑ̃dəɔʀdə] *prep* *syn:* à part **En dehors de** la musique, tu as d'autres activités?	**außer** Welche Freizeitbeschäftigungen hast du noch außer Musik?
prochain, e [pʀɔʃɛ̃, ɛn] *adj* L'année **prochaine**, je passe le permis.	**nächste(r, -s)** Nächstes Jahr mache ich den Führerschein.
ensemble [ɑ̃sɑ̃bl] *adv* On pourrait sortir **ensemble** ce soir, non?	**zusammen** Wir könnten heute Abend doch zusammen weggehen, oder?
aussi … que [osi…kə] J'espère que ça sera **aussi** bien **que** la dernière fois!	**so … wie** Ich hoffe, das wird so gut wie das letzte Mal.
le, la même [ləmɛm, lamɛm] *adj, pron* ⚠ *pl* **les mêmes** Tiens, j'ai une raquette de **la même** marque que toi! Où tu as trouvé ton tee-shirt? Je voudrais acheter **le même**.	**der/die/das gleiche, der-/die-/dasselbe** Sieh mal an, ich habe dieselbe Schlägermarke wie du. Wo hast du das T-Shirt gefunden? Ich würde gern das gleiche kaufen.
autre [otʀ] *adj, pron* On ira danser une **autre** fois. Avec lui, ce sont toujours les **autres** qui ont tort. Mademoiselle, je peux avoir un **autre** café?	**andere(r, -s); noch eine(r, -s)** Wir gehen ein andermal tanzen. Bei ihm haben immer die anderen Unrecht. Bedienung, kann ich bitte noch einen Kaffee haben?

autre chose [otʀəʃoz] *pron*	**etwas anderes**
Puisque ça ne marche pas, on va essayer **autre chose**.	Da das nicht funktioniert, werden wir was anderes probieren.
Vous désirez **autre chose**?	Möchten Sie sonst noch etwas?
le **reste** [ʀɛst]	**Rest** *m*
Je passerai le **reste** des vacances chez moi.	Den Rest der Ferien verbringe ich zu Hause.
différent, e [difeʀɑ̃, ɑ̃t] *adj* *ant:* pareil	**verschieden**
La France n'est pas si **différente** de l'Allemagne.	Frankreich ist nicht so verschieden von Deutschland.
pareil, le [paʀɛj] *adj* *ant:* différent	**gleich**
Tous les jours, c'est **pareil**.	Es ist jeden Tag das Gleiche.
habituel, le [abitɥɛl] *adj*	**üblich**
Les embouteillages en ville aux heures de pointe sont **habituels**.	Staus zu den Hauptverkehrszeiten sind in den Städten üblich.
très [tʀɛ] *adv*	**sehr**
Le français est une langue **très** difficile.	Französisch ist eine sehr schwierige Sprache.
J'ai eu **très** peur.	Ich hatte sehr große Angst.
spécial, e [spesjal] *adj* *syn:* particulier, *ant:* général ⚠ *pl* **-aux** [o]	**Sonder-; besondere(r, -s)**
Pour Noël, la SNCF a prévu des trains **spéciaux**.	Für Weihnachten hat die Bahn Sonderzüge vorgesehen.
Lui, c'est un cas **spécial**.	Er ist schon ein besonderer Fall.
particulier, -ère [paʀtikylje, jɛʀ] *adj* *syn:* spécial	**besondere(r, -s)**
Il y a du nouveau? — Non, rien de **particulier**.	Gibts etwas Neues? — Nein, nichts Besonderes.
surtout [syʀtu] *adv*	**vor allem**
C'est **surtout** le soir que je suis en forme.	Ich bin vor allem abends fit.
en particulier [ɑ̃paʀtikylje] *adv* *syn:* surtout	**besonders, vor allem**
J'aime les peintres impressionnistes, **en particulier** Monet.	Ich liebe die Impressionisten, vor allem Monet.

«2001–4000»

se composer de [səkɔ̃pozedə] *v*	**bestehen aus**
L'usine **se compose de** plusieurs bâtiments.	Die Fabrik besteht aus mehreren Gebäuden.

TIPP: *Man kann auch sagen:* ***est composée de.***

comprendre [kɔ̃pʀɑ̃dʀ] *v* ⚠ *irr* 31	**umfassen, bestehen aus; einschließen**
Le bac **comprend** des épreuves orales et écrites.	Das Abitur besteht aus mündlichen und schriftlichen Prüfungen.
Dans les cafés et les restaurants, le service **est compris**.	In Cafés und Restaurants ist die Bedienung inbegriffen.
ou bien [ubjɛ̃] *conj*	**oder (aber)**
Tu bois du café **ou bien** du thé?	Trinkst du Kaffee oder Tee?
séparer [sepaʀe] *v*	**trennen**
On ne devrait pas **séparer** les enfants handicapés des autres.	Man sollte behinderte Kinder nicht von den anderen trennen.
Mes parents vivent **séparés**.	Meine Eltern leben getrennt.
à part [apaʀ] *prep*	**außer**
À part moi, tout le monde dans la famille porte des lunettes.	Außer mir tragen alle in meiner Familie eine Brille.
sauf [sof] *prep syn:* à part	**außer**
Nous sommes ouverts tous les jours **sauf** le dimanche.	Wir haben jeden Tag außer Sonntag geöffnet.
l'**exception** *f* [ɛksɛpsjɔ̃]	**Ausnahme** *f*
Apprenez les règles; pour les **exceptions**, on verra après.	Lernt schon mal die Regeln! Die Ausnahmen machen wir später.
comparer [kɔ̃paʀe] *v*	**vergleichen**
Certains **comparent** le Sacré-Cœur à un gâteau à la crème.	Manche Leute vergleichen Sacré-Cœur mit einer Sahnetorte.
la **comparaison** [kɔ̃paʀɛzɔ̃]	**Vergleich** *m*
Il n'y a pas de **comparaison** possible entre la vie actuelle et celle qu'avaient nos grands-parents.	Man kann das heutige Leben mit dem unserer Großeltern nicht vergleichen.
ressembler à [ʀ(ə)sɑ̃blea] *v*	**ähnlich sein, ähneln**
Les villages d'Alsace **ressemblent** beaucoup **à** ceux de la Forêt-Noire.	Elsässische Dörfer sind denen im Schwarzwald sehr ähnlich.

aller ensemble [aleɑ̃sɑ̃bl] *v* ⚠ *irr* 1	**zusammenpassen**
Ton pantalon et ton chemisier **vont** bien **ensemble**.	Deine Hose und deine Bluse passen gut zusammen.
correspondre à [kɔʀɛspɔ̃dʀa] *v*	**entsprechen**
Le stage que vous proposez **correspond** tout à fait **à** ce que je cherche.	Das Praktikum, das Sie vorschlagen, entspricht genau dem, was ich suche.

la **différence** [difeʀɑ̃s]	**Unterschied** *m*
On constate des **différences** d'accent, mais les Français parlent tous la même langue.	Man kann unterschiedliche Akzente feststellen, aber alle Franzosen sprechen dieselbe Sprache.
le **contraire** [kɔ̃tʀɛʀ]	**Gegenteil** *n*
Pour expliquer un mot, on donne souvent son **contraire**.	Um ein Wort zu erklären, gibt man oft sein Gegenteil an.
distinguer [distɛ̃ge] *v*	**unterscheiden**
Elles se ressemblent tellement que je n'arrive pas à les **distinguer**.	Sie ähneln sich so sehr, dass ich sie nicht auseinander halten kann.
autrement [otʀəmɑ̃] *adv*	**anders**
Ça a raté; la prochaine fois, je ferai **autrement**.	Das hat nicht geklappt! Nächstes Mal mache ich es anders.
au contraire [okɔ̃tʀɛʀ] *adv*	**im Gegenteil**
Sa réaction ne m'a pas surprise, **au contraire**.	Ihre Reaktion hat mich nicht überrascht, im Gegenteil.
varié, e [vaʀje] *adj ant:* unique	**verschieden**
Le dimanche, j'ai des activités très **variées**: sport, cinéma, cuisine etc.	Sonntags mache ich sehr verschiedene Dinge: Sport, Kino, Kochen usw.
unique [ynik] *adj ant:* varié	**einzig**
Pour beaucoup, l'**unique** distraction, le week-end, c'est la télé.	Fernsehen ist für viele der einzige Zeitvertreib am Wochenende.

normal, e [nɔʀmal] *adj syn:* habituel, *ant:* particulier, spécial ⚠ *pl* **-aux** [o]	**normal**
C'est **normal** que l'écran ne s'allume pas tout de suite?	Ist das normal, dass der Bildschirm nicht gleich angeht?

général, e [ʒeneʀal] *adj ant:* particulier ⚠ *pl* **-aux** [o]	**allgemein**
Ce ne sont que quelques exemples, on ne peut pas en tirer de conclusions **générales**.	Das sind nur ein paar Beispiele, man kann daraus keine allgemeinen Schlüsse ziehen.
typique [tipik] *adj*	**typisch**
Les marchés de Provence sont vraiment **typiques**.	Die Märkte der Provence sind wirklich typisch.
moyen, ne [mwajɛ̃, jɛn] *adj*	**durchschnittlich**
L'âge **moyen** des candidats au bac est de dix-huit ans.	Das durchschnittliche Alter von Abiturienten liegt bei achtzehn.
par exemple [paʀɛgzɑ̃pl] *adv*	**zum Beispiel**
On pourrait **par exemple** aller au cinéma.	Wir könnten zum Beispiel ins Kino gehen.
le **détail** [detaj]	**Einzelheit** *f*, **Detail** *n*
Ne te perds pas dans les **détails**!	Verlier dich nicht in Einzelheiten!
principal, e [pʀɛ̃sipal] *adj* ⚠ *pl* **-aux** [o]	**Haupt-**
Pour moi, la **principale** difficulté, c'est l'orthographe.	Die Hauptschwierigkeit für mich ist die Rechtschreibung.
entier, -ère [ɑ̃tje, jɛʀ] *adj*	**ganz**
Jamais je ne pourrais manger une pizza **entière**.	Eine ganze Pizza würde ich nie schaffen.
précis, e [pʀesi, iz] *adj*	**genau**
J'ai une idée **précise** de ce que je veux faire plus tard.	Ich habe eine genaue Vorstellung von dem, was ich später mal machen möchte.
rare [ʀɑʀ] *adj*	**selten**
Dans ma collection, j'ai quelques timbres **rares**.	Ich habe in meiner Sammlung einige seltene Marken.

2.4.3 ORDNUNGSZAHLEN

«1–2000»

1er, 1re	**premier, -ère** [pʀəmje, jɛʀ]	**erste(r, -s)**
2e	**deuxième** [døzjɛm]	**zweite(r, -s)**
3e	**troisième** [tʀwazjɛm]	**dritte(r, -s)**

4e	**quatrième** [katʀjɛm]	**vierte(r, -s)**
5e	**cinquième** [sɛ̃kjɛm]	**fünfte(r, -s)**
6e	**sixième** [sizjɛm]	**sechste(r, -s)**
7e	**septième** [sɛtjɛm]	**siebte(r, -s)**
8e	**huitième** ['ɥitjɛm]	**achte(r, -s)**
9e	**neuvième** [nœvjɛm]	**neunte(r, -s)**
10e	**dixième** [dizjɛm]	**zehnte(r, -s)**
11e	**onzième** [ɔ̃zjɛm]	**elfte(r, -s)**
12e	**douzième** [duzjɛm]	**zwölfte(r, -s)**
13e	**treizième** [tʀɛzjɛm]	**dreizehnte(r, -s)**
14e	**quatorzième** [katɔʀzjɛm]	**vierzehnte(r, -s)**
15e	**quinzième** [kɛ̃zjɛm]	**fünfzehnte(r, -s)**
16e	**seizième** [sɛzjɛm]	**sechzehnte(r, -s)**
17e	**dix-septième** [disɛtjɛm]	**siebzehnte(r, -s)**
18e	**dix-huitième** [dizɥitjɛm]	**achtzehnte(r, -s)**
19e	**dix-neuvième** [diznœvjɛm]	**neunzehnte(r, -s)**
20e	**vingtième** [vɛ̃tjɛm]	**zwanzigste(r, -s)**
21e	**vingt et unième** [vɛ̃teynjɛm]	**einundzwanzigste(r, -s)**
22e	**vingt-deuxième** [vɛ̃tdøzjɛm]	**zweiundzwanzigste(r, -s)**
30e	**trentième** [tʀɑ̃tjɛm]	**dreißigste(r, -s)**
40e	**quarantième** [kaʀɑ̃tjɛm]	**vierzigste(r, -s)**
50e	**cinquantième** [sɛ̃kɑ̃tjɛm]	**fünfzigste(r, -s)**
60e	**soixantième** [swasɑ̃tjɛm]	**sechzigste(r, -s)**
70e	**soixante-dixième** [swasɑ̃tdizjɛm]	**siebzigste(r, -s)**

TIPP: *In Belgien und der Schweiz sagt man* ***septantième****.*

80e	**quatre-vingtième** [katʀəvɛ̃tjɛm]	**achtzigste(r, -s)**
90e	**quatre-vingt-dixième** [katʀəvɛ̃dizjɛm]	**neunzigste(r, -s)**

TIPP: *In Belgien und der Schweiz sagt man* ***nonantième****.*

100e	**centième** [sɑ̃tjɛm]	**hundertste(r, -s)**

«2001–4000»

1000e	**millième** [miljɛm]	**tausendste(r, -s)**
	millionième [miljɔnjɛm]	**millionste(r, -s)**

2.5 Ursache und Wirkung

«1–2000»

pourquoi [puʀkwa] *adv* **Pourquoi** le drapeau français est bleu, blanc et rouge?	**warum** Warum ist die französische Fahne blau, weiß, rot?
la **raison** [ʀɛzɔ̃] *syn:* cause Pour quelle **raison** a-t-elle dit ça?	**Grund** *m* Aus welchem Grund hat sie das gesagt?
parce que [paʀskə] *conj* Je tremble **parce que** j'ai froid.	**weil** Ich zittere, weil mir kalt ist.
pour [puʀ] *prep* Je me suis beaucoup entraînée **pour** gagner ma place dans l'équipe.	**um (...) zu** Ich habe viel trainiert, um in die Mannschaft zu kommen.

«2001–4000»

l'**origine** *f* [ɔʀiʒin] À l'**origine**, internet devait être réservé aux scientifiques.	**Ursprung** *m* Ursprünglich war das Internet ausschließlich für Wissenschaftler gedacht.
la **cause** [koz] *syn:* raison Quelle est la **cause** principale de la pollution?	**Ursache** *f;* **Grund** *m* Was ist die Hauptursache für die Umweltverschmutzung?
causer [koze] *v* C'est le brouillard qui **a causé** l'accident.	**verursachen** Der Unfall wurde durch Nebel verursacht.
provoquer [pʀɔvɔke] *v* Cette décision **a provoqué** de violentes réactions.	**hervorrufen, führen zu** Dieser Beschluss hat heftige Reaktionen hervorgerufen.
à cause de [akozdə] *prep* Il a raté son examen **à cause de** la physique.	**wegen** Er ist wegen Physik durch die Prüfung gefallen.
puisque [pɥisk(ə)] *conj* **Puisqu**'il fait mauvais, on va regarder la télé.	**da** Da das Wetter schlecht ist, sehen wir fern.

TIPP: *Vor Vokal und stummem h wird* ***que*** *zu* ***qu'****.*

car [kaʀ] *conj* Ceux qui habitent sur la Côte ont bien de la chance, **car** ils ont à la fois le soleil et la mer.	**denn** Diejenigen, die an der Côte d'Azur leben, haben wirklich Glück, denn sie haben gleichzeitig Sonne und Meer.

c'est pourquoi [sɛpuʀkwa] *adv* Je veux m'exercer un peu, **c'est pourquoi** je t'écris en français.	**deshalb** Ich möchte etwas üben, deshalb schreibe ich dir auf Französisch.
ainsi [ɛ̃si] *adv syn:* comme ça Je reste une heure de plus les autres jours et **ainsi** je suis libre le vendredi après-midi.	**so** Ich bleibe an den anderen Tagen eine Stunde länger, und so habe ich Freitag Nachmittag frei.
donc [dɔ̃k] *adv* Je pense, **donc** je suis.	**also** Ich denke, also bin ich.
c'est-à-dire [sɛtadiʀ] *adv* Elle gagne le SMIC, **c'est-à-dire** très peu.	**das heißt** Sie verdient den gesetzlichen Mindestlohn, das heißt sehr wenig.
d'ailleurs [dajœʀ] *adv* Pourquoi je serais contre? **D'ailleurs** je n'ai même pas encore réfléchi à la question.	**übrigens** Warum sollte ich dagegen sein? Übrigens habe ich über die Frage noch gar nicht nachgedacht.
la **conséquence** [kɔ̃sekɑ̃s] J'espère que mon erreur n'aura pas de **conséquences**.	**Folge** *f* Ich hoffe, dass mein Fehler keine Folgen haben wird.
le **résultat** [ʀezylta] Le **résultat** des élections n'a surpris personne.	**Ergebnis** *n*, **Resultat** *n* Das Wahlergebnis hat niemanden überrascht.
l'**effet** *m* [efɛ] Les médicaments n'ont eu aucun **effet**.	**Wirkung** *f* Die Medikamente hatten überhaupt keine Wirkung.
la **condition** [kɔ̃disjɔ̃] Je suis d'accord à une **condition**: que tu viennes avec moi.	**Bedingung** *f* Ich bin unter einer Bedingung einverstanden, nämlich dass du mit mir kommst.

2.6 Art und Weise

«1–2000»

la **manière** [manjɛʀ] *syn:* façon C'est de cette **manière** qu'on peut résoudre le problème.	**Art und Weise** *f* Auf diese Art und Weise kann man das Problem lösen.

la **façon** [fasɔ̃] *syn:* manière	**Weise** *f*
Tu as ta **façon** de faire; moi, j'ai la mienne.	Du machst das auf deine Weise und ich auf meine.
comment [kɔmɑ̃] *adv*	**wie**
Comment tu y es arrivée?	Wie hast du das geschafft?
comme ça [kɔmsa] *adv syn:* ainsi	**so**
Tu vois, tu fais **comme ça** et ça marche.	Siehst du, du machst das so, und dann geht das.
autant [otɑ̃] *adv*	**so viel; so sehr**
Ne travaille pas **autant**, tu vas te rendre malade!	Arbeite nicht so viel, du machst dich ja kaputt.
Je ne pensais pas que je l'aimais **autant**.	Ich habe nicht gedacht, dass ich ihn so sehr liebte.

pas du tout [padytu] *adv*	**überhaupt nicht**
Je n'ai **pas du tout** compris la fin du film. → *rien TIPP*	Das Ende des Films habe ich überhaupt nicht verstanden.
en tout cas [ɑ̃tukɑ] *adv*	**jedenfalls**
Tu penses avoir réussi? — **En tout cas**, j'ai fait ce que j'ai pu.	Meinst du, du hast es geschafft? — Jedenfalls habe ich getan, was ich konnte.

en vain [ɑ̃vɛ̃] *adv*	**umsonst, vergeblich**
Il a fait plusieurs tentatives, mais **en vain**.	Er hat es mehrmals versucht, aber umsonst.

au moins [omwɛ̃] *adv*	**wenigstens; mindestens**
Avec le brouillard, on n'a rien vu, mais **au moins**, on a pris l'air.	Bei dem Nebel haben wir nichts gesehen, aber wenigstens haben wir frische Luft geschnappt.
Pour apprendre à conduire, il faut avoir **au moins** 16 ans.	Um Fahrstunden zu nehmen, muss man mindestens 16 Jahre alt sein.
presque [pʀɛsk(ə)] *adv*	**beinahe, fast**
Notre chien est vieux et il n'y voit **presque** plus.	Unser Hund ist alt und sieht beinahe nichts mehr.
à peu près [apøpʀɛ] *adv*	**etwa, ungefähr**
La tour Eiffel fait **à peu près** 300 mètres de haut.	Der Eiffelturm ist etwa 300 Meter hoch.

tout à fait [tutafɛ] *adv*	**ganz; wirklich; genau**
Je suis **tout à fait** désolée, je n'ai pas fait exprès.	Es tut mir wirklich Leid, ich habe das nicht absichtlich gemacht.
Donc tu penses arrêter tes études après le bac? — Oui, **tout à fait**.	Du willst also nach dem Abitur nicht weiterstudieren? — Ganz genau!

complètement, totalement [kɔ̃plɛtmɑ̃, tɔtalmɑ̃] *adv*	**völlig**
Mon échec ne m'a pas **complètement** découragé.	Mein Misserfolg hat mich nicht völlig entmutigt.
exactement [ɛgzaktəmɑ̃] *adv*	**genau**
Je pense **exactement** comme toi.	Ich denke darüber genau wie du.
vraiment [vʀɛmɑ̃] *adv*	**wirklich**
Tu as **vraiment** envie de voir ce film?	Willst du diesen Film wirklich sehen?
franchement [fʀɑ̃ʃmɑ̃] *adv*	**echt**
J'ai trouvé la pièce **franchement** ennuyeuse.	Ich fand das Stück echt langweilig.
aussi [osi] *adv syn:* également	**auch**
Tu aimes la musique classique? Moi **aussi**.	Du magst klassische Musik? Ich auch.
également [egalmɑ̃] *adv syn:* aussi	**auch**
J'ai étudié le français au lycée et **également** fait un séjour d'un mois à Dijon.	Ich habe Französisch auf dem Gymnasium gelernt und war auch einen Monat in Dijon.
à part ça [apaʀsa] *adv*	**abgesehen davon, ansonsten**
J'ai beaucoup de travail, mais **à part ça** je vais très bien.	Ich habe viel zu tun, aber abgesehen davon gehts mir prächtig.
Et **à part ça**, comment vont tes parents?	Und ansonsten, wie gehts deinen Eltern?
même [mɛm] *adv*	**selbst, sogar**
Je fais du vélo le dimanche même quand il pleut.	Sonntags fahre ich Rad, selbst wenn es regnet.

«2001–4000»

le **moyen** [mwajɛ̃]	**Mittel** *n*
Le meilleur **moyen** d'oublier ses soucis, c'est d'écouter un bon CD.	Das beste Mittel, seine Sorgen zu vergessen, ist, eine gute CD zu hören.
justement [ʒystəmɑ̃] *adv*	**genau**
Ça tombe bien, c'est **justement** le livre que j'avais envie de lire!	Das trifft sich gut, genau das Buch wollte ich lesen.
même pas [mɛmpɑ] *adv*	**nicht einmal**
Tu ne m'as **même pas** dit que tu étais marié! → *rien TIPP*	Du hast mir ja noch nicht einmal gesagt, dass du verheiratet bist!

à peine [apɛn] *adv*	**kaum**
Je connais **à peine** Paris.	Ich kenne Paris kaum.
volontiers [vɔlɔ̃tje] *adv*	**gern**
Tu viens avec moi? — Très **volontiers**!	Kommst du mit? — Sehr gern!
malheureusement [maløʀøzmɑ̃] *adv*	**leider**
Je n'avais **malheureusement** pas revu le sujet qui est tombé.	Leider hatte ich das Thema, das drankam, nicht vorbereitet.
à propos [apʀɔpo] *adv*	**übrigens**
À propos, tu connais la nouvelle?	Übrigens, weißt du schon das Neueste?
parfaitement [paʀfɛtmɑ̃] *adv*	**genau**
syn: tout à fait	
C'est toi qui as dit ça? — **Parfaitement**, c'est moi.	Hast du das gesagt? — Ganz genau, das war ich.
absolument [apsɔlymɑ̃] *adv*	**absolut; unbedingt**
syn: tout à fait	
Tu ne trouves pas que j'ai raison? — Si, **absolument**.	Meinst du nicht, dass ich Recht habe? — Doch, absolut!
Elle veut **absolument** aller au théâtre avec moi.	Sie möchte unbedingt mit mir ins Theater gehen.
de toute façon, de toute manière [dətutfasɔ̃, dətutmanjɛʀ] *adv*	**sowieso**
Il ne veut pas t'inviter. — **De toute façon**, ça m'est égal.	Er will dich nicht einladen. — Das ist mir sowieso egal.
au lieu de [oljødə] *prep*	**statt; anstatt zu**
Au lieu du livre, tu aurais dû acheter le CD-ROM.	Statt des Buches hättest du die CD-ROM kaufen sollen.
Il peut passer la nuit devant son ordinateur **au lieu de** dormir.	Er kann ganze Nächte vor seinem Computer verbringen anstatt zu schlafen.
sinon [sinɔ̃] *adv*	**sonst**
Il faut mettre le riz dans beaucoup d'eau, **sinon** il colle.	Reis muss man in viel Wasser kochen, sonst klebt er.
en plus (de) [ɑ̃plys, ɑ̃plydə] *adv*	**zusätzlich; zusätzlich zu, außer**
J'emporte un pull **en plus**, on ne sait jamais.	Ich nehme einen Pulli zusätzlich mit, man weiß ja nie.
En plus du français et de l'anglais, je fais de l'espagnol.	Außer Französisch und Englisch lerne ich noch Spanisch.

cependant [s(ə)pɑ̃dɑ̃] *adv*	**dennoch, jedoch**
La situation s'améliore, **cependant** il reste des problèmes à résoudre.	Die Lage bessert sich, es bleiben dennoch Probleme, die noch zu lösen sind.
pourtant [puʀtɑ̃] *adv*	**doch**
Il n'est pas là, **pourtant** il m'avait promis d'être à l'heure.	Er ist nicht da, und er hat mir doch versprochen, pünktlich zu sein.
en fait [ɑ̃fɛ(t)] *adv*	**eigentlich, in Wirklichkeit**
En fait, je suis timide, mais j'essaie de le cacher.	In Wirklichkeit bin ich schüchtern, aber ich versuche, es zu verbergen.
quand même [kɑ̃mɛm] *adv*	**trotzdem**
Il pleuvait, mais on s'est bien amusés **quand même**.	Es hat geregnet, aber wir haben uns trotzdem gut amüsiert.

2.7 Farben

«1–2000»

la **couleur** [kulœʀ]	**Farbe** *f*
Tu connais les **couleurs** du drapeau allemand?	Weißt du, welche Farben die deutsche Fahne hat?
blanc, blanche [blɑ̃, blɑ̃ʃ] *adj* *ant:* noir	**weiß**
Une pièce paraît plus grande quand les plafonds sont **blancs**.	Ein Zimmer wirkt größer, wenn die Decke weiß ist.

TIPP: *Das Substantiv ist immer männlich* ***le blanc, le rouge*** *„das Weiß", „das Rot".*

noir, e [nwaʀ] *adj* *ant:* blanc	**schwarz**
Avec la pollution, certaines maisons sont toutes **noires**.	Durch die Luftverschmutzung sind manche Häuser ganz schwarz geworden.
rouge [ʀuʒ] *adj*	**rot**
Avec les rôtis ou le fromage, on boit en général du vin **rouge**.	Zu Braten oder Käse trinkt man normalerweise Rotwein.

bleu, e [blø] *adj* Le ciel est tout **bleu**, ça va être une belle journée.	**blau** Der Himmel ist ganz blau, das wird sicher ein schöner Tag.
vert, e [vɛʀ, vɛʀt] *adj* En ville, il faudrait plus d'espaces **verts**.	**grün** In den Städten sollte es mehr Grünflächen geben.
jaune [ʒon] *adj* La couverture de mon dictionnaire est **jaune**.	**gelb** Der Einband meines Wörterbuchs ist gelb.
brun, e [bʀœ̃, bʀyn] *adj* À la fin de l'été, j'ai la peau toute **brune**.	**braun** Am Ende des Sommers habe ich ganz braune Haut.

«2001–4000»

foncé, e [fɔ̃se] *adj* *ant:* clair Lors d'un enterrement, on porte plutôt des vêtements **foncés**.	**dunkel** Bei einer Beerdigung trägt man eher dunkle Kleidung.
clair, e [klɛʀ] *adj* *ant:* foncé Ta cravate est trop **claire** pour aller avec une chemise blanche.	**hell** Die Krawatte ist zu hell für ein weißes Hemd.
gris, e [gʀi, gʀiz] *adj* Le marié portait un costume **gris** foncé.	**grau** Der Bräutigam hatte einen dunkelgrauen Anzug an.
rose [ʀoz] *adj* Je trouve ridicule d'habiller les filles en **rose**.	**rosa** Ich finde es albern, Mädchen rosa anzuziehen.
orange [ɔʀɑ̃ʒ] *adj* ⚠ *inv* L'équipe de Hollande joue en **orange**. Tant pis, je passe à l'**orange**!	**orange; gelb** Die holländische Mannschaft spielt in Orange. Egal, ich fahre bei Gelb drüber.

2.8 Formen

«1–2000»

la **forme** [fɔʀm] Certains bâtiments de Le Corbusier ont une drôle de **forme**.	**Form** *f* Manche Gebäude von Le Corbusier haben eine komische Form.

la **ligne** [liɲ] Tu sais lire les **lignes** de la main?	**Linie** *f* Kannst du Handlinien deuten?
rond, e [ʀɔ̃, ʀɔ̃d] *adj* La Terre n'est pas tout à fait **ronde**.	**rund** Die Erde ist nicht ganz rund.
le **cercle** [sɛʀkl] On va s'asseoir en **cercle**, ce sera mieux pour discuter.	**Kreis** *m* Wir setzen uns am besten im Kreis, so kann man besser diskutieren.
le **coin** [kwɛ̃] Je me suis fait mal contre le **coin** de la table.	**Ecke** *f* Ich habe mir an der Tischecke wehgetan.
la **croix** [kʀwa] Les gaullistes ont choisi la **croix** de Lorraine comme symbole.	**Kreuz** *n* Die Gaullisten haben das Lothringer Kreuz als Symbol gewählt.
le **symbole** [sɛ̃bɔl] Le **symbole** de Paris est un bateau dans la tempête.	**Symbol** *n* Das Symbol für Paris ist ein Schiff im Sturm.
la **pointe** [pwɛ̃t] Sur la **pointe** des clochers, il y a souvent un coq.	**Spitze** *f* Auf Kirchturmspitzen gibt es oft einen Hahn.

«2001–4000»

la **boule** [bul] Je voudrais une glace à trois **boules**. On fait une bataille de **boules** de neige?	**Kugel** *f* Ich hätte gern ein Eis mit drei Kugeln. Machen wir eine Schneeballschlacht?
le **bord** [bɔʀ] Tu peux remplir mon verre jusqu'au **bord**.	**Rand** *m* Du kannst mein Glas bis zum Rand voll machen.
pointu, e [pwɛ̃ty] *adj* Les dents du requin sont très **pointues**.	**spitz** Die Zähne eines Hais sind sehr spitz.
la **flèche** [flɛʃ] Il suffit de suivre les **flèches** bleues.	**Pfeil** *m* Man braucht nur den blauen Pfeilen nachzugehen.
carré, e [kaʀe] *adj* Une pièce **carrée** est facile à meubler.	**quadratisch** Ein quadratisches Zimmer lässt sich leicht möblieren.

3 VERSCHIEDENES

3.1 Strukturwörter

3.1.1 PRONOMEN UND ARTIKEL

un, une [œ̃, yn] *article, pron* — **ein(e); einer, eine, eines**

Ça, ce n'est pas **un** moustique, mais **une** mouche. — Das ist keine Stechmücke, sondern eine Fliege.

Je n'ai pas de raquette, tu peux m'en prêter **une**? — Ich habe keinen Schläger, kannst du mir einen leihen?

> ***TIPP:*** *Der Plural von **un** und **une** ist **des**, was im Deutschen keine Entsprechung hat, z. B. ergibt **des enfants** „Kinder". Vor dem Pronomen **un** und **une** steht ein **en**. Wenn sich das **en** auf einen vorhergehenden Plural bezieht, wird es mit „welche" oder bei der Verneinung mit „keine" übersetzt, z. B.* ***Tu as des allumettes? — Oui, j'en ai/Non, je n'en ai pas.*** *Hast du Streichhölzer? — Ja, ich habe welche/Nein, ich habe keine.*

---

le, la [lə, la] *article* ⚠ *pl* **les** — **der, die, das**

Le film m'a beaucoup plu. — Der Film hat mir sehr gefallen.

La vie est belle. — Das Leben ist schön.

Les pâtes sont cuites. — Die Nudeln sind fertig.

> ***TIPP:*** *Vor Vokal und stummem h wird **le** und **la** zu **l'**, z. B.* ***l'or, l'école, l'hôtel****. In Verbindung mit der Präposition **à** werden **le, la, l', les** zu **au, à la, à l', aux**, in Verbindung mit **de** zu **du, de la, de l', des**.*

---

ce, cet, cette [sə, sɛt] *adj démonstratif* ⚠ *pl* **ces** — **diese(r, -s)**

Ce livre est intéressant. — Dieses Buch ist interessant.

Je ne connais pas **cet** homme. — Ich kenne diesen Mann nicht.

Sans **ces** renseignements, je n'aurais jamais trouvé. — Ohne diese Informationen hätte ich es nie gefunden.

> ***TIPP:*** *Vor Vokal und stummem h wird **ce** zu **c'**.*

---

ce [sə] *pron démonstratif* — **das; was**

Ce n'est pas grave! — Das ist nicht schlimm!

Je n'entends pas **ce** que tu dis. — Ich höre nicht, was du sagst.

> ***TIPP:*** *Vor Vokal oder stummem h wird **ce** zu **c'**. Es wird nur als Subjekt zusammen mit dem Verb **être** benutzt, oder um **qui, que** und **dont** einzuleiten.*

ça [sa] *pron démonstratif syn:* cela	**das**
Ça m'intéresse.	Das interessiert mich.
Et avec **ça**, qu'est-ce que je vous sers?	Und was soll ich Ihnen dazu servieren?

> ***TIPP: Ça*** *wird hauptsächlich in der gesprochenen Sprache verwendet, während man **cela** eher schreibt.*

---

cela [s(ə)la] *pron démonstratif*	**das**
Cela prendra du temps.	Das wird Zeit brauchen.
Malgré **cela**, je pense que j'ai raison. → *ça TIPP*	Trotzdem denke ich, dass ich Recht habe.

---

celui, celle [səlɥi, sɛl] *pron démonstratif* ⚠ *pl* **ceux, celles** [sø, sɛl]	**derjenige, diejenige, dasjenige; der, die, das**
Ceux qui ont peur peuvent rester.	Diejenigen, die Angst haben, können da bleiben.
Les villes de l'ouest sont plus arrosées que **celles** de l'est.	In den Städten im Westen regnet es mehr als in denen im Osten

> ***TIPP: Celui*** *und* ***celle*** *wird immer gefolgt von einer Präposition oder einem Relativsatz mit* ***qui, que, dont****.*

---

celui-ci, celle-ci [səlɥisi, sɛlsi] *pron démonstratif* ⚠ *pl* **ceux-ci, celles-ci** [søsi,sɛlsi]	**dieser/diese/dieses hier**
Je prends **celles-ci**, les autres chaussures me plaisent moins.	Ich nehme diese hier, die anderen Schuhe gefallen mir nicht so gut.

---

celui-là, celle-là [səlɥila, sɛlla] *pron démonstratif* ⚠ *pl* **ceux-là, celles-là** [søla, sɛlla]	**dieser/diese/dieses da, der/die/das da**
C'est celui-ci ou **celui-là** que tu choisis?	Nimmst du dieses oder das da?

---

qui [ki] *pron relatif/interrogatif* ⚠ *inv*	**der, die, das; wer**
C'est Marc **qui** m'a dit ça.	Es war Marc, der mir das gesagt hat.
C'est moi **qui** ai raison.	Ich habe Recht.
Qui c'est?	Wer ist da?

que [kə] *pron relatif/interrogatif*	**den, die, das; was**
C'est un ami **que** je connais depuis dix ans.	Das ist ein Freund, den ich schon seit zehn Jahren kenne.
Qu'as tu reçu comme cadeau pour ton anniversaire?	Was für ein Geschenk hast du zum Geburtstag bekommen?

***TIPP:** Vor Vokal und stummem h wird **que** zu **qu'**.*

---

quel, le [kɛl] *adj interrogatif/exclamatif* ⚠ *pl* **quels, quelles**	**welcher, welche, welches; so ein/eine**
Quel prof t'a dit ça?	Welcher Lehrer hat dir das gesagt?
Avec **quelles** balles on joue?	Mit welchen Bällen spielen wir?
Quelle idiote!	So eine Idiotin!

---

lequel, laquelle [ləkɛl, lakɛl] *pron relatif/interrogatif* ⚠ *pl* **lesquels, lesquelles** [lekɛl]	**der, die, das; welcher, welche, welches**
J'ai des livres **auxquels** je tiens beaucoup.	Ich habe Bücher, an denen ich sehr hänge.
Avec **laquelle** tu veux danser?	Mit welcher willst du tanzen?

***TIPP:** In Verbindung mit **de** wird **lequel, laquelle, lesquels, lesquelles** zu **duquel, de laquelle, desquels, desquelles** und in Verbindung mit **à** zu **auquel, à laquelle, auxquels, auxquelles**.*

---

dont [dɔ̃] *pron relatif*	**von dem/der; dessen, deren**
Les problèmes **dont** parle le texte nous concernent tous.	Die Probleme, von denen der Text handelt, gehen uns alle etwas an.
Un enfant **dont** les parents sont souvent absents se sent abandonné.	Ein Kind, dessen Eltern oft nicht da sind, fühlt sich verlassen.

---

en [ɑ̃] *pron syn:* de ça	**davon; daran; damit; darauf** *etc*
On **en** a assez!	Man hat die Nase voll davon.
Je m'**en** souviens très bien.	Ich erinnere mich gut daran.
J'**en** suis fier.	Ich bin stolz darauf.

---

y [i] *pron syn:* à ça	**daran; dafür; darauf** *etc*
Je n'**y** ai pas pensé.	Ich habe nicht daran gedacht.
Je m'**y** intéresse.	Ich interessiere mich dafür.

---

quoi [kwa] *pron interrogatif*	**was**
C'est **quoi**, ça?	Was ist das?
Avec **quoi** j'ouvre la boîte?	Womit mache ich die Dose auf?

je [ʒə] *pron personnel*	**ich**
Je n'ai rien contre.	Ich habe nichts dagegen.

***TIPP:** Vor Vokal und stummem h wird **je** zu **j'**.*

---

tu [ty] *pron personnel*	**du**
Tu m'accompagnes?	Begleitest du mich?

---

il [il] *pron personnel*	**er; es**
Il veut sortir avec moi.	Er möchte mit mir ausgehen.
Il a neigé cette nuit.	Es hat heute Nacht geschneit.

***TIPP:** **Il** ist immer Subjekt. Es steht für ein Substantiv männlichen Geschlechts. Entspricht es einem deutschen Substantiv weiblichen oder sächlichen Geschlechts, heißt es „sie" bzw. „es".*

---

elle [ɛl] *pron personnel*	**sie**
Elle m'a embrassé.	Sie hat mich geküsst.
Avec **elle**, je me sens bien.	Bei ihr fühle ich mich wohl.

***TIPP:** **Elle** steht für ein Substantiv weiblichen Geschlechts. Entspricht es einem deutschen Substantiv männlichen oder sächlichen Geschlechts, heißt es „er" bzw. „es".*

---

nous [nu] *pron personnel*	**wir; uns**
Nous nous réjouissons de cette rencontre.	Wir freuen uns über dieses Treffen.
Pour **nous**, ça a été une surprise.	Für uns war das eine Überraschung.

***TIPP:** **Nous** ist Subjekt und Objekt. Wie **me, te, vous** wird es auch als Reflexivpronomen gebraucht*

---

vous [vu] *pron personnel*	**ihr; Sie; euch; Ihnen; sich**
Les enfants, **vous** allez être sages!	Kinder, ihr werdet schön brav sein!
Salut Lionel et Marie! Je **vous** écris juste un petit mot ...	Hallo Lionel und Marie! Ich schreibe euch ein paar Zeilen ...
Vous avez raison, monsieur le Directeur.	Sie haben Recht, Herr Direktor.
Je **vous** remercie, messieurs.	Meine Herren, ich danke Ihnen.
Asseyez-**vous**!	Setzen Sie sich!

***TIPP:** **Vous** ist die Pluralform für Menschen, die man duzt, und die Höflichkeitsform für einen oder mehrere Menschen, die man siezt.*

ils [il] *pron personnel* — **sie**

Ils sont sévères, tes parents? — Sind deine Eltern streng?

*TIPP: **Ils** ist immer Subjekt und bezieht sich auf Substantive männlichen Geschlechts oder auf Substantive beiderlei Geschlechts.*

---

elles [ɛl] *pron personnel* — **sie; ihnen**

Elles se ressemblent comme deux sœurs. — Sie gleichen sich wie zwei Schwestern.

Tu es invité chez **elles**? — Du bist bei ihnen eingeladen?

*TIPP: **Elles** bezieht sich auf Substantive weiblichen Geschlechts. → eux TIPP*

---

moi [mwa] *pron personnel* — **ich; meiner; mir; mich**

Moi, je ferais comme ça. — Ich würde das so machen.

Tu ne te souviens pas de **moi**? — Erinnerst du dich nicht an mich?

*TIPP: **Moi** wird zur Betonung des „ich" benutzt und in Verbindung mit Präpositionen.*

---

me [mə] *pron personnel* — **mich; mir**

Ça **m'**intéresse. — Das interessiert mich.

Ce tableau **me** plaît. — Dieses Bild gefällt mir.

*TIPP: Vor Vokal und stummem h wird **me** zu **m'**. Es ist direktes und indirektes Objekt. In Verbindung mit Präpositionen steht **moi**.*

---

toi [twa] *pron personnel* — **du; dir; dich**

C'est **toi** qui as mon stylo? — Hast du meinen Füller?

Ce livre n'est pas à **toi**. — Dieses Buch gehört nicht dir.

Ces fleurs sont pour **toi**. *→ moi TIPP* — Diese Blumen sind für dich.

---

te [tə] *pron personnel* — **dich; dir**

Ne **t'**inquiète pas, je **t'**attends. *→ me TIPP* — Mach dir keine Sorgen, ich warte auf dich.

---

le, la [lə, la] *pron personnel* — **ihn; sie; es**

⚠ *pl* **les** [le]

Inutile de **le** présenter. — Nicht nötig, ihn vorzustellen.

Tu **la** reconnais? — Erkennst du sie wieder?

Remercie-**le/la** de ma part! — Sag ihm/ihr vielen Dank von mir.

Je **les** ai souvent aidés. — Ich habe ihnen oft geholfen.

*TIPP: Vor Vokal und stummem h wird **le** und **la** zu **l'**. **Le** und **la** sind direkte Objekte. Sie können im Deutschen zum Dativ werden, wenn das deutsche Verb einen Dativ erfordert. In Verbindung mit Präpositionen steht **lui, elle** und **eux, elles**.*

se [sə] *pron personnel* — **sich**

Elle **se** moque de moi. — Sie macht sich über mich lustig.
Ils **se** sont trompés. — Sie haben sich getäuscht.

***TIPP:** Vor Vokal und stummem h wird **se** zu **s'**. **Se** bezieht sich auf **il, elle, ils** und **elles**. In Verbindung mit Präpositionen steht **lui-même, elle-même, eux-mêmes, elles-mêmes** oder **soi**.*

---

soi [swa] *pron personnel* — **sich**

C'est chacun pour **soi**. — Jeder für sich.

***TIPP:** **Soi** wird nur bei unpersönlichen Subjekten in Verbindung mit Präpositionen benützt.*

---

lui [lɥi] *pron personnel* — **er; ihm, ihr**

Lui, il est toujours de bonne humeur. — Er hat immer gute Laune.
Tu **lui** poseras la question si tu le/la vois. — Frag sie/ihn, wenn du sie/ihn siehst.
Tout a raté à cause de **lui**. — Wegen ihm ist alles schief gegangen.

***TIPP:** **Lui** wird zur Betonung von **il** benutzt und steht in Verbindung mit Präpositionen. Wenn es als indirektes Objekt – ohne Präposition – vor dem Verb steht, steht es sowohl für **il** als auch für **elle**.*

---

leur [lœʀ] *pron personnel* — **ihnen; sie**

Il faut que je pense à **leur** écrire. — Ich muss daran denken, ihnen zu schreiben.
Vous **leur** avez demandé? — Habt ihr sie gefragt?

***TIPP:** **Leur** ist die – dem Verb vorangestellte – indirekte Objekt-Form von **ils** und **elles**. Es steht nie in Verbindung mit Präpositionen.*

---

eux [ø] *pron personnel* — **sie; ihnen**

Eux, ils ne sont jamais pressés. — Sie haben es nie eilig.
Avec **eux**, on est sûrs de ne pas s'ennuyer. — Mit ihnen kann man sicher sein, dass man sich nicht langweilt.

***TIPP:** **Eux** wird zur Betonung von **ils** benutzt und in Verbindung mit Präpositionen. Es bezieht sich auf die männliche Form **ils**, das weibliche Pendant dazu ist **elles**.*

---

on [ɔ̃] *pron indéfini* — **man; wir**

On ne dit pas ça. — Das sagt man nicht.
Alors, **on** y va? — Also, gehen wir?

***TIPP:** In der Umgangssprache sagt man oft **on** für **nous**. In dem Fall bekommt das Partizip ein Plural-s: **On est venus pour s'amuser.** Wir sind hier, um uns zu amüsieren.*

mon, ma [mɔ̃, ma] *adj possessif* ⚠ *pl* **mes** [me]	**mein, meine**
Je te présente **mes** parents, **mon** frère et **ma** sœur.	Darf ich dich mit meinen Eltern, meinem Bruder und meiner Schwester bekannt machen?
ton, ta [tɔ̃, ta] *adj possessif* ⚠ *pl* **tes** [te]	**dein, deine**
Tu me dis **ton** prénom?	Sagst du mir deinen Vornamen?
J'ai mis **tes** lunettes de soleil.	Ich habe deine Sonnenbrille aufgesetzt.
son, sa [sɔ̃, sa] *adj possessif* ⚠ *pl* **ses** [se]	**sein, seine; ihr, ihre**
Elle a eu **son** bac.	Sie hat ihr Abitur bestanden.
Chacun a **ses** habitudes.	Jeder hat seine Angewohnheiten.

***TIPP:** Im Französischen richten sich Possessivadjektive nach dem Geschlecht des Substantivs, auf das sie sich beziehen, und nicht nach dem Geschlecht des „Besitzers".*

notre [nɔtʀ] *adj possessif* ⚠ *pl* **nos** [no]	**unser(e)**
Notre équipe est la meilleure.	Unser Team ist das beste.
Nos vacances se terminent.	Unsere Ferien gehen zu Ende.
votre [vɔtʀ] *adj possessif* ⚠ *pl* **vos** [vo]	**euer, eure; Ihr(e)**
Est-ce que **votre** maman n'est pas là?	Ist eure Mama nicht da?
Vous avez rangé **vos** jouets?	Habt ihr eure Spielsachen aufgeräumt?
Mesdames, messieurs, **votre** attention s'il vous plaît! → *vous TIPP*	Meine Damen und Herren, darf ich um Ihre Aufmerksamkeit bitten?
leur [lœʀ] *adj possessif* ⚠ *pl* **leurs**	**ihr(e)**
Les Français sont très fiers de **leur** histoire.	Die Franzosen sind sehr stolz auf ihre Geschichte.
Certains animaux abandonnent **leurs** petits très tôt.	Manche Tiere verlassen ihre Jungen schon sehr früh.

le mien, la mienne [ləmjɛ̃, lamjɛn] *pron possessif* ⚠ *pl* **les miens, les miennes**	**meine(r, -s)**
Si tu veux faire du roller, je te prête **les miens**.	Wenn du Inlineskates fahren willst, leihe ich dir meine.

le tien, la tienne [lətjɛ̃, latjɛn] *pron possessif* ⚠ *pl* **les tiens, les tiennes**
deine(r, -s)

J'ai mélangé mes CD avec **les tiens**, ça ne fait rien?
Ich habe meine CDs mit deinen vermischt, macht das was?

---

le sien, la sienne [ləsjɛ̃, lasjɛn] *pron possessif* ⚠ *pl* **les siens, les siennes**
seine(r, -s); ihre(r, -s)

Quelqu'un a pris ma valise pour **la sienne**. → *son TIPP*
Jemand hat meinen Koffer mit seinem/ihrem verwechselt.

---

le nôtre, la nôtre [lənotʀ, lanotʀ] *pron possessif* ⚠ *pl* **les nôtres**
unsere(r, -s)

Si vous avez un problème de voiture, je peux vous prêter **la nôtre**.
Wenn ihr ein Autoproblem habt, kann ich euch unseres leihen.

---

le vôtre, la vôtre [ləvotʀ, lavotʀ] *pron possessif* ⚠ *pl* **les vôtres**
eure(r, -s); Ihre(r, -s)

Ce sont nos affaires, pas **les vôtres**. → *vous TIPP*
Das sind unsere Angelegenheiten und nicht eure/Ihre.

---

le leur, la leur [ləlœʀ, lalœʀ] *pron possessif* ⚠ *pl* **les leurs**
ihre(r, -s)

C'est l'auto des voisins qui est devant le garage? — Non, ce n'est pas **la leur**.
Ist das das Auto der Nachbarn vor der Garage? — Nein, das ist nicht ihres.

---

du, de la [dy, dəla] *article* ⚠ *pl* **des** [de]
wird nicht übersetzt

Je peux avoir **du** pain?
Kann ich bitte Brot haben?

Il reste **de la** choucroute.
Es ist noch Sauerkraut übrig.

Je vais commander **des** fruits de mer.
Ich werde Meeresfrüchte bestellen.

***TIPP:** Man nennt dies den Teilungsartikel, der eine unbestimmte Menge einer Sache bezeichnet. Der Teilungsartikel ist etwas anderes als der Genitiv des bestimmten Artikels, obwohl beide gleich aussehen.*

---

quelqu'un [kɛlkœ̃] *pron*
jemand

J'entends **quelqu'un** qui vient.
Ich höre jemanden kommen.

***TIPP: Quelqu'un** verhält sich wie ein männliches Substantiv.*

quelque chose [kɛlkəʃoz] *pron* — **etwas**

Dis-moi **quelque chose** de gentil! — Sag mir etwas Nettes!

Tu voulais dire **quelque chose**? — Wolltest du etwas sagen?

*TIPP: **Quelque chose** verhält sich wie ein männliches Substantiv.*

---

n'importe [nɛ̃pɔʀt] *adv* — **irgend-**

Quand j'ai faim je mange **n'importe** quoi. — Wenn ich Hunger habe, esse ich irgendwas.

Tu peux venir **n'importe** quand. — Du kannst irgendwann kommen.

---

quelconque [kɛlkɔ̃k] *adj* — **irgendein**

Si tu as un problème **quelconque**, passe-moi un coup de fil! — Wenn du irgendein Problem hast, ruf mich an!

---

chaque [ʃak] *adj* ⚠ *inv* — **jede(r, -s)**

Chaque année, je fais une semaine de ski. — Jedes Jahr fahre ich eine Woche in den Skiurlaub.

---

tout le monde [tul(ə)mɔ̃d] *pron syn:* tous, chacun — **jeder; alle**

Tout le monde sait ça. — Das weiß doch jeder!

Ça y est, **tout le monde** est arrivé, on peut commencer. — So, alle sind da, wir können anfangen.

*TIPP: **Tout le monde** verhält sich wie ein männliches Substantiv.*

---

chacun, e [ʃakœ̃, yn] *pron syn:* tout le monde, tous — **jede(r, -s)**

Chacun pour soi! — Jeder für sich!

Ils ont quatre filles et **chacune** s'est mariée avec un enseignant. — Sie haben vier Töchter und jede hat einen Lehrer geheiratet.

---

tout, e [tu, tut] *adj, pron* ⚠ *pl* **tous, toutes** — **jede(r, -s); ganze(r, -s); alle; alles**

Tout citoyen peut voter. — Jeder Bürger kann wählen.

J'ai eu mal aux dents **toute** la nuit. — Ich habe die ganze Nacht Zahnschmerzen gehabt.

Tous les gens ont applaudi. — Alle Leute haben geklatscht.

Nous étions **tous** contents. — Wir waren alle zufrieden.

Je vais **tout** te dire. — Ich werde dir alles sagen.

*TIPP: Mit einem Substantiv im Singular heißt **tout** „ganz“, z. B. **toute la classe** „die ganze Klasse“, mit einem Substantiv im Plural heißt es „alle“. Wenn es ohne ein Substantiv benützt wird, heißt es „alles“.*

personne [pɛRsɔn] *pron ant:* tout le monde — **niemand**

Ici, je ne connais **personne**. — Hier kenne ich niemanden.

***TIPP: Personne** verhält sich wie ein männliches Substantiv. In der gesprochenen Sprache wird das **ne** oft weggelassen.*

---

c'est … qui [sɛ…ki] — *wird nicht übersetzt*

C'est moi **qui** donne. — Ich gebe.

***TIPP: C'est** wird benützt, um das Subjekt hervorzuheben. Das **c'est** wird zu **ce sont**, wenn es sich auf einen Plural bezieht. In der gesprochenen Sprache wird allerdings auch bei Pluralen **c'est** gesagt.*

---

c'est … que [sɛ…kə] — *wird nicht übersetzt*

C'est à moi **que** tu parles? — Redest du mit mir?

C'est ici **qu'**on s'arrête. — Hier machen wir Halt.

---

qu'est-ce qui [kɛski] — **was**

Qu'est-ce qui te ferait plaisir? — Was würde dir Freude machen?

---

qu'est-ce que [kɛskə] — **was**

Qu'est-ce que tu en dis? — Was hältst du davon?

***TIPP: Qu'est-ce que** ist die Umschreibung der Frage. Man kann auch einfach nur **que** sagen, also **Qu'en dis-tu?**.*

---

est-ce que [ɛskə] — *wird nicht übersetzt*

Est-ce que les enfants ont peur? — Non, pas du tout. — Haben die Kinder Angst? — Nein, überhaupt nicht.

Est-ce qu'il n'est pas déjà trop tard? — Si, peut-être. — Ist es nicht schon zu spät? — Doch, vielleicht schon.

TIPP: Est-ce que** ist die Einleitung einer Frage in einem gehobenen Stil. Man kann Fragen, genau wie im Deutschen, auch durch die Umstellung von Verb und Pronomen formulieren. Wenn das Subjekt kein Pronomen ist, wiederholt man das konkrete Subjekt mit einem Pronomen, z. B. **Les enfants ont-ils peur?

3.1.2 HILFS- UND MODALVERBEN

être [ɛtʀ] *v* ⚠ *irr* 17	**sein**
Je me **suis** beaucoup amusée.	Ich habe mich gut amüsiert.
J'**ai été** piquée par une abeille.	Ich bin von einer Biene gestochen worden.
Il **est** très sympa.	Er ist sehr nett.

*TIPP: Reflexive Verben werden immer mit **être** konjugiert. **Être** wird auch zur Bildung des Passivs benützt. Es kann auch, wie im Deutschen, als Vollverb verwendet werden.*

avoir [avwaʀ] *v* ⚠ *irr* 3	**haben**
Tu n'**as** pas **eu** de chance.	Du hast kein Glück gehabt.
J'**ai** rencontré Florence ce matin.	Ich bin heute Morgen Florence begegnet.

*TIPP: **Avoir** kann auch als Vollverb verwendet werden.*

vouloir [vulwaʀ] *v* ⚠ *irr* 44	**wollen; mögen**
Elle n'**a** pas **voulu** danser.	Sie wollte nicht tanzen.
Voudriez-vous manger autre chose?	Möchten Sie noch etwas essen?

devoir [d(ə)vwaʀ] *v* ⚠ *irr* 12	**müssen; sollen**
Je **dois** absolument partir.	Ich muss unbedingt weg.
On ne **doit** pas fumer dans cette salle.	Man darf in diesem Saal nicht rauchen.
Tu **devrais** être contente.	Du solltest zufrieden sein.

falloir [falwaʀ] *v* ⚠ *irr* 19	**müssen; brauchen**
Il **faudra** faire attention.	Wir werden aufpassen müssen.
Il me **faut** à peu près une demi-heure.	Ich brauche etwa eine halbe Stunde.

*TIPP: **Falloir** wird immer unpersönlich formuliert.*

aller [ale] *v* ⚠ *irr* 1	*wird entweder mit Futur oder gar nicht übersetzt*
Le train **va** partir tout de suite.	Der Zug fährt gleich ab.
Je **vais** tout lui dire.	Ich werde ihm alles sagen.

*TIPP: **Aller** wird zur Bildung des „futur proche“, der unmittelbar bevorstehenden Zukunft, benützt, oder es drückt eine Absicht aus.*

3.1.3 WEITERE PRÄPOSITIONEN, KONJUNKTIONEN UND ADVERBIEN

«1–2000»

et [e] *conj* J'invite Corinne **et** sa sœur.	**und** Ich lade Corinne und ihre Schwester ein.
ou [u] *conj*	**oder**
ou … ou [u…u] *conj* **Ou** c'est lui **ou** c'est moi, il faut que tu choisisses.	**entweder … oder** Entweder er oder ich, du musst dich entscheiden.
mais [mɛ] *conj* J'ai eu du mal, **mais** j'y suis arrivé. **Mais** oui, c'est moi! Sarrebourg n'est pas en Allemagne, **mais** en France.	**aber; sondern** Es war nicht einfach, aber ich habe es geschafft. Aber ja, ich bins! Sarrebourg liegt nicht in Deutschland sondern in Frankreich.
avec [avɛk] *prep ant:* sans Tu veux jouer aux cartes **avec** nous?	**mit** Möchtest du mit uns Karten spielen?
sans [sɑ̃] *prep ant:* avec **Sans** mes lunettes, je ne vois rien du tout.	**ohne** Ohne meine Brille sehe ich überhaupt nichts.
sans que [sɑ̃kə] *conj* Il s'est énervé **sans qu'**on sache pourquoi.	**ohne zu** Er hat sich aufgeregt, ohne dass wir wussten warum.

***TIPP:* *Sans que* steht immer mit dem Subjonctif.**

comme [kɔm] *conj* Je pense **comme** toi. **Comme** je n'ai rien vu, je préfère ne rien dire.	**wie; da** Ich denke wie du. Da ich nichts gesehen habe, sage ich lieber nichts.
de … à [də…a] *prep* **De** une heure **à** cinq heures, les métros ne circulent pas. Il y a 450 km **de** Paris **à** Strasbourg.	**von … bis** Von ein Uhr bis fünf Uhr verkehren die U-Bahnen nicht. Von Paris nach Straßburg sind es 450 km.

pour [puʀ] *prep*	**für; um zu**
J'ai un cadeau **pour** toi.	Ich habe ein Geschenk für dich.
Je m'entraîne **pour** être en forme.	Ich trainiere, um fit zu sein.
pour que [puʀkə] *conj*	**damit**
Je vais t'expliquer tout ça encore une fois **pour que** tu comprennes bien.	Ich werde dir das alles noch einmal erklären, damit du es wirklich verstehst.

***TIPP:* *Pour que* steht immer mit dem Subjonctif.**

que [kə] *conj*	**dass**
Je doute **qu'**il puisse venir.	Ich bezweifle, dass er kommen kann.
Je souhaite **qu'**il vienne.	Ich wünsche mir, dass er kommt.
Nous espérons **qu'**elle va mieux.	Wir hoffen, dass es ihr besser geht.

TIPP: *Wenn mit dem **que**-Satz ein Zweifel oder Ungewissheit ausgedrückt wird, steht der Subjonctif. Vor Vokal und stummem h wird **que** zu **qu'**.*

si [si] *conj*	**wenn**
Préviens-nous **si** tu passes!	Sag Bescheid, wenn du vorbeikommst!
Si j'étais riche, ça se saurait!	Wenn ich reich wäre, dann wüsste man das.

TIPP: *In dem Satz, der dem **si**-Satz nebengeordnet ist, steht der Konditional und im übergeordneten **si**-Satz das Imperfekt.*

au cas où [okau] *conj*	**falls**
Au cas où tu ne le saurais pas, je vais me marier.	Falls du es noch nicht wissen solltest, ich heirate.
au sujet de [osyʒɛdə] *prep*	**bezüglich**
Le ministre n'a rien voulu dire **au sujet de** ce projet.	Bezüglich dieses Projekts wollte sich der Minister nicht äußern.
par [paʀ] *prep*	**von; mit; über**
Il a été renversé **par** une voiture.	Er ist von einem Auto umgefahren worden.
Par la poste, il faut deux jours.	Mit der Post braucht es zwei Tage.
Tu peux m'envoyer ça **par** internet.	Du kannst es mir übers Internet schicken.

«2001–4000»

grâce à [gʀɑsa] *prep*	**dank**
Grâce aux satellites, on peut recevoir des dizaines de chaînes.	Dank der Satelliten kann man Dutzende von Kanälen empfangen.
à force de [afɔʀsdə] *prep*	**durch**
À force de demander, j'ai obtenu ce que je voulais.	Dadurch, dass ich immer wieder gefragt habe, habe ich schließlich erreicht, was ich wollte.
d'après [dapʀɛ] *prep*	**laut**
D'après la Bible, le monde a été créé en six jours.	Laut Bibel wurde die Welt in sechs Tagen erschaffen.
selon [s(ə)lɔ̃] *prep syn:* d'après	**zufolge, nach**
Selon moi, c'est une erreur.	Meiner Meinung nach ist das ein Fehler.
malgré [malgʀe] *prep*	**trotz**
Ma grand-mère joue encore au tennis **malgré** son âge.	Meine Großmutter spielt trotz ihres Alters noch Tennis.
bien que [bjɛ̃kə] *conj*	**obwohl**
J'ai dit oui **bien que** je n'en aie pas très envie.	Ich habe Ja gesagt, obwohl ich eigentlich keine Lust habe.

***TIPP: Bien que** steht immer mit dem Subjonctif.*

alors que [alɔʀkə] *conj*	**während**
Il n'aime pas les crevettes, **alors que** moi, j'adore ça.	Er mag Krabben nicht, während ich sie sehr gern esse.
si [si] *conj*	**ob**
Je ne sais pas **si** j'aurai le temps.	Ich weiß nicht, ob ich Zeit haben werde.
comme si [kɔmsi] *conj*	**als ob**
Fais **comme si** tu ne l'avais pas vue!	Tu so, als ob du sie nicht gesehen hättest!
à moins que [amwɛ̃kə] *conj*	**es sei denn**
Je passerai lundi, **à moins que** tu sois là ce soir.	Ich komme Montag vorbei, es sei denn, du bist heute Abend da.

***TIPP: À moins que** steht immer mit dem Subjonctif.*

non plus [nɔ̃ply] *adv*	**auch nicht**
Je n'ai pas tout compris. — Moi **non plus**!	Ich habe nicht alles verstanden. — Ich auch nicht!

3.2 Unregelmäßige Verbformen

3.2.1 DIE WICHTIGSTEN UNREGELMÄSSIGEN VERBEN

Es bedeuten:
Prés. = *présent de l'indicatif*
P./c. = *passé composé*
Fut. = *futur simple*
Imp. = *impératif*
Subj. = *subjonctif présent*
P./p. = *participe présent*
Impf. = *imparfait*

---

(1) aller

Prés.: je **vais** [vɛ], tu **vas** [va], il **va,** nous **allons** [nuzalɔ̃], ils **vont** [vɔ̃]
P./c.: je suis **allé(e)** *Impf.:* j'**allais**
Fut.: j'**irai** [iʀɛ] *Imp.:* **va!,** *aber* **vas-y!**
Subj.: que j'**aille** [aj], que nous **allions,** qu'ils **aillent**

---

(2) s'asseoir

Prés.: je m'**assieds** [asje], il s'**assied,** nous nous **asseyons** [asɛjɔ̃], ils s'**asseyent** [asɛj]
oder: je m'**assois** [aswa], il s'**assoit,** nous nous **assoyons** [aswajɔ̃], ils s'**assoient**
P./c.: je me suis **assis(e)** *Impf.:* je m'**asseyais** *oder:* je m'**assoyais**
Fut.: je m'**assiérai** *oder:* je m'**assoirai**
Subj.: que je m'**asseye** *oder:* que je m'**assoie**

---

(3) avoir

Prés.: j'**ai** [e, ɛ], tu **as** [a], il **a,** nous **avons,** ils **ont** [ilzɔ̃]
P./c.: j'ai **eu** [y] *Impf.:* j'**avais**
Fut.: j'**aurai** [ɔʀɛ]
Imp.: **aie!** [ɛ], **ayons!** [ɛjɔ̃], **ayez!** [ɛje]
Subj.: que j'**aie** [ɛ], qu'il **ait** [ɛ], que nous **ayons** [ɛjɔ̃], qu'ils **aient** [ɛ]
P./pr.: **ayant** [ɛjɑ̃]

---

(4) battre

Prés.: je **bats** [ba], il **bat,** nous **battons**
P./c.: j'ai **battu** *Impf.:* je **battais**
Fut.: je **battrai** *Subj.:* que je **batte**

---

(5) boire

Prés.: je **bois,** il **boit,** nous **buvons** [byvɔ̃], ils **boivent**
P./c.: j'ai **bu** *Impf.:* je **buvais**
Fut.: je **boirai**
Subj.: que je **boive,** que nous **buvions,** qu'ils **boivent**

(6) conduire

Prés.: je **conduis,** il **conduit,** nous **conduisons**
P./c.: j'ai **conduit** *Impf.:* je **conduisais**
Fut.: je **conduirai** *Subj.:* que je **conduise**

(7) connaître

Prés.: je **connais,** il **connaît,** nous **connaissons**
P./c.: j'ai **connu** *Impf.:* je **connaissais**
Fut.: je **connaîtrai** *Subj.:* que je **connaisse**

(8) coudre

Prés.: je **couds** [ku], il **coud,** nous **cousons**
P./c.: j'ai **cousu** *Impf.:* je **cousais**
Fut.: je **coudrai** *Subj.:* que je **couse**

(9) courir

Prés.: je **cours** [kuʀ], il **court,** nous **courons**
P./c.: j'ai **couru** *Impf.:* je **courais**
Fut.: je **courrai** *Subj.:* que je **coure**

(10) croire

Prés.: je **crois,** il **croit,** nous **croyons,** ils **croient**
P./c.: j'ai **cru** *Impf.:* je **croyais**
Fut.: je **croirai**
Subj.: que je **croie,** que nous **croyions,** qu'ils **croient**

(11) cueillir

Prés.: je **cueille** [kœj], tu **cueilles,** il **cueille,** nous **cueillons** [kœjɔ̃]
P./c.: j'ai **cueilli** [kœji] *Impf.:* je **cueillais**
Fut.: je **cueillerai** [kœjʀɛ] *Imp.:* **cueille!**
Subj.: que je **cueille**

(12) devoir

Prés.: je **dois,** il **doit,** nous **devons,** ils **doivent**
P./c.: j'ai **dû** (*aber* **due**) *Impf.:* je **devais**
Fut.: je **devrai** [dəvʀɛ]
Subj.: que je **doive,** que nous **devions,** qu'ils **doivent**

(13) dire

Prés.: je **dis,** il **dit,** nous **disons,** vous **dites** [dit], ils **disent**
P./c.: j'ai **dit** *Impf.:* je **disais**
Fut.: je **dirai** *Subj.:* que je **dise**

(14) dormir

Prés.: je **dors** [dɔʀ], il **dort,** nous **dormons**
P./c.: j'ai **dormi** *Impf.:* je **dormais**
Fut.: je **dormirai** *Subj.:* que je **dorme**

(15) écrire

Prés.: j'**écris,** il **écrit,** nous **écrivons**
P./c.: j'ai **écrit** *Impf.:* j'**écrivais**
Fut.: j'**écrirai** *Subj.:* que j'**écrive**

(16) envoyer

Fut.: j'**enverrai** [ɑ̃vɛʀɛ]
Für die übrigen unregelmäßigen Formen siehe 3.2.2 Besonderheiten (-oi-)

---

(17) être

Prés.: je **suis** [sɥi], tu **es** [ɛ], il **est** [ɛ], nous **sommes** [sɔm], vous **êtes** [vuzɛt], ils **sont** [sɔ̃]
P./c.: j'ai **été** [ete] *Impf.:* j'**étais** [etɛ]
Fut.: je **serai** [s(ə)ʀɛ]
Imp.: **sois!** [swa], **soyons!** [swajɔ̃], **soyez!** [swaje]
Subj.: que je **sois,** qu'il **soit,** que nous **soyons,** qu'ils **soient**
P./pr.: **étant**

---

(18) faire

Prés.: je **fais** [fɛ], il **fait,** nous **faisons** [fəzɔ̃], vous **faites** [fɛt], ils **font** [fɔ̃]
P./c.: j'ai **fait** [fɛ] *Impf.:* je **faisais** [fəzɛ]
Fut.: je **ferai** [f(ə)ʀɛ]
Subj.: que je **fasse,** que nous **fassions**

---

(19) falloir

Prés.: il **faut** [fo]
P./c.: il a **fallu** *Impf.:* il **fallait**
Fut.: il **faudra** [fodʀa] *Subj.:* qu'il **faille** [faj]

---

(20) interrompre

Prés.: j'**interromps** [ɛ̃tɛʀɔ̃], il **interrompt,** nous **interrompons**
P./c.: j'ai **interrompu** *Impf.:* j'**interrompais**
Fut.: j'**interromprai** *Subj.:* que j'**interrompe**

---

(21) lire

Prés.: je **lis,** il **lit,** nous **lisons**
P./c.: j'ai **lu** *Impf.:* je **lisais**
Fut.: je **lirai** *Subj.:* que je **lise**

---

(22) mettre

Prés.: je **mets** [mɛ], il **met,** nous **mettons**
P./c.: j'ai **mis** *Impf.:* je **mettais**
Fut.: je **mettrai** *Subj.:* que je **mette**

---

(23) mourir

Prés.: je **meurs** [mœʀ], il **meurt,** nous **mourons,** ils **meurent**
P./c.: je suis **mort(e)** *Impf.:* je **mourais**
Fut.: je **mourrai** [muʀɛ]
Subj.: que je **meure,** que nous **mourions,** qu'ils **meurent**

---

(24) naître

Prés.: je **nais,** il **naît,** nous **naissons**
P./c.: je suis **né(e)** *Impf.:* je **naissais**
Fut.: je **naîtrai** *Subj.:* que je **naisse**

(25) ouvrir

Prés.: j'**ouvre,** tu **ouvres,** il **ouvre,** nous **ouvrons**
P./c.: j'ai **ouvert** — *Impf.:* j'**ouvrais**
Fut.: j'**ouvrirai** — *Imp.:* **ouvre!**
Subj.: que j'**ouvre**

(26) partir

Prés.: je **pars** [paʀ], il **part,** nous **partons**
P./c.: je **suis parti(e)** — *Impf.:* je **partais**
Fut.: je **partirai** — *Subj.:* que je **parte**

(27) peindre

Prés.: je **peins** [pɛ̃], il **peint,** nous **peignons** [pɛɲɔ̃]
P./c.: j'ai **peint** — *Impf.:* je **peignais**
Fut.: je **peindrai** — *Subj.:* que **je peigne**

(28) plaire

Prés.: je **plais,** il **plaît,** nous **plaisons** [plɛzɔ̃]
P./c.: j'ai **plu** — *Impf.:* je **plaisais**
Fut.: je **plairai** — *Subj.:* que je **plaise**

(29) pleuvoir

Prés.: il **pleut** [plø]
P./c.: il a **plu** — *Impf.:* il **pleuvait**
Fut.: il **pleuvra** — *Subj.:* qu'il **pleuve** [plœv]

(30) pouvoir

Prés.: je **peux** [pø], il **peut,** nous **pouvons,** ils **peuvent** [pœv]
P./c.: j'ai **pu** — *Impf.:* je **pouvais**
Fut.: je **pourrai** [puʀɛ]
Subj.: que je **puisse** [pɥis], que nous **puissions**

(31) prendre

Prés.: je **prends** [pʀɑ̃], il **prend,**
nous **prenons** [pʀənɔ̃], ils **prennent** [pʀɛn]
P./c.: j'ai **pris** — *Impf.:* je **prenais**
Fut.: je **prendrai**
Subj.: que je **prenne,** que nous **prenions,** qu'ils **prennent**

(32) recevoir

Prés.: je **reçois,** il **reçoit,** nous **recevons,** ils **reçoivent**
P./c.: j'ai **reçu** — *Impf.:* je **recevais**
Fut.: je **recevrai**
Subj.: que je **reçoive,** que nous **recevions,** qu'ils **reçoivent**

(33) résoudre

Prés.: je **résous,** il **résout,** nous **résolvons,** ils **résolvent**
P./c.: j'ai **résolu** — *Impf.:* je **résolvais**
Fut.: je **résoudrai**
Subj.: que je **résolve,** que nous **résolvions**

(34) rire

Prés.: je **ris,** il **rit,** nous **rions** [ʀijɔ̃]
P./c.: j'ai **ri** — *Impf.:* je **riais**
Fut.: je **rirai** — *Subj.:* que je **rie**

(35) savoir

Prés.: je **sais** [sɛ], il **sait,** nous **savons**
P./c.: j'ai **su** — *Impf.:* je **savais**
Fut.: je **saurai** [sɔʀɛ]
Imp.: **sache!** [saʃ], **sachons!, sachez!**
Subj.: que **je sache,** que nous **sachions**
P./pr.: **sachant**

(36) servir

Prés.: je **sers** [sɛʀ], il **sert,** nous **servons**
P./c.: j'ai **servi** — *Impf.:* je **servais**
Fut.: je **servirai** — *Subj.:* que je **serve**

(37) suffire

Prés.: je **suffis,** il **suffit,** nous **suffisons**
P./c.: j'ai **suffi** — *Impf.:* je **suffisais**
Fut.: je **suffirai** — *Subj.:* que je **suffise**

(38) suivre

Prés.: je **suis** [sɥi], il **suit,** nous **suivons**
P./c.: j'ai **suivi** — *Impf.:* je **suivais**
Fut.: je **suivrai** — *Subj.:* que je **suive**

(39) vaincre

Prés.: je **vaincs** [vɛ̃], il **vainc,** nous **vainquons** [vɛ̃kɔ̃]
P./c.: j'ai **vaincu** — *Impf.:* je **vainquais**
Fut.: je **vaincrai** — *Subj.:* que je **vainque**

(40) valoir

Prés.: je **vaux** [vo], il **vaut,** nous **valons**
P./c.: j'ai **valu** — *Impf.:* je **valais**
Fut.: je **vaudrai** [vodʀɛ]
Subj.: que je **vaille** [vaj], que nous **valions,** qu'ils **vaillent**

(41) venir

Prés.: je **viens** [vjɛ̃], il **vient,** nous **venons,** ils **viennent** [vjɛn]
P./c.: je **suis venu(e)** — *Impf.:* je **venais**
Fut.: je **viendrai** [vjɛ̃dʀɛ]
Subj.: que je **vienne,** que nous **venions,** qu'ils **viennent**

(42) vivre

Prés.: je **vis,** il **vit,** nous **vivons**
P./c.: j'ai **vécu** — *Impf.:* je **vivais**
Fut.: je **vivrai** — *Subj.:* que je **vive**

(43) voir

Prés.: je **vois,** il **voit,** nous **voyons,** ils **voient**
P./c.: j'ai **vu** *Impf.:* je **voyais**
Fut.: je **verrai** [vɛʀɛ]
Subj.: que je **voie,** que nous **voyions,** qu'ils **voient**

(44) vouloir

Prés.: je **veux** [vø], il **veut,** nous **voulons,** ils **veulent** [vœl]
P./c.: j'ai **voulu** *Impf.:* je **voulais**
Fut.: je **voudrai** [vudʀɛ]
Imp.: **veuille!** [vœj], **veuillez!** [vœje]
Subj.: que je **veuille,** que nous **voulions,** qu'ils **veuillent**

3.2.2 BESONDERHEITEN DER VERBEN AUF -ER

(-è-) acheter, céder

j'**achète,** tu **achètes,** il **achète,** ils **achètent; achète!**
j'**achèterai(s)** *usw.*
je **cède,** tu **cèdes,** il **cède,** ils **cèdent; cède!**
je **céderai(s)** [sɛdʀɛ] *oder* **cèderai(s)** *usw.*

(-ll-) appeler

j'**appelle,** tu **appelles,** il **appelle,** ils **appellent; appelle!**
j'**appellerai(s)** *usw.*

(-tt-) jeter

je **jette,** tu **jettes,** il **jette,** ils **jettent; jette!**
je **jetterai(s)** *usw.*

(-ge-) manger

nous **mangeons;** je **mangeais** *usw.;* je **mangeai** *usw.;* **mangeant**

(-ç-) avancer

nous **avançons;** j'**avançais** *usw.;* j'**avançai** *usw.;* **avançant**

(-oi-) employer

j'**emploie,** tu **emploies,** il **emploie,** ils **emploient; emploie!**
j'**emploierai(s)** *usw.*

(-ui-) appuyer

j'**appuie,** tu **appuies,** il **appuie,** ils **appuient; appuie!**
j'**appuierai(s)** *usw.*

(-ay- *oder* -ai-) payer

je **paye** [pɛj] *oder* **paie** [pɛ], tu **payes** *oder* **paies,** il **paye** *oder* **paie,** ils **payent** *oder* **paient; paye!** *oder* **paie!**
je **payerai(s)** *oder* **paierai(s)** *usw.*

REGISTER

Hinter dem französischen Wort steht die Seitenzahl. Bei den Wörtern, die dem Wortschatz der Wichtigkeitsstufe 1 – 2000 angehören, ist die Seitenzahl halbfett angegeben, beim Wortschatz der Stufe 2001 – 4000 ist die Seitenzahl mager.
Nicht ins Register aufgenommen wurden Redewendungen, geografische Namen, Zahlen sowie Namen der Wochentage und Monate.

A

B

D

E

F

G

M

N

O

P

Q

R

S

T

U

V

W

Y

Z